Schwan/Seipel
Erfolgreich beraten

Erfolgreich beraten

Grundlagen der Unternehmensberatung

von

Dr. Konrad Schwan

und

Dr. Kurt G. Seipel

2., überarbeitete und erweiterte Auflage

Verlag Franz Vahlen München

ISBN 3 8006 2757 4

© 2002 Verlag Franz Vahlen GmbH
Wilhelmstraße 9, 80801 München
Druck und Bindung: Druckhaus „Thomas Müntzer" GmbH
Neustädter Str. 1–4, 99947 Bad Langensalza
Satz: Druckerei C. H. Beck, Nördlingen
(Adresse wie Verlag)

Umschlaggestaltung: Bruno Schachtner, Dachau
Gedruckt auf säurefreiem, alterungsbeständigem Papier
(hergestellt aus chlorfrei gebleichtem Zellstoff)

Vorwort zur zweiten Auflage

Während der kurzen Zeit seit dem Erscheinen des Buches „Erfolgreich beraten" haben sich die Wirtschafts- und Unternehmensberatung rasch weiter entwickelt und verändert. Die Intentionen des Buches sind gleich geblieben, es wurden jedoch Daten aktualisiert, die jüngste Fachliteratur berücksichtigt, neue Erkenntnisse eingearbeitet und zwei Kapitel hinzugefügt: Beratung im Netzwerk (Kapitel 3.5) und Wissensmanagement (Kapitel 4.7), in dem auch das Public Affairs Management behandelt wird.

Die bemerkenswertesten Veränderungen erfolgen funktionell und strukturell auf den Beratungsmärkten. Bei deren jährlichem Wachstum von ca. 12% während der vergangenen fünf Jahre ist vor allem der Beratungsbereich Informationstechnologie rasant gewachsen. Etwa 50% der Unternehmensberatungen sind bereits mit informationstechnologischen Elementen verknüpft (2001) und Beratungsfirmen mit solchen Leistungsmöglichkeiten entwickeln sich überdurchschnittlich rasch.

Die Konzentrations- und Fusionsprozesse bei den großen und weltweit tätigen Beratungsunternehmen haben sich fortgesetzt und teilweise zu einer weiteren Polarisierung der Märkte geführt. Berater-„Marken" bestimmen zunehmend das Auftraggeberverhalten. Bei öffentlichen und halböffentlichen Einrichtungen sowie großen Unternehmen werden auch dadurch die Markteintrittsbarrieren vor allem für mittelgroße Beratungsfirmen erhöht. Kooperationen und Netzwerkansätze werden dem zunehmend entgegengestellt. Sicher richtige Ideen, deren Realisierung sich jedoch häufig als äußerst schwierig erweist.

Bemerkenswert ist, dass in jüngster Zeit in immer mehr Betrieben wieder Aufgaben der Personal- und Führungsarbeit in den Mittelpunkt der Interessen der Verantwortlichen rücken und sich dabei stärker als bislang ganzheitliche Konzeptionen und Umsetzungen abzeichnen. Diese schon längst fällige Renaissance eines betrieblichen Schlüsselbereichs öffnet besonders wertorientiert engagierten Beratungsunternehmen wichtige, sicher oft schwierige, aber letztendlich auch befriedigende Aufgabenfelder.

Über die gute Aufnahme unserer Arbeit bei den Lesern haben wir uns gefreut und danken dafür.

Innsbruck-Igls, im September 2001   Dr. Konrad Schwan
                       Dr. Kurt G. Seipel

Vorwort zur ersten Auflage

Die wirtschaftsberatenden Berufe und besonders die Unternehmensberater erlebten in den letzten Jahren einen gewaltigen Boom, der noch weiter anhält und dessen Ende nicht abzusehen ist. Ausgelöst wird diese Nachfragesteigerung nach Beratungsleistungen durch komplexer werdende Unternehmensumwelten und den Wunsch nach kompetenten „Problemlösern". Dieser Nachfrageboom bewirkt aber auch einiges auf der Angebotsseite: Mehr Menschen denn je ergreifen den Beraterberuf, manche aktiv, weil sie es wollen, andere wiederum passiv, weil sie es müssen, aus welchen Gründen auch immer. So macht z. B. die angespannte Arbeitsmarktsituation viele ehemalige Manager zu Beratern, ebenso wie sich einige Berufseinsteiger mangels anderer Beschäftigungsmöglichkeiten in diese Form der Selbständigkeit begeben.

Erfahrungen von Einrichtungen und Unternehmen mit diesen Problemlösern zeigen, dass gutes fachliches Können mit ausgeprägten Schwächen im Beraterverhalten und fehlendem Beratungs-Knowhow durchaus kombiniert sein kann, also z. B. Uni-Absolventen oder routinierte Praktiker zwar eine hohe fachliche Kompetenz haben, andererseits aber Beraterprobleme im sozialen, kommunikativen und instrumentellen Bereich effiziente Aufgabenlösungen und Ergebnisse verhindern. Deshalb haben wir auch dem Beraterverhalten einen hohen Stellenwert eingeräumt, da es für die erfolgreiche Ausübung des beratenden Berufes von unverzichtbarer Bedeutung ist.

Ein umfassendes Werk über alle möglichen Facetten der Unternehmensberatung, vor allem über die zugrunde liegenden betriebswirtschaftlichen Theorien und ihre Entwicklung, hätte zu Lasten der Übersichtlichkeit enzyklopädische Ausmaße angenommen. Daher haben wir uns auf die Schwerpunkte Grundlagen, Märkte, Verhalten und Techniken der Beratung konzentriert und bemüht, ein vertieftes Verständnis für den wirtschaftsberatenden Beruf und seine Vielfältigkeit zu vermitteln.

Das vorliegende Buch richtet sich einmal an Berufseinsteiger in die Unternehmensberatung, aber auch an Vertreter anderer wirtschaftsberatender Berufe, wie z. B. Wirtschaftstreuhänder, Anwälte, EDV-Experten sowie Fachleute mit beratenden Funktionen in privaten und öffentlichen Unternehmen und Organisationen. Vor allem sollen aber auch „gestandene Berater" darin Anregungen und

Denkanstöße finden. Es soll das von solchen Berufsgruppen meist praktizierte „training-on-the-job" ergänzen und Orientierungshilfen für die eigene Positionierung und Entwicklungsmöglichkeiten bieten.

Auch wenn in manchen Hochglanzillustrierten der „Consulter-Job" meist bunt und schillernd, gelegentlich neidvoll, übertrieben oder auch mit leichter Ironie versehen beschrieben wird, eines ist gewiss: Beratung ist harte Arbeit, sie verlangt hohe Konzentration, Einfühlungs- ebenso wie Durchsetzungsvermögen, ausgezeichnetes fachliches Know-how und ausgeprägtes Verantwortungsbewusstsein. Konkrete Wege zu solchen Qualifikationen sollen im vorliegenden Buch aufgezeigt werden.

Innsbruck-Igls, im August 1998 Dr. Konrad Schwan
Dr. Kurt G. Seipel

Inhaltsverzeichnis

Vorwort V
Verzeichnis der Abbildungen XV

1. Teil: Grundlagen, Märkte und Schwerpunkte der Beratung   1

1. Normen, Regeln und Praxis der Beratung 8
   1.1   Begriffe: Beratung, Verhalten und Techniken 9
   1.2   Eine kleine Geschichte der Unternehmensberatung 13
   1.3   Beratungsethik und Beratungsprozess 15
   1.4   Grundsätze und Richtlinien für die Beratungstätigkeit und Kalkulation 19
   1.5   Berufsbild der Unternehmensberater 23
   1.6   Recht und Vertragsgestaltung in der Beratung 29
   1.7   Funktionelle Anforderungen an den Berater 32
   1.8   Persönliche Anforderungen an den Berater: Profile, Fähigkeiten, Entwicklungen 34
   1.9   Beratungsvarianten: Gutachten, Expertisen, Organisationsentwicklung, Systemische Vorgehensweise ... 38

2. Beratungsmärkte und Akquisitionsverhalten 39
   2.1   Beratungsmarkt und Konkurrenzsituation 40
   2.2   Stand und Entwicklung der Beratungsnachfrage 44
   2.3   Stand und Entwicklung des Beratungsangebotes 51
   2.4   Beratertypologie und Konkurrenz- bzw. Kooperationsverhalten 53
   2.5   Bedarfsweckung und Anpassungsnotwendigkeit der Beratung 55
   2.6   Beratungsmarketing 57
   2.7   Beratungshinderliche und -fördernde Einstellungen von Klienten 61
   2.8   Regeln für die Akquisitionsphase 66
   2.9   Techniken der Kontaktaufnahme 70
   2.10 Strategien der Kundenbewertung 74
   2.11 Erfolgsorientierte Beratung und Honorierung 76

3. Beratungsstrategien 82
   3.1   Beratungsziele: Hilfe zur Selbsthilfe oder „fertige" Lösungen 85
   3.2   Regeln zur Strategieentwicklung 89

3.3	Kundenorientierung	95
3.4	Einzel- und/oder Teamberatung	101
3.5	Beratung im Netzwerk	102
3.6	Projektabwicklungen	108
3.7	Lean Consulting	110
3.8	Beratungsmodelle der Organisationsentwicklung	111
3.9	Klienten- und Beraterrisiken	112

4. Managementtheorien und Beratung ... 115

4.1	Lean Philosophien: Kernelemente	119
4.2	Reengineering-Ansätze	122
4.3	Cost-cutting/Downsizing	124
4.4	Innovationsmanagement	128
4.5	Qualitätsberatung	132
4.6	Klientensysteme und Beratungsansätze	133
4.7	Wissensmanagement	137
4.8	Lernende Unternehmen und lernende Berater	144

5. Reorganisationsprozesse: Komplexität vs. Vereinfachung .. 151

5.1	Rahmenbedingungen, Merkmale, Phasen und Instrumente	153
5.2	Berater als „große Vereinfacher"?	155
5.3	Steigerung der Komplexität	157
5.4	Reduktion der Komplexität	158

6. Krisen- und Sanierungsberatung ... 159

6.1	Ursachen, Merkmale, Typologien	160
6.2	Anpassung der Beratungsleistung an den Problemdruck im Klientensystem	165
6.3	Bewertung der Ressourcen im Klientensystem	169
6.4	Möglichkeiten des Krisenmanagements	171
6.5	Überwindung von Mißmanagement: Turnaround, Chancenmanagement	173
6.6	Sanierungsberatung	173

2. Teil: Beratungsverhalten ... 177

7. Berater-Klienten-Beziehungen ... 179

7.1	Funktion, Dynamik und Finalität der Beratung	180
7.2	Situationen der Klienten: Erwartungshaltungen, Aufgaben- bzw. Problemstellungen	182
7.3	Situationen der Berater: Unsicherheiten und Legitimationsprobleme, implizite Persönlichkeits- und Verhaltensvorstellungen über Klienten	184
7.4	Soziale Wahrnehmung und Urteilsfehler	189

7.5 Machtverteilung, Gestaltungs- und Einflussmöglichkeiten, Veränderungen in der Prozessdynamik 193
7.6 Grundlagen und Maximen einer erfolgreichen
Zusammenarbeit 197

8. Dynamik des Beratungsprozesses 199
8.1 Elemente von Beratungsprozessen 202
8.2 Ablauf von Beratungen: idealtypische vs. reale und
fördernde vs. hemmende Faktoren 203
8.3 Rollen von Beratern und Klienten und deren
Auftretenshäufigkeiten im Beratungsverlauf 211

9. Konfliktbewältigung 214
9.1 Problemfelder in der Berater-Klienten-Beziehung 217
9.2 Konfliktbereiche und -formen 222
9.3 Konfliktkultur: Beratung und Spielregeln 224
9.4 Konfliktsystem 225
9.5 Konfliktprozess, -verhalten, -steuerung,
-lösungsinstrumente 226
9.6 Chancen und Risiken des Konfliktmanagements 229

10. Informations- und Kommunikationsverhalten 231
10.1 Stellenwert und Ebenen der Kommunikation 234
10.2 Kommunikationsmodelle 236
10.3 Situations- und Gesprächsvariablen und ihre
Bestimmungsfaktoren 238
10.4 Instrumentelle Beratungsgespräche:
Beschreiben – Erklären – Verändern – Vorhersagen ... 240

11. Problemlösungsmethoden 241
11.1 Kurzbeschreibung von Problemlösungsmethoden 244
11.2 Wahl von Problemlösungsmethoden 247

12. Interventionen: Möglichkeiten, Instrumente, Fehler 249
12.1 Bestimmungsfaktoren menschlichen
Interaktionsverhaltens und realistische Einschätzung
der Veränderbarkeiten 252
12.2 Verhaltensebene – Verhaltensbeschreibung –
Verhaltenssteuerung – Konsequenzen 252
12.3 Grundannahmen zu Interventionen und
methodischem Vorgehen 256
12.4 Ermittlung und Gewichtung von
Interventionsansätzen 257
12.5 Interventionsinstrumente, -mechanismen, -punkte,
-ebenen und -konsequenzen 258

12.6 Interventionsverzerrungen und -fehler 265
12.7 Idealtypische Vorgehensweisen 270

13. Prozessberatung 276
13.1 Bewältigung des Wandels 278
13.2 Grundlagen und Methoden der Prozessberatung 280
13.3 Einleitung, Begleitung und Kontrolle von
     Veränderungsprozessen 282
13.4 Interaktionen bei der Prozessberatung 283
13.5 Instrumente: Survey-Feedback-Schleifen, Coaching
     und Personalentwicklung, Beobachtungs- und
     Steuerungsmöglichkeiten u. ä. 285

14. Evaluierung der Ergebnisse verhaltensorientierter
    Beratung 289
14.1 Identifikation, Festlegung und Kontrolle
     erfolgskritischer Faktoren 291
14.2 Indikatoren und Instrumente der Evaluierung von
     Beratungsergebnissen 294

3. Teil: Beratungstechnik 297

15. Einzel- und Gruppengespräche 303
15.1 Vorbereitung, Abwicklung, Abschluss 305
15.2 Kriterien für den Einsatz 308
15.3 Gesprächshaltung des Beraters 309
15.4 Kunst des Zuhörens 311
15.5 Fragetechniken 317
15.6 Direktive vs. nicht-direktive Gespräche 323
15.7 Kreativitätstechniken 325
15.8 Leitung von themen- und/oder klientenzentrierten
     Gruppengesprächen 327

16. Fragen- und Einwandbehandlung 331
16.1 Gesprächsstrategie und -taktik 331
16.2 „Gesprächskiller" 339
16.3 Gruppendynamische Techniken 340
16.4 Metakommunikation 342

17. Argumentation und Rhetorik 343
17.1 Ziele 347
17.2 Mündliche Formen 348
17.3 Schriftliche Formen: Grundlagen, Aufbau und
     Darstellungsmöglichkeiten 350

Inhaltsverzeichnis XIII

18. Überzeugungsfähigkeit 352
    18.1 Kriterien 355
    18.2 Akzeptanzprobleme und deren Bewältigung 356
    18.3 Sicherstellung der Nachhaltigkeit 358

19. Verhandlungstechnik 359
    19.1 Verhandlungsaufbau, -phasen und -partner,
         Inszenierung, Dramaturgie, Strategie, Taktik 360
    19.2 Leiter- und Teilnehmerfunktionen 367
    19.3 Vorbereitung, Gestaltung und Steuerung von
         Entscheidungsprozessen 370

20. Moderations- und Präsentationstechnik 372
    20.1 Moderationsmaximen 372
    20.2 Visualisierungstechniken 373
    20.3 Präsentationsmaximen 375
    20.4 Schriftliche Aufbereitung und Darstellung 381
    20.5 Vortrag und Impulsreferate 373
    20.6 Spezielle Präsentationstechniken 387

Literaturverzeichnis 389

Stichwortverzeichnis 403

Verzeichnis der Abbildungen

1: Berufsbild und Tätigkeitsfelder von Unternehmensberatern
2: Risiken differenziert nach rechtlicher Grundlage
3: Gründe für die „Nachfrage" von Beratungsleistungen
4: Umsätze der 30 führenden Beratungsgesellschaften in Deutschland (1995)
5: Umsätze der 25 größten Beratungsgesellschaften weltweit (1995)
6: Nachfragebarrieren und positive Einstellungen zum Beratereinsatz in Klein- und Mittelbetrieben
7: Verkaufstrichter für Berater
8: Kundenbewertung
9: Kundenorientierung und Chancenverlust
10: Wie Unternehmen ihre Leistung einschätzen – und wie die Kunden sie sehen
11: Neun Variablen effizienter Beratungsprozesse
12: Risikoarten
13: Große Ziele, kleine Erfolge – die Erfahrungen deutscher Unternehmen mit Reengineering
14: Beispielhafte Maßnahmenprüfung, bevor Cost-Cutting angewandt wird
15: Vielfalt von Cost-Cutting-Instrumenten
16: Komplexität im Innovations- und Produktmanagement
17: Vom betrieblichen Vorschlagswesen zum Innovationsmanagement
18: Problemdruck im Klientensystem und Beraterrollen
19: Bausteine des Wissensmanagements
20: Wie Beratungsfirmen Wissen managen
21: Lernende Organisation
22: Komplexität und Zeit
23: Strategiewahl in Abhängigkeit von Bedrohungsausmaß und Handlungsspielraum
24: Unterschiede zwischen Psychotherapie und Unternehmensberatung
25: Macht der Berater
26: Dynamik des Beratungsprozesses
27: Elemente einer Beratung
28: Ablauf eines idealen Beratungsprozesses
29: Anleitung zum Ungleichlichsein
30: Rollenerwartungen an Mitarbeiter
31: Konfliktursachen in Organisationen
32: Kriterien für schwelende Konflikte
33: Konfliktsystem
34: Kommunikationsebenen
35: Technische Kommunikation
36: Problemlösungsmethoden in der Beratung
37: Problemlösungswege

38: Grundlegendes (mechanistisches) Schema für Interventionen
39: Verhaltensgitter
40: Multimodale Verhaltensanalyse (BASIC-ID)
41: Grundlegende Interventionsansätze
42: Interventionsverzerrungen
43: TOTE-Einheit
44: Gegenüberstellung von alten und neuen Ansätzen in der Organisationsentwicklung
45: Evaluierung der Beratungsleistung
46: Soziale Kompetenz
47: Wie Berater in die Irre geführt werden können
48: Stellenwert von Gesprächen im Standardberatungsverfahren
49: Phasenschema für Besprechungen
50: Gesprächs- und Ideenkiller
51: Kontinuum alternativer Gestaltungen des Entscheidungsprozesses
52: Zielgerichtete Funktionen des Verhandlungsleiters
53: Maßnahmenvorschläge, um moderierte Gruppen zu optimieren
54: Hilfsmittel für Präsentationen

1. Teil: Grundlagen, Märkte und Schwerpunkte der Beratung

Begonnen hat Beratung schon relativ früh, wenn auch eher vor einem politischen Hintergrund: Macchiavelli hat im 16. Jahrhundert in Italien mit seinem Werk „Il principe" quasi das erste Handbuch für die Beratungspraxis herausgegeben, in der Folge wurden Berater in monarchistischen Staatsgebilden als Minister institutionalisiert. Das hat sich bis heute auch in den Demokratien gehalten und alle Politik- und Verwaltungsebenen durchdrungen, was z. B. auch bei Positionsbezeichnungen noch deutlich wird, wie National**rat**, Bundes**rat**, Kreis- oder Landes**rat**, Stadt**rat**, Gemeinde**rat**. Die Managementberatung, so wie wir sie heute kennen und die zentrales Thema dieses Buches sein soll, entwickelte sich erst im ausgehenden letzten Jahrhundert im Zuge des „scientific management", das mit dem Unternehmensberater *F. W. Taylor* aufs engste verknüpft ist. Er gab einer ganzen und lange dominierenden Denkrichtung seinen Namen, dem Taylorismus. Die Berufsbezeichnung Unternehmensberater im deutschsprachigen Raum wurde 1954 mit der Gründung des Bundes Deutscher Unternehmensberater (BDU e. V.) eingeführt.

Unternehmensberatung basiert auf der impliziten Annahme, dass Berater wissen, was Unternehmen benötigen, und bereit sind, dieses Wissen gegen Bezahlung an die Klienten weiterzugeben, dass Berater Wege kennen, wie der wirtschaftliche Erfolg der Klienten erreicht werden kann. Außerdem müssen Berater eine intermittierende Rolle zwischen Theorie und Praxis erfüllen sowie die Fähigkeit haben, sich den individuellen Kundenbedürfnissen, -entwicklungen und unterschiedlichsten Verhaltensweisen entsprechend anzupassen. Beratung unterscheidet sich allerdings wesentlich von der Tätigkeit von Führungskräften und Unternehmern. Die Anforderungs- und Leistungsprofile sind sehr verschieden voneinander und bekanntermaßen muss ein guter Berater nicht zwangsläufig ein guter Unternehmer sein – und umgekehrt. Das berufsspezifisch notwendige Beraterverhalten, die Arbeitstechniken und -methoden des Beratens, also Fähigkeiten und Fertigkeiten, die den Gegenstand des vorliegenden Buches bilden, sind wesentliche Unterscheidungsmerkmale, die sozusagen den Berater erst zum Berater machen.

Ausgehend vom rationalistischen Paradigma (*Schneider* 1995) des Wirtschaftens wird mit dadurch dominierten Beratungsansätzen versucht, Management zu kodifizieren und eine weitgehende Standardisierung in der Beratung zu erreichen. Die großen und international tätigen Beratungsgesellschaften geben diesen Mainstream vor, viele kleinere versuchen, ihm zu folgen (vgl. z. B. *Fink* 2000).

Die Standardisierung und Normierung von Prozessen sowie der Funktionen der Beratung sind das Ergebnis dieses Ideals. Abweichungen vom „Idealzustand" werden beseitigt und Widerstände des Klientensystems „gebrochen" – oder Beratungsberichte schubladisiert. Das ist jedoch nur eine Möglichkeit – und sicher keine klientenorientierte –, Beratung als „amerikanische Variante" zu verstehen.

Eine andere Denkrichtung, unserer Ansicht nach die bessere, legt hingegen Wert auf die Variationsvielfalt, die Einmaligkeit von Unternehmen durch die Interaktion zwischen spezifischem Klientensystem und spezifischen Umwelten sowie auf die Gratwanderung zwischen den Polen „Normierung" und „Individualität". Das führt in der Regel zu Mehrdeutigkeit und Ungewissheit und verlangt ein anderes beraterisches Responseverhalten und Rezeptionsvermögen. Die Beratertätigkeit unterscheidet sich bei dieser Sichtweise beinahe diametral entgegengesetzt von der rationalen Variante: Der Berater ist teilnehmender Beobachter, bezieht persönlich Position zum Unternehmen und übt eine reflektierende, interagierende und veränderungsorientierte Funktion aus. Das könnte unter gewissen Einschränkungen als „europäische Variante" bezeichnet werden.

Einen Mittelweg zwischen den vorgenannten Beratungsvarianten beschreiten die japanischen Berater mit der „japanischen Variante", die beide Sichtweisen in ihren Beratungsansätzen zu integrieren versuchen.

Nicht zuletzt bedingt durch die prowestliche Orientierung in Europa und den wirtschaftlichen und gesellschaftlichen Erfolg der so geprägten Wirtschaftssysteme, auch mit Hilfe der Unternehmensberater, sind bezeichnenderweise für die Absolventen europäischer Universitäten die großen Consulting-Unternehmen die attraktivsten Arbeitgeber. 1996 und 1997 belegen McKinsey & Co., Boston Consulting Group und Andersen Consulting (heute: Accenture) die Plätze 1, 2 und 3 der begehrtesten Arbeitgeber Europas, in Deutschland liegen sie auf den Plätzen 6, 7 und 19 (Quelle: Graduate Survey, Universum AB, 1997). Diese Attraktivität zeigt klar den hohen Stellenwert, den die Beratung generell und die großen Gesellschaften im Besonderen beim Nachwuchs haben.

Allerdings ist es derzeit (2001) zu einer Trendumkehr gekommen: Aufgrund der kolportierten hohen Arbeitsbelastung, der Konkurrenz der IT-Industrie und dem Wunsch nach einem ausgeglichenen Verhältnis zwischen Beruf und Freizeit liegen die Beratungsunternehmen heuer nicht mehr auf der Liste der top five der begehrtesten Arbeitgeber.

1. Teil: Grundlagen, Märkte und Schwerpunkte der Beratung

Die Anforderungen an Berater waren naturgemäß stets vergleichsweise hoch, ansonsten hätten Klienten normalerweise kaum einen Anlass gesehen, gegen gutes Geld Berater zu engagieren. In den letzten Jahren sind aus verschiedenen und noch zu besprechenden Gründen allerdings die Qualifikationsansprüche der Auftraggeber tendenziell gestiegen. Der Beratungsmarkt insgesamt wächst nach wie vor und man könnte daher meinen, dass es den Beratern eigentlich immer besser gehen müsste. Die Realität sieht allerdings anders aus und verlangt eine weit differenziertere Betrachtungsweise. Nicht nur der sprunghafte Anstieg der Zahl der Berater und damit des Angebotsvolumens an Beratungsleistungen, sondern klientenspezifische und beratungsintensive Entwicklungen haben mittlerweile zu einem scharfen und eisigen Wind auf den Beratungsmärkten geführt und in der Folge geradezu Umbruchsituationen ausgelöst, verbunden mit funktionellen und strukturellen Marktsegmentierungen, Anpassungs- und Wachstumsschmerzen, Unsicherheiten und hohen Geburts-, aber auch Sterberaten von Beratungsunternehmen. Mehr denn je liegen in der Beratung Chancen und Risiken nahe beieinander.

Von einem Berater wird selbstverständlich erwartet, dass er in seinem Fachgebiet kompetent und erfahren ist, d. h. dass eine solide Basis für seine Tätigkeit besteht. Der Beratungserfolg wird dadurch allein aber sicher nicht gewährleistet. Das fachliche Können bedarf der Verknüpfung mit professionellem Beratungsverhalten und ausgefeilten Beratungstechniken. Beide bilden den beratungsspezifischen, äußerst komplexen und anspruchsvollen Kernbereich der Beraterqualifikation. Wenn Beratungsprojekte scheitern, rühren die Ursachen und Mängel aus diesen potenziellen Problemfeldern. Das Buch setzt sich damit auseinander, wobei die Autoren der eigenen beruflichen Ausrichtung folgend die Unternehmensberatung in den Vordergrund stellen. Diese als besonders vielschichtige und in sehr unterschiedlichen Formen auftretende Spielart der Beratung ist sicher auch Anlass für Anregungen für andere unternehmensnahe Dienstleistungen, insbesondere solcher der unterschiedlichsten Beratungsarten bei privaten und öffentlichen Unternehmen, Organisationen und Einrichtungen.

Aufgrund der Weite der Beratungslandschaft und der damit verbundenen Tätigkeiten und Anforderungen können einige Bereiche nur am Rande gestreift, kommentiert oder bewertet werden; für weitergehende Interessen sei daher auf die einschlägige Fachliteratur verwiesen.

Um ein umfassendes Verständnis und einen ersten Einstieg in die Beratung zu vermitteln, scheint es zunächst sinnvoll, den **Ablauf ei-**

nes klassischen **Beratungsprozesses** im Telegrammstil und ideal skizziert an den Anfang zu stellen:

- Der Erstkontakt zwischen Berater und Klient erfolgt in der Regel schriftlich (z. B. über Direct Mails) oder auf Grund sonstiger Informationen. Manchmal wenden sich auch die Klienten direkt an ihnen bekannte Berater.
- Dann folgt die Terminvereinbarung, die – hoffentlich – zu einer persönlichen Begegnung zwischen dem tatsächlichen potenziellen Auftraggeber und dem Berater führt.
- Bei diesem Erstgespräch können beide oft schon zur Vorklärung des Problems gelangen, anzuwendende Methoden besprechen, Ziele und Erwartungshaltungen des Klienten klären und die Rolle des Beraters im verfolgten Beratungsprojekt festzulegen.
- Bei Einigung beginnen die Vertragsverhandlungen; deren Ende wird gekrönt durch den Vertragsabschluss, in dem u. a. die gemeinsame Arbeitsbeziehung festgelegt wird.
- In der Regel beginnt dann der Berater mit der Datensammlung und einer detaillierten Analyse der Aufgabenstellung, mit dem Ziel, den Ist-Zustand zu beschreiben. Daran anschließend werden die Daten und Erkenntnisse in Gesprächen, Präsentationen oder in schriftlicher Form wieder ins Klientensystem gespiegelt, um zu einer von allen Beteiligten akzeptierten Diagnose zu gelangen.
- Gemeinsam mit dem Klienten einigt man sich in der folgenden Vorbereitung der Realisations- oder Umsetzungsphase der Beratung auf den vielversprechendsten Lösungsweg, auf Maßnahmenpläne, Verantwortlichkeiten, Erfolgskriterien, Umsetzungs- und Kontrollmaßnahmen.
- Es folgen dann die regelmäßig arbeitsintensiven Realisations- und Umsetzungsmaßnahmen.
- Der Berater bereitet sich auf den Abschluss der Beratung vor und verfasst einen Endbericht bzw. präsentiert den Beratungserfolg.
- Dann erfolgt mit verschiedensten Methoden eine Bewertung (Evaluierung) der Beratungsleistung.
- Sind bis hierher alle Schritte optimal verlaufen, halten sich Klient und Berater eine Option für Anschlussaufträge offen.

So einfach jeder dieser Phasenschritte auch klingen mag, so ist doch jeder Punkt überfrachtet mit einer Unzahl an Problem- und Fragestellungen, diffizilsten Entscheidungen, Einflüssen, Unwägbarkeiten, Erwartungshaltungen, Risiken und Herausforderungen.

Beratungsprozesse werden natürlich wegen eines angestrebten „Beratungserfolges" eingeleitet und durchgeführt. Was ist nun Erfolg, mit welchen Inhalten kann diese Worthülse gefüllt werden, welche

1. Teil: Grundlagen, Märkte und Schwerpunkte der Beratung

Ursachen und Gründe gibt es beispielsweise für den Kauf von Beratungsleistungen?

- Im Klientensystem gibt es einen Problemdruck, aber keine entsprechende Lösungskompetenz, wie z. B. Koordinations- und Kooperationsmängel, Überlastung, fehlendes Know-how.
- Im Klientensystem gibt es Sachverhalte oder Prozesse, die zu keinen befriedigenden Konsequenzen führen, wie z. B. Ertragserosion, Gewinneinbruch, Marktanteilsverluste.
- Außerhalb des Klientensystems und von diesem nicht unmittelbar beeinflussbar treten Veränderungen auf, wie z. B. Marktveränderungen, explosionsartiger technischer Fortschritt, aggressive Wettbewerber.
- In Erwartung solcher Veränderungen können Beratungsleistungen vorbeugend wirken, das Klientenunternehmen will sich im Sinne einer Prävention mit Beratungs-Know-how versorgen.
- Im Klientensystem will niemand die Entscheidung für oder gegen eine Maßnahme übernehmen, scheinbar „neutrale" Berater werden eingesetzt.
- Veränderungsprozesse sollen beschleunigt werden.

Schließlich stellt sich auch die Frage, wie von potenziellen Klienten Beratungsunternehmen **gesucht und ausgewählt** werden, um durch geeignete Beratungsprozesse zu Beratungserfolgen zu gelangen. Kriterien dafür können u. a. sein:

- Persönliche Bekanntschaft, Image und Alter des Beratungsunternehmens,
- Referenzen in Hinblick auf vergleichbare Projekte,
- branchenspezifische Kenntnisse,
- fachliche Qualifikation, Bekanntschaft/Bekanntheitsgrad der eingesetzten Berater und Vertrauen in deren Problemlösungskompetenz,
- Akzeptierung der Vorgehensweise bzw. des Problemlösungsweges und der Projektorganisation (Teambildung, Teilnehmer an der Problemlösung),
- Steuerbarkeit der Berater,
- fundiertes und nachvollziehbares Angebot,
- Terminplanung und eingeräumte Kontrollmöglichkeiten der Klienten,
- Honorar, Preis-Leistungs-Verhältnis und Abwicklungsmodalitäten,
- Mitgliedschaften und Funktionen in Fachverbänden.

1. Normen, Regeln und Praxis der Beratung

Die Beratungsbranche hat sich in den einzelnen Ländern, sei es freiwillig wie in Deutschland oder wie in Österreich durch Gesetze und Verordnungen, selbst eine Reihe von Normen und Regeln auferlegt, die für den Berufsstand der Unternehmensberater mehr oder weniger verpflichtend sind. Stehen in Deutschland die berufsständischen Normen in den Statuten der Verbände (z. B. beim Bundesverband Deutscher Unternehmensberater e. V., bei dem allerdings nur 5% der deutschen Berater Mitglied sind; *Leciejewski* 1996, S. 182), so finden sie sich in Österreich, wo die in Europa vergleichsweise strengsten beruflichen Auflagen durch die Gewerbeordnung zwingend vorgegeben sind, in einem umfangreichen gesetzlichen Standesrecht wieder, das durch verschiedene Standesregelungen ergänzt wird, die der Fachverband für Unternehmensberatung und Informationstechnologie der Wirtschaftskammer Österreich im Laufe der Zeit erarbeitet hat (Schiedsgerichtsverfahren, Ehrenkodex u. ä.).

Solche Normen können in der Regel als Basisstruktur für eine Unternehmensethik der einzelnen Beratungsunternehmen dienen. Die Normen, die sich die Interessenverbände der Berater vorwiegend selbst geben, sollen aber auch eine Signalwirkung für die Klienten haben. Vor allem verfolgen sie das Ziel, das „Wie" der Beratungsleistung vorzugeben. In der Außenwirkung sollen besonders Kriterien der Qualität, Objektivität, Seriosität, Wirtschafts- und Gesellschaftsverbundenheit vermittelt werden, ebenso wie günstige Kosten-Nutzen-Relationen der Beratungstätigkeit, Möglichkeiten des theorie- und erfahrungsgestützten Know-how-Transfers, Raschheit, Umsetzungsorientierung u. ä., aber auch verschiedene Verfahrensgrundsätze. Mit plausiblen und aufeinander abgestimmten Regelungen und Normen für die beratende Tätigkeit kann durchaus ein Beitrag geleistet werden zur Reduktion der Komplexität bzw. Erhöhung der Transparenz der Berater-Klienten-Beziehung. Damit dienen die Regelungen auch der Innenwirkung der Beratung, z.B. wenn sie die Art und Weise der Zusammenarbeit unterstützen, Informationsrechte und -pflichten bestimmen, Abrechnungsmodalitäten normieren usw. Bei vielen Beratern finden die verschiedenen Regelungen und Normen Eingang in die Allgemeinen Geschäftsbedingungen, Arbeitsgrundsätze und Honorarregelungen und werden damit regelmäßig integrativer Bestandteil von Beratungsverträgen mit Klienten. Spätestens dann sind sie für die Beratungsarbeit von sehr konkreter Relevanz und nicht lediglich wohlklingende Postulate ohne handfeste Verbindlichkeit.

Mit Blick auf die Beratungsrealität ist nahe liegenderweise und sehr nachdrücklich festzustellen, dass ein Normen- und Regelwerk so gut und wirksam ist, wie die fachliche und persönliche Qualität der Berater, die dahinter stehen. Und genauso verschieden sind naturgemäß die Wechselwirkungen zwischen Normen und Regeln einerseits und der Praxis der Beratung andererseits zu sehen: Manches, was beispielsweise in meist gut gemachten Prospekten der Beratungsunternehmen an Grundsätzen steht, ist im beratenden Alltag Makulatur. Verschwiegenheits-, Informations- und Mitwirkungspflichten werden immer wieder ebenso vernachlässigt wie Geheimhaltungsgebote oder die Nutzung von Insiderinformationen.

Das eigentliche Ziel von Berufsgrundsätzen und Standesregeln für Berater sollte in weitestem Maße die geordnete und effektive Gestaltung der Berater-Klienten-Beziehungen sein. Sie bilden bei den meisten freien Berufen den wesentlichen Teil des Berufsrechtes. Natürlich wird man mit gewisser Berechtigung sagen können, dass womöglich mit Pathos deklarierte Berufsgrundsätze und Standesregeln eine Sache sind, die Beratungspraxis jedoch eine andere und diese den „hehren" Grundsätzen vielfach nicht entsprechen kann. Das spricht jedoch nicht prinzipiell gegen solche Grundsätze, sondern vielmehr dafür, dass es eine immer wiederkehrende Aufgabe der Berater und ihrer Standesvertretungen ist, um deren Verankerung in der Praxis ernsthaft und nachhaltig bemüht zu sein.

1.1 Begriffe: Beratung, Verhalten und Techniken

In vielen deutschsprachigen Publikationen zur Beratung fehlt eine allgemein akzeptierte **Definition des Beratungsbegriffs.** Dem wird oft durch vorgehensorientierte Charakterisierungen begegnet. So ist z. B. eine durchgehende Unterscheidung die zwischen Projekt- und Dauerberatung. Die Projektberatung ist eine einmalige Beratung mit dem Ziel, ein spezielles vom Klienten vorgegebenes Problem zu lösen. In Dauerberatungen übernimmt der Berater für den Klienten während einer vorgegebenen Zeitspanne eine Reihe zum Teil auch unterschiedlichster Beratungsaufgaben. Mit der Einteilung in Projekt- und Dauerberatung sind jedoch definitorische Fragen nicht gelöst, genauso wenig wie mit der banalen Feststellung, man stelle als Unternehmensberater dem Klientensystem externes Know-how zur Verfügung.

Vielfach wird das Fehlen einer exakten Definition durch das Erstellen von Berufsbildern kompensiert. Diese Vorgehensweise birgt einmal in sich das Problem, dass sie nur eine Momentaufnahme der Tätigkeit der Berater darstellt, die innerhalb kürzester Zeit in dieser dynamischen Branche überholt sein kann. Das seit wenigen Jahren stark festzustellende Zusammenwachsen der Bereiche Unternehmensberatung und Informationstechnologie ist in den einschlägigen Berufsbildern trotz seiner enormen und vielfältigen Auswirkungen auf beide Bereiche kaum wahrnehmbar. Zum Zweiten ist bei beratenden Berufen sehr oft die geradezu neurotische Tendenz festzustellen, in das eigene Berufsbild möglichst viele Aufgaben zu integrieren, quasi nach dem unverwüstlichen und alles begründenden Interdependenzprinzip, und wo selbst dieses nicht mehr strapazierbar ist eben nach dem Motto: „Wir machen alles und noch mehr!".

Wunschdenken ersetzt jedoch weder Kompetenz noch schafft es Glaubwürdigkeit und Klientenvertrauen. Berufsbilder sollten anstelle ellenlanger Aufgabenaufzählungen besser Kurzbeschreibungen wesentlicher Funktionen sein, wofür sich verschiedene Ansätze anbieten und auch in der Literatur verfolgt werden.

In amerikanischen Beratungshandbüchern ist meist der zielgerichtete Aspekt der Handlungen von Beratern dominierend, z.B. Hilfe bei der Zielerreichung von Unternehmen, Lösung von Management- und Geschäftsproblemen, Identifikation und Quantifizierung von neuen Geschäftsfeldern, Ingangsetzung von Lernprozessen, Implementierung von Veränderungen (*Kubr* 1996, 1998).

Lippitt (1978) sieht in einem allgemeinen und frühen Definitionsversuch Beratung im Lichte der Interaktion: „Beratung ist, wie Führung oder Liebe, eine allgemeine Bezeichnung für eine Vielfalt von Beziehungen," und beschreibt in seiner mittlerweile klassisch zu nennenden Definition Beratung wie folgend:

„1. Das Beratungsverhältnis ist eine freiwillige Beziehung zwischen
2. einem professionellen Helfer (Berater) und einem hilfsbedürftigen System (Klient),
3. in welchem der Helfer versucht, dem Klienten bei der Lösung laufender und potenzieller Probleme behilflich zu sein;
4. Die Beziehung wird von beiden Parteien als zeitlich befristet angesehen.
5. Außerdem ist der Berater ein „Außenstehender", d.h. er ist nicht Teil des hierarchischen Machtsystems, in welchem sich der Klient befindet." (*Lippit* 1959, S. 5)

1. Normen, Regeln und Praxis der Beratung

Kröber stellt in seiner sehr pointierten und detaillierten Analyse des Beratungsbegriffs in der deutschen und anglo-amerikanischen Beratungsliteratur fest, dass nicht nur der Know-how-Transfer, sondern die Beziehung zwischen Berater und Klient sowie die dadurch entstehende Arbeitszufriedenheit von zentraler Bedeutung sind und bietet folgende Definition an: „Managementberatung ist eine professionelle entgeltliche Dienstleistung, in welcher eine Person temporär und unabhängig vom Klientensystem die freiwillige Verantwortung für die Erreichung eines gemeinsamen, mit dem Klienten vereinbarten Zieles übernimmt und dabei die adäquate Macht und auch das Sanktionsbewusstsein besitzt. Zur Zielerreichung ist in der Regel eine Entscheidungshilfe mit problemlösender Wirkung auf Basis einer intensiven Zwei-Weg-Kommunikation erforderlich, die in einem Verhältnis partnerschaftlicher Zusammenarbeit als führendhelfende Beziehung seitens des professionellen Dienstleistenden (Berater) erreicht wird. Nur in Ausnahmefällen (z. B. bei Krisenberatungen) hat der Berater auch die volle Ausführungsverantwortung bei der Implementierung der von ihm empfohlenen Problemlösung." (*Kröber* 1991, S. 32)

In dieser umfassenden Definition sind alle wesentlichen Komponenten enthalten, die die Beraterfunktion charakterisieren: Entgeltcharakter, zeitliche Begrenztheit, Zielorientierung, ethische Verantwortung, Kommunikation, Beziehungsstruktur.

Neben diesen prozessorientierten Definitionsversuchen dominieren auch solche, die den Ausgangspunkt unternehmensberatendenden Handelns in der Person des Beraters sehen. So werden Berater definiert als unabhängige, eigenverantwortliche, qualifizierte und fachlich kompetente Experten, die für Wirtschaftsunternehmen, die öffentliche Verwaltung, Körperschaften öffentlichen Rechts und sonstige, auch nicht kommerzielle Institutionen professionelle Beratungsleistungen bereitstellen (aus der Präambel der Berufsgrundsätze und Standesrichtlinien für Unternehmensberater des Fachverbandes Unternehmensberatung und Informationstechnologie der Wirtschaftskammer Österreich).

Steyrer (1991, S. 12; Anm.: die einzelnen Punkte wurden von den Autoren ergänzt) fasst in seinem Charakterisierungsversuch der Unternehmensberatung die Perspektiven verschiedener Autoren im Zuge einer Literaturanalyse in konstitutiver Hinsicht zusammen. Der institutionelle Aspekt behandelt den Empfängerkreis von Beratungsleistungen und die Beratungsunternehmen selbst, der funktionale Aspekt bezieht sich auf die Art der Leistungserbringung:

Institutioneller Aspekt – klientenbezogen:
- Unternehmen, Betriebe, Organisationen, Verbände, Verwaltungen u. ä,
- Unternehmensleitung, Führungsebenen von Organisationen, ganze organisatorische Einheiten.

Institutioneller Aspekt – trägerbezogen:
- Externalität, d. h. beim Klienten bzw. außerhalb des Beratungsunternehmens,
- räumliche, organisatorische und in der Regel finanzielle Unabhängigkeit des Beratungsunternehmens,
- meist frei von Weisungen des Leistungsempfängers, rechtliche Selbständigkeit (Mischformen sind in der Leistungserbringung möglich),
- auf Dauer angelegt,
- Unternehmensberatung als ausschließliche Marktleistung (Mischformen sind möglich),
- vertragliche und auf Entgelt ausgerichtete, auftragsindividuelle Leistungserstellung.

Funktionaler Aspekt – faktische Leistungserstellung:
- Dienstleistung,
- regelmäßiges und fallweises Zurverfügungstellen von Know-how,
- Transfer von Erfahrungen, Wissen und Verfahrenstechniken,
- Informationsbereitstellung auf Grund von Informationsdefiziten,
- Identifizierung und Lösung bzw. Anleitung zur Lösung betriebswirtschaftlicher Probleme,
- Problemlösung,
- geistig-kreativer Prozess,
- Auffinden innovativer Problemlösungen,
- ganzheitliche Problemsicht und Lösungsansätze,
- Inhalte: allgemeine Unternehmensprobleme, zwischenbetriebliche Probleme, Marktprobleme,
- Zweck der funktionalen Leistungserbringung: Beseitigung von Schwachstellen,
- Erhöhung der Wirtschaftlichkeit, Produktivität, Rentabilität,
- Entwicklung von Ideen/Konzeptionen, Strategien, Entscheidungshilfen.

Funktionaler Aspekt – Prozess der Leistungserstellung:
- Soziale Intervention,
- interaktiver Prozess mit materieller oder immaterieller Wirkung,
- synchrone und interaktive Kommunikation zwischen Leistungsgeber und Leistungsnehmer.

1.2 Eine kleine Geschichte der Unternehmensberatung

Um ein grundlegendes Verständnis von Unternehmensberatung zu gewinnen, ist es nützlich, sich mit den Wurzeln und der Entwicklung der Unternehmensberatung auseinanderzusetzen. Vielfach wird – fälschlich – angenommen, dass sich die Unternehmensberatung erst in den letzten 20–30 Jahren entwickelte. Das Gegenteil ist der Fall. Parallel mit der Industrialisierung wuchs auch der Markt für Berater, die entweder über ein spezielles Know-how oder eine Vision bzw. Perspektive verfügten, die sie ihren Klienten bzw. Arbeitgebern vermittelten. Exemplarisch sollen hier drei Berater vorgestellt werden, die zur Zeit der Jahrhundertwende und kurz danach tätig waren: *Taylor*, das Ehepaar *Gilbreth* sowie eine Ikone der Unternehmensberatung, *Peter F. Drucker*. Der historische Abriss soll hier in der gebotenen Kürze vorgestellt werden, detailliertere Informationen finden sich z. B. bei *Clutterbuck* und *Crainer* (1991).

Einer der heute noch bekanntesten Unternehmensberater ist *Frederick Winslow Taylor* (1856–1917). Im Management bekannt wurde er mit seinen Veröffentlichungen A Piece Rate System (1895) und Principles of Scientific Management (1911). Er folgte der Idee, dass, wenn alle Subsysteme in einem Unternehmen optimiert worden sind, das Ganze gut funktionieren und es eigentlich der Summe seiner Teile entsprechen müsste. *Taylor* wurde in unterschiedlichsten „kränklichen" Betrieben als Geschäftsführer (Berater) eingesetzt, die er mit seinen Methoden, z. B. Qualitätskontrollen in der Fertigung, ausgefeilte Systeme der Vorgabezeiten, unterschiedliche Stücklohnsysteme, Lieferantenoptimierung etc. sanierte; mit steigender Produktivität in diesen Unternehmen sank der Personalstand. Kritisiert wird heute wie damals, dass *Taylors* Systeme die Mitarbeiter Automaten gleichstelle, die Zusammenarbeit zwischen ihnen verhindere und deren Engagement sowie Einfallsreichtum als wichtigste Ressource in den Unternehmungen missachte. Dessen ungeachtet war *Taylor* einer der Ersten, die das System Arbeit beobachteten, analysierten und kontrolliert veränderten.

Frank Gilbreth (1868–1924) und *Lilian Gilbreth* (1878–1972) führten *Taylors* Zeitanalysen fort und entwickelten Kameras, mit denen sie Bewegungsabläufe von Arbeitern festhielten. *Frank Gilbreth* folgte dabei der Überlegung, dass Bewegungsleerläufe vermieden werden sollten, um einen optimalen Output des Arbeiters zu erzielen. So gelang es z. B. bei Maurern, die verarbeiteten Stückzahlen pro Zeiteinheit von 1000 auf 2700 zu erhöhen. Die

Gilbreths erkannten den hohen Stellenwert der Mitarbeiterorientierung, ihre Erkenntnisse führten z. B. zu dem, was wir heute unter Karriereplanung verstehen.

Am meisten Einfluss auf die Managemententwicklung und damit auch auf die Unternehmensberatung übt *Peter F. Drucker* (geb. 1909) aus. Seine Erkenntnisse und Begriffe, z. B. Dezentralisierung, Topmanagement, Unternehmenskultur, Führungsgrundsätze, Qualität als Maßstab für Produktivität, Mentoring, Karriereförderung, Management by Objectives etc. sind noch heute im Sprachschatz jedes Uni-Absolventen. 1942 erhielt *Drucker* sein erstes Beratungsmandat von General Motors. Er ist bekannt für seine „erste Frage" an die Mitarbeiter seiner Klienten: „Was machen Sie, um Ihre Präsenz auf der Gehaltsliste zu rechtfertigen?" Wegen seiner direkten Art titulieren ihn seine Kunden als „Managementbeschimpfer", obwohl ihn z. B. die Ideen für eine Humanisierung der Arbeitswelt ein Leben lang leiteten und er für ein verantwortungsvolles Management plädierte. *Peter Drucker* betrachtete die Betriebsberatung als Labor, als Experimentierfeld für seine Theorien.

Universitäten und Business Schools stand er sehr skeptisch und distanziert gegenüber, auch weil sie eine Verwissenschaftlichung seines Schaffens bewirken wollten. Dennoch sind seine Visionen von beispielloser Aktualität: Schon 1988 beschrieb er in einem Artikel in der Harvard Business Review Entwicklungen in den Unternehmen, wie sie heute in Europa auf Grund von Business Reengineering, Lean Production, virtuellen und wissensbasierten Organisationen modern geworden sind.

Chronologie wichtiger Entwicklungsschritte in der Beratung:

1532 *Macchiavellis* Il Principe
1886 Gründung des analytischen Testlabors durch *Arthur D. Little*
1895 A Piece Rate System von *F. Taylor*
1909 Gründung von Arthur D. Little, Inc.
1911 The Principles of Scientific Management von *F. Taylor*
1911 Motion Study von *F. Gilbreth*
1912 Beratungsunternehmen von *F. Gilbreth*
1914 *E. Booz* gründet Business Research Services
1925 *J. O. McKinsey* gründet sein Beratungsunternehmen
1934 *Urwick, Orr & Partners*: Management ist lehr- und lernbar
1939 *Peter Drucker* schreibt sein erstes Buch: The End of Economic Man
1947 Gründung des Travistock Institute
1949 *Robert Wiener* veröffentlicht Cybernetics

1. Normen, Regeln und Praxis der Beratung

1950 *Marvin Bower* wird geschäftsführender Direktor bei McKinsey und leitet die Expansion ein
1951 Der Deming-Preis für Qualitätsverbesserung wird in Japan eingeführt
1954 Gründung des Bundes Deutscher Unternehmensberater (BDU e.V.); *Peter Drucker:* The Practise of Management
1957 *Argyris:* Personality and Organisation
1958 Gründung des Beratungsunternehmens Kepner und Tregoe
1959 *Herzberg/Mausner/Snyderman:* The Motivation to Work
1960 *McGregor:* The Human Side of Enterprise; *Maslow:* Motivation and Personality
1963 Gründung der Boston Consulting Group
1964 *Blake/Mouton:* The Managerial Grid
1965 Eröffnung der ersten beiden Wirtschaftshochschulen in Großbritannien

1.3 Beratungsethik und Beratungsprozess

Vielfach wird den Unternehmensberatern vorgeworfen, „die schnelle Mark" bestimme ihr Agieren und damit würde auch gleichzeitig signalisiert, dass „abkassieren" nichts mit erbrachten Leistungen zu tun hätte. Erfahrungen nach der Wende in den neuen deutschen Bundesländern, das damit verbundene Glücksritterimage der Beraterbranche und die Erfahrung, dass viele Unternehmen nach Abschluss der Beratungstätigkeit mit undurchführbaren Konzepten allein gelassen wurden, konnten diesen Eindruck bestätigen und ließen es wieder einmal mehr als notwendig erscheinen, über Beratungsethik und deren Einfluss auf den Beratungsprozess nachzudenken. Was berechtigt eigentlich Berater, sich in Unternehmen einzumischen, z.B. so wie 1989 im Osten Deutschlands? Ist es ihr Expertenwissen, ihre soziale Kompetenz, das Problemlösungs- und Implementierungs-Know-how? Idealerweise wäre es von allem etwas und manches mehr.

Ausgangspunkt ethischer Überlegungen sind die ethischen Werte, Normen und Vorstellungen einer Gesellschaft, die das Verhalten und Zusammenleben regulieren und für das einzelne Individuum weitgehend erträglich machen sollen. Festgehalten sind die Grundlagen dieser Normen z.B. in Verfassungen und Grundgesetzen, den Zehn Geboten und den Moraltheologien, in Amtseiden von Präsidenten und Bundeskanzlern etc. Ebenso gibt es vielfältigste nichtkodifizierte Wertvorstellungen. Auf dieser Basis lassen sich die Grundsätze einer allgemeinen Wirtschaftsethik ableiten, die sich einerseits in den Vorstellungen, Erwartungen und Haltungen der

Klienten wiederfinden, andererseits aber genauso die Berater beeinflussen (vgl. z. B. *Kappler/Scheytt* 1995).

Unter Beratungsethik im engeren Sinn können alle Werte, Normen und Maximen für die Erstellung von Unternehmensberatungsleistungen verstanden werden, die aus der Verantwortung und den Handlungen oder Unterlassungen des Beraters gegenüber seinem Klienten entstehen. Darüber hinaus muss sich der Berater mit den ethischen Vorstellungen seines Klienten auseinandersetzen, um im Beratungsprozess einen Ausgleich bei einander entgegenlaufenden Wertvorstellungen anzustreben und mögliche Konflikte daraus im Beratungsprozess produktiv zu nutzen.

Während der Angebots- und Vertragsverhandlungsphasen sollten also sowohl Klient als auch Berater bereits überprüfen, ob ihre ethischen Vorstellungen übereinstimmen. Diese Chance wird von beiden Seiten leider zu selten genutzt. Zu oft sind Berater nur zu gute Verkäufer und Klienten mit dem System „Problemstellungen der Unternehmensberatung" zu wenig vertraut. Oder das angebotene Beratungsprodukt ist eine Instant-Lösung, eine entpersonalisierte und standardisierte Gebrauchsanweisung, die mit der Persönlichkeit des Beraters und jener des Unternehmens nichts oder zu wenig zu tun hat. Es werden „Produkte" statt spezifische Beratungslösungen verkauft. Oft werden beispielsweise auch sogenannte Kurzberatungen oder Unternehmensanalysen angeboten, die, eng angelehnt an Checklisten, mit einem interaktiven Beratungsprozess nichts gemein haben und in den Händen von „Laien" in den Unternehmen nicht nur jede beratungsethische Orientierung vermissen lassen, abgesehen von oft mehr oder weniger schrecklichen sonstigen Auswirkungen.

Für viele Berater stellt sich die Frage nach ethischen Grundsätzen nicht. Sie glauben, dass sie ja nur Rat geben und für die Umsetzung andere verantwortlich sind. Aber gerade diese Umsetzung generiert in einer Welt der Interessengegensätze Nutznießer und Geschädigte. Die meisten Berater werden, traditionell von den Unternehmensleitungen engagiert, die Nutzenmaximierung in der Zufriedenstellung ihrer Auftraggeber sehen und somit die Interessen der Unternehmensleitungen vertreten. Nicht zwangsläufig – und Gott sei Dank eher selten – liegen die Anliegen der Leitung und der Mitarbeiter an entgegengesetzten Polen der Interessengegensätze. Der Bereich dazwischen ist in der Regel das Feld des Beraters und seiner Interventionen, und dort muss er letztlich eigenverantwortlich ethische Positionen beziehen. Sich lediglich als Erfüllungsgehilfe des Auftraggebers zu sehen, ist natürlich auch eine Ethikvariante, aber was für eine!

1. Normen, Regeln und Praxis der Beratung

Ethische Fragestellungen gehen regelmäßig über den Beratungsprozess hinaus, so z. B. bei Wettbewerbs- bzw. Betätigungsgrenzen der Beratung an sich: Klienten wollen natürlich nicht, dass Beratungsunternehmen zur selben Zeit Konkurrenten beraten, auch wenn sie vielleicht hier wie dort in verschiedenen Unternehmensbereichen tätig sind. Beratungsgesellschaften haben oft in ihren Allgemeinen Geschäftsbedingungen niedergeschrieben, dass solche Kollisionen vermieden werden. In der Regel ist in den Beratungsgesellschaften der Informationsfluss auch so organisiert und nicht zuletzt auf Grund der räumlichen Trennung der Beraterteams auch gesichert, dass außerhalb der Projektteams keine für den Klienten wettbewerbsschädlichen Informationen fließen. Problematisch wird die Situation allerdings, wenn sowohl im Klientenunternehmen als auch in der Beratungsgesellschaft personelle Fluktuationen auftreten und sich die am Beratungsprozess Beteiligten nicht mehr an ursprünglich bestehende bzw. vereinbarte ethische Spielregeln halten.

Solche Konstellationen verdeutlichen die Widersprüchlichkeit verschiedener ethischer Normen und zeigen deren Konfliktanfälligkeit mit Sacherfordernissen einer effektiven Beratung. Die tatsächliche oder lediglich deklarierte, aber nicht wirklich verfolgte Haltung der Loyalität und Vertrauenswürdigkeit des Beraters gegenüber dem Klienten kann aber auch, wie angedeutet, in Konflikt geraten mit dem ebenso notwendigen Bestreben des Beraters, seine nachhaltige Existenzsicherung nicht durch eine ausschließliche Bindung an einen Klienten zu gefährden. Der Klient wählt einerseits den Berater gerade wegen seiner fach- und branchenspezifischen Kompetenz und Erfahrung aus, möchte aber genau diese für ihn so geschätzte Attraktivität des Beraters in Zukunft nicht wirksam werden lassen. Sie stellt ja für den Berater einen wichtigen „Marktwert" dar. Diesem Klientenwunsch werden daher eher kleine und vom Klienten sehr stark abhängige Beratungsunternehmen entsprechen, es sei denn, ihre Interessen werden materiell in geeigneter Form aufgewogen; Letzteres wird sicher selten der Fall sein.

Ähnliche Konflikte können bei der Nennung und Bekanntgabe von Referenzen auftreten, weil viele Klienten es sicher nicht goutieren, wenn ihre Problemstellungen und -lösungen über den Referenzweg breiter bekannt werden.

Eine andere der zahlreichen und sehr konkreten ethischen Fragen ist die der Transparenz bei der Honorarabrechnung, die natürlich für den Klienten gesichert sein sollte und somit Honorare nachvollziehbar sind. Dem steht leider die nicht selten geübte Praxis zu hoher Abrechnungen gegenüber, bei denen mehr als der tatsächlich zu verrechnende Spesen- und Zeitaufwand angesetzt wird und Honorare kräftig aufgeblasen werden. Frisierte Rechnungen sind eher eine noch simple aber doch betrügerische Manipulation.

Eine erfolgreiche Berater-Klienten-Beziehung setzt gegenseitige Akzeptanz und somit Vertrauen und Verständnis voraus. Der Berater muss den Klienten kennen lernen und verstehen, wie dieser offene Probleme sieht. Das erfordert Zeit sowie Einfühlungsvermögen und verbietet rasch hervorgezauberte Standardlösungen, d. h. es sind möglichst betriebsspezifische bzw. individuelle Lösungen anzustreben. Dieses Postulat ist an sich bereits normativ, aber auch darüber hinaus zweifellos von hochaktueller beratungsethischer Relevanz: Die Beratung ist der Aufgabenstellung anzupassen, nicht die Aufgabenstellung dem vorgefertigten „Beratungsprodukt" oder dem begrenzten Repertoire des Beraters.

Was passiert aber tatsächlich am Beratungsmarkt? Nicht zu Unrecht geraten vor allem große internationale Unternehmensberatungsfirmen mehr und mehr in den schlechten und immer lauter hörbaren Ruf, mit Akquisitionsgeschick, Routine und, soweit im Einzelfall möglich, mit enormer Marktmacht und rücksichtsloser Nutzung ihrer Möglichkeiten, aber unter Missachtung von möglichen und notwendigen Individuallösungen, zu Höchstpreisen Klienten in technokratischer Art und Weise mit Rezeptpaketen zu überfahren, d. h. betriebsspezifische und personale Gegebenheiten zu ignorieren. Gegen solche international immer üblicher gewordenen Praktiken kann den Klienten und Betrieben wirklich nur ein großes Maß an Kreativität für alternative Beraterlösungen und Stehvermögen gewünscht werden, um nicht Opfer der sogenannten GlobalPlayers der Beratungsbranche zu werden. Es wird auch verstärkt notwendig sein, dass Auftraggeber sich einmal auch die Mühe machen sich detailliert und fundiert mit Beratungsangeboten auseinanderzusetzen und zum Zweiten dann vor allem den Entscheidungsmut haben, ein Angebot auch eines nicht so „berühmten" Beraters auszuwählen, wenn es sachlich und vom zu erwartenden Stil der Zusammenarbeit gerechtfertigt ist. Ängstliche und entscheidungsschwache Auftraggeber sichern sich leider persönlich nur zu gerne dadurch ab, dass sie zweit- oder sogar drittklassige Angebote auswählen, wenn sie meinen durch ihre Entscheidung für eine „berühmte" und regelmäßig vergleichsweise teure Beratungsfirma sich vor dem möglichen Vorwurf einer Fehlentscheidung schützen zu können – man hat sich doch für die „Besten" entschieden. Gerade Entscheidungsträger aus dem öffentlichen und somit regelmäßig „geschützten Bereich" neigen zunehmend zu solchen risikoscheuen, obskuren und in ihren Auswirkungen oft sehr nachteiligen Entscheidungspraktiken.

1.4 Grundsätze und Richtlinien für die Beratungstätigkeit und Kalkulation

Die Grundsätze und Richtlinien für die Beratungstätigkeit können durch zwei Komponenten umfassend beschrieben werden. Die erste betrifft Vorgaben für das Beratungsverhalten und den Berater selbst, die zweite betrifft den Umgang von Beratern mit den Klienten. Sie haben vor allem einmal den Zweck, eine reibungslose Geschäftsbeziehung zwischen Berater und Klient zu gewährleisten, und sie prägen weiteres generell den Auftritt der Berater am Markt.

Folgende **Qualitätskriterien** sollten durch den Berater erfüllt werden – in Deutschland können das Soll-Vorgaben sein, wie z.B. die Statuten im BdU sie vorsehen, in Österreich entsprechen sie den Richtlinien des Fachverbandes für Unternehmensberatung und Informationstechnologie der Wirtschaftskammer Österreich – und haben sozusagen die Aufgabe von Fixsternen für eine klare Kursbestimmung des Beratungsprozesses:

– **Sorgfaltspflicht**: Der Unternehmensberater muss seinen Beruf gewissenhaft und mit der Sorgfalt eines ordentlichen Kaufmannes ausüben; das sehen auch die gesetzlichen Rahmenbedingungen vor. Nach jüngsten OGH-Urteilen wurde für Unternehmensberater in Österreich die bereits bestehende und erhöhte Sorgfaltspflicht nach § 1299 ABGB wesentlich verstärkt. Das heißt, dass Berater aufgrund ihrer besonderen fachlichen Qualifikation dann einschreiten müssen, wenn sie bemerken, dass dem Klientenunternehmen Schwierigkeiten drohen. Das wird immer dann der Fall sein, wenn der Berater im Zuge seiner Tätigkeit für den Klienten z.B. Liquiditätsschwierigkeiten, Insolvenzgefahr oder ähnlich gravierende Probleme feststellt und es verabsäumt, ihn diesbezüglich aufzuklären. In solchen Fällen muss er eine Erweiterung seines Auftrages vorschlagen.
– **Fachliche Kompetenz**: Der Unternehmensberater soll nur jene Aufträge übernehmen, für die er auch die nötige Fachkompetenz, Fähigkeiten und Erfahrungen besitzt. Er soll nur Lösungen anbieten, die dem Stand der Wissenschaft, der aktuellen Branchenentwicklung und den Kundenbedürfnissen in bester Weise gerecht werden. Er hat alle Anstrengungen zu unternehmen, seine Kenntnisse, Fähigkeiten und Methoden ständig zu verbessern und die

Vorteile dieser Verbesserung seinen Klienten uneingeschränkt zur Verfügung zu stellen.
- **Unabhängigkeit:** Der Unternehmensberater muss in seiner Berufsausübung seine persönliche, technische, wirtschaftliche, administrative, politische und emotionale Unabhängigkeit wahren. Er darf keine Bindungen, welcher Art auch immer, eingehen, die seine berufliche Unabhängigkeit gefährden. Unternehmensberater haben ausnahmslos unvoreingenommene und objektive Beratungen durchzuführen. Ist die Unabhängigkeit nicht mehr gegeben, muss der Berater seinen Kunden darauf hinweisen und unter Umständen das Mandat niederlegen.
- **Eigenverantwortlichkeit:** Der Unternehmensberater muss sich persönlich ein Urteil bilden und seine Entscheidungen danach ausrichten; er muss ggf. auch dafür geradestehen.
- **Seriosität:** Unternehmensberater sollen nur solche Aufträge annehmen, die für den Klienten auch die vor Auftragserteilung bestimmten Vorteile bringen können. Ein seriöser Berater wirkt außerdem bei der Realisierung seiner Vorschläge mit, und zwar so lange, bis der Klient auch ohne seine Hilfe die anstehenden Aufgaben selbst durchführen kann. Seine Arbeit sollte das Ziel der „Hilfe zur Selbsthilfe" verfolgen.
- **Integrität:** Die Beziehungen zwischen Unternehmensberater und Klient beruhen auf einem Vertrauensverhältnis. Ist das Vertrauen nicht gegeben, soll weder ein Auftrag begründet noch weitergeführt werden.
- **Vertraulichkeit:** Alle Informationen aus dem Klientensystem müssen streng vertraulich behandelt werden, Unterlagen dürfen Dritten nur mit schriftlicher Erlaubnis übergeben werden, Referenzen können nur dann genannt werden, wenn der Klient ausdrücklich zustimmt. Diese Grundsätze gelten auch für die Beschäftigten des Beraters.
- **Lauterer Wettbewerb und Kooperation:** Unternehmensberater erbringen keine unentgeltlichen Leistungen. Sie achten das geistige Urheberrecht und verwenden fremdes Material nur unter der Angabe der Quellen. Bei umfassenden Beratungsaufträgen ist oft die Bildung eines Beratungsteams notwendig. In solchen Fällen garantiert der Unternehmensberater für die Leistungsfähigkeit und Qualität seiner Kooperationspartner sowie für eine aufeinander abgestimmte Beratungstätigkeit des gesamten Teams. Bei Teamberatungen wird ein Projektverantwortlicher festgelegt und dem Klienten bekanntgegeben.
- **Honorarrichtlinien:** Unternehmensberater berechnen Honorare, die in angemessenem Verhältnis zu Art und Umfang der durchge-

führten Beratung stehen. Die Honorarsätze werden vor Beginn der Beratungstätigkeit mit dem Klienten vereinbart. Angebote werden ausschließlich so formuliert, dass sich der Klient ein inhaltlich vollständiges und umfassendes Bild von den zu erwartenden Leistungen sowie den dabei in Rechnung gestellten Honoraren machen kann.

- **Werbung**: Unternehmensberater verpflichten sich zu seriösem Verhalten in Werbung und Akquisition und präsentieren ihre Qualifikationen einzig in Hinblick auf ihre tatsächlichen Fähigkeiten, Erfahrungen und ihr Beratungs-Know-how.

Bei der Einhaltung dieser Beratungsgrundsätze dürfte der Berufsstand sein Ansehen wahren bzw. vergrößern können. Je mehr Unternehmensberater sich diesen Grundsätzen und Richtlinien verpflichtet fühlen, umso leichter wird es für sie, sich ihren Klienten als seriöse Marktteilnehmer und Partner zu präsentieren. Um diesen Anforderungen zu entsprechen, schlagen wir folgende Fixpunkte für **Allgemeine Geschäftsbedingungen** als Grundlage der Zusammenarbeit vor, die integrierende Bestandteile jeder Beratungsvereinbarung sein sollten:

- Inhalt und Geltungsbereich der Beratungstätigkeit,
- Umfang des Beratungsauftrages, zeitlicher Rahmen,
- Berater und Mitarbeiter,
- Sicherung der Unabhängigkeit,
- Form der Berichterstattung,
- Schutz des geistigen Eigentums des Unternehmensberaters/Urheberrecht/Nutzung,
- Mängelbeseitigung und Gewährleistung,
- Haftung,
- Verpflichtung zur Verschwiegenheit,
- Honoraranspruch und Abrechnungsverfahren,
- Honorarhöhe,
- anzuwendendes Recht, Qualitätskriterien bzw. Arbeitsgrundsätze, Erfüllungsort, Gerichtsstand.

Für die **Kalkulation** der Beratungsleistungen legen die einzelnen Verbände der Unternehmensberater und anderer wirtschaftsberatender Berufe in der Regel Honorarrichtlinien auf. Als Honorar wird die Vergütung von Leistungen und Aufwendungen des Unternehmensberaters und seiner Erfüllungsgehilfen verstanden. Die Honorarrichtlinien, ob verbands- oder beratereigene Regelungen, sind dem Klienten spätestens bei Auftragsunterzeichnung zu übergeben. Ein Großteil der Berater kalkuliert und rechnet nach firmenspezifischen Honorarregelungen ab, da die Verbandsempfehlungen oft nicht auf den jeweiligen Einzelfall anwendbar, für den Klienten oft nicht leicht nachvollziehbar und insgesamt nur sehr schwer in die Marketing- und Vertriebsarbeit eines Beratungsunternehmens integrierbar sind. Verbandstarife haben sich allerdings als Maßstab der Vergütung und des Spesenersatzes dann sehr gut bewährt, wenn einmal der Berater als Sachverständiger für Gerichte tätig wird und zum Zweiten seine einem Klienten gegenüber verrechneten Honorare selbst Gegenstand einer gerichtlichen bzw. schiedsgerichtlichen Auseinandersetzung werden.

Unterschieden werden Regelungen mit Pauschalhonorierung von solchen, in denen auf der Basis des Zeitaufwandes abgerechnet wird. In den Pauschalhonoraren sind in der Regel alle Spesen und sonstigen Aufwendungen des Unternehmensberaters eingeschlossen. Wird nach Zeitaufwand abgerechnet, werden sie gesondert ausgewiesen und verrechnet. Oft ist der Ausgangspunkt für die Kalkulation ein sogenanntes Tagwerk oder auch Manntag, das entspricht üblicherweise einer 8-Stunden-Einheit.

Honorarrichtlinien nach Zeitaufwand können Zuschläge zum Stundensatz vorsehen, die nach dem Ort der erbrachten Leistung (Büro des Unternehmensberaters, beim Klienten, bei Dritten), nach dem Zeitpunkt der Leistungsaufwendung, nach der Ausarbeitung von Analysen und Konzepten, der Ausarbeitung von Studien, der Übernahme von Forschungsaufträgen, der Erstellung von Gutachten zur Vorlage bei Behörden, Gerichten, Banken, Förderungsinstitutionen u.ä., nach Berater- und Sachbearbeiterqualifikationen, Beiziehung von Subunternehmern (Rechtsanwälte, Ärzte, Zivilingenieure), eigenen Beratungssätzen bei Investitionen, Immobilien, Geldbeschaffung und der Personalbeschaffung differenzieren.

Nebenkosten, die anlässlich der Beratungstätigkeit entstehen können, sind z.B. Reisekosten, Kilometergelder und Diäten, Kosten für Telefon, Fax, Stempelmarken, Gebühren, Vervielfältigungen, Kopien, Drucksorten, Kosten für die Beschaffung von Unterlagen, anteilige Deckung der Bürokosten durch Aufschläge. Die Nebenkosten schwanken erfahrungsgemäß zwischen 10 und 30% des eigentlichen Honorars.

Die Umsatzsteuer ist in der Regel in diesen Beträgen nicht enthalten und wird dem Auftraggeber gesondert in Rechnung gestellt.

Nach Rechnungslegung ist die sofortige Zahlung fällig, bei verzögerter Zahlung (ohne Vereinbarung) werden entweder banksübliche Verzugszinsen verrechnet oder Anteile des Stundensatzes. Die Rechnungslegung erfolgt bei Vereinbarungen nach Zeitaufwand idealerweise monatlich, vor allem deswegen, damit sich die Klienten über den Leistungsfortschritt und die Kostenentwicklung ein zeitnahes und detailliertes Bild machen können (vgl. *Lorenz* 1996).

Mit den Klienten können auch A-Konto-Zahlungen vereinbart werden. So können bei Abrechnungen nach Zeitaufwand z. B. 30% des erwarteten Honorarvolumens bei Auftragserteilung lukriert werden, bei Pauschalhonoraren gelten bis zu 50% des erwarteten Honorars als angemessen.

Bei öffentlichen Auftraggebern sind fast immer Pauschalhonorare üblich. Ebenso werden größere Aufträge mit klar umrissenen Inhalten und Projektcharakter immer häufiger auch von privaten Auftraggebern zu Pauschalhonoraren vergeben, vielfach in Verbindung mit Ausschreibungsverfahren; letztere haben in den vergangenen Jahren geradezu eine Vervielfachung zu Lasten freier Vergaben erfahren.

1.5 Berufsbild der Unternehmensberater

Aufgrund der Probleme bei der Definition und Abgrenzung der Unternehmensberatung von anderen unternehmensnahen Dienstleistern sind viele Verbände dazu übergegangen, Berufsbilder verknüpft mit Tätigkeitsfeldern zu entwerfen. Die Vor- und Nachteile können ergänzend zu früheren Bemerkungen kurz skizziert werden: Vorteile liegen darin, dass Tätigkeiten taxativ aufgezählt werden, die zum Berufsstand gehören, und somit relativ scharf umrissene Arbeitsfelder beschrieben werden. Nachteilig ist, dass nicht kurzfristig auf Veränderungen reagiert werden kann. Abbildung 1 enthält eine detaillierte und umfassende Aufstellung über das Berufsbild und Tätigkeitsfelder des Unternehmensberaters.

Diese Aufzählung von Tätigkeitsfeldern der Unternehmensberater befindet sich natürlich in einem ständigen Diskussions- und Entwicklungsstadium. Sie zeigt den breiten Bereich von Spezialisierungs- und Einsatzmöglichkeiten für Unternehmensberater auf, ebenso die Vielfalt an möglichen Spezialisierungsvarianten.

I. Unternehmensführung/Managementberatung

1. Entwicklung und Anpassung von Unternehmenskonzeptionen
   1.1 Unternehmensanalyse (Stärken- und Schwächenanalysen, sonstige Analysen)
   1.2 Leitbildentwicklung und strategische Unternehmensplanung
2. Betriebswirtschaftliche, technische, rechtliche und organisatorische Beratung bei Unternehmensgründungen, -umwandlungen, -nachfolgen, -übernahmen und -liquidationen
3. Kooperationen
   3.1 Beteiligungsplanung
   3.2 Feasibility Studies
   3.3 Due Diligence-Überprüfungen
4. Mergers & Acquisitions Consulting
   4.1 Beratung bei Unternehmensveräußerungen
   4.2 Fusionsberatung
   4.3 Patentverwertung
   4.4 Bewertung von Unternehmen
5. Beratung bei Management Buy-Out
6. Unternehmensverwaltung und treuhändige Verwahrung von Unternehmen bzw. Unternehmensteilen, z. B. Masseverwaltung nach der Insolvenzordnung
7. Sanierung von Unternehmen, Krisenmanagement
8. Controlling
   8.1 Unternehmenssteuerung und -planung
   8.2 Istanalyse
   8.3 Planung mit Maßnahmen
   8.4 Abweichungsanalysen
9. Management auf Zeit
10. Projektmanagement, Leitung, Unterstützung, Steuerung und Überwachung von Projekten, beispielsweise bei Investitionen, Reorganisationen u. ä.
11. Innovationsberatung
12. Coaching

II. Qualifiziertes Personalmanagement

1. Personalpolitik und -strategie
   1.1 Entwicklung und Implementierung von personal- und Führungsgrundsätzen und -systemen
   1.2 Quantitative und qualitative Personalbedarfsplanung
2. Analyse und Organisation des Personalsystems
   2.1 Stellenbeschreibung und -entwicklung, Funktionendiagramme
   2.2 Stellen-, Leistungs- und Arbeitsplatzbewertung
   2.3 Anforderungs- und Fähigkeitsprofile
   2.4 Karriereberatung
   2.5 Nachfolgeplanung
   2.6 Erstellung von Entgeltsystemen
   2.7 Personaleinsatz und -planung
   2.8 Arbeitsgestaltung
   2.9 Bewertung und Entwicklung von Arbeitszeitmodellen
   2.10 Unternehmens- und Umweltanalyse

1. Normen, Regeln und Praxis der Beratung

3. Personalentwicklung
   3.1 Beschreibung und Entwicklung von Mitarbeiterpotentialen
   3.2 Evaluierung von Mitarbeiterleistungen
   3.3 Eignungs- und Potenzialuntersuchungen
   3.4 Entwicklung und Gestaltung von innerbetrieblichen Förderungsmaßnahmen
   3.5 Erstellung von Aus- und Fortbildungskonzepten
   3.6 Training und Trainingscontrolling
   3.7 Organisation und Durchführung von Seminaren, Kursen, Lehrgängen und Vortragsveranstaltungen
4. Personalmarketing
   4.1 Internes Personalmarketing, Strategien zur Personalplanung und -entwicklung, Gestaltung der Personal- und Führungsarbeit
   4.2 Externes Personalmarketing, Personalimage-Kampagnen, Public Relations
   4.3 Arbeitsmarkt-, Image-, Umfeld-, Berufsforschung
   4.4 Beschreibung, Entwicklung und Anwendung von Corporate Identity-, Coporate Design- und Coporate Culture-Konzepten
5. Personalbeschaffung
   5.1 Personalbedarfserhebung
   5.2 Suche und Auswahl von Mitarbeitern
   5.3 Einführung und Einarbeitung von Mitarbeitern
   5.4 Arbeitsvermittlung gemäß den Bestimmungen der Gewerbeordnung (§ 183, GewO 1993) und des Arbeitsmarktförderungsgesetzes
6. Personaladministration
   6.1 Planung von Personalinformationssystemen
   6.2 Organisation der Personalarbeit und -verwaltung
7. Personalforschung
   7.1 Betriebsklimaanalysen
   7.2 Fluktuations- und Fehlzeitenanalysen
   7.3 Gehaltsvergleiche
8. Personalabbau, Outplacement
9. Arbeits- und Sozialrecht, z. B. im Rahmen von Dienstzetteln, Arbeitsverträgen u. ä.

III. Marketing

1. Entwicklung von Marketingkonzepten und -strategien
   1.1 Strategische Marketingplanung
   1.2 Marktsegmentierung und Zielgruppenidentifikation
   1.3 Innovationsmarketing und Diversifikation
   1.4 Produktmanagement
   1.5 Angebotsoptimierung
   1.6 Politik der Absatzwege und -methoden
   1.7 Absatzplanung und -kontrolle
   1.8 Aufbau und Verbesserung des Marketing-Controllings
2. Marketing-Logistik/Distribution
   2.1 Aufbau von Vertriebsorganisationen
       – Vertriebsplanungs- und Steuerungssysteme
       – Realisierung von Auftragsabwicklungsorganisationen (administrativer Verkauf)
       – Aufbau von Außendienstorganisationen (Operativer Verkauf)

- Produktvermarktung
- Akquisitionskonzepte
- Franchise-Konzepte
3. Marktanalyse, -beobachtung und -prognose
   3.1 Marktuntersuchungen, Nachfrageanalysen
   3.2 Imageuntersuchungen
   3.3 Beurteilung der Mitbewerber
   3.4 Markt-Portfolio-Analysen
   3.5 Aufbau von Marktinformationssystemen, Kundenprofilierung
   3.6 Markenpolitik
   3.7 Standortanalysen
4. Preis- und Konditionenpolitik
5. Exportmarketingberatung
   5.1 Exportkonzeptionierung
   5.2 Auslandsmarktforschung
   5.3 Koordinierung bilateraler bzw. multinationaler Kooperationen
   5.4 Lizenzen
   5.5 Joint Ventures
6. Konzeptionierung der Marktkommunikation
   6.1 Beratung in kommunikationsstrategischen Fragen
   6.2 Entwicklung und Ausarbeitung von betriebswirtschaftlichen Basiskonzepten für Werbekampagnen, PR, Sales Promotion und Verbraucherinformationen (Agenturbriefing)
   6.3 Produktinformationen
   6.4 Einsatz von Verkäufern bzw. persönlicher Verkauf

IV. Organisation/Verwaltung
1. Organisation
   1.1 Aufbauorganisation
   1.2 Ablauforganisation
   1.3 Organisationsentwicklung
2. Organisation und Planung
   2.1 Aufgaben- und Tätigkeitsanalysen
   2.2 Bürokommunikation
   2.3 Aufbau des Beleg- und Formularwesens
   2.4 Dokumentation, Registratur, Archivierung, Bibliothekswesen
   2.5 Einsatz technischer Kommunikations- und Organisationsmittel
   2.6 Büroraumplanung
   2.7 Arbeitsplatzgestaltung
   2.8 Beratung in arbeitstechnischen Fragen
3. Hardware- und softwareherstellerunabhängige Beratung über aufgabenadäquaten Einsatz von Hard- und Software zur Unterstützung systemspezifischer (wirtschaftlicher, kommunikativer und technischer) Abläufe
   3.1 Lösungsspezifische Auswahl von Hardware und Systemkomponenten
   3.2 Auswahl der entsprechenden Anwendungssoftware
   3.3 Datenschutzberatung
4. Informationsmanagement
   4.1 Interne und externe Informationsbeschaffung, Informationsverwaltung
   4.2 Informationsverarbeitung und Auswertung
   4.3 Aufbau von Management-Informationssystemen

1. Normen, Regeln und Praxis der Beratung 27

V. Technik/Technologie
1. Analyse und Wirtschaftlichkeitsbeurteilung technischer Investitionen und Produkte
2. Produktentwicklung/Produktdesign
   2.1 Ideenmanagement, Kreativitätstechniken, -management
3. Produktionsplanung und -steuerung
   3.1 Erstellung von Produktionsplänen
   3.2 Materialplanung und -steuerung
   3.3 Kapazitätsplanung und -steuerung
   3.4 Durchlaufzeit- und Terminermittlung
   3.5 Ausarbeitung von Arbeitsunterlagen
4. Produktions- und Fertigungstechnik
   4.1 Betriebswirtschaftlich-organisatorische Planung technischer Prozesse, z. B. Beratung beim Einsatz flexibler Fertigungssysteme
   4.2 Optimierung produktions-, fertigungs- und verfahrenstechnischer Abläufe
5. Qualitätssicherung und -planung
   5.1 Entwicklung und Realisierung von Qualitätssicherungsmaßnahmen
   5.2 Erarbeitung der Unterlagen und Dokumentationen für die Qualitätsplanung und -sicherung, z. B. für die ISO-Zertifizierung, TQM
6. Technische Organisation und Automatisierungstechniken
   6.1 Wirtschaftlichkeitsbeurteilungen beim Einsatz von Automatisierungstechniken
   6.2 Planung und Auswahl von PPS-Systemen
   6.3 Einsatz EDV-gestützter Hilfsmittel, z. B. für die Netzplantechnik
7. Technologieberatung
   7.1 Betriebswirtschaftliche Bewertung der Einsatzmöglichkeiten und Auswahl neuer Technologien (wie z. B. Mikroelektronik, flexible Automation, neue Werkstoffe und neue Bearbeitungsverfahren)
   7.2 Einführungsplan und -organisation
8. Arbeitsvorbereitung und Arbeitstechnik
   8.1 Arbeitsanalyse und Zeitwirtschaft
   8.2 Arbeitsplanung
   8.3 Beschreibung, Entwicklung und Aufbereitung arbeitstechnischer und betriebswirtschaftlicher Kennzahlen sowie Statistiken
   8.4 Ergonomie
9. Betriebsstättenorganisation

VI. Logistikberatung
1. Beschaffungs-, produktions-, und distributionslogistische Konzepte
2. Lagersystemplanung und Bestandsmanagement
3. funktionale Planung für Fertigungs-, Lager-, Produktions- und Verwaltungsbetriebe
4. Auswahl von Logistiksystemen und Logistiksoftware
5. Transportoptimierung

VII. Finanz- und Rechnungswesen
1. Aufbau und Organisation des betrieblichen Rechnungswesens
   1.1 Einrichten der Buchführungsorganisation
   1.2 Einrichten der Lohn- und Gehaltsverrechnung, Abrechnung lohnartenbestimmter (d. h. abgabenrechtlich klassifizierter) Belege
   1.3 Beratung auf dem Gebiet der Organisation und Führung des betrieblichen Rechnungswesens
   1.4 Selbständige Führung von Büchern und Aufzeichnungen sowie Statistiken und Rechenwerke jeder Art für betriebswirtschaftliche Zwecke jeder Art (Planungs- und Kostenrechnungen etc.)
   1.5 Berücksichtigung steuer- und abgabenrechtlicher Fragen
2. Bilanzanalysen
3. Erstellen von Erfolgsrechnungen
4. Erstellen von Betriebsergebnisrechnungen
5. Beratung auf den Gebieten Finanz- und Investitionsplanung
6. Kostenrechnung und Kalkulation
7. Planungsrechnung und Budgetierung
8. Betriebswirtschaftliche Statistik
9. Beratung bei der Kapitalbeschaffung
10. Liquiditätsmanagement
11. Förderungsmanagement
12. Betriebswirtschaftliche Sonderprobleme im Rahmen des Operation Research und der mathematischen Planungsrechnung
13. Produktivitäts-, Wirtschaftlichkeits- und Rentabilitätsanalysen

VIII. Raumwirtschaft
1. Raumplanung
2. Infrastrukturanalysen
3. Standortberatung
4. Raumentwicklungskonzepte
5. Entwicklung und Anwendung von Informationssystemen, z. B. Geographische Infosysteme

IX. Ökologieberatung (unter allen oben genannten Aspekten)
1. Vorsorgeberatung zur Vermeidung von Umweltschäden
2. Umweltschutzberatung
3. Umstellung auf ökologischen Landbau
4. Einführung umweltschonender Verfahrenstechniken
5. Landschaftsschutz/Gartenbau
6. Fremdenverkehrsgerechte Landschaftsplanung
7. Entsorgungsproblematik, Abfallwirtschaft, Recycling, Planung integrativer ökologischer wirtschaft- und umweltentlastender Systemabläufe
8. Auswirkungen der Umweltschutzgesetzgebung
9. Erarbeitung von Abfallwirtschaftskonzepten
10. Ökoauditing

X. Beratung in außenwirtschaftlichen Belangen
1. Beratung im Zusammenhang mit der Integration des europäischen Binnenmarktes
2. Informationsmanagement
3. Gestaltung der außenwirtschaftlichen Beziehungen von Unternehmen und anderer supranationaler Gebilde
4. Beratung und Entwicklung internationaler Kooperationen

XI. Wirtschaftsmediation
1. Vermittlung in allen unternehmensinternen persönlichen Konflikten zwischen Einzelpersonen, Gruppen, Abteilungen und bei Mobbing
2. Vermittlung von streitigen Verhandlungen zwischen Management und Betriebsrat, zwischen Unternehmen, z. B. Lieferant und Abnehmer, Mitbewerbern, Konzernfilialen
3. Analyse von Konflikten innerhalb und zwischen Unternehmen
4. Beratung bei der Auswahl der Verhandlungspartner oder Verhandlungsteam
5. Vermittlung in der gemeinsamen Verhandlung anstehender Streitpunkte
6. Unterstützung bei der Formulierung einer verbindlichen Vereinbarung
7. Begleitung bei der Unterstützung
8. Begleitung interner organisatorischer Veränderungsprozesse

Abb. 1: Berufsbild und Tätigkeitsfelder von Unternehmensberatern

1.6 Recht und Vertragsgestaltung in der Beratung

Prinzipiell können sowohl Klient als auch Berater den Beratungsvertrag nach ihren Vorstellungen gestalten. Begrenzt wird die Gestaltungsfreiheit durch die gesetzlichen Regelungen (§ 134 BGB), die Rechts- und Sittenordnung (§ 138 HGB) und den Grundsatz von Treu und Glauben (§ 242 HGB). Ergänzt wird die Vertragsgestaltung noch durch zwingende Vorschriften im Besonderen Schuldrecht (§§ 248, 276 II, 619, 637 BGB). In der Praxis ist die Gestaltung und gegenseitige Anerkennung der jeweiligen Geschäftsbedingungen allerdings auch eine Frage der Marktposition von Berater und Klient. Durch Allgemeine Geschäftsbedingungen der Berater wird nahe liegenderweise versucht, deren Rechtsposition zu stärken; bei größeren Auftraggebern oft mit eingeschränktem Erfolg, da diese eigene rechtliche Vorstellungen und Regelungen durchzusetzen versuchen. Andererseits werden Berater mit hohem Ansehen und guter Auslastung ihre Geschäftsbedingungen eher zur Vertragsgrundlage machen können. Größere Einrichtungen wie Kommunen, Ministerien u. ä. bestehen bei Auftragserteilungen an externe Berater in der Regel auf ihren Geschäftsbedingungen und schließen in den Angebotsunterlagen diejenigen der externen Berater explizit aus.

Kleinere Aufträge werden oftmals nicht ausverhandelt. Zum einen, weil die Vertragspartner annehmen, es gäbe keine Störungen in der Leistungserbringung, und den Beratungsauftrag für leicht überschau- und kontrollierbar halten, zum anderen, weil oft dringender Handlungsbedarf besteht und die Vertragspartner nicht langwierige Vertragsverhandlungen führen wollen. Beide Seiten vertrauen zudem oft darauf, dass im Falle einer Auseinandersetzung außergerichtliche Lösungsmöglichkeiten gefunden werden können.

Problematisch wird die Sache, wenn lediglich Beratungsinhalt bzw. -gegenstand und Honorarhöhe vertraglich festgehalten werden, und zwar deswegen, weil bei Streitigkeiten z.B. vor deutschen Gerichten dann unterschieden werden muss, ob ein Dienst- oder ein Werksvertrag (geschuldete Tätigkeit oder geschuldeter Erfolg) dem Rechtsgeschäft zugrunde liegt. Eine Möglichkeit der Klarstellung liegt darin, dass die Beratungsvereinbarung einen konkreten Titel (z.B. Werksvertrag oder Dienstvertrag) hat. Festzuhalten ist auf jeden Fall, dass sich die Vertragspartner, die ja häufig juristische Laien sind, über den jeweiligen Titel und seine Auswirkungen im Klaren sein sollten. Weiters wird mit rechtlichen Konsequenzen unterschieden in Projekt- und Dauerberatungsverhältnisse. Eine differenzierte Darstellung der Rechtsgrundlagen findet sich bei *Exner* (1992), zu den rechtlichen Grundlagen sei auf das BGB §§ 631 ff. verwiesen.

Folgende rechtliche **Risiken** können identifiziert werden:

– Das **Fehlerrisiko** liegt darin, dass der Unternehmensberater seine Leistung nur mangelhaft erbringt. Das Dienstvertragsrecht sieht keine Regelung vor bzw. der Unternehmensberater haftet nur bei Verschulden, nach dem Werksvertragsrecht kann der Klient Neuherstellung, Mängelbeseitigung, Wandelung/Minderung oder Schadenersatz verlangen, und zwar verschuldensunabhängig (Ausnahme: § 635 BGB). Bei Projektberatungen wird in der Regel auf Grund der besseren Fachkenntnis der Unternehmensberater mit dem Fehlerrisiko belastet, bei Dauerberatungsverträgen, bei denen der Unternehmensberater die an ihn gestellten Anforderungen nicht vorhersehen kann, wird nur eine verschuldensabhängige Haftung angenommen. Fazit dieser Erkenntnisse ist, dass das Werksvertragsrecht für Projektberatungen die bessere Wahl ist, das Dienstvertragsrecht ist bei Dauerberatungen sowohl für den Unternehmensberater als auch für den Klienten besser.

1. Normen, Regeln und Praxis der Beratung

Risiken	Dienstvertragsrecht	Werksvertragsrecht
Mängelhaftung UB	verschuldensunabhängige Haftung	nur bei Verschulden
Fehlerrisiko		Neuherstellung (§§ 631, 633 I BGB) Mängelbeseitigung (§§ 633 II BGB) Wandelung/Minderung (§ 634 BGB) Schadenersatz (§ 635 BGB)
Zeitrisiko	unabhängig vom Vertragstyp (§§ 284, 286 BGB)	unabhängig vom Vertragstyp (§§ 284, 286 BGB)
Zufälliges Risiko	Leistungs- und Vergütungsgefahr für UB (§§ 640, 644 I 1 BGB)	UB. Vergütungsgefahr (§ 323 BGB) Klient: Leistungsgefahr
Abwicklungsrisiko, Verschulden beim Klienten	Geldleistung ohne Verpflichtung zur Nachleistung (§ 615 BGB) keine Kündigungsmöglichkeit	Honorar und Entschädigung für Nachteile (§ 642 I BGB) Kündigung und Honorar für bereits erbrachte Leistung (§ 645 I 2 BGB)

Abb. 2: *Risiken differenziert nach rechtlicher Grundlage*

– Das **Zeitrisiko** liegt in Verzögerungen oder Unterbrechungen der Beratungsleistung. Der Unternehmensberater haftet für Verzögerungen unabhängig vom Vertragstyp.
– **Zufällige Risiken** können weder vom Klienten noch vom Unternehmensberater beeinflusst werden. Die daraus entstehenden Schäden müssen von beiden Seiten getragen werden. Im Dienstvertragsrecht kann der Klient z. B. bei Wegfall des Beratungsgegenstandes aus außerordentlichem Grund kündigen. Im Werksvertragsrecht hingegen trägt der Unternehmensberater bis zur Annahme die Leistungs- und Vergütungsgefahr und der Klient hat einen Neuerstellungsanspruch. Bei Daueraufträgen erhält der Unternehmensberater sein Honorar plus einen halben oder ganzen Monatshonorarsatz, der Klient erhält fortlaufende Verbesserungen – das Dienstvertragsrecht ist also für beide Seiten interessanter. Im Werksvertragsrecht erhält der Unternehmensberater seine tatsächlichen Auslagen ersetzt.

- Das **Abwicklungsrisiko** liegt in der nicht ordnungsgemäßen Mitwirkung des Klienten bei der Beratungstätigkeit. Im Dienstvertragsrecht kann der Unternehmensberater, ohne Nachleistungen zu erbringen, sein Honorar verlangen. Im Werksvertragsrecht kann er entweder sein Honorar und eine Entschädigung für Nachteile erhalten, die durch seine Leerzeiten entstanden sind. Oder er kündigt das Beratungsverhältnis und beansprucht die aliquote Vergütung seiner bisherigen Beratungsleistungen und eine Entschädigung. Für den Klienten ist, wegen der Gefahr der berechtigten Vertragskündigung, das Dienstvertragsrecht die bessere Lösung, auch wenn er ggf. Beratungshonorar für leistungsfreie Zeiten zahlen muss. Das Abwicklungsrisiko liegt in der Sphäre des Klienten, insofern sehen die gesetzlichen Vorgaben auch eine verstärkte Heranziehung desselben vor.

Für die Allgemeinen Geschäftsbedingungen haben die Verbände, z. B. der BDU in Deutschland oder der Fachverband für Unternehmensberatung und Informationstechnologie der Wirtschaftskammer Österreich, Mustervorlagen entwickelt, die den Beratern helfen sollen, durch das Dickicht der verschiedensten rechtlichen Regelungen zu navigieren.

1.7 Funktionelle Anforderungen an den Berater

Mit funktionellen Anforderungen soll der scheinbar banalen Frage nachgegangen werden, was ein Berater im Klientensystem eigentlich bewirken kann und soll.

Berater müssen, neben der eigenen Experteneigenschaft und den sozial-kommunikativen Fähigkeiten, **Wissen** vermitteln über

- juristische Zusammenhänge und Sachverhalte, die mit den bearbeiteten Feldern korrespondieren;
- Methoden, die es erlauben, die Komplexität bzw. die Problemlage des Klientensystems abzubilden und, entsprechend den kritisch-rationalen Vorgaben, sie entsprechend zu beschreiben, zu analysieren, zu manipulieren und Veränderungen zu prognostizieren;
- die Erkenntnisse aus theoretischen Modellen und deren Umsetzungen in die jeweilige betriebliche Praxis, und zwar so, dass die Mitarbeiter des Klientensystems operationale Handlungs- bzw. Verhaltensanweisungen bekommen;
- den Einsatz von Experten und damit als Voraussetzung das Wissen im Klientensystem, wo die Grenzen der eigenen Leistungsfähigkeit liegen;

1. Normen, Regeln und Praxis der Beratung 33

- das Denken und insbesondere Handeln in interdisziplinären Kategorien;
- die Kumulierung, Speicherung und Abrufbarkeit von Informationen und das Know-how Informationsprozesse einzuleiten bzw. sicherzustellen;
- die Schaffung von Subsystemen im Klientensystem, die selbststeuernd und aktiv Aufgaben übernehmen können;
- unterschiedliche Perspektiven über die Beziehungen innerhalb und mit der Umwelt des Klientensystems und das daraus entstehende Konfliktpotential in die richtige Richtung zu leiten;
- seine eventuell über das Beratungsmandat hinausgehende Aktions- und Reaktionsmöglichkeiten bzw. die Bewältigungsrepertoires des Klientensystems mit Konflikten und Krisensituationen schnell und richtig einzusetzen, um mögliche Folgeschäden zu minimieren;
- zielgerichtetes und trotzdem fehlertolerantes Vorgehen des Klientensystems;
- die Positionierung der Mitarbeiter des Klientensystems vor dem Hintergrund der Bewusstmachung der Konsequenzen eigenen Handelns bzw. dessen Unterlassung;
- die Möglichkeiten des Coachings und der Betreuung von Mitarbeitern im Klientensystem, die auf Grund des Beratungsinhaltes und der Konsequenzen eine exponierte Position einnehmen können.

Darüber hinaus muss der Berater ein tiefes **Verständnis** davon haben, was durch sein Engagement für ein Unternehmen in diesem und seinem unmittelbaren Umfeld (Lieferanten, Banken, Kunden) an Prozessen in Gang gesetzt werden kann, und wie der Betrieb oder er selbst es verhindern kann, dass sich hierbei Fehlentwicklungen ergeben. Im letzteren Falle wird der Berater analog oder ähnlich der Sorgfalts- und Haftungsregelungen von Geschäftsführern, die sich nicht oder nur schwer beschränken lassen, danach trachten, dass seine Interventionen im Klientensystem nicht zu ungesteuerten und damit unerwünschten Ergebnissen führen.

Die hohen funktionellen Anforderungen bedingen fast zwangsläufig, dass der Berater laufend an sich arbeiten und Inter- sowie Supervisionsmöglichkeiten nutzen muss, um seine Positionierung entsprechend solide gegenüber dem Klientensystem zu finden. Das sollte in besonderem Maße über die Weiterqualifizierung in fachlicher Hinsicht geschehen, damit der Berater Anker- und Orientierungspunkte hat, die es ihm ermöglichen, aus einer fachlich und persönlich gefestigten Position seine Wirkung auf und im Klientensystem selbstkritisch zu beobachten und zu evaluieren sowie Fehlentwicklungen möglichst frühzeitig zu identifizieren bzw. zu korrigieren.

Berater müssen in ihren Funktionen für Klientensysteme eine ausgeprägte **Prozesskompetenz** haben bzw. entwickeln, die es ihnen ermöglicht, systemgerechte und akzeptierte Interventionen zu setzen. Die Emanzipation der Berater und ihres Leistungsvermögens kann dann erfolgen, wenn sie sich vom Reparaturdienst hin zum echten Dienstleister entwickeln, der als Partner und Wegbegleiter von Klienten sowohl rational als auch systemisch und kultursensibel mithilft, gemeinsame Herausforderungen zu bewältigen.

1.8 Persönliche Anforderungen an den Berater: Profile, Fähigkeiten, Entwicklungen

Ein idealtypisches Profil mit wenigen Eckpunkten, die gute Berater treffend charakterisieren, kann und soll hier nicht gegeben werden. Umfangreiche empirische Untersuchungen aus Unternehmensberatern und Klientenbefragungen zeigen vielmehr, dass eine Vielzahl von Faktoren die Profile und Fähigkeiten beeinflussen und sich im Ablauf einer Beratung hinsichtlich ihrer Gewichtung verändern – worauf routinierte Beratern „automatisch" im Hinblick auf die jeweiligen Anforderungen des Klientensystems reagieren und ihr Handeln entsprechend abstimmen.

Befragungen von Unternehmensberatern haben ergeben, dass keine genau definierten Fähigkeiten, Fertigkeiten oder Persönlichkeitsfaktoren über den Erfolg oder Misserfolg bei Kunden Auskunft geben, sei es vor oder nach der Akquisitionsphase, sondern dass in absteigender Rangfolge Faktoren wie Erfahrung, persönliche Kontakte, Empfehlungen, Spezialfachwissen, Bekanntheitsgrad, Branchenkenntnisse, Methoden und Internationalität, d.h. insgesamt ein eher unscharfer Qualifikationsbereich für die Erlangung von Aufträgen und deren erfolgreiche Bewältigung von entscheidender Bedeutung sind. Die Anforderungen an den Berater nach der Akquisitionsphase, wenn er also tatsächlich für das Klientensystem tätig wird, werden sich entsprechend den angetroffenen Verhältnissen oft gegenüber vorhergehender Annahmen verschieben können.

Das **Selbstbild der Berater** über ihre notwendigen Eigenschaften lässt sich in abfallender Bedeutung wie folgt charakterisieren (Quelle: Struktur und Imageanalyse Unternehmensberater, Wien 1994):

1. Normen, Regeln und Praxis der Beratung

- Kommunikationsbereitschaft,
- analytisches Denken,
- interdisziplinäres Denken und Arbeiten,
- zuhören können,
- Lernbereitschaft,
- Kreativität,
- Flexibilität,
- Belastbarkeit,
- Selbständigkeit und
- mehrjährige Berufserfahrung.

Zusätzliche Voraussetzungen sehen Berater noch in folgenden Qualitäten:

- Guter Hausverstand,
- Fachautorität,
- Offenheit,
- Verhandlungsgeschick,
- Teamgeist,
- Mobilität,
- Fremdsprachenkenntnisse,
- gute Allgemeinbildung,
- internationales Denken und Arbeiten,
- abstraktes Denken und
- akademische Graduierung.

Wenn diese Faktoren aus der Sicht der Berater für das Reüssieren im beratenden Beruf entscheidend sind, ist es auch sinnvoll, die Suche nicht nur auf prädestinierende Persönlichkeitsmerkmale zu konzentrieren, sondern sich verstärkt auch verhaltensorientierten Beschreibungsmustern zuzuwenden.

Selbstverständlich sind fundierte Kenntnisse im betriebs- und volkswirtschaftlichen Fachgebiet hinreichende, aber keine notwendigen Bedingungen für einen guten Berater. Karrieren in jüngster Zeit in der Beraterzunft, z.B. die von *Reinhard Sprenger*, weisen auch auf sehr gute Möglichkeiten für Quereinsteiger hin, zumindest für einige Sachgebiete der Beratung.

In den Schlüsselpositionen vieler Klientenunternehmen findet man wirtschaftlich sehr gut ausgebildete Mitarbeiter und Führungskräfte, die aber auf Grund ihrer Position und Schwächen der „sozialen Kompetenz" einfach keine Beratungstätigkeiten im eigenen Unternehmen durchführen können. Auch Berater, die aus Spitzenpositionen der Wirtschaft in den beratenden Beruf einsteigen, haben längerfristig nach dem Abkühlen ihrer guten Beziehungen, die anfänglich über die Akquisitionshürden hinweghelfen mögen, erfahrungsgemäß eher Probleme.

Beratungserfolg oder die Antwort auf die Frage: „Was macht einen guten Berater aus?", hängt in Zukunft noch mehr als schon heute nicht lediglich von einer hohen fachlichen Kompetenz ab. Kommunikative Fähigkeiten, Einfühlungsvermögen, partnerschaftliche Verantwortungsbereitschaft, Stilfragen, das „mentale Fitting", die „Chemie" zwischen Klient und Berater gewinnen stark an Bedeutung, das vor allem vor dem Hintergrund, dass einmal weder die Klienten noch die Berater emotionslose Maschinen sind, die per Knopfdruck anspringen und zum Zweiten die ursprünglich viel stärker auf „reine Sachfragen" fokussierte Beratung sehr stark auf Bereiche ausgedehnt wurde, die neben den sog. Hard Facts vor allem auch die Soft Facts einschließen. Diese Entwicklungen korrespondieren mit den internen Veränderungen der betrieblichen Verhältnisse und deren Umwelten, aber auch einem geänderten Selbstverständnis der beratenden Berufe und den Berater-Klienten-Beziehungen.

Eine wesentliche Fähigkeit der Berater soll u. a. sicherlich darin liegen, dass ihre mündliche und schriftliche Ausdrucksfähigkeit sehr stark ausgeprägt sein muss, um dem Klienten entsprechende Informationen zu geben, ebenso sind feine Antennen für unterschwellige Signale aus dem Klientensystem unabdingbar.

Die **Entwicklungen in den Anforderungen** an Unternehmensberater können aus folgender Auflistung entnommen werden, die von einer amerikanischen Beratungsgruppe zum Leitfaden für ihre Berater verwendet wird und gleichzeitig ein persönliches Konzept für Berater zum Inhalt hat (vgl. *Niedereichholz* 1994):

Das persönliche Konzept für den Berater soll demnach folgende Einstellungen widerspiegeln:
- Keine Furcht vor Misserfolgen,
- Selbstvertrauen,
- Objektivität,
- Bereitschaft, aus Fehlern zu lernen,
- Selbstkontrolle.

Das professionelle Image:
- Anderen helfen – Hilfe zur Selbsthilfe,
- kontinuierlich lernen,

1. Normen, Regeln und Praxis der Beratung

- funktionales Wissen,
- Selbstdarstellung als Experte,
- technisches Wissen.

Fähigkeiten, um Einfluss auszuüben:
- Anwendung von Beeinflussungsstrategien,
- verstehen, wie andere reagieren,
- ein positives Image schaffen,
- richtige Anweisungen geben,
- die eigene Wirkung beachten,
- hervorragende Präsentationsfähigkeiten.

Verständnis schaffen:
- Erkennen der wichtigsten Ängste und Bedenken im Klientensystem,
- zwischenmenschliche Beziehungen schaffen,
- den Beitrag des Klienten hoch bewerten,
- Klarheit schaffen.

Die zurzeit absehbaren bzw. publizierten und propagierten Entwicklungen bei den Anforderungen an Berater haben eher organisatorische und formale Schwerpunkte, wie z.B. die Forderungen nach ISO-Zertifizierungen oder ähnlichen tatsächlichen oder vermeintlichen „Gütezeichen", akademischer Ausbildung, Zusatz- und Mehrfachausbildungen. Es spricht allerdings bereits die gegenwärtige Beratungsrealität dafür, dass die gegenwärtig deklarierten Anforderungsmerkmale in absehbarer Zeit durch verhaltens- und verfahrensrelevante Faktoren eine Ergänzung erfahren und somit weitaus besser signalisiert wird, was den Berater ausmacht. Durch die zunehmende Liberalisierung der gewerberechtlichen Vorgaben bei gleichzeitiger EU-typischer Verschärfung der Haftungsverhältnisse werden sich vermutlich in einer Übergangsphase zwiespältige Entwicklungen der Beraterprofessionalität im Sinne einer Polarisierung zwischen hoher und geringer Qualifikation einstellen, verbunden mit Nachteilen für die Auftraggeber, und zwar insbesondere für kleinere Betriebe.

Längerfristig ist durch die heute bereits sehr harten Wettbewerbsverhältnisse auf den Beratungsmärkten mit einer verstärkten Differenzierung und Verbesserung der Beratungsleistungen und deren intensiveren Evaluierung zu rechnen. Zunehmend notwendige ganzheitliche Beratungen werden zukünftig entweder von großen Beratungsunternehmen oder durch Beraternetzwerke kleiner und mittlerer Beratungsunternehmen erbracht werden, d.h. auch da-

1. Teil: Grundlagen, Märkte und Schwerpunkte der Beratung

durch steigt sowohl die Vielfalt der Leistungsmöglichkeiten, aber auch zweifellos das Niveau der Anforderungen an Berater. Zu den persönlichen Voraussetzungen für erfolgreiche Berater gehörte stets und auf alle Fälle eine überdurchschnittliche **Leistungsbereitschaft und -fähigkeit**, die vor allem auch bei großen Beratungsgesellschaften gefordert und in der Regel auch durch steile Karrierepfade belohnt wird. Steigt ein begabter Absolvent in ein Großunternehmen ein, wird er den Karrierezenit in 20–30 Jahren erreichen. Bei den internationalen Beratungsunternehmen ist das schon nach 7–14 Jahren möglich, und dies durch vergleichsweise weitgehend selbstbestimmte Arbeit.

1.9 Beratungsvarianten: Gutachten, Expertisen, Organisationsentwicklung, Systemische Vorgehensweise

Die vier beispielhaft genannten und vor allem durch ihre Methode und telelogische Sichtweise verschiedenen Beratungsvarianten kennzeichnen und charakterisieren die unterschiedlichen Tätigkeitsfelder der Unternehmensberatung recht gut. In der gutachterlichen Beratung wird vor allem versucht, objektiv das bestehende Klientensystem zu beschreiben und vom externen Berater die Grundlagen für eine Entscheidungsvorbereitung zu erhalten. In der Expertenrolle greift das Klientensystem auf das Wissen und den Erfahrungshintergrund des Beraters zu, der in der Regel Lösungskonzepte vorlegt und nur zum Teil in die Umsetzung involviert ist. In der Organisationsentwicklung tätige Berater sehen sich als Experten für den Anstoß zum Lernen in Klientensystemen und sich selbst eher in der Rolle des Begleiters von Veränderungsprozessen. Systemisch orientierte Berater sehen Mandate oder Klienten als soziale Systeme (s. Kapitel 13), die auf Grund von durch die Berater geschaffenen Irritationen bislang verdeckte (z. B. unwritten rules) Kommunikations- bzw. Interaktionsmuster reflektieren und darüber zu einer Optimierung ihres Systems gelangen sollen (vgl. z. B. *Walger* 1995).

Eng verbunden mit den Beratungsarten ist somit die Sichtweise der Berater von den Unternehmen bzw. die Sichtweise der Unternehmen von sich selbst.

Ein immer wichtiger werdendes Merkmal der Beratung liegt darin, ob und mit welcher Intensität und mittelbaren oder direkten Verantwortung der Berater bereit und gefordert ist, bei der Umsetzung von Lösungskonzepten konkret mitzuwirken bzw. ob er für solche

Aufgaben herangezogen wird. Die umsetzungsorientierte Beratung ist tendenziell das Feld der kleineren und mittleren Beratungsunternehmen und zielt besonders ab auf Auftraggeber kleiner und mittlerer Betriebsgröße. Große Beratungsunternehmen haben darin traditionell Schwächen.

2. Beratungsmärkte und Akquisitionsverhalten

Der generelle Trend in der Beratung, jedes Jahr insgesamt fulminante Umsatzsteigerungen zu erzielen, hält ungebrochen an; um ca. 12% p.a. stiegen die Umsatzerlöse der Branche in den letzten 5 Jahren in Deutschland (Quelle: BDU-Presseinformation). Die Beratungsinhalte unterliegen dabei erheblichen Veränderungen. In den letzten Jahren wurde das Augenmerk verstärkt auf betriebsinterne Optimierungsprozesse gelegt, Schlagworte dafür sind Lean Management, Reengineering u.ä. Nun schlägt das Pendel wieder in die andere Richtung und es wird von den Klienten wieder kräftig in expansive Techniken investiert. Mass Customization, Internationalisierung und Wachstumsstrategien sind Themen, die einen weiteren Nachfrageboom nach Beratungsleistungen auslösen werden. Mittel- und langfristig kann weiters davon ausgegangen werden, dass die herkömmliche Unternehmensberatung sehr stark mit Aufgabengebieten der Informationstechnologie zusammenwächst und sich beide Bereiche gegenseitig durchdringen. Derzeit (2001) sind nach Schätzungen etwa 50% der Unternehmensberatungen bereits mit informationstechnologischen Elementen verknüpft. Beratungsfirmen, die beide Bereiche professionell und aus einer Hand leisten können, zeichnen sich durch ein weit überdurchschnittliches Wachstum aus. Man kann durchaus sagen, dass bei diesen Firmen die Rasanz der informationstechnologischen Entwicklung die Unternehmensberatung „mitzieht". Der erstaunliche Boom dieses Branchenmix ist erst wenige Jahre alt und sehr wahrscheinlich durch hohe Nachhaltigkeit gekennzeichnet.

Trotz des generell positiven Markttrends in der Beratung ist allerdings nicht zu übersehen, dass eine differenziertere Betrachtungsweise der Angebots- und Nachfragemärkte erforderlich ist, die auch zeigt, in welchem tiefgreifenden und vielfältigen Wandel sich die Beratung befindet. Dieser Wandel ist an sich nichts Neues, er vollzieht sich allerdings mit einer Raschheit und Dynamik, die sich durch die

Bezeichnung „Umbruch" besser beschreiben lässt. Diese Umbruchsituation und der sich daraus ergebende hohe Anpassungsdruck scheint einen beträchtlichen Teil der Berater, insbesondere bei kleineren Beratungsunternehmen, deutlich zu überfordern; in der aktuellen, insgesamt positiv verlaufenden Entwicklung gibt es Marktgewinner und -verlierer.

Eine der Voraussetzungen für den Boom der Nachfrage nach Beratungsleistungen ist die Bereitschaft der Unternehmen, externe Hilfe zur Bewältigung interner Problem- und Aufgabenstellungen heranzuziehen. Offenbar haben die Unternehmen in der Vergangenheit mit dieser Vorgehensweise gute Erfahrungen gemacht. Gründe waren u.a.:

Als unbefriedigend erachtete betriebliche Tatbestände an sich, wie etwa Überlastung des Managements, Koordinations- und Kooperationsmängel u. ä.
Betriebliche Tatbestände, die zu unbefriedigenden Konsequenzen, wie beispielsweise Verschlechterung der Ertragslage, Gewinnrückgang etc. geführt haben.
Außerbetriebliche Sachverhalte, auf die durch das Unternehmen nicht mehr adäquat reagiert werden konnte, wie etwa Marktveränderungen, technologische Änderungen, Konkurrenzverhalten.
Präventivmaßnahmen, um – insbesondere in Erwartung externer Veränderungen – dem Auftreten von Problemsituationen vorzubeugen.

Abb. 3: Gründe für die „Nachfrage" von Beratungsleistungen

Ungeachtet des generellen Booms haben sich in manchen Beratungsbereichen Überkapazitäten entwickelt, nicht zuletzt deswegen, weil durch forciertes Outsourcing von Dienstleistungsbereichen, z.B. durch Consulting-Töchter von Großunternehmen im Beratungs- und Trainingsbereich, mehr Anbieter am Markt sind.

2.1 Beratungsmarkt und Konkurrenzsituation

Durch die weltweite bzw. überregionale Vernetzung der Volkswirtschaften wird der Markt für Unternehmensberatungsleistungen internationaler und zeitgleich verändern sich auch die Anforderungen an die Beratungsunternehmen. Die großen Unternehmen der Beratungsbranche setzen voll auf diese Entwicklung und auch die kleinen und mittleren Beratungsbüros reagieren auf diesen Trend mit verstärkter Vernetzung und Kooperationsbildung. So gibt es etwa in

Deutschland ca. 8000 mittelständische Beratungsgesellschaften (von insgesamt 14 300), die bei komplexen Aufgabenstellungen weitgehend auf Kooperationen angewiesen sind. In Österreich dürfte die nachhaltige Erhaltung und Entwicklung der kleinen und mittleren Beratungsunternehmen noch stärker von der Wahrnehmung unterschiedlichster Kooperationsmöglichkeiten und -chancen abhängen.

In den letzten gut 25 Jahren erlebte die Beratungsbranche generell einen sehr ausgeprägten Aufschwung, der durch starke jährliche Zuwachsraten gekennzeichnet war, und zwar im gesamten Beratungsmarkt, unabhängig von der Größe der Beratungsunternehmen. Die derzeitige Umbruchsituation in der Beratung allerdings hat die Anbieterlandschaft sehr grundlegend verändert.

Für die **großen Beratungsunternehmen** heißt das, dass

- sich die Konzentrationsbewegung zwischen den großen Beratungsunternehmen mit einer zunehmenden funktionellen und branchenorientierten Differenzierung weiter fortsetzen wird – was gerade während der vergangenen zwei bis drei Jahre (1999– 2001) festzustellen war,
- in Analogie mit der Stammklientel („global player"), den großen Konzernen und Unternehmen, die Internationalisierung weiter zunehmen wird und
- die Vernetzung und Verflechtung bei gleichzeitig fortschreitender Marktsegmentierung durch Tochterunternehmen intensiviert wird.

Für die **mittleren und kleinen Beratungsunternehmen** bedeutet das

- die steigende Notwendigkeit der Kooperation mit anderen „single player" und als Spezialisten für große Beratungsunternehmen zur Verfügung zu stehen, und zwar trotz ggf. bestehender mentaler Barrieren,
- den Zwang zu einer stärkeren Internationalisierung,
- die Gefahr einer fortschreitenden Institutionalisierung durch zu enge Kooperation mit Auftragsmittlern, wie z. B. Banken, Verbänden, Kammern und öffentlicher Förderungseinrichtungen der Wirtschaft, und
- relative Wettbewerbsvorteile gegenüber den großen Beratungsunternehmen durch projektbezogene konsortiale Lösungen zu erlangen, wie z. B. zeitlich befristete Kooperation mit beratungsfernen Experten, die in die großen Beratungsunternehmen nicht so leicht integrierbar sind.

Bei sehr vielen **Beratungsunternehmen unterschiedlicher Größe** wird, wie erwähnt, die Unternehmensberatung mit der Informationstechnologie verknüpft werden und es zu kombinierten Angeboten und Leistungen kommen.

Sollten sich diese Entwicklungen ungebremst fortsetzen, wird der Unternehmensberatungsmarkt auf der Anbieterseite sehr rasch polarisiert und von einigen wenigen Großunternehmen („big five", „top eight") beherrscht, natürlich zu Lasten vieler kleiner und mittlerer Beratungsunternehmen. Durch die Ausschreibungspraxis der Nachfrager, z.B. der öffentlichen Hand, wird diese an sich unerfreuliche Marktdynamik noch beschleunigt, weil für bestimmte Aufträge auf Grund der geforderten Kriterien nur noch eine Hand voll Auftragnehmer in Frage kommen, die nahe liegenderweise vorzugsweise auch für Folgeaufträge herangezogen werden. Dadurch werden besonders die großen Anbieter und Nachfrager weiter homogenisiert und der Beratungsmarkt verliert dadurch seinen Facettenreichtum und die Berater büßen, und mit ihnen die Klienten, viel von ihrem Erfahrungsreichtum in unterschiedlichsten Betrieben unterschiedlichster Branchen ein. Vor allem für die große Zahl der Mittel- und Kleinbetriebe, die rund 80% aller Betriebe in Deutschland und Österreich ausmachen, kann die Einschränkung der Angebotsvielfalt an hochqualitativen Beratungsleistungen von Nachteil und ordnungspolitischer Relevanz sein.

Die Aussichten auf künftige Marktentwicklungen unter diesen Bedingungen lassen für die großen, klein- und mittelständischen Beratungsunternehmen folgende **Prognosen** zu:

– Bei den großen Beratungsunternehmen wird sich der Trend zur Konzentration weiter fortsetzen. Die Märkte der internationalen Generalisten sind weitgehend erschlossen, neue Möglichkeiten können nur durch eine weitere Differenzierung und Spezialisierung im Leistungsangebot entstehen, sie werden sich stärker der mittelständischen Klientel zuwenden (z.T. mit Tochterunternehmen) und somit ihr Beratungsangebot noch ausweiten. Durch die zu erwartende Marktdominanz werden die großen Beratungsgesellschaften, noch stärker als bisher, Trends im Management vorgeben und neue Produkte und Dienstleistungen „erfinden", wie z.B. McKinsey vor Jahren die Gemeinkostenwertanalyse erfunden und erfolgreich verkauft hat. Das Problem dabei bleibt, wie schon bisher, dass die Beratungsprodukte der großen Gesellschaften sehr stark standardisiert, formal orientiert und eher teuer sind, was z.B. den Bedürfnissen einer mittelständischen Klientel nicht entspricht. Dessen ungeachtet können sie ihre Kernkompetenzen und ihre strategische Positionierung weiter ausbauen, weil sie über das Know-how und die Ressourcen verfügen, das die Bearbeitung von hochkomplexen Beratungsprojekten zulässt. Auch besteht in diesem Marktsegment nicht die Gefahr, dass Konkurrenz quasi „von unten" entsteht: Die Markteintrittsbarrieren sind eher hoch, ein Wettbewerb über den Preis eher unwahrscheinlich.

– Beratungstöchter von Großunternehmen bearbeiten Projekte mit niedriger bzw. mittlerer Komplexität. In diesem Marktsegment besteht eine Preis- und Methodenkonkurrenz, die sich zunehmend verschärfen wird.

– Der Markt für Einzelberater dürfte nach wie vor gesichert sein, auch wenn diese Beratergruppe mit einer sehr hohen Fluktuationsrate behaftet ist. Wie auch bei „Einzelkämpfern" in anderen Branchen gilt für die Beratungsbranche, dass einer hohen Gründungsrate von Kleinstbetrieben eine hohe Sterberate gegenübersteht. Die Einzelberater werden sich verstärkt spezialisieren müssen, denn auf Grund der hohen Komplexität und der Anforderungen der Aufgabenstellungen reicht das Generalistenwissen für eine „one (wo-)man show" nicht mehr aus. Ein Vorteil der Einzelspezialisten liegt sicherlich darin, dass sie sich für die Kunden durch ein verstärktes kundenbezogenes Arbeiten attraktiver positionieren und, auf ihr Fachgebiet bezogen, wesentlich effizienter und effektiver arbeiten können, als beispielsweise mittelständische Generalisten. Ihre Grenze finden sie naturgemäß in der geringen quantitativen Leistungskapazität.

– Für mittelständische Beratungsgesellschaften sehen die Zukunftsaussichten eher düster aus: Für attraktive Großaufträge sind sie zu klein, für kleine Auftraggeber in der Regel zu teuer, d.h. sie werden die veränderte Markt- und Konkurrenzsituation am ehesten spüren und sich am Markt verstärkt durch ein deutlich erkennbares Profil legitimieren müssen – die Zeiten der „Tante Emma"-Läden sind vorbei. Zudem bewegen sie sich in einem Markt, der durch eine weitgehende Intransparenz charakterisiert ist. Das Nachfrageverhalten der Kunden ist nur sehr schwer und nur mit hohem, sprich meist nicht möglichem arbeitsökonomischen und finanziellen Aufwand kanalisierbar, Anbieter und Nachfrager treffen sich eher zufällig. Oft ist es auch schwierig, die notwendige Spezialisierung für die spezifischen und sehr an praktischen Umsetzungen orientierten Erwartungen der mittelständischen Klientel zu erfüllen. Zudem ist der Markt offen für neue Wettbewerber, was zwar nicht immer zugunsten der Dienstleistungsqualität geht, trotzdem aber auch dadurch das Nachfrageverhalten der mittelständischen Klientel weiter schwanken lässt.

Vorteile der mittelständischen Beratungsgesellschaften sind sicherlich darin zu sehen, dass sie zwar selten neues Beratungswissen und kaum neue Produkte entwickeln bzw. nicht die Marktmacht haben, diese zu verbreiten, sondern dass

- sie bestehende Produkte maßgeschneidert und individuell an die jeweilige Klientensituation anpassen können,
- in der Regel der Chef der Beratungsgesellschaft persönlich vor Ort ist und die Projekte leitet,
- die Beratungsteams sich meist aus erfahrenen Beratern zusammensetzen, im Gegensatz zu Großberatungsgesellschaften, die vor Ort meist jüngere Berater einsetzen,
- die Wartezeiten in der Regel kurz sind, was die mittelständischen Berater beispielsweise für Sanierungs- bzw. Turnaround-Einsätze attraktiv macht,
- die Berater meist mit den lokalen bzw. regionalen Besonderheiten und Ansprechpersonen vertraut sind,
- sie meist billiger sind, weil keine Ausbildungs- und nur in geringem Maß Overhead-Kosten anfallen,
- sie sehr anwendungs- und umsetzungsorientiert vorgehen.

Die Markt- und Konkurrenzsituation wird sich in den nächsten Jahren, trotz allgemein positiver Marktentwicklungen für Beratungsleistungen, weiter verschärfen, so dass die Akquisitionsbemühungen besonders der mittelständischen Beratungsunternehmen weiter zu intensivieren sind. Sie müssen massiv versuchen, das Vertrauen ihrer mittelständischen Klientel zu gewinnen, diese durch hervorragende sowie bedarfsgerechte Leistungen möglichst nachhaltig als Kunden zu sichern und eine entsprechende Markttransparenz entwickeln.

Weltweit wird in den traditionellen Beratungsmärkten ein stetiges Wachstum zu erwarten sein; im Westen wird sich das Wachstum im Dienstleistungs-, im Osten im Produktionsbereich verstärken. Die Beratungsangebote werden weiter standardisiert werden, eine Entwicklung, die besonders bei Kontakten mit der öffentlichen Hand für jeden deutlich sichtbar geworden ist. Die anglo-amerikanischen Beratungsunternehmen werden ihre marktbeherrschende Rolle weiter ausbauen (vgl. *Ochsenbauer* 1996; *Fink* 2000).

2.2 Stand und Entwicklung der Beratungsnachfrage

Durch liberale Zugangsregelungen in vielen Ländern zum Beraterberuf, eine Ausnahme ist Österreich mit seinem bislang engen Korsett der Gewerbeordnung, durch die veröffentlichten attraktiven Beratungsbranchenkennziffern, die seit Jahren auf stark steigende

2. Beratungsmärkte und Akquisitionsverhalten 45

Umsätze hinweisen, und die schlechte Arbeitsmarktsituation in den vergangenen Jahren auch für qualifizierte Kräfte, drangen sehr viele Anbieter auf die Beratungsmärkte und lösten dadurch eine verschärfte Wettbewerbssituation aus. Diese „Beraterlawine" wurde erst möglich, weil die Nachfrage nach Beratungsleistungen ebenfalls sprunghaft zugenommen hat. Moderne Schlagworte wie Outsourcing, Konzentration auf die Kernkompetenzen oder Lean Management fordern eine Auslagerung von Unternehmensfunktionen, was dem Beratungsmarkt zusätzliche Impulse verleiht. Auch derzeit (2001) wächst trotz eines ausgetrockneten Arbeitsmarktes für qualifizierte Kräfte die Zahl der Berater weiter an, vielfach durch sehr gut ausgebildete und engagierte junge Menschen, die eine berufliche Selbständigkeit vergleichsweise attraktiv bewerten und diesen Weg versuchen möchten.

Durch die Leere in den öffentlichen Kassen sind zudem verstärkt Verwaltungseinrichtungen und öffentliche Unternehmen zur Leistungs- und Wirtschaftlichkeitsverbesserung auf betriebswirtschaftliches Beratungs-Know-how angewiesen und bieten zunehmend ein interessantes Geschäftsfeld, das inzwischen in Beraterkreisen längst erkannt und bearbeitet wird. So sind z.B. bei Ausschreibungen der öffentlichen Hand mittleren Umfangs, also in der Größenordnung von 180000 Euro, 50 bis 80 Angebote von Beratungsunternehmen keine Seltenheit, was dazu führt, dass die Auftraggeber die Kriterien für die Vorauswahl wesentlich verschärfen. Das begünstigt eine weitere Konzentration bei größeren und etablierten Beratungsunternehmen.

Durch das Angebotssplitting in sehr wenige große („top five") und eine Vielzahl von kleinen und mittleren Beratungsunternehmen wird bei steigender Beratungsnachfrage das Marktsegment für große Beratungsaufträge immer stärker von wenigen Anbietern bestimmt, so dass die Markteintrittsbarrieren für kleine und mittlere Beratungsunternehmen, aber auch für potenziell sehr leistungsfähige Beratungskooperationen ansteigen. Dadurch wird das vermeintliche Paradoxon verständlich, dass trotz stark steigender Beratungsnachfrage bei einer sehr großen Anzahl von Beratungsunternehmen schwierige und ruinöse Absatzprobleme festzustellen sind. Mittelfristig dürfte sich diese Situation noch verschärfen. Für die kleinen Beratungsunternehmen bleibt zunehmend der lokale bzw. regionale Markt, der sich zudem dahingehend verändert, als immer mehr kleine und mittlere Unternehmen sich zu Kooperativen formieren, die dann als potente Nachfrager von Beratungsleistungen ebenfalls renommierte und gut eingeführte Consultants beschäftigen können.

Aber auch die Berater versuchen immer häufiger sich in Kooperationen zu organisieren. Der bei den gegebenen Wettbewerbsverhältnissen vielversprechende Weg von Kooperationen ist in der Praxis aus vielerlei Gründen allerdings recht mühsam und zeitaufwändig, wenn man von gut gemeinten und vergleichsweise leicht zu erreichenden Kooperationspostulaten potenzieller Kooperationspartner absieht. Wer kooperiert nicht gern, um seine Kapazitäten zu nutzen und an interessante Aufgabenstellungen zu gelangen. Eine arbeitsfähige Beraterkooperation einzurichten und erfolgreich im Markt zu etablieren, gelang bisher tatsächlich nur sehr wenigen; siehe auch Kapitel 3.5 „Beratung im Netzwerk".

Veränderungen sind aber auch sowohl hinsichtlich der Beratungsprodukte als auch der Kunden bzw. Beratungsmärkte festzustellen: Dominierte früher die rein betriebswirtschaftliche Beratung, die sich auf Kennziffern und sorgfältige Analysen stützte und in der Regel mit einem schriftlichen Beratungsbericht endete, so sind heute moderne Beratungsprodukte gefragt, die sich an die Dynamik der Unternehmen angepasst haben. Beispiele dafür sind prozessbegleitende Methoden, die das Management des Wandels zum Inhalt haben, oder Qualitätsprogramme, die die Unternehmen auf ISO-9000 ff. vorbereiten etc.

Die Nachfrager nach Beratungsleistungen sind, neben den sogenannten herkömmlichen Klienten der Privatwirtschaft, heute verstärkt kooperierende Unternehmensgruppen, z. B. branchen- oder regionsspezifische Clusterbildungen, Mitglieder von Unternehmerverbänden oder der gesamte öffentliche Bereich (Kommunen, Landes- und Bundesministerien, Non-Profit-Organisationen u. ä.), was natürlich Einfluss auf die Beratungsmethoden und -techniken hat.

Die Beratungsmärkte passen sich an die Märkte und Strategien der Unternehmen an: Zunehmend wird international gehandelt. Aufträge, die sich auf die Erschließung neuer Märkte oder Produktionsstandorte beziehen, werden zum Standard für viele Beratungsunternehmen, z. B. in den Reformstaaten des Ostens, in den Tigerstaaten usw. Durch den Zusammenschluss von Unternehmen werden Spezialkenntnisse von Beratern auf dem Gebiet der Mergers & Acquisitions genauso nachgefragt wie die Auseinandersetzung mit interkulturellen Fragen.

Die Konkurrenzsituation für etablierte Beratungsunternehmen verschärft sich, ergänzend zu den schon skizzierten Entwicklungen, insofern, als die Großen der Branche zunehmend neue Nischen suchen, Spezialprodukte entwickeln und sich neben ihrer Stammklientel, den großen Konzernen und Verwaltungen, in stärkerem Maße

2. Beratungsmärkte und Akquisitionsverhalten

auf die mittelständische Wirtschaft konzentrieren. Allerdings hat so mancher bodenständige Mittelständler seine liebe Not mit Beratern internationalen Zuschnitts, die in ihrer an Anglizismen orientierten Sprache strategische Potenziale suchen und nicht, wie er es gewohnt ist, aus seiner Sicht hemdsärmelig vernünftige Entscheidungen vorschlagen und somit zum Problemlöser werden; oft orten solche Berater Probleme in einer Zukunft, an die der Mittelständler vielleicht nicht einmal im Traum gedacht hat, vice versa können sie ihm eine solche eventuell erst ermöglichen. Die mittelständische Klientel erwartet von „ihrem" Berater eine sehr konkrete und engagierte Umsetzungsorientierung bzw. -hilfe bei der Realisation der von ihm individuell entwickelten Lösungsansätze. Aufgrund der oft engen persönlichen Beziehungen erwarten sie zudem eine möglichst hohe personelle Kontinuität bei den Beratern. Diesen Erwartungen können internationale und große Beratungsunternehmen aus verschiedensten Gründen, die vor allem in der Arbeitsorganisation und dem Personaleinsatz dieser Unternehmen liegen, nur schwer entsprechen, denen zudem ihr vergleichsweise sehr hohes Honorarniveau bei der mittelständischen Klientel Schwierigkeiten bereitet. Natürlich ist es nicht auszuschließen, dass sich die großen Beratungsunternehmen zukünftig für den großen Bereich der mittelständischen Wirtschaft verstärkt spezielle, d.h. besser geeignete Beratungsunternehmen zulegen, z.B. durch Neugründungen oder Übernahmen bestehender Beratungsgesellschaften, die dann ausgestattet mit der erforderlichen Autonomie und den Potenzialen der Muttergesellschaft das mittelständische Marktsegment wirksam betreuen können.

In den letzten 10 bis 12 Jahren ist, wie schon erwähnt, ein Boom in der Nachfrage festzustellen. Sowohl die **Umsatzvolumina** als auch die Anzahl von Beratern hat sich in dieser Zeit verdoppelt. Allerdings sind unter den 20 umsatzstärksten Unternehmen im **deutschen Beratungsmarkt** nur fünf deutsche Beratungsgesellschaften zu finden. Die überwiegende Mehrheit stellen die internationalen Gesellschaften, wobei die Tochtergesellschaften der großen internationalen Wirtschaftsprüfungsgesellschaften eine starke Rolle spielen (Management Consultant International; Stand 1995, vgl. *Schmid/ Schumann* 1996; *Walger/Scheller* 2000; *Hirn/Student* 2001).

Die 30 größten Consulting-Unternehmen in Deutschland hatten 1995 ein Umsatzvolumen von 1,4 Mrd EURO und beschäftigten ca. 7600 Mitarbeiter. Die 10 größten allein bringen es heute auf 3,5 Mrd. EURO Umsatz (*Hirn/Student* 2001).

1. Teil: Grundlagen, Märkte und Schwerpunkte der Beratung

Unternehmen	Umsatz (1995) in Mio. DM	Wachstumsrate (zum Vorjahr, %)	Anzahl der Berater	Mitarbeiter gesamt
McKinsey & Co.	403,0	22,1	489	562
Roland Berger & Partner	252,2	6,8	331	452
Boston Consulting Group	215,0	16,2	315	k. A.
Andersen Consulting	214,0	22,3	717	990
Gemini Consulting	175,0	5,4	310	400
KPMG	149,0	13,7	500	636
Schitag Ernst & Young	148,0	16,5	532	570
Coopers & Lybrand	147,0	26,7	420	460
A. T. Kearny	125,0	22,5	180	260
Arthur D. Little	110,0	22,2	170	260
Mummert + Partner	110,0	5,7	470	530
Kienbaum & Partner	94,0	2,2	190	300
Booz, Allen & Hamilton	90,0	20,0	125	167
MC Marketing Corporation	61,0	18,4	120	170
Mercer	46,0	12,2	82	108
Bain & Company	43,2	20,0	125	167
Fraser	36,0	0,0	91	125
American Management Systems	36,0	9,1	200	240
Knight Wendling	35,0	16,6	80	100
Price Waterhouse	33,0	22,2	129	138
Baumgartner	31,5	3,3	60	110
Diebold	31,0	10,7	73	111
DGM	30,0	15,4	k. A.	150
Bossard Consultants	25,0	38,9	40	60
Management Partner	k. A.	k. A.	70	90
Orga Treu	26,2	9,1	105	117
PA Consulting	24,0	0,0	60	90
BDO	20,5	10,8	78	86
Trebag	15,0	7,1	50	80
Towers Perrin	9,7	47,0	35	54

Abb. 4: Umsätze der 30 führenden Beratungsgesellschaften in Deutschland (1995)

(Quelle: Management Consulting; die Ziffern sind z. T. vom MCI und z. T. von den Beratungsgesellschaften selbst geschätzt; vgl. *Leciejewski* 1996)

Durch Fusionen verändern sich die Ranglisten laufend: Im September 1997 schlossen sich Coopers & Lybrand und Price Waterhouse mit einem Jahresumsatz von 13 Mrd. US-$ zusammen, im Oktober

1997 sollte der Zusammenschluss von KPMG und Ernst & Young folgen. Mit 160 000 Mitarbeitern und einem Jahresumsatz von rund 18 Mrd. US-$ wären sie, nach der Genehmigung durch die Kartellbehörden, die größten Anbieter am Markt.

Der **weltweite Umsatz der Consulting-Unternehmen** betrug 1992 28,3 Mrd. US-$, wovon in den USA 15,2 Mrd., in Europa 7,6 Mrd., in Asien 3,2 Mrd. und im Rest der Welt 2,3 Mrd. US-$ umgesetzt wurden. Die Konzentrationsbewegung lässt sich daran ermessen, dass 60% des Weltmarktes von 40 Consulting-Unternehmen beherrscht wird; Andersen Consulting hatte z. B. in GB 1992 einen Marktanteil von ca. 20% (*Kubr* 1996, 1998).

Unternehmen	Umsatz (1995) in US-$	Anzahl der Berater
Andersen Consulting	3452	27 563
McKinsey	1500	3 200
Ernst & Young	1181	7 900
Deloitte Touche Tohmatsu Int.	1061	7 377
Coopers & Lybrand	1049	7 388
Booz, Allen & Hamilton	950	4 534
Mercer Management Consulting	933	k. A.
KPMG	875	6 779
Arthur Andersen	832	k. A.
Towers Perrin	766	1 605
Price Waterhouse	755	6 700
Gemini Consulting	551	1 700
EDS Management/A. T. Kearney	526	2 236
CSC Consulting	510	2 300
American Management Systems	460	3 850
The Wyatt Group	433	k. A.
Boston Consulting Group	430	1 125
Hewitt Associates	396	3 000
Sedgqick Noble Lowndes	315	k. A.
Arthur D. Little	300	720
Bain & Company	289	1 000
PA Consulting Group	282	1 200
The Alexander Group	228	1 327
Roland Berger & Partner	203	465
The Hay Group	185	758

Abb. 5: Umsätze der 25 größten Beratungsgesellschaften weltweit (1995)

(Quelle: Management Consulting International; die Ziffern sind z. T. vom MCI und z. T. von den Beratungsgesellschaften selbst geschätzt; vgl. *Schmidt/Schumann* 1996)

Neuere Umfrageergebnisse zeigen, dass sich die Umsatzanteile im Beratungsgeschäft sehr stark in Richtung der IT-Beratung entwickelt haben (46%). An zweiter Stelle liegt die Strategieberatung (26%), an der dritten die Organisationsberatung (23%), das Human Ressource Management nimmt den kleinsten Teil ein (5%; *BDU* 1999). Ähnliche Ergebnisse gibt die *FEACO* in ihren jährlichen Berichten zur Entwicklung des Beratungsmarktes wieder. Relativ gering ist der Anteil an hochspezialisierten Umsätzen, wie z. B. in der Logistik oder der Umweltberatung.

Die meisten Beratungen werden für den privaten Sektor erbracht (87,7%), sehr viel weniger im öffentlichen Bereich mit zur Zeit rückgängiger Bedeutung (5,3%). Im privaten Sektor haben den größten Anteil Banken und Versicherungen (27,9%), gefolgt von der Produktion (17,6%), der Kommunikationstechnik (12,6%) und dem Dienstleistungsbereich (10,7%). In Deutschland gibt es insgesamt 14 300 Beratungsunternehmen, in Österreich 2100 und in der Schweiz 600 (*FEACO* 2000).

Durch den globalen Wettbewerb, das ökonomische Wachstum in Europa, die Privatisierungen und Deregulierungen in den osteuropäischen Ländern sowie den gestiegenen Beratungsbedarf im IT-Bereich (z. B. durch die Datumsumstellung im Jahr 2000) ist die Nachfrage 1996 stark gestiegen: in der Schweiz um 22%, in Spanien um 21% und in Großbritannien um 18%. Heute ist die IT-Beratung der Wachstumsmotor der Branche (Quelle: BddW, 4. 8. 1997; FEACO, europäische Dachorganisation der Beraterverbände).

Die Berater selbst sehen, in absteigender Reihenfolge, als wichtigsten Tätigkeitsbereich den der Unternehmensführung, gefolgt vom Finanz- und Rechnungswesen, der Strategieentwicklung, der Optimierung der Ablauforganisation, des Marketings, der Datenverarbeitung, der Personalentwicklung, der Personalsuche und -auswahl, der Logistik und der technologischen Beratung.

Die Datenbasis über Beratungsentwicklungen ab dem Jahre 1998 hat sich leider sehr verschlechtert, ferner ist die Vergleichbarkeit vieler Werte durch die Fusion von mittleren und großen Beratungsunternehmungen verloren gegangen. Unabhängig davon kann jedoch festgehalten werden, dass die Beratungstätigkeit im IT-Bereich weit überdurchschnittlich gewachsen ist. Bei kombinierten Leistungen von Unternehmensberatung und Informationstechnologie könnte es durchaus sein, dass diese bereits den höchsten Umsatzanteil an den gesamten Beratungsvolumina einnehmen (Stand 2001).

Unverändert im Nachfrageverhalten bleibt leider das alte Problem, dass viele Unternehmen Berater erst dann einschalten, wenn sie sich in einer Krise befinden und der Gestaltungsspielraum für Sanierungen bzw. Reorganisationen schon sehr klein ist bzw. die „idealen" Interventionszeitpunkte bereits versäumt wurden. Die schärfere Wettbewerbssituation auf den Märkten und die z. T. unbefriedigenden Rahmenbedingungen des Wirtschaftens für die Unternehmen wird die Nachfrage nach dieser trouble-shooter-Funktion der Berater weiter ansteigen lassen.

Ein neues attraktives Geschäftsfeld für Berater ist sicher das gesamte Umweltmanagement, das Öko-Consulting. Die Themenbereiche reichen von der Schadstoffmessung über Risikoanalysen, die Erstellung von Öko-Bilanzen und Öko-Marketing-Konzepten. Weitere attraktive Möglichkeiten werden sich im Telekommunikationsbereich, der Privatisierungs- und Deregulierungsberatung öffnen.

Auch der Mittelstand ist und bleibt eine attraktive Zielgruppe für Beratungsleistungen, und zwar für unterschiedlichste Beratungsgegenstände, die durch einzelne Tendenzen und Notwendigkeiten jeweils eine mehr oder weniger starke Ausprägung erfahren, wie derzeit z. B. die Konzentration auf die Kernkompetenzen, Exportintensivierungen, Nachfolgeregelungen.

2.3 Stand und Entwicklung des Beratungsangebotes

Das Beratungsangebot reicht von den „Tante-Emma"-Consultants, die für jeden Nachfrager das entsprechende Produkt bereithalten, bis hin zu Beratungsunternehmen, die sich als eindeutige Spezialisten am Markt positioniert haben. 1999 haben die europäischen Berater 36 Mrd. EURO erwirtschaftet, in den meisten Ländern betrugen die Wachstumsraten durchschnittlich 15% p.a. Insgesamt dürften sich 260000 Berater in 40000 Beratungsunternehmen im europäischen Markt bewegen, wobei ca. 65% der Berater in Deutschland (64000), Großbritannien (38000), Italien (22000), Spanien (18000) und Frankreich (22000) eingesetzt werden; Deutschland und Großbritannien sind die größten Märkte für Berater. Die Märkte in Dänemark, Finnland, Griechenland, Norwegen, Portugal, Slowenien, Spanien, Schweden und Großbritannien weisen überdurchschnittliche Wachstumsraten auf, Deutschland liegt im Mittelfeld, Österreich und die Niederlande am unteren Ende (*FEACO 2000*).

So haben z.B. Andersen Consulting, McKinsey, Booz, Allen & Hamilton und die Mercer Consulting Group eine sehr starke Positionierung in der Steuerberatung und im Finanzmanagement, Ernst &

Young, Deloitte Touche Tohmatsu International, KPMG und Arthur Andersen haben einen wesentlichen Beratungsschwerpunkt in der Personalberatung und Coopers & Lybrand und Towers Perrin haben sich als Management Consultants positioniert. Diese Unternehmen setzten 1996 ca. 12,6 Mrd. US-$ um. Andere Beratungsunternehmen haben ihren Schwerpunkt in der IT-Beratung, Mergers & Acquisitions, Logistik, Absatz und Distribution usw.

Durch die Veränderung vom Käufer- hin zum Anbietermarkt haben die meisten Beratungsunternehmen eine sehr starke Kundenorientierung entwickelt, die bezüglich ihres Leistungsangebotes eine entsprechende Flexibilität voraussetzt. Der Vielfalt von Beratungsangeboten sind heute kaum mehr Grenzen gesetzt; alles was verkauft werden kann, wird angeboten. Besonders bunt ist dabei der Bereich der Personalentwicklung geraten.

Neben der **Kernbranche** der Einzelberater und Consultingunternehmen sind auf der Anbieterseite folgende **Tendenzen** mittlerweile recht gut sichtbar geworden, die für die Unternehmensberater zunehmend zur **Konkurrenz** werden:

– Traditionell diversifizieren Wirtschaftsprüfungs- und Steuerberatungsgesellschaften in den Unternehmensberatungsmarkt, zunehmend auch Rechtsanwälte. Die im Allgemeinen doch eher um ein zurückhaltendes Image und moderate Werbeauftritte bemühten Wirtschaftsprüfer und Steuerberater scheuen sich dabei nicht, sich in Anzeigen als die „besseren Wirtschaftsberater" anzupreisen. Im deutschsprachigen Raum mit seinem stark ausgeprägten Standes- und Zunftdenken der beratenden Berufe gehen solche Werbeaktivitäten noch oft am Kern vorbei, nämlich an der durchaus richtigen Idee, dem Klienten in ganzheitlicher Art und Weise eine Beratungsleistung „aus einer Hand" zu bieten, die aufgabenbezogen wirtschaftliche, rechtliche und steuerliche Aspekte gleichermaßen einschließt. In anderen Ländern, z.B. den USA, ist das schon lange erfolgreich geübte Praxis.
– Einige der Anbieter haben ein Näheverhältnis zu Finanzdienstleistern bzw. Banken, die Stakeholder von Consulting-Unternehmen sind, so z.B. Roland Berger & Partner zur Deutschen Bank (bis 1998 Mehrheitsgesellschafter) oder Dresdner Management Consult zur Dresdner Bank (bis 2000). Aber auch die Sparkassen bieten, vorläufig noch intern für die Verbandsmitglieder, Beratungsleistungen an. Die Beschäftigung dieser Beratungsunternehmen wird durch mehr oder weniger sanften Druck den Klienten angetragen, die darüber nicht unbedingt glücklich sein dürften. Die für das Beratungsunternehmen im wahrsten Sinn des

2. Beratungsmärkte und Akquisitionsverhalten 53

Wortes wertvolle Bankenkooperation wirft selbstverständlich wichtige Fragen auf, z. b. inwieweit der Berater gegenüber dem Klienten unabhängig ist, uneingeschränkt dessen Interessen vertritt oder penibel seine Verschwiegenheitspflicht erfüllen kann, d. h. nicht einmal ansatzweise als Interessenvertreter für und von einer Bank bei einem Klienten, der den Berater bezahlt (!), instrumentalisiert wird.

- Großunternehmen, die interne Serviceabteilungen ausgliedern und sie mit Consulting-Aufgaben betrauen, unter anderem in der Hoffnung, dass auf Grund des so geschaffenen Wettbewerbs die neuen Unternehmen schlanker werden, sind ebenfalls am Markt zu finden. Das Angebotsspektrum reicht hier von der Datenverarbeitung bis zur Personalentwicklung.
- Zunehmend treten auch Consulting-Töchter von Hard- und Softwareherstellern am Markt auf, z. B. die IBM-Consult (liegt bereits an 10. Stelle in Deutschland, *Hirn/Student* 2001), oder es hängen sich Beratungsunternehmen eng an Softwarehäuser an, z. B. an die SAP-Gruppe oder an Oracle.
- Traditionell bieten Kammern und Verbände in sehr breitem Umfang Beratungs-, Aus- und Fortbildungsleistungen an, vornehmlich für die mittelständische Wirtschaft. Dabei werden eigene Mitarbeiter ebenso wie freiberufliche Berater eingesetzt (z. B. IHK, Fachverbände, WIFI in Österreich, RKW in Deutschland).
- Seit einigen Jahren treten auch Fachverlage am Beratungsmarkt auf, vor allem im Seminarbereich.
- Schließlich tummeln sich am Beratungsmarkt mit einer langen Tradition sogenannte Nebenberufsberater, angefangen von Hochschullehrern, Mitarbeitern von Behörden, Kammern und Verbänden, Forschungsanstalten und verschiedensten anderen Einrichtungen, Fachschullehrern bis hin zu Managern unterschiedlichster Art. So unterschiedlich wie der fachliche, berufliche und persönliche Hintergrund des Personenkreises ist, so mannigfaltig sind die Qualifikationen, die jeweilige Intensität, Nachhaltigkeit und Art des Einsatzes, die Verfügbarkeit und die Honorargestaltung.

2.4 Beratertypologie und Konkurrenz- bzw. Kooperationsverhalten

Durch die Segmentierung des Marktes in große und kleine Beratungsunternehmen und durch die notwendige Suche beider Gruppierungen nach neuen Geschäftsfeldern konkurrieren diese Unternehmen vor allem bei der Erlangung von Aufträgen von Mittelbetrieben und der öffentlichen Hand zunehmend stärker.

Die kleinen Beratungsunternehmen müssen auf Grund der steigenden Komplexität der Beratungsmandate verstärkt miteinander kooperieren. Die dadurch entstehenden Beraternetzwerke verlangen nach einem anderen Beratertyp als dem, der sich in den letzten 20–30 Jahren behaupten konnte. Aber nicht nur die Komplexitätssteigerungen, sondern auch die Notwendigkeit der Aktualität des bereitgestellten Wissens stellt die Einzelkämpfer von damals und heute(!) vor schwerwiegende Probleme. Diese Veränderungen in den Anforderungen erfordern Berater mit der Fähigkeit, zu kooperieren und zu kommunizieren.

Auf der anderen Seite werden sich die Beratungsprodukte und ihre Repräsentanten durch die Homogenisierung des Marktes immer ähnlicher, oft ist nicht erkennbar, welche Beratungsfirma gerade im Unternehmen das aktuelle Beratungsmandat abwickelt. Die Berater, ihr Outfit, die Sprache, die Problemlösungsansätze – alles gleicht sich immer mehr. In Studien zeigt sich aber, z. B. in der von McKinsey (vgl. *Balzer/Wilhelm* 1995), dass nicht nur die Qualität der Lösungskonzepte und gewählten Strategien für den Beratungserfolg von Bedeutung sind, sondern dass die Art und Weise, wie beraten wird, bzw. dass das Beratungs-Know-how des jeweiligen Beraters für den Erfolg mit entscheidend ist und darin eine äußerst wichtige Möglichkeit der Profilierung liegt. Auch diese Entwicklung stellt an den Berater Anforderungen in Hinblick auf Kooperations- und Kommunikationsfähigkeit sowie eine gesteigerte soziale Kompetenz, wie Kooperations-, Kommunikations-, Konflikt-, Handlungsfähigkeiten und -fertigkeiten mit ausgeprägten Beziehungsfähigkeiten.

Für die Berater bedeutet das in der Folge, dass sie neben dem fachlich-technischen und branchenspezifischen Wissen und einer ausgeprägten sozialen Kompetenz Kenntnisse in der Prozesssteuerung und der Gestaltung von Problemlösungsprozessen haben müssen. Damit muss sich aber die professionelle Innensicht der Berater verändern, die sich auch heute noch gerne in der Rolle des niedergelassenen Arztes sehen, zu dem der Patient „Unternehmen" mit einem „Problem" und der Bitte um eine Lösung kommt. Angesichts der strukturellen und funktionellen Veränderungen in der Beratungsbranche, sowohl das Angebot als auch die Nachfrage betreffend, sind hier Veränderungen in der Selbstdefinition und des professionellen Selbstverständnisses unausweichlich. Als ein Lösungsweg bietet sich die Systemtheorie an (s. u.; vgl. *Wimmer* 1995), die für die Komplexität von Beratungssituationen und -dasein ein theoretisches Fundament und eine entsprechende Nomenklatur anbietet.

2.5 Bedarfsweckung und Anpassungsnotwendigkeit der Beratung

Oft muss bei potenziellen Klienten erst der Bedarf für eine bestimmte Beratungsleistung geweckt werden, erfahrungsgemäß ein schwieriges Unterfangen mit großen Leerlaufrisiken. Nicht immer ist im Klientensystem ein Problemdruck vorhanden, bei dem durch den Einsatz von Beratern eine Minderung gesehen, geschweige denn erwartet wird. Berater sind mit ihren Leistungsmöglichkeiten häufig nicht so stark im Bewusstsein der Entscheider verankert, dass beim Auftreten eines Problems und nach Klärung der Frage make-or-buy die entsprechenden Beratungsunternehmen zur Angebotsabgabe eingeladen werden. Vielmehr ist es oft notwendig, dass die Beratungsunternehmen aktiv auf den Kunden zugehen und ihm auf Grund ihrer speziellen Branchen- oder Fachkenntnisse Lösungen für Probleme anbieten, die von den Unternehmen sonst oft noch gar nicht als solche erkannt würden. „Das haben wir schon immer so gemacht und es funktioniert!" ist eine Antwort, die oft zu hören ist. „Allerdings, aber zu welchem Preis!" wird sich der Fachmann denken und entsprechende Lösungsalternativen im Kopf haben. Der Verkauf von Beratungsleistungen ohne konkreten Bedarf bei Betrieben wird unverdrossen versucht – auf seriöse Art und Weise dabei erfolgreich zu sein gelingt selten. Eine sorgfältige und sehr nüchterne Bedarfsprüfung schützt am besten vor fehlgeleiteten Akquisitionskosten.

Der Beratereinsatz soll sich für die Klienten rechnen, sei es unmittelbar oder in naher Zukunft. In der Regel wird dem Kunden ein „Mehrwert" versprochen, der durch den Einsatz des Beraters entstehen soll. Diesen Mehrwert, was auch immer darunter zu verstehen ist, gilt es kundenspezifisch zu „verkaufen", wobei es vor allem um die Lösung der Frage des „Wie" geht.

Um wettbewerbsfähig zu bleiben, sind viele Beratungsunternehmen gezwungen, ihre Beratungsprodukte den aktuellen Modeströmungen anzupassen. Beinahe unabhängig vom wissenschaftlichen und praktischen Erkenntniszuwachs einer Methode in der Beratung dominieren häufig in viel stärkerem Maß scheinbar moderne Schlagworte die Entwicklung von Beratungsprodukten oder -leistungen. Natürlich ist es in einer boomenden Branche wichtig, dass sich neu abzeichnende Entwicklungen frühzeitig identifiziert und entsprechende Modelle und Theorien zu deren Erforschung konzipiert werden. So werden Probleme mit möglichst klingenden Bezeichnungen etikettiert und im Idealfall gleich die Lösung dafür mitverkauft.

Der Grat ist schmal, Entscheider über Beratungsaufträge sind häufiger als man denkt uninformiert, unsicher oder auch geradezu „modesüchtig", kurzum der tiefe Fall in die Scharlatanerie ist nicht selten und die Freude am Berater oft nur kurz.

Das Beratungsunternehmen, das beispielsweise im Jahr 1997 keine Reengineering-, Lean- oder Qualitätsbotschaften an seine Kunden herantrug, glaubte aus der Sicht seiner potenziellen Klienten nicht mehr über ein aktuelles Leistungsportfolio zu verfügen und befürchtete, im Wettbewerb unterzugehen. Für seriöse Berater sollte allerdings die Forderung gelten, dass sie kein „Schlagwort"-Consulting betreiben, auch wenn in den Hochglanzbroschüren und im Top-Management scheinbar ständig darüber gesprochen wird und besondere Wettbewerbsvorteile signalisiert werden. Vielmehr sollten Berater versuchen, Klienten von der Notwendigkeit des Einsatzes soliden beraterischen Handwerks, d.h. durch fundiertes Können und Erfahrungen, zu überzeugen. Welcher mittelständische Unternehmer hat denn z.B. schon Verwaltungswasserköpfe, die durch streamlining lean werden müssen? Oder ist es nicht schlicht nur Etikettenschwindel, wenn das Wort Sanierung durch Reorganisation, Re-Design oder Reengineering ersetzt wird? Sicher ist es eine der ältesten und unangenehmsten Untugenden beratender Berufe, dass bei vielen ihrer Vertreter ein nahezu unausmerzbarer Hang besteht, ständig wohl- und geheimnisvoll klingende Namen für angeblich neue und unverzichtbare Beratungsleistungen zu erfinden, die sich bei näherer Betrachtung fast immer als uralte Hüte enttarnen und sich kaum oder gar nicht durch neue Inhalte auszeichnen. Allerdings darf man, wie schon angedeutet, dabei nicht übersehen, dass es gar kein so kleines Publikum für solche zweifelhaften Botschaften und Heilsversprechungen gibt. Die etwas eigentümlich und gelegentlich zum Schmunzeln anregenden Profilierungsversuche sind natürlich nicht lediglich ein eitles Produkt der Berater, sondern kommen ebenso den manchmal etwas fragwürdigen und wenig reflektierten Erwartungen der Klienten entgegen, denn: Auch am Jahrmarkt der Eitelkeiten gilt das Gesetz von Angebot und Nachfrage, d.h. jeder Auftraggeber findet den zu ihm „passenden" Berater oder kritisch-konstruktiv formuliert: Fundierte und seriöse Information und Aufklärung der Betreuer durch die Berater und deren Interessenvertretungen tut Not!

Auf der Beziehungsebene zwischen Berater und Klient sind daher semantische und substanzielle Anpassungen notwendig: Erst mit dem Finden einer gemeinsamen Sprache sind Problemdefinitionen und das Aufzeigen von Lösungswegen möglich. Das verlangt vom

Berater ein hohes Maß an sozialer Kompetenz, die sich in seinen kommunikativen Fertigkeiten niederschlagen sollte. Gute und erfahrene Berater zeichnen sich dadurch aus, dass sie ihr Beratungs-Know-how und ihr Beratungsinstrumentarium an die jeweiligen Bedürfnisse ihrer Klienten anpassen können. Instant-Beratungsprodukte, umfangreiche Checklisten-Kataloge, die durchzuarbeiten sind und ein streng formales Vorgehen weisen in der Regel auf erhebliche Schwächen des Beraters hin, da er sich an eine einmal gewählte Vorgehensweise klammert und für aktuelle Klientenbedürfnisse – auch innovative Problemlösungswege – zu wenig offen und flexibel ist.

Generell ist festzuhalten, dass die Berater, und das gilt auch für ihre Leistungen und Produkte, genauso flexibel und anpassungsbereit sein sollen, wie sie es von ihren Klienten so gerne fordern.

2.6 Beratungsmarketing

Beim Beratungsmarketing können mindestens zwei Ebenen unterschieden werden: Einmal das Verbandsmarketing, bei dem durch werbliche Aktivitäten der berufsständischen Organisationen der Berater potenzielle Klienten für die Möglichkeiten und die Inanspruchnahme von Beratungsleistungen sensibilisiert werden sollen. Zum Zweiten das Marketing der Berater selbst, das aktive Kundenansprache, -gewinnung und eine nachhaltige Kundenbindung zum Ziel hat.

Marketing und Akquisition sind Dinge, die viele Berater nicht gerne machen. Sie kosten Geld und Zeit, sind frustrierend und nicht im klassischen Sinne produktiv. Wenn man etwas nicht gerne macht, gelingt es oft auch nicht – genauso sehen viele der Akquisitionsbemühungen von Beratungsunternehmen aus. Die „Akquise" gehört genauso zum Beratungsgeschäft wie die Beratung vor Ort beim Klienten und sollte deshalb genauso sorgfältig und ernsthaft betrieben werden wie diese.

Dabei sind Marketing und Akquisition zentrale Herausforderungen, die allen Beratungsunternehmen gemein sind und worin sie sich von ihren Kunden in der Regel nicht unterscheiden. Ein Vernachlässigen dieser beiden Komponenten führt dazu, dass die Berater schlecht ausgelastet sind oder sich mit Projekten beschäftigen müssen, die sie nicht fordern. Neben den Nachteilen für die eigentliche Erwerbsfunktion hat das für die Beratungsunternehmen noch weitere und nicht ungefährliche Konsequenzen: Durch die schlechte Auslastung ist auch nur eine schlechte bis mittelmäßige Bezahlung der Berater möglich, mit der Folge der Fluktuation der „Stars". Damit sinkt das Leistungspotential des Beratungsunternehmens. Außerdem fehlen im Laufe der Zeit die entsprechenden Referenzprojekte, wodurch in der Konkurrenzsituation mit anderen Beratungsunternehmen Wettbewerbsnachteile verbunden sind und somit die Auslastung tendenziell noch weiter sinkt. Ohne gute Berater und ohne entsprechende Referenzprojekte ist die betreffende Beratungsgesellschaft bald nur noch ein Torso, der mit Kleinaufträgen oder solchen, die mit hohem Risiko behaftet sind, sein Dasein fristet. Deshalb dürfen Marketingaktivitäten keine nur fallweise durchgeführte „Offensiven" sein, sondern sie gehören zum Alltagsgeschäft.

Sehr gute Berater zu beschäftigen und zu halten ist für die Beratungsunternehmen sehr teuer, weswegen nur eine kontinuierliche und gute Auslastung des Beratungsunternehmens wirklich rentabel ist. Aufgrund der unterschiedlichen **Abrechnungsmodi** – nach Zeitaufwand und nach Pauschalen – entstehen für die Beratungsunternehmen unterschiedliche Perspektiven:

– **Abrechnung nach Zeitaufwand**: Bei dieser Verrechnungsvariante ist es notwendig, alle Stunden, die für einen Klienten aufgewendet werden, entsprechend weiterzuverrechnen. Um wirklich gut über die Runden zu kommen, ist dafür eine kontinuierliche Auslastung notwendig. Die maximal möglichen Kapazitäten für das Beratungsunternehmen lassen sich leicht errechnen:

U_{max} = Anzahl der Arbeitsstunden p. m. × Stundensatz × Anzahl der Berater

Reduziert wird U_{max} durch Zeiten für Akquisition, interne Verwaltung, Fehl- oder Leerzeiten und Reisezeiten, die nicht zum vollen Beratungsstundensatz verrechnet werden können. Der Anteil an nicht weiterverrechenbaren Zeiten liegt erfahrungsgemäß zwischen 25 und 30% der Gesamtarbeitszeit und kann ohne weiteres auf 45 bis 50% ansteigen.

– Bei **Pauschalabrechnungen** ist es wichtig, über eine ausreichende Grundauslastung zu verfügen. Vorteile für das Beratungsunternehmen entstehen dann, wenn pauschalierte Projekte rascher als kalkuliert zum Abschluss kommen, Nachteile, wenn der tatsächlich notwendige Zeitaufwand die Kalkulation übersteigt.

Um allerdings zu diesen Überlegungen überhaupt erst zu gelangen, ist es notwendig, die verschiedenen **Marktzugangswege** zu beschreiben, die einem Beratungsunternehmen in der Regel offen stehen.

- Direktansprache im Sinne von „... wir hätten Beratungskapazitäten in diesem und jenem Gebiet frei, in dem wir Spezialisten sind. Das wäre doch etwas für Sie!". So verblüffend einfach und plump die Technik auch klingen mag, in der Praxis funktioniert sie – manchmal.
- Eine weitere Möglichkeit besteht im Direct-Mailing für Branchen oder Regionen, in denen Dienstleistungen angeboten werden.
- Viele Beratungsunternehmen haben ein Standardprodukt, das sie in Branchenzeitungen, Broschüren, PR-Artikeln und auf Vorträgen intensiv bewerben und dadurch Bedarf bei den potenziellen Klienten wecken.
- Eine ziemlich „unverfrorene Bedarfsweckung" schildert *Niedereichholz* (1994, S. 57) durch die Consultants von McKinsey & Co.: Der Lufthansa-Vorstand kündigte in einer Betriebsergebnisprognose an, dass das Unternehmen künftig schwarze Zahlen schreiben werde. McKinsey präsentierte daraufhin öffentlich eine eigene Betriebsergebnisprognose, die einen Betriebsverlust voraussagte, wenn nicht weitere Sanierungsschritte gesetzt würden. Darüberhinaus informierte McKinsey den Eigentümer, wobei sich natürlich das Beratungsunternehmen als Helfer für die Sanierungsmaßnahmen anbot. Was für den Marktführer McKinsey offenbar funktionierte, ist kleineren Beratungsunternehmen allerdings nur bedingt zu empfehlen.

Was Marketingaktivitäten betrifft, so müssen auch die Berater teilweise erkennen, dass bestehende und zufriedene Kunden ein sehr großes, möglicherweise das wichtigste Potenzial darstellen. Verschiedene Beratergruppen haben den enormen akquisitorischen Wert einer nachhaltigen Kundenbindung längst erkannt und praktizieren erfolgreich eine langfristige Zusammenarbeit mit ihren Klienten. Wirtschaftstreuhänder sind, vor allem auch durch ihren Beratungsgegenstand bedingt, hierfür ein Musterbeispiel. Grundsätzlich ist selbstverständlich die Kontaktaufnahme bzw. -pflege („warm calls") bei Klienten, für die der Berater bereits tätig war, wesentlich einfacher, Erfolg versprechender und vor allem kostengünstiger als die Neuanbahnung von Geschäftskontakten.

Bei einer Neukunden-Akquisition sind die Dinge komplizierter. Anleitungen für potenzielle Beratungskunden finden sich zuhauf („Wie finde ich den richtigen Berater?"), für die Berater fehlen solche Empfehlungen weitgehend. Daher soll die Frage „**Wie finde ich das richtige Unternehmen**" detaillierter dargestellt werden:

- Zuerst muss ermittelt werden, ob der Kunde in das angestrebte Zielkundenprofil passt, ein konkreter und aktueller Beratungsbe-

darf besteht und Mittel für die Tätigkeit des Beraters zur Verfügung gestellt werden, u. a. wegen der
- Referenzen: Passt das Unternehmen und sein Beratungsbedarf dazu? Was geschieht, wenn etwas schief läuft? etc.,
- eigenen Qualifikation: Komm das Unternehmen auf Grund der Beraterausbildung und -erfahrung für mich als Berater in Frage?
- freien Ressourcen im eigenen und im Klientensystem: Habe ich überhaupt genügend Zeit für diesen Auftrag? Bei der Zielgruppe der Saisonbetriebe beispielsweise: Macht es Sinn zu dieser Jahreszeit Weiterbildungsseminare für die Führungskräfte anzubieten?
- Problemlösungskapazitäten im Klientensystem: Welche Ressourcen kann das Unternehmen bereit stellen? Muss ich für meine Lösung im Klientensystem das Personal erst noch entwickeln, beschaffen, bereitstellen?
- Kooperationsmöglichkeiten und -potentiale: Können qualifizierte Kooperationspartner bei komplexen Mandaten zum richtigen Zeitpunkt und zu erträglichen Kosten bereit gestellt werden?
- Aufgabenstellung: Ist die Aufgabenstellung meinem Know-how entsprechend? Verstehe ich sie als Herausforderung oder Belastung?
- Veränderbarkeit im Klientensystem: Kann ich im Klientensystem überhaupt entsprechende Veränderungen durchsetzen bzw. annehmen?
- Branche und Branchenmix: Passt das Unternehmen zu meinem „Karriere- oder Erfolgsplan" bzw. zu meinen Beratungsschwerpunkten?
- Kooperationsbereitschaft: Ist das Unternehmen unter Kollegen als kooperationsbereit gegenüber Beratern bekannt?
- Honorargestaltung und vertragliche Regelungen;
- Offenheit in der Informations- und Kommunikationspolitik gegenüber Beratern;
- Ansprechpartner;
- Anerkennung und Stellenwert;
- Entwicklungs- und Trainingsmöglichkeiten für die eigenen (Junior-)Berater;
- Erreichbarkeit;
- Sprache („Corporate language") und andere Barrieren.
- Weiters müssen Informationen über das Klientenunternehmen beschafft werden (z. B. Referenzen, Geschäftsberichte, Medieninformationen).

- Der nächste Schritt besteht im Festlegen eines optimalen Kontaktaufnahmetermins: So ist z. B. im öffentlichen Bereich ein größeres Beratungsprojekt nach der Budgeterstellung eher schwierig durchzubringen.
- In der Folge sind Ansprechpartner und Proponenten im Klientensystem und im Umfeld zu identifizieren.
- Abschließend sind die konkreten Akquisitionsschritte festzulegen, wobei folgende Punkte vorab geklärt werden sollen: Welche Fragen sollen gestellt werden? Welche Informationen sollen gegeben werden? Ziel dieser Aktivitäten sollte eine Terminvereinbarung mit dem potenziellen Klienten sein.

Wie man Beratungsmärkte professionell aufbereitet, demonstrierten 1997 die großen Beratungsunternehmen in Deutschland: Mit der Gründung des „Modells Deutschland 21" beabsichtigen die Beratungsunternehmen A.D. Little, Andersen Consulting, Bossard Consulting, Gemini Consulting, Kienbaum & Partner und Schitag Ernst & Young der Politik unter die Arme greifen. Sie wollten dadurch eine Offensive für Wachstum und Innovation ins Leben rufen, um den Standort Deutschland für die nächsten Jahre fit zu machen. Die Consultants warben in dieser kostenlosen Initiative mit ihrer Neutralität, ihrer Kompetenz als Moderatoren und Beschleuniger von Innovations- und Entscheidungsprozessen. Neben dem Argument, nur in einem prosperierenden Land gute Geschäfte machen zu können, versuchten die Consultants offiziellen Stellen etwas von den Berührungsängsten zu nehmen und haben bei öffentlichen Aufträgen eventuell einen „Fuß in der Türe" (*Greeve/Voegt/Becker/ Gutmann* 1997).

Insgesamt tun Berater bei ihren Marketing- und Vertriebsaktivitäten gut daran, sich zu überlegen, ab welchem Zeitpunkt die Personalvertretungen informiert bzw. involviert werden. Eine zu frühe Einbeziehung kann den eigentlichen Auftraggeber abschrecken, eine zu späte Einbeziehung ein „Mauern" der Belegschaft bewirken.

2.7 Beratungshinderliche und -fördernde Einstellungen von Klienten

Sehr oft trifft man in Unternehmen auf Ansprechpartner, die in der Vergangenheit ihre ganz speziellen Erfahrungen mit Beratern gemacht haben. Diese (Vor-)Urteile können manchmal, nachdem die Hürde der Akquisition überwunden ist, den Beratungsprozess wesentlich beeinflussen. Dadurch, dass die Beziehung Berater-Kunde in der Regel wenig belastbar ist, ergibt sich zwangsläufig die Notwendigkeit für den Berater, gute Leistungen zu erbringen, was auf Sicht gesehen für den Berufsstand insgesamt zu steigender Nachfrage führt.

Auch gute Erfahrungen mit Beratern – Klienten sind „consulting minded" – sind nicht unbedingt nur von Vorteil. Die Erwartungshaltung an die Berater bzw. die Intention, den Berater nur in ganz engen Grenzen arbeiten zu lassen, können für diesen sehr frustrierend sein. Wenn nach dem Motto taktiert wird „Bis hierher und nicht weiter!", obwohl der Beratungsauftrag eigentlich etwas anderes vorsieht und auch sachlich erfordert, dadurch eine Manipulation bzw. Instrumentalisierung des Beraters versucht wird, kann der Beratungsprozess nahe liegenderweise belastet und die Berater-Klienten-Beziehung auf eine harte Probe gestellt werden.

Solche Erfahrungen machen Berater nicht nur bei Großunternehmen, im öffentlichen Bereich, bei politischen Einrichtungen oder Interessenverbänden, sonder auch bei mittelständischen Unternehmen. Auch dort gibt es viele Barrieren und Hemmschuhe für die Beratungsarbeit. Massiv ist deren Auftreten, wenn die Beratung in einer für das Klientenunternehmen bereits schwierigen Situation aufgenommen wird, z. B. im Sanierungsstadium eines Unternehmens und der Auftrag durch Dritte in die Wege geleitet wird, wie beispielsweise durch die Hausbank. In solchen und ähnlichen Fällen fehlt beim Klienten nicht nur die notwendige Vertrauensbasis für eine partnerschaftliche und engagierte Zusammenarbeit, sondern schlicht und einfach auch die Einsicht in die Notwendigkeit und die damit verbundenen Chancen durch externe Hilfestellungen. Das kann soweit gehen, dass Klienten geradezu auf das Eintreten ihrer düsteren Prognosen hinsichtlich eines Scheiterns der Zusammenarbeit Berater-Klient lauern, statt konstruktiv an den Lösungen mitzuarbeiten. Solche verqueren Haltungen, fehlende Selbstkritik, aber auch Mutlosigkeit und Resignation, werden dann von Klienten gelegentlich mit bekannten und wenig beraterfreundlichen Sprüchen kaschiert, wie beispielsweise: „Zuerst hat der Kunde das Geld und der Berater die Erfahrung – danach ist es umgekehrt."

Nachteilige Einstellung der Klienten zur Beratungstätigkeit haben häufig ihre Ursachen in den Beratern selbst. Beratung determiniert eine sehr komplexe und diffizile Berater-Klienten-Beziehung, bei der fachliche wie menschliche Faktoren eng verknüpft und Spannungsfelder quasi vorprogrammiert sein können. Manche Beratungsunternehmen praktizieren eine soziale Distanz zum Klienten, die sich allein schon in Kleidung, Sprache und Statussymbolen manifestieren kann, um Expertenstatus und Gewicht zu dokumentieren. Wenn dies einhergeht mit einer fehlenden Umsetzungsorientierung bzw. -möglichkeiten bleibt eben im Gedächtnis mancher Klienten nur der Kostenfaktor und eine negative „Impression" hängen. Beratungstechniken und Beratungsverhalten mit solchen Auswirkungen mögen nach außen professionell und „cool" erscheinen. Tatsächlich wird der soziale Charakter des Beratungsprozesses verkannt oder, was sehr viel wahrscheinlicher ist, es fehlt schlicht und einfach die unerlässliche soziale Kompetenz und damit eine der Kernqualifikationen für eine effiziente Beratungstätigkeit.

So alt das Gewerbe der Unternehmensberatung ist, solange tönt der Ruf der Berater, dass sie in vielen Fälle erst sehr spät, oft auch zu spät, in die Unternehmen gerufen werden. Dafür sind Barrieren verantwortlich, die weniger in z. B. fehlender Markttransparenz für die Nachfrager nach Beratungsleistungen liegen, als vielmehr in der Scheu des Offenlegens einer vermeintlichen oder tatsächlichen persönlichen Schwäche der Unternehmensverantwortlichen, die „fremde Hilfe" erfordert. Ebenso können dafür das Eingeständnis einer Fehl- oder Minderleistung der Verantwortlichen, die Befürchtung, dass Betriebsgeheimnisse offengelegt werden, die Angst vor Machtverlust durch tatsächliche oder vermeintlich fehlende Steuerungsmöglichkeiten, Furcht vor überzogenen Mitarbeiterreaktionen, die Kosten, von Autonomie- und Handlungsfreiheitsverlust und viele andere Umstände Ursache sein. Solchen Vorbehalten und Barrieren muss durch den Berater sowohl in der Akquisitions- als auch in der Beratungsphase mit viel Einfühlungsvermögen und klugen, vor allem personen- und problembezogenen Verfahren begegnet werden. Erst der Kontakt und die Kooperation zwischen Klient und Berater schaffen Sympathie und gegenseitiges Verständnis und damit die Voraussetzungen einer vergleichsweise unbelasteten Beraterarbeit.

Zum Glück für die Berater gibt es auch **beratungsfördernde Faktoren** im Klientensystem, wie z. B. das Verständnis für die Zweckmäßigkeit und die Vorteile einer Arbeitsteilung zwischen Betrieb und Berater, die Erkenntnis, dass die vorhandenen Ressourcen im Unternehmen begrenzt und Rationalisierungseffekte willkommen und erforderlich sind, externe Problemlösungskompetenz gerne angenommen wird, der Betriebsablauf wesentliche Verbesserungen erfährt, bei einem Problemdruck keine Problemlösungskompetenz im Unternehmen vorhanden ist und – oft als wichtigster Punkt – die Auslagerung von Entscheidungen an objektive Dritte vorgenommen werden kann.

Beratungsfördernd wirkt sich bei zahlreichen Betrieben immer stärker aus, dass die Entwicklungspfade der Unternehmen nicht mehr so klar sind, wie sie es vor einigen Jahren waren, da sich die Rahmenbedingungen des Wirtschaftens immer rascher verändern und zudem die Zunahme der innerbetrieblichen Komplexität die Aufgabenerfüllung stark beeinflusste. So macht z. B. der gegenwärtige Trend in den Unternehmen, die Fokussierung ihrer Tätigkeiten auf ihre Kernkompetenzen, zunehmend Dienstleister notwendig, die sich zeitlich begrenzt um ausgelagerte betriebliche Funktionen kümmern. Ferner erfordern neue Gesetze im Arbeitnehmerschutz- und Umweltbereich den Einsatz von temporären Spezialisten, die hochentwickeltes Know-how in die Unternehmen transportieren. Die rasante technologische Entwicklung, Internationalisierung, Wettbewerbs- und Kostendruck und eine ungeahnte Explosion fachspezifischen Wissens und dessen notwendige Verankerung in den Köpfen der Mitarbeiter der Unternehmen sind weitere Ursachen für die steigende Beratungsnachfrage.

Barrieren	Positive Einstellungen
fehlende Markttransparenz	Verantwortungsbewusstsein
Eingeständnis der Schwäche	Objektivierungsbedarf
Zugeben von Fehl- oder Minderleistungen	Kapazitätserhöhung der GF
	Rationalisierungseffekte
Betriebsgeheimnisse	Problemlösungshilfe
Angst vor Machtverlust	Betriebsablaufverbesserungen
Mitarbeiterreaktionen	Auslagern von Entscheidungen
Kosten	Wissensexplosion
Autonomieverlust	Personalentwicklung
Prestigeverlust	

Abb. 6: Übersicht über Nachfragebarrieren und positive Einstellungen zum Beratereinsatz in Klein- und Mittelbetrieben

Zum Problemkreis der hinderlichen und förderlichen Klienteneinstellung gehört noch die Klärung der wichtigen **Frage, wer eigentlich für den Einsatz der Beratung ursächlich verantwortlich ist**: Ist es z. B. die Hausbank, die unbedingt einen Beratereinsatz empfiehlt und davon eine Ausweitung der Kreditlinien abhängig macht, so wird das häufig eine ehrliche und effektive Kooperation zwischen Klient und Berater behindern und sowohl dem Klienten als auch dem Berater wenig Freude bereiten. Wie problematisch für einen konstruktiven Beratungsprozess hin und wieder eine solche Situation sein kann, zeigt sich sehr häufig bei Beratungsunternehmen im Besitz von Banken, denen, berechtigt oder unberechtigt, die Bedenken der Klienten entgegenschlagen, weder objektiv noch verschwiegen zu sein, sondern das Geschäft der Banken zu besorgen. Der Klient empfindet die Beratungstätigkeit eher als Zwangsbeglückung denn als Hilfe. Dieselbe Abwehrhaltung entsteht oft dann, wenn Auftraggeber und Leistungsempfänger der Beratungsleistung nicht derselben Personengruppe angehören, z. B. die Gesellschafter geben den Auftrag für eine Revision, eine Holding lässt eine ihrer Töchter beraten etc.

Aus diesen Erfahrungen resultiert für den Berater in der Akquisitions- und der Beratungstätigkeit die Notwendigkeit, sich sehr genau Gedanken darüber zu machen, **wer tatsächlich der Klient ist**. Ist es derjenige, der ihm den Auftrag erteilt und seine Honorarnote bezahlt? Ist es ein Dritter, der ursächlich einen Beratungsauftrag ausgelöst hat, ohne jedoch formaler Auftraggeber zu sein? Sind die Klienten jene, die unmittelbar Nutzen aus der Beratungstätigkeit im eigentlichen Sinn ziehen? Von den Antworten auf solche Fragen, d. h. dem Erkennen des „tatsächlichen Klienten", hängt die Art und Weise, besonders aber der Erfolg der Beratung, entscheidend ab. Die Beantwortung dieser Fragen ist zumindest aus zwei Gründen oft sehr schwierig: Einmal ist es für den Berater vor Beginn seiner Tätigkeit oft nicht immer leicht festzustellen, wer wirklich der maßgebliche Auslöser für den Beratungsauftrag war. Zweitens stellt sich für den Berater bei der Fragestellung ein normatives Problem, dem er sich nicht entziehen sollte: Das Leitbild für den Berater bzw. das Beratungsunternehmen sollte nach unserer Ansicht beinhalten, dass der „tatsächliche Klient" jener ist, der funktionell aus der Lösung einer Beratungsaufgabe Nutzen ziehen kann. Anstelle dieser aufgabenzentrierten Beratungsorientierung kann jedoch auch eine ganz andere Beratungsphilosophie verfolgt werden, bei der der Auftraggeber die Stoßrichtung detailliert und begründet vorgibt und der Berater – dadurch sehr oft instrumentalisiert – entsprechend vorgeht. Die „Art" der Klienten – und der vorgegebenen oder als Alternative kooperativ bestimmten Aufgabenidentifikation – wird wesentlich über beratungshinderliche oder -förderliche Einstellungen im Beratungsprozess bestimmen. Natürlich kann es sich der Berater bei diesen diffizilen und verantwortungsvollen Fragestellungen, dem Motto folgend „Wer zahlt, schafft an!", leicht machen. Nur, damit sind weder die konkreten Schlüsselfragen zu Beginn der Beratungstätigkeit beantwortet, noch ist eine optimale Beratungslösung eingeleitet bzw. gesichert.

Ideale förderliche Bedingungen sind z. B. dann gegeben, wenn in einem mittelständischen Unternehmen die Gesellschafter, Geschäftsführer, der Beirat, die Führungskräfte, der Betriebsrat und die

Hausbank für einen Beratereinsatz sind bzw. gemeinsam gewonnen werden konnten, weil dann gewährleistet ist, dass alle maßgeblichen Kräfte im Unternehmen an einem Strang ziehen, weder die Klienten- noch die Aufgabenidentifikation an irgendwelchen Barrieren scheitern und für den eigentlichen Beratungsprozess optimale Voraussetzungen bestehen.

2.8 Regeln für die Akquisitionsphase

Regeln für den sensiblen Bereich der Akquisition, der von vielen Beratern geradezu als notwendiges Übel empfunden und interpretiert wird, können naturgemäß nur generalisierend aufgestellt werden, da jeweils klienten-, berater- und beratungsinhaltsspezifische Parameter die Verkaufssituation beeinflussen bzw. verändern.

Sollte es für die Akquisition in der Beratung ein Erfolgsrezept geben, so kann es nur darin liegen, die Aufgaben- oder Problemstellungen aus der Sicht des Kunden zu sehen und entsprechende Wahrnehmungsfähigkeiten sowie ein Gespür für diese Sichtweise zu entwickeln. Die Vorgehensweise des Beraters sollte sich daran orientieren, dass Ansätze für Aufgaben- und Lösungsvarianten sowie damit verbundene Herausforderungen mit dem Kunden gemeinsam identifiziert werden. *Maister* (1993) hat den Knackpunkt einer solchen Vorgehensweise sehr griffig formuliert, indem er meinte, dass der einzige Weg, Menschen zu beeinflussen, der sei, über das zu sprechen, was sie wollen und wünschen und ihnen dann zu zeigen, wie sie es bekommen. Es ist ein konkreter und aktueller Beratungsbedarf zu identifizieren.

In der Akquisitionsphase vom Standpunkt des Beraters aus den potenziellen Klienten vom Nutzen eines Beratungsengagements überzeugen zu wollen, macht erfahrungsgemäß wenig Sinn. Viel wichtiger ist es herauszufinden, warum der Klient mit dem Berater überhaupt spricht.

Der Erstkontakt ist der schwierigste Teil, weil er einem Balanceakt zwischen zwei Selbstdarstellern gleicht, bei dem jeder für den anderen eigentlich eine „black box" darstellt. Der Berater steht eventuell unter Erfolgsdruck und wird sich selbst bzw. seine Organisation in leuchtenden Farben schildern. Wichtiger ist jedoch für den Berater in Erfahrung zu bringen, wie der Beratungskontext beschaffen ist, also z.B. die Klärung der Fragen, warum die Beratung gerade jetzt erfolgen soll, wer sich im Klientensystem was von der Beratung erhofft, wer im Betrieb gegen die Beratung „mauert", wo sich die

Promotoren befinden, welche anderen Berater zurzeit tätig sind oder tätig waren. Der Berater sollte sich beispielsweise nach betrieblichen Projekten zum Thema, personellen und sachlichen Ressourcen, Potenzialen, Umweltbedingungen, gegenwärtigen und zukünftigen Herausforderungen u. ä. erkundigen.

Der Klient wird nahe liegenderweise meist einen eigenen Kommunikationspfad verfolgen, der seinen Interessen, Attitüden und Erwartungshaltungen entspricht. Dabei ist natürlich nicht von vorneherein davon auszugehen, dass er unmittelbar einen verbindlichen Beratungsauftrag vergeben wird. Vielmehr kann er daran Interesse haben zu erfahren, wie Beratung funktioniert, ob der Berater sein Problem und dessen angestrebte Lösung erkannt hat, wer zu welchem Zeitpunkt mit welchen Aufgaben betraut wird, wie das Beratungssetting ausschauen wird, welche personellen Konstellationen die geplante Beratung fördern werden und welche nicht, welche Belastung für das Klientensystem entstehen kann, wieviel die Beratung voraussichtlich kosten wird etc. Über diesen Dialog gelangen die beiden Partner zu einer relativ gesicherten Einschätzung darüber, ob und wie eine Zusammenarbeit erfolgen kann. Allerdings sind die Ergebnisse des Erstgesprächs noch sehr vorsichtig zu bewerten und in der Folge, bei weiteren Kontakten, laufend zu evaluieren. Laufen die Kommunikations- und Handlungspläne bei diesen grundlegenden Fragen zu weit auseinander, wird daraus keine tragfähige Geschäftsbeziehung entstehen.

Als **goldene Regel in der Akquisition** hat sich ein Kommunikationsmuster herauskristallisiert, das darin besteht, den Klienten in einer guten Atmosphäre dazu zu bringen, sehr offen über alle jene Dinge zu sprechen, die ihn bewegen. Das Kommunikationsmuster ist dadurch geprägt, dass vor allem der Kunde spricht und der Berater aktiv zuhört und die richtigen Fragen stellt. Nur wenn der Kunde dazu gebracht werden kann, dass er über seine Probleme und Fragestellungen spricht, kann der Berater seine Leistungen entsprechend adaptieren. Wenn vorwiegend der Berater spricht, ist die Wahrscheinlichkeit groß, dass er zwar seine Produkte präsentieren kann, aber auch gleichzeitig an den Bedürfnissen seiner Kunden vorbei argumentiert. Diese dialogischen Komponenten und Kompetenzen sind sehr wichtig und machen vor allem jungen Beratern Probleme, die sehr „produktbezogen" im Akquisitionsgespräch vorgehen. Umgekehrt können ältere Berater dermaßen „professionell deformiert" sein, dass sie mit ihrer Persönlichkeit und Beredsamkeit den Kunden gleichsam untergehen lassen. Aufgrund der Komplexität und der Anforderungen in einem Akquisitionsgespräch und dem mitunter mäanderhaften Verlauf solcher Gespräche ist es sehr wichtig, genügend Zeit zu haben. Akquisitionsgespräche, die nur eine halbe Stunde dauern, können in der Regel nicht sehr erfolgreich sein.

Eine zu stark ausgeprägte Abschlussorientierung, die den Berater vielleicht zu vorschnellen Abschlüssen bzw. zum Abbrechen des Akquisitionsgespräches veranlassen könnte, ist „Gift" für einen kontinuierlichen Aufbau der Akquisitionsarbeit. Die vorschnellen Abschlüsse führen dazu, dass das Beratungsprojekt u. U. einen schlechten Start hat, weil z. B. viele Problembereiche noch nicht angesprochen wurden oder, was aus der Sicht des Beraters noch ungünstiger ist, der Berater dadurch ein potenziell großes Mandat auf ein kleineres reduziert. Wenn das Akquisitionsgespräch durch den Berater quasi „im Zorn" abgebrochen wird, weil sich der Klient momentan noch nicht für die Beratungsprodukte interessiert oder entscheiden kann, nimmt der Berater sich einerseits die Chance auf Sicht einen Klienten zu gewinnen und andererseits hinterlässt er einen enttäuschten Klienten, der zu einem späteren Zeitpunkt und mit vielleicht anderen Problemstellungen nicht mehr für ein Gespräch zu gewinnen sein wird.

Im Kundengespräch ist es für den Berater sehr wichtig, der Meinungsvielfalt eine Chance zu geben und nicht im Sinne eines Überzeugungsgesprächs den Kunden fortlaufend zu korrigieren. Diese Meinungsvielfalt führt oft dazu, dass nicht bereits im ersten Anlauf ein Abschluss erzielt wird, sondern dass mehrere Akquisitionsgespräche mit dem Klienten folgen müssen, bis alles restlos geklärt ist. Dann jedoch ist das formale Angebot und seine Präsentation oft eigentlich nur noch Formsache.

Manchmal merken Berater erst im Akquisitionsgespräch selbst, wie wichtig es ist, Informationen über das Kundenunternehmen und die Branche zu haben, die – Klienten erwarten von Beratern sehr oft Branchenkenntnisse und entsprechend aktuelle Informationen – wesentlich zu einem fachbezogenen Gespräch beitragen können. Daher ist es unbedingt empfehlenswert, dass sich der Berater mit dem Geschäftsbereich des potenziellen Kunden im Vorhinein vertraut macht. So vorbereitet, sind die Akquisitionschancen weitaus höher.

Fragen an den Kunden sollten sich an folgender **Vorgehensweise** orientieren:
- Fragen über die aktuelle Situation des potenziellen Kunden;
- erst mit diesen Informationen können Fragen über die Gründe der Unzufriedenheit mit anstehenden Problemen gestellt werden.

2. Beratungsmärkte und Akquisitionsverhalten

Während dieser Gesprächsphase sollte nicht bereits über Lösungen gesprochen werden, da der Kunde oft seine Probleme bestenfalls andeutet;
- in der nächsten Gesprächsphase sollten die geschilderten Probleme aufgegriffen und mit dem Kunden in ein Szenario eingebunden werden, das die Konsequenzen dieser Probleme für das Kundenunternehmen recht präzise widerspiegelt – dadurch werden die Probleme oder die Richtung der Unzufriedenheit verdichtet – und eine Argumentationsrichtung vorgibt;
- dann sollten Fragen gestellt werden, die die Nützlichkeit möglicher Lösungen für das Kundenproblem zum Gegenstand haben, weil dadurch deutlich auf den Stellenwert der Problemlösung für den Kunden hingewiesen wird und dieser das selbst artikuliert; im Idealfall äußert der Kunde bereits ganz konkrete Vorstellungen über eine Problemlösung, die der Berater mit seinen Leistungen erfüllen kann;
- durch das Wissen um die Problemstellung und um den Problemdruck beim Kunden kann nun der Berater den Kunden gezielt darüber informieren, wie sein Einsatz diesen Problemen abhelfen kann.

Durch dieses relativ behutsame Vorgehen ist es möglich, optimale Beratungsvereinbarungen zu treffen. Die Unsitte vieler Berater, vom Klienten beim Erstgespräch gleich eine Unterschrift für eine Auftragserteilung zu erhalten, führt auf Sicht gesehen zu sehr problematischen Berater-Klienten-Beziehungen. Das verschafft bei Auseinandersetzungen eher Nachteile, da eine typische Vorgehensweise von „Keilern" vorliegt, wie sie eher Haustürgeschäfte charakterisieren, nicht aber eine seriöse Beratertätigkeit. Auch das professionelle Telefonmarketing, mit dem fremdvergebenen Abarbeiten von Branchentelefonbüchern und erfolgsbezogenen Honoraren für die Vermittler, gehört in diese Rubrik.

Solche und ähnliche Hochdruckverkäufe schaden nicht nur dem guten Ruf der Beratungsbranche, sondern werden auch immer mehr von potenziellen Klienten abgelehnt. Mittlere und größere Betriebe fallen auf solche Praktiken kaum noch herein, bestenfalls noch unerfahrene Kleinbetriebe.

Zum weiteren Akquisitionsverlauf gehört natürlich, wie schon an anderer Stelle erwähnt, die Klärung und ergänzende Erläuterung der Frage: „Wer ist eigentlich der Klient?" Nicht immer ist es selbstverständlich und offensichtlich, wer der tatsächliche Klient bei Beratungsaufträgen ist. Wer ist z. B. der Klient, wenn die Konzernmutter einen Berater beauftragt, der für ein Tochterunternehmen eine Spezialaufgabe lösen soll, wenn die Hausbank von Kunden als Vermittler auftritt, wenn der Kontakt zum Beratungsunternehmen durch das mittlere Management hergestellt wird oder wenn der Berater als Partner einer anderen Beratungsgesellschaft tätig wird? Generelle Antworten sind, wie gesagt, schwer. Die Autoren orientieren sich in ihrer Praxis im Allgemeinen daran, wer der funktionelle Nutzer der Beratungsleistung ist, der dann auch im Vordergrund der Beratung steht. Der Auftraggeber wird, wenn er nicht der „tatsächliche" Klient ist, in der Regel in die Gestaltung der Rahmenbedingungen der Beratung und in die Ergebnispräsentation miteinbezogen. Durch diese Vorgehensweise soll gesichert werden, dass der Nutzer der Beratungsleistungen optimal in den gesamten Beratungsprozess eingebunden werden kann und gleichzeitig eine sinnvolle Abstimmung mit dem Auftraggeber erfolgt. Außerdem wird somit gewährleistet, dass die Probleme z. B. eines Tochterunternehmens nicht primär nur durch die „Brille" der Mutter betrachtet werden, sondern wirklich problem- und aufgabenadäquate Lösungen gesucht und erst in einem zweiten Schritt mit dem Mutterunternehmen abgestimmt werden. Unumstritten ist eine solche Vorgehensweise nicht. Der von den Autoren präferierte Weg schafft zumindest eine zeitlich beschränkte, partnerschaftliche und unter dem Motto „Betroffene zu Beteiligten machen" stehende Problemlösung.

2.9 Techniken der Kontaktaufnahme

Die Techniken der Kontaktaufnahme zwischen Berater und Klient entsprechen im Wesentlichen denjenigen Verfahren, die auch andere Dienstleister anwenden. Das Ziel der Kontakte liegt darin, den „Verkaufstrichter" möglichst breit anzulegen, d.h. durch möglichst viele potenzielle Projektoptionen und daraus abgeleitete Kontakte für den Berater eine sehr breite Akquisitions- und Angebotsbasis zu schaffen.

Erfahrungsgemäß gibt es branchenspezifische, tendenziell gleich bleibende Relationen zwischen der Zahl der Kontakte und den daraus realisierten Abschlüssen. Durch diese relativ starre Beziehung können die für Mandate notwendigen Kontakte quantifiziert und die Marketing- und Vertriebsarbeiten darauf abgestimmt werden, insbesondere die der Kontakt- und Akquisitionsphase.

Die nächste Hürde liegt in der Qualifikation bzw. Präqualifikation des Beratungsunternehmens für die Angebotslegung, die z. B. bei

EU-Ausschreibungen oder der Beraterauswahl bei großen Unternehmen und öffentlichen Einrichtungen für mittlere und kleine Beratungsunternehmen bereits ein äußerst aufwändiges und diffiziles Verfahren sein können (vgl. *Platzer/Öhlinger 1997*). Dem folgt die Präsentation des Beratungsunternehmens und des vorgeschlagenen Problemlösungsweges sowie des konkreten Angebotes. Nach einer Frist, die manchmal mehrere Monate dauern kann, erhält das Beratungsunternehmen eine Zu- oder Absage und die konkrete Auftragsdurchführung beginnt.

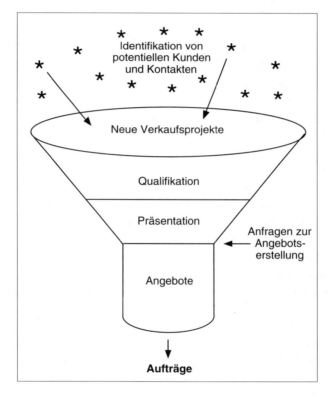

Abb. 7: *Ein Verkaufstrichter für Berater*

Für das Herstellen von Kontakten gibt es eine Vielzahl von Möglichkeiten, die je nach Klientenzielgruppe und Fähigkeiten des Beraters eingesetzt werden können. Unterschieden werden **direkte und indirekte Methoden der Kontaktaufnahme** (vgl. *Niedereichholz 1994*):

Direkte Methoden, d. h. Direktansprache von Klienten durch Berater:
- gezielte Ansprache von Wunschklienten,
- gezielte Ansprache von Klienten, zu denen schon Kontakte bestehen;
- Streuansprachen, in denen man (a) seine Leistungen und Produkte undifferenziert in den Marktraum stellt, (b) sich mit einem speziellen Beratungsprodukt an Klienten wendet, (c) das Beratungsprodukt mit einer Branchenlösung verbindet;
- Kontaktaufnahme als Reaktion auf Empfehlungen bzw. nach entsprechenden Anfragen.

Indirekte Methoden, d. h. gemäß der AIDA-Formel (Activation, Interest, Desire, Attraction):
- Vorträge und Referate vor Zielgruppen,
- Rundschreiben und Broschüren, die aufgelegt werden, z. B. Mitgliederverzeichnisse,
- Artikel in Zeitschriften, von denen man annimmt, dass sie von der Zielgruppe gelesen werden,
- Schreiben eines Fachbuches, um deutlich Kompetenz zu signalisieren,
- Kontakt zu Personen bei Medien, um zu aktuellen Fragen Stellung nehmen zu können und sich entsprechend zu präsentieren,
- Mitgliedschaften in Verbänden und Vereinen – vom Tennisclub bis zu „sozial-karitativen" Vereinigungen,
- Seminare und Workshops mit Zielgruppen,
- Kamingespräche, bei denen man unverbindlich einige wenige potenzielle Klienten in der Regel kostenlos zu Diskussionen über aktuelle Themen einlädt,
- Anzeigen in Printmedien,
- Berichte in Printmedien über erfolgreich abgewickelte Projekte oder Veränderungen im Staff des Beratungsunternehmens,
- Präsenz im World Wide Web mit eigenen Homepages und in Datenbanken („yellow pages"),
- Präsenz auf Messen und Ausstellungen,
- Präsenz auf Seminaren, Kolloquien und Foren,
- Personalsuchanzeigen in Printmedien, bei denen meist ca. 1/3 der Inseratfläche vom Berater in Anspruch genommen wird,
- über Direct-Mailing Fragebogen versenden, über die Ergebnisse erhält man exklusive Informationen und hat einen Türöffner in das Klientenunternehmen.

2. Beratungsmärkte und Akquisitionsverhalten

Aus Umfrageergebnissen ist bekannt, dass sich das Selbstbild der Berater und die Sichtweise der Klienten über Berater wesentlich unterscheiden. Ziel einer sehr marktorientierten Akquisition der Beratungsunternehmen sollte sein, sich dieser Diskrepanzen bewusst zu werden und entsprechende Neuorientierungen zu überdenken. So sind z.B. aus der Sicht der Kundenunternehmen folgende Faktoren in absteigender Reihenfolge beim Unternehmensberater für eine Auftragserteilung maßgeblich:

- Branchenkenntnisse und Erfahrung,
- Spezialfachwissen,
- der persönliche Kontakt,
- Beratungsmethoden,
- Bekanntheitsgrad,
- Empfehlung,
- Werbung und Internationalität.

Im Selbstbild sehen die Berater, wiederum in absteigender Reihenfolge, bei sich selbst andere Faktoren als maßgeblich an:

- schnell Probleme erkennen,
- Vertrauenswürdigkeit, Fachkompetenz, Effizienz und Seriosität,
- Erfahrung, geschulte Mitarbeiter, gutes Preis-Leistungsverhältnis,
- guter Ruf,
- breite Branchenkenntnisse,
- Unterstützung bei der Umsetzung,
- Kreativität.

Ob es ausreicht, diese verschiedenen Sichtweisen zur Deckung zu bringen, oder ob nicht auf Grund der Differenzen sich erst die Attraktivität der Berater für Klienten ergibt, kann auf Grund des vorliegenden Datenmaterials nicht mit Sicherheit erklärt werden. Eine Hypothese der Autoren geht dahin, dass je nach Klientenunternehmen (Großbetrieb – KMU) und Auftrag zwischen den Polen Deckung und Abweichung sich der Berater frei bewegen können sollte. Eine andere Annahme könnte die sein, dass die Innensicht der Berater Fähigkeiten betrifft, die nicht unmittelbar mit der Akquisition zu tun haben, sondern eng mit dem Bewegen im Markt und mit der Positionierung verbunden sind. So haben die Autoren z.B. noch keinen Beratungsprospekt gesehen, bei dem die Berater mit ihrer raschen Problemerkennungskompetenz werben.

2.10 Strategien der Kundenbewertung

Berater machen, wie auch andere Unternehmen, sehr oft den Fehler, dass sie sich auf die falschen Kunden konzentrieren. Natürlich ist jeder Berater versucht, in seiner Referenzliste „große Namen" zu haben. Kunden wie Siemens, Mercedes, Volkswagen, Unilever, Procter & Gamble und wie sie alle heißen, vermitteln sicher ein gewisses Standing des Beratungsunternehmens, sagen aber noch nichts über dessen unmittelbare und klientenbezogene Arbeits- bzw. Problemlösungskompetenz.

Dessen ungeachtet versuchen sehr viele Berater mit Großkunden ins Geschäft zu kommen, winken doch neben dem Ansehen, den tatsächlichen und vermeintlichen Vorteilen für eine Folgeakquisition bei anderen potenziellen Klienten auch direkte Folgeaufträge. Das verführt die Beratungsunternehmen dazu, sehr hohe Kosten für die Akquisition in Kauf zu nehmen und dann im Anschluss, bei den solchermaßen womöglich sehr teuer gewonnenen Klienten, unterpreisig zu arbeiten. Große internationale Beratungsgesellschaften mit einer eher langfristigen Geschäftspolitik, aber auch hohen Fixkosten, pflegen häufig einen solchen Akquisitionsstil, bei dem z.B. für – sehr professionelle – Marketingaktivitäten Aufwendungen in Höhe von 30 bis 50% der Umsätze eingesetzt werden.

Damit junge Beratungsunternehmen den Fehler einer massiven Fehlakquisition nicht machen, ist vor allem die Kenntnis und Kontrolle der eigenen Kostenstruktur sehr wichtig. Dazu kommt die notwendige Erstellung eines eindeutigen Zielkundenprofils, in dem sich z.B. Branche, Betriebsgrößen, Gesellschaftsformen, Region etc. wiederfinden sollten.

Für die Positionierung des eigenen Beratungsunternehmens am Markt sind verschiedenste Kriterien möglich, wie z.B. das Wachstum von verschiedensten Branchen. Daraus kann ein Schwerpunkt für die eigene Akquisitionstätigkeit abgeleitet werden, wie beispielsweise die Konzentration auf die Informationstechnologie-Branche. Auf der Unternehmensebene einer Branche können die Betriebe, falls bekannt, nach deren Performance beurteilt werden. Man kann sich ebenso auf ein Unternehmen aus der IT-Branche mit Spezialprodukten und hohem Bekanntheitsgrad spezialisieren.

Eine weitere Differenzierung erhält man, wenn das dem Berater zur Verfügung stehende Know-how bewertet wird, z.B. Erfahrungen in der IT-Branche, das Wissen um effiziente Büroorganisation und

2. Beratungsmärkte und Akquisitionsverhalten

die Trainingsqualifikation für die Verbesserung der kommunikativen Kompetenzen der Mitarbeiter. Aus diesen drei Faktoren resultiert ein mögliches Zielkundenprofil: Unternehmen der IT-Branche mit Spezialprodukten mit Beratungsbedarf für die Mitarbeiter zu den Themen effiziente Büroorganisation und Kommunikationstrainings.

Damit ist der Berater von der Vorstellung, mit seinen Beratungsleistungen alles und jeden beraten zu können, schon ein Stück entfernt und in der Lage, seine Akquisitionsbemühungen zielgerichtet einzusetzen. Nun wird es Branchen und Spezialisierungen geben, für die der Berater sich kompetent fühlt, die sich z.b. in einer Abschwungphase befinden und deren Lebenszyklus sich dem Ende zuneigt. Bei einer solchen Zielkundenentwicklung könnte das Beraterprofil sich auf Krisenintervention und Sanierungsmanagement hinentwickeln bzw. sich das Idealkundenprofil auf Sanierungsfälle einer bestimmte Branche erstrecken usw. Sind die Veränderungs- und Anpassungsmöglichkeiten durch den Berater nicht leicht realisierbar, muss er beim gegebenen Beispiel seine Akquisitionsbemühungen entweder auf eine andere Branche oder auf ganz bestimmte Unternehmen einer rezessiven Branche konzentrieren.

Für die eigentliche Kundenbewertung gibt es z.B. die Möglichkeiten der ABC-Analyse, die auf Kunden, Branchen oder Produkte angewendet werden kann, oder das Portfolio-Konzept der Kundenbewertung, das *Niedereichholz* (1996, s. Abb. 8) vorgestellt hat. Der Zweck des Einsatzes dieser Instrumente liegt ausschließlich darin, die „richtigen Kunden" zu akquirieren. Das bedeutet, dass Kunden, die andere Beratungsunternehmen bevorzugen und von diesen laufend oder wiederholt betreut wurden, auf Grund der hohen Akquisitionskosten nicht mehr beworben werden. Vielmehr sollen neue Kunden geworben werden, die entweder besser zum Zielkundenprofil passen, oder bei denen man mit einer hohen Abschlussquote zu akzeptablen Bedingungen rechnen kann.

Aus diesen neun denkbaren Strategien können zur einfacheren Anwendung z.B. vier Grundstrategien gebündelt werden (vgl. *Niedereichholz* 1996):

1. Risikominimierung für (3), (6) und (9),
2. Intensivierung für (4) und (5),
3. Pflege für (1) und (2),
4. Beobachtung für (6) und (7).

Kundenbindung \ SEP Zukunft des Abnehmers	1 Kunde hat langfristig großes Wachstum und Zukunft Aufsteiger	2 Kunde hat mittleren Erfolg, wächst wie der Durchschnitt der Branche Mitläufer	3 Kunde hat keinen Erfolg, keine Zukunft, Stagnation und Rückgang Absteiger
1 Kunde bevorzugt uns: Stammkunde Unser Angebot passt optimal	Idealkunde bevorzugen, pflegen (1)	Brot- und Butterkunde bevorzugt besuchen, pflegen (2)	Barzahlungskunde kritisch beobachten (3)
2 Kunde bevorzugt keinen: sowohl-als-auch-Kunde Unser Angebot passt wie Konkurrenzangebot	potenzieller Idealkunde umwerben, hoher Aufwand (4)	Standardkunde umwerben, kostenbewusst akquirieren (5)	Mitnahmekunde wenig Aufwand, nur gegen bar, kein Service (6)
3 Kunde bevorzugt Konkurrenten: Konkurrenkunde Unser Angebot passt ungenügend	Beobachtungskunde situationsbedingter Aufwand (7)	Karteikunde gelegentlich beobachten, eher meiden (8)	zu meidender Kunde kein Aufwand, nicht besuchen (9)

Abb. 8: Kundenbewertung

2.11 Erfolgsorientierte Beratung und Honorierung

In der Beratung umgab lange die erfolgsorientierte Entlohnung der Nimbus billiger Verkäufertricks bzw. war sie die erste Möglichkeit für Jungberater bzw. die letzte Möglichkeit für schwach ausgelastete Berater, ins Geschäft zu kommen. Heute ist das anders: Auch große und etablierte Beratungsgesellschaften (Arthur D. Little, Boston Consulting Group, Bain & Co; vgl. *Larew/Deprosse* 1997) gehen Verträge mit erfolgsabhängigen Komponenten ein. Das sogenannte **Performance Contracting** sieht in der Regel vor, dass die Leistung des Beraters sich aus den Einsparungen seines Einsatzes finanziert. Ab einem bestimmten Schwellenwert erzielte Einsparungen werden z.B. 50:50 geteilt. Inwieweit sich dadurch der Ruf der Consulting-Branche und insgesamt die Position der beratenen Unternehmen verbessern wird, sei dahingestellt. Aus Untersuchungen in Europa ist bekannt, dass Klienten bereit sind, bis etwa 15% des

Wertes von durch den Berater realisierten Verbesserungen diesen als Vergütung zuzugestehen. Bei höheren Erfolgsanteilen, wie sie verschiedene Erfolgsbeteiligungsmodelle amerikanischer Beratungsfirmen vorsehen, muss damit gerechnet werden, dass sie durch den Berater nicht nachhaltig durchsetzbar sind. Für die Berater-Klienten-Beziehung bergen solche Vereinbarungen in sich die Gefahr erheblicher Konfliktpotentiale.

Nach der Einschätzung von vielen Experten wird sich der Markt dennoch in Richtung erfolgsabhängiger Beratungsverträge bewegen, woran nicht zuletzt die oft fehlenden Beratungsergebnisse der Vergangenheit schuld sind. Die Erhebungen, die mangelhafte Beratungsergebnisse signalisieren, dürfen aber nicht vergessen lassen, dass die Unternehmen oft nur zu einem Bruchteil den Beratungsvorschlägen Folge leisten bzw. viele Berater mit den Unternehmen Lösungsvorschläge in der Form erarbeiten, dass die bewusst eingesetzte Selbstbeteiligung der Klienten diesen den „idealen", aber dennoch falschen Eindruck vermitteln, sie hätten die Veränderung selbst inszeniert und den Berater eigentlich nicht benötigt.

Dessen ungeachtet fordern Klienten massiv erfolgsabhängige Beratungsverträge. Die Klienten versprechen sich von solchen Verträgen sehr viel: Die Honorare der Berater werden aus den Einsparungen bzw. Geschäftserfolgen beglichen, bei Fehlleistungen der Berater ist wesentlich weniger Geld zu bezahlen. Außerdem entsprechen die erfolgsabhängigen Entlohnungen für Beratungsleistung oft einer originären Forderung der Berater selbst, die eng mit der Leistung verknüpfte Bezahlung propagieren.

So vernünftig solche Überlegungen auf den ersten Blick auch sein mögen, gilt es doch eine ganze Reihe von Bedingungen für solche Beratungsvereinbarungen zu beachten. *Luhmann* (1972, S. 180) regt an, dass z.B. Verantwortlichkeit nur dann organisatorisch sichergestellt werden kann, wenn ein genau formuliertes System von Erwartungen und Beurteilungsstandards die eindeutige Zurechenbarkeit von Leistungen und Fehlern voraussetzt.

Zur Erfassung der Effizienz von Beratungsleistungen haben sich vier Basisannahmen (vgl. *Larew/Deprosse* 1997) durchgesetzt:

- Die Zielerreichung ist objektiv messbar;
- das angestrebte Ziel steht nicht im Konflikt mit anderen wesentlichen Zielen des Unternehmens;
- die Zielerreichung liegt im Einflussbereich des Beraters, dessen Leistung bewertet werden soll;

– der vom Berater geleistete Beitrag ist von externen Einflüssen abgrenzbar.

Bei General-Management-Beratungen auf Unternehmer- oder Vorstandsebene treten diese Bedingungen wahrscheinlich nie gleichzeitig auf, weshalb hier Erfolgskomponenten eher problematisch zu bewerten bzw. zu vermeiden sind.

Begreift man Organisationen als komplexe soziale Systeme, müssen bei der Messung der Beraterleistung auch Kriterien zum Einsatz kommen, wie sie in der empirischen Sozialforschung entwickelt worden sind. Bei einem genauen Erfassen der erfolgsabhängigen Komponenten wäre analog zum wissenschaftlichen Vorgehen idealiter eine „Leergruppe" zu bilden, die von der Intervention des Beraters unberührt bleibt und die für Vergleichszwecke verwendet wird. Der Manipulationsbereich des Beraters und die Leergruppe müssten entsprechend groß sein, damit Zufallsfehler weitgehend ausgeschlossen werden können, außerdem müssten, wie in einer Laborsituation, die Umweltbedingungen konstant gehalten werden. Drittens müsste, dem klassischen empirischen Design folgend, ein Doppel-Blind-Versuch durchgeführt werden, bei dem auch der Versuchsleiter nicht weiß, welche Gruppe er bewertet bzw. welche Gruppe welche Intervention erfahren hat. Diese Bedingungen zu schaffen, ist in der betrieblichen Praxis höchst unrealistisch!

Deshalb tritt sehr oft der Fall ein, dass die erzielte Verbesserung an sich nicht quantifizierbar ist, weil die Kausalitäten auch wissenschaftlich noch nicht ausreichend beschreibbar sind. Das betrifft z. B. die Fragen der Unternehmenskultur, des Betriebsklimas, der Positionierung in neuen Märkten, Verbesserung der Informations- und Kommunikationsbeziehungen u. ä. Bei solchen Beratungsgegenständen kann beispielsweise häufig nicht klar bestimmt werden, ob nun die Anwesenheit des Beraters oder die Ergebnisse seiner Interventionen z. B. die Krankenstände senkt. Wobei die Frage des kausalen Zusammenhanges beispielsweise zwischen Betriebsklima und Krankenstand noch immer – obwohl höchst wahrscheinlich und plausibel – doch eher spekulativer, weil korrelativer Art ist.

Eine weitere Schwierigkeit ist der Zeithorizont, der der Vereinbarung zwischen Klient und Berater zugrunde liegt: Treten die Wirkungen der eingeleiteten oder realisierten Verbesserungsmaßnahmen sofort, nach sechs Monaten oder erst nach drei Jahren auf? Es liegt in der Natur der Sache, dass bei erfolgsabhängigen Vereinbarungen hauptsächlich kurzfristig wirksame Verbesserungen realisiert werden, die mittel- und langfristigen Perspektiven werden stark vernachlässigt. Negative Langzeitfolgen kurzfristiger Interventionen

2. Beratungsmärkte und Akquisitionsverhalten 79

in Hinblick auf ihre langfristigen Auswirkungen bleiben wahrscheinlich zur Gänze unberücksichtigt; auf Sicht kann auch mehr Schaden als Nutzen entstehen. Für den Klienten bedeutet das, dass so aus kurzfristigen Einsparungen langfristige Nachteile und insgesamt Wettbewerbsnachteile entstehen können.

Massiv müssen die Befürchtungen der Auftraggeber werden, wenn die Berater auf Grund einer erfolgsabhängigen Honorierung im Beratungsprozess nur die Dinge wirklich angehen, die tatsächlich gemessen werden können und honorarrelevant sind; so werden z.B. häufig übergeordnete Unternehmensziele zu Lasten rasch realisierbarer Kostenvorteile aus den Augen verloren – Berater sind auch nur Menschen! Natürlich kann alternativ über die Vereinbarung von Sonderzielen mit entsprechender Gewichtung eine Konstruktion erreicht werden, die dieser Gefahr begegnet. Einfach und effektiv sind solche Vergütungsregelungen selten, da sie regelmäßig partiell oder sogar punktuell Ansätze einschließen und somit den grundsätzlichen Nachteil haben ganzheitlichen Erfordernissen der Beratungsarbeit entgegenzustehen. Es drängt sich die Analogie auf von Vereinbarungen mit Außendienstmitarbeitern oder Handelsvertretern, deren Entgeltvereinbarungen oft Deckungsbeitragsregelungen beinhalten, was dazu führt, dass natürlich Produkte mit hohen DBs präferiert und so möglicherweise strategisch wichtige Produkte oder Märkte nicht mehr bearbeitet werden, obwohl das im Interesse des Unternehmens läge. Die Ablöse einer Provision durch eine Deckungsbeitragsregelung reduziert zwar die Nachteile von Provisionsvergütungen, aber eben nur teilweise. Die Vereinbarung von Sonderzielen bei der erfolgsabhängigen Honorierung der Beratung wirkt ebenso. Sie verringert aber löst nicht die Nachteile der Vergütungsform, abgesehen davon, dass man sich über die spezifischen Probleme der Subjektivität bei der Setzung der Ziele und bei der Bemessung der Zielerreichung klar sein muss. Diese Regelung vernachlässigt außerdem wiederum zur Gänze die Dynamik, die im Laufe längerer und komplexerer Beratungsmandate entstehen kann, z.B. in expandierenden Unternehmen oder Märkten, bei der Sanierungsberatung u.ä., die möglicherweise wieder andere Formen der Beratervergütung nahe legen könnten.

Ein weiterer Schwachpunkt bei Erfolgshonoraren liegt darin, dass der Berater zur Erreichung der Ziele im Klientenunternehmen etwas bewegen können muss, d.h. er muss vom Klienten mit Gestaltungsmacht ausgestattet werden. Man denke nur an die Probleme, die sich ergeben, wenn externe Berater bei den Mitarbeitern des Klientenunternehmens gegen deren Widerstände neue Konzepte bzw. Verhaltenskonventionen durchsetzen wollen. Bis zu welchem Punkt kann der Berater etwa, wenn das Management des Klienten bei der Umsetzung versagt, dafür verantwortlich gemacht werden? Werden die Erfolge seiner Beratungstätigkeit nach seinen Umsetzungsergebnissen oder der Qualität seines Konzeptes bemessen? Oder wie bewertet man ganz andere Dinge, wie z. B. zwischenmenschliche und/oder kommunikative Fähigkeiten? Manche Unternehmensleitbilder und Arbeitsgrundsätze von Beraterfirmen schließen operative Tätigkeiten oder Quasi-Beteiligungen bei Klienten aus, u. a. aus Haftungsgründen. Die Kombination von erfolgsabhängiger Honorierung und verantwortlicher operativer Tätigkeit kann möglicherweise für den Berater zu einem doppelten Risiko werden, und zwar im Zweifelsfalle verknüpft mit sehr schwierigen Beweis- und Bewertungsproblemen hinsichtlich zu leistender Schadenersatz- und Honoraransprüchen.

Risiken, und das ist nicht nur in der Beratung so, kosten Geld. Bei den üblichen erfolgsabhängigen Vereinbarungen beläuft sich das Verhältnis fix zu variabel – wie etwa bei variablen Vergütungsregelungen von Mitarbeitern – auf ca. 70:30. Der Berater wird natürlich auf Grund seiner Erfahrungen und je nach Risiko die 70% entsprechend kalkulieren und dabei zudem den Vorteil haben, dass sein Honorarrisiko nach unten begrenzt ist. Er bekommt auf jeden Fall sein Honorar. Je stärker ihn der Klient zur Erfolgsbeteiligungsvariante drängt, desto sicherer kann der Berater sein, dass der Klient einer guten Problemlösung kaum eine Chance einräumt bzw. seine Möglichkeiten erschöpft sind – und der Berater wird seinen fixen Honoraranteil im Hinblick darauf kalkulieren. Der Klient läuft dann im Falle eines doch (!) erfolgreichen Beraters Gefahr, auch wenn er die zusätzlichen Beratungskosten über Erlössteigerungen oder Einsparungen durch das Beratungsmandat selbst wieder einspielen kann, wesentlich mehr zu bezahlen als er eigentlich müsste. Damit erhöht er seinen Kostenblock und hat daraus vielleicht Wettbewerbsnachteile.

Aus der Sicht der Unternehmensführung des Klienten sind erfolgsabhängige Beraterhonorare doppelt problematisch: Zum einen versucht man Risiken, die man offenbar bei der vielleicht nicht sehr umsichtigen Auswahl des Beratungsunternehmens eingegangen ist, im Nachhinein zu begrenzen. Zum anderen spielt man bei erfolgsabhängigen Beratungsvereinbarungen die Erfolgsverantwortung für Beratungslösungen bzw. -umsetzungen dem Berater zu, vermeintlich und regelmäßig irrtümlich ohne zu großes Kostenrisiko des Klienten und lässt einer „Lehnstuhl-Mentalität" möglicherweise breiten

Raum. Umsetzungsnotwendigkeiten und Handlungsdruck bestehen nicht mehr so stark, da ja sehr souverän delegiert wurde. Doch erwachsen daraus dem Klienten nicht mehr Gefahren als Chancen? Besteht darin der Sinn eines Beratereinsatzes? Sind das Bedingungen, unter denen sich Berater bei ihrer Tätigkeit wohl fühlen? Ist dadurch der Beratereinsatz optimiert?

Die oben skizzierten Risiken treffen letztlich nicht nur den Klienten, sondern natürlich auch die Berater selbst. Hohes Risiko für den Klienten bedeutet auch hohes Risiko für den Berater. In einer Zeit, in der mündige Konsumenten, und die Klienten gehören realistischerweise auch dazu, immer mehr vor den Gerichten um Schuldzuweisungen und Schadenersatz streiten, bedeutet ein hohes Risiko einzugehen auch immer, sich und dem Klienten in einer solchen Auseinandersetzung zu schaden. Verträgt sich das mit dem Berufsbild und dem Ethos von Unternehmensberatern? Hält der Klient in einer wirtschaftlich sehr turbulenten Zeit nicht genutzte Chancen und lange Prozesszeiten aus? Wir glauben nicht und hoffen, dass verantwortungsvolle Berufskollegen, auf Erfolgshonorare angesprochen, ihre Kunden entsprechend aufklären und informieren. Kommt darüber keine Einigung zustande, steht die Berater-Klienten-Beziehung ohnehin unter einem schlechten Stern und wird auch allen Beteiligten wenig Freude machen.

Natürlich gibt es auch Beratungsbereiche, in denen Erfolgsbeteiligungsvereinbarungen durchaus Sinn machen (vgl. auch *Schäfer* 1998). Vernünftig können solche Vereinbarungen etwa dann sein, wenn sie sich beispielsweise auf folgende Punkte und Bereiche erstrecken, wo es regelmäßig um objektivier- und quantifizierbare, also messbare und zeitlich klar zu unterscheidende realisier- und zuordenbare Ergebnisse geht:

– Gebäudemanagement,
– Energieverbrauch,
– Express-, Kurier- und Paketdienste,
– Fuhrparkmanagement,
– Reisekostenmanagement,
– Telekommunikationssektor,
– Transportkosten,
– Werbe- und Geschenkartikel,
– Drucksorten,
– Unternehmensversicherung,
– Hilfs- und Betriebsstoffe,
– Abfallmanagement,

82   1. Teil: Grundlagen, Märkte und Schwerpunkte der Beratung

- Computerzubehör und -service,
- Büroausstattung,
- Büroprodukte und -bedarf.

Dessen ungeachtet muss generell festgehalten werden, dass weder Fehler und Versäumnisse in der Beraterauswahl durch den Klienten nicht im Nachhinein durch Erfolgsbeteiligungsvereinbarungen begrenzbar sind. Sehr komplexe Aufgabenstellungen und Lösungen sind hinsichtlich ihrer materiellen und immateriellen Auswirkungen meist nicht oder nur sehr schwer eindeutig sachlich, zeitlich und personell zurechenbar bzw. abzugrenzen und damit als „mechanistischer" Erfolgsindikator für eine Honorarbemessung und Erfolgsbeteiligung wenig tauglich. Viel vernünftiger und zielführender ist es, dem Klienten ein System anzubieten, mit dem er die Beraterleistungen überwachen kann und das auf Information, Kommunikation und Transparenz setzt. Möglichkeiten hierzu bieten beispielsweise detaillierte Aufwandverzeichnisse, die in kürzeren periodischen Zeiträumen vorgelegt werden, z. B. monatlich, sowie Abrechnungssysteme, die den Klienten leicht nachvollziehen lassen, wie die einzelnen Honorarpositionen entstanden sind bzw. auf welcher Grundlage sie beruhen. Ebenso sollten offene und konstruktive Bewertungsgespräche über Preis-Leistungs-Relationen und Zweifelsfragen zwischen Klient und Berater eine Selbstverständlichkeit sein.

3. Beratungsstrategien

Über Beratungsstrategien herrscht unter den Fachleuten eine rege Diskussion. Zum einen, weil die Nachfrage nach explizit-strategischen Managementberatungen gerade bei den stark operativ orientierten mittelständischen Kundengruppen im Rückgang begriffen ist und die partiell vorhandene „Strategielosigkeit" auch von großen Unternehmen zurzeit sehr deutlich wird (vgl. *Weber/Hamprecht/ Goeldel* 1997); diese Entwicklungen tangieren nahe liegenderweise die eigenen Strategien der Berater. Zum anderen, weil beratungsethische Fragen im sehr dynamischen und rasch wachsenden Beratungsmarkt in Hinblick darauf verstärkt diskutiert werden, ob nicht die Notwendigkeit ethischen Handelns im Zusammenhang mit den gewählten Beratungsstrategien für die Beratungsunternehmen wichtiger wird und zudem attraktive Möglichkeiten der Marktpositionierung eröffnen.

3. Beratungsstrategien

Beratungsstrategien beinhalten aus der Sicht der Berater Ziele, die den Verkauf und die Umsetzung des Beratungsangebotes und seines Know-hows betreffen. Aus der Sicht des Unternehmens sollen Beratungsleistungen für eine bessere betriebliche Performance sorgen. Viele Berater werden bemüht sein und die Strategie verfolgen, ihre Leistungen zu standardisieren und auf Grund von hohen Entwicklungskosten möglichst zu multiplizieren, und somit Leistungen „von der Stange" anbieten. Dem stehen allerdings die Erwartungen der Klienten gegenüber, die ihre Probleme möglichst individuell bzw. betriebsspezifisch gelöst haben wollen.

Allein diese Hinweise auf unterschiedliche Strategien von Leistungspartnern, nämlich Klienten und Beratern, die sich auf Zeit für die Konzeption und insbesondere die Umsetzung von zu verfolgenden Veränderungen zusammentun, zeigt die hohe praktische Relevanz der Aufgabe, einen möglichst großen gemeinsamen Nenner bei möglicherweise auseinanderstrebenden Strategien zu finden. Die Lösung solcher Strategie- und Zielkonflikte erfordert zunächst einmal, dass sich sowohl Klient wie Berater ihre eigenen strategischen Leitbilder und Ziele bewusst machen. Das ist allerdings leichter gesagt als tatsächlich getan. Die Neigung zu „pragmatischem Vorgehen", sprich beispielsweise der Improvisation und opportunistischem Anpassen nachzugeben, kurzfristige Erfolgslegitimationen zu erhaschen, wo eigentlich nicht sofort erkennbare Vorteile längerfristig verfolgt werden müssten, ist für viele Berater verlockender als einer durchdachten Beratungsstrategie überzeugt und konsequent zu folgen, d.h. durch selbstgewählte und verbindliche Orientierungen eine klare und eindeutige Linie einzuhalten. Das erfordert oft Mut und Risikobereitschaft, die Fähigkeit „Nein" zu sagen und Konflikte konstruktiv auszutragen. Ebenso wird man manchem Geschäft Adieu sagen müssen, auch wenn man es eigentlich dringend bräuchte.

In Beratungsstrategien schlagen sich normative Beratungsgrundsätze nieder. Aber es geht auch um sehr konkrete Inhalte und Einsichten der Beratungsarbeit. Eine zentrale Berateraufgabe ist es beispielsweise, Veränderungen einzuleiten und bei deren Umsetzung mitzuwirken. Aber der Berater darf deshalb nicht seine Veränderungskompetenz überschätzen, also beispielsweise seine Fähigkeiten, das Verhalten von Mitgliedern des Klientensystems nachhaltig zu ändern. Diese Einsicht kann sich in einer Beratungsstrategie mit dem Ziel niederschlagen, vornehmlich Klientensystemen zu helfen und diese in die Lage zu versetzen, einen Problemdruck zu erkennen und weitgehend auf eigene Veränderungsmaßnahmen zu setzen. Eine solche Annahme basiert auf der Erkenntnis, dass sich zwar die Bedingungen in Organisationen, nicht aber das Verhalten unmittelbar verändern lassen. So lautet z. B. eine Regel aus der Systemtheorie, dass sich Organisationen gerade so weit bewegen, dass es für sie möglich ist, sich eben nicht zu verändern (vgl. *Neuberger* 1995, S. 109, *Bachmaier* et al. 1999).

Auch für junge Berater könnte es eine beratungsstrategisch sinnvolle Festlegung sein, sich beim Berufseinstieg z. B. nicht vorschnell verleiten zu lassen, über Franchise-Systeme Beratungs-Instant-Lösungen zu erwerben, um sie dann unreflektiert und kaum oder nicht modifiziert jedem ihrer Klienten verkaufen zu wollen. Eine solche, auf den ersten Blick durchaus verlockende Vorgehensweise könnte sehr rasch mit dem beratungsstrategischen Gedanken in Widerspruch geraten, dass nach Möglichkeit am Ende eines Beratungsauftrages der Klient eine Problemlösungskompetenz erworben haben sollte, die ihn befähigt, gleiche oder ähnliche Aufgaben zukünftig selbstständig zu lösen. Der Leitsatz „Hilfe zur Selbsthilfe" anstelle der Schaffung einer Abhängigkeit des Klienten vom Berater wäre sozusagen der beratungsstrategische Grundgedanke, der mit dem Verkauf von Instant-Lösungen kollidieren könnte.

Ein anderes Beispiel: Die meisten Berater machen sich ein Idealbild von der Organisation, die sie gerade beraten. Die Realisierung dieses Idealbildes soll Organisationen dazu befähigen, mit aktuellen Problemstellungen und Herausforderungen umzugehen und mit künftigen Entwicklungen, Komplexitäten, Dynamiken und Risiken besser zu Rande zu kommen. Bereits die fixierte Vorstellung einer Ideal-Organisation hat beratungsstrategische Relevanz, und zwar auch dann, wenn sich der Berater dessen gar nicht bewusst ist. Eine ideal typische Beratungsorientierung unterscheidet sich sehr wesentlich von situativen Beratungsansätzen, d. h. es liegen grundsätzlich andere strategische Konzepte und Methoden der Beratungsarbeit vor. Ist beispielsweise die Ideal-Organisation der Maßstab des Handelns, werden die Aufgaben und Rollen der agierenden Personen sicher anders ins Kalkül des Beraters einbezogen wie bei einer für den situativen Ansatz sehr ausgeprägten Anpassungsorientierung des beraterischen Tuns. Im ersteren Fall tendieren Berater schon sehr früh zu der Überlegung, dass mit neuen Personen bessere Potenziale zu entwickeln sind, was oft zu hektischen Personalsuchaktivitäten führt, ohne z. B. organisatorische und funktionelle Verbesserungen durchzuführen. Neue Mitarbeiter scheitern dann regelmäßig wieder an diesen Hürden, was zu neuen Personalsuchaktivitäten führt, vermutlich mit einem neuen Berater. Diese „hire-and-fire"-Einstellung ist eigentlich überholt, denn heute werden diese Vorstellungen unter dem Bild einer lernenden, zukunftsreichen, entwicklungsfähigen und disponiblen Organisation sehr kritisch gesehen. Betriebsinterne klientenspezifische Besonderheiten, Eigenschaften, Kernkompetenzen und kulturelle Ausprägungen sollen mit den jeweiligen Unternehmensumwelten in ein Fließgleichgewicht gebracht werden. Diese Interaktionsprozesse müssen laufend evaluiert werden in Hinblick auf ihre Funktionalität bzw. Dysfunktionalität, was in der Regel auch ohne externe Hilfe durch die Organisation selbst erfolgen kann. Der Berater kann und soll dazu lediglich den Anstoß liefern, damit in den Betrieben der schon genannte beratungsstrategische Ansatz „Hilfe zur Selbsthilfe" zur Entfaltung kommt. Aber auch die Einsicht in die Fragwürdigkeit einer „hire-and-fire"-Einstellung und ein „Ja!" zur prinzipiellen Verantwortung des Beraters, bessere Lösungsansätze durch Anpassungsvarianten zu finden, ist eine wesentliche Festlegung für eine Beratungsstrategie.

3.1 Beratungsziele: Hilfe zur Selbsthilfe oder „fertige" Lösungen

Die Beratungsziele sind sehr stark davon abhängig, wie unmittelbar der **Problemdruck im Klientensystem** welche Bedrohungsszenarien heraufbeschwört: So sind z.B. in der Sanierungsberatung bzw. bei Zeitnot teilweise standardisierte Beratungstechniken, die an die jeweilige Unternehmenssituation adaptiert werden können, eher angebracht. Bei Organisationsentwicklungsprojekten mit einem mittelfristigen Zeithorizont sind eher partizipative Vorgehensweisen zu wählen, da auch der vergleichsweise etwas geringere Problemdruck oft Raum und Zeit für Experimente und Eigenentwicklungen lässt. Das bedeutet, dass in der Festsetzung und Planung von Beratungszielen die „Befindlichkeit" des Klientensystems von herausragender Bedeutung ist. So banal u.U. diese Feststellung auch klingen mag, leitet sich daraus oftmals die Notwendigkeit einer intensiven Überzeugungs- und Argumentationsarbeit des Beraters in Hinblick auf die vom Klientensystem gewählten Auftragsinhalte ab, und zwar mit der Absicht, die Beratungsziele des Klienten mit den Überzeugungen des Beraters zur Deckung zu bringen. Beispielsweise passiert es immer wieder, dass Klienten dem Berater die Lösung eines Marketing- und Vertriebproblems als Beratungsaufgabe stellen. Sehr oft liegen die tatsächlichen Probleme dann ganz woanders, z.B. beim Personal. Der Berater muss in einem solchen Fall selbstverständlich mit dem Klienten zu einer einheitlichen Problemidentifikation gelangen, wenn die Beratungstätigkeit Erfolge zeigen soll.

Zentral ist die Frage nach **Sinn und Zweck des Beratungseinsatzes**: Viele Berater, die Instant-Produkte verkaufen, haben keine eigene Strategie und sind damit auch Veränderungen im Klientensystem während des Aufgabenidentifikations- und Beratungsprozesses „hilflos" ausgeliefert, da die Beratungsprogramme regelmäßig keine individuellen Anpassungen vorsehen.

Die oftmals abschätzig genannten „Checklisten"-Beratungen oder auch häufig als „Unternehmensanalyse" verkauften standardisierten Beratungsleistungen wiederum haben im Beratungsprozess selbst zu wenig Freiheitsgrade und bieten wenig Raum für an sich notwendige Modifikationen. Diese Art des Beratungseinsatzes wird nur dann sinnvoll sein können, wenn es für das Klientensystem darum geht, kurzfristig externes Know-how, manchmal im Rahmen einer Standortbestimmung oder Ist-Analyse, am Markt einzukaufen. Problematisch wird die Sache dann, wenn sich das Klientensystem, nicht zuletzt durch die „Marktschreier"-Mentalität, subtile Verkaufsmethoden und gute Prospekte des jeweiligen Beraters in Sicherheit wiegend, um Weiterentwicklungen bemüht, die seitens des Beraters eine flexible, kundenorientierte bzw. -spezifische Vorgehensweise notwendig machen. Bei solchen Verhältnissen zeigt sich sehr rasch, ob der Berater über genügend Know-how, Erfahrung und Beratungswissen verfügt, um das Mandat erfolgreich zu bearbeiten, oder ob er selbst den Kategorien verhaftet ist, die ihm sein Checklisten-System oder andere standardisierte Beratungsprodukte vorgeben. Standardisierte Beratungsprodukte haben dem Ruf der Beratungsbranche in der Vergangenheit sehr geschadet, denn Klienten merken natürlich sehr bald, dass ihre Erwartungen hinsichtlich individueller Beratungslösungen kaum erfüllt werden, und ärgern sich zu Recht darüber, oftmals für sehr viel Geld lediglich als Fallnummer behandelt zu werden. Pikanterweise erhalten besonders solche Beratungsprodukte klangvolle Namen, deren Enttarnung die Kunden dann irritiert und verbittert.

Standardisierte Beratungen eignen sich am ehesten für vorwiegend analytische Aufgaben. Dort, wo kreative, innovative, konzeptionelle Funktionen und Umsetzungsaufgaben erfüllt werden müssen, sind sie weniger am Platz. Letzteres ist auch ein entscheidender Grund, weshalb sehr große Beratungsunternehmen, die bevorzugt aus personellen und institutionellen Gründen standardisierte Beratungsverfahren einsetzen, den Ruf haben, kaum Umsetzungsaufgaben zu erfüllen.

Nach den eingangs angeführten Definitionen der Unternehmensberatung verstehen sich die Berater als „temporäre Spezialisten", die zeitlich begrenzt für Unternehmungen tätig werden. Die Effizienz- und Qualitätsdiskussionen über Beraterleistungen haben vor allem zum Inhalt, dass in einer begrenzten und überschaubaren Zeitspanne einmal die Beratungsprojekte abgeschlossen werden und zum Zweiten die Beratungsergebnisse ihre Wirkung voll entfalten können, d. h. das Klientensystem in der Lage ist, diese zu handhaben bzw. zu integrieren. Eine verantwortungsvolle Beratung erfordert somit eine Vorgehensweise, die emanzipatorischen Intentionen folgt und auf das übergeordnete Ziel eines autonomen und handlungsfähigen Klientensystems hinarbeitet. Ähnlich dem Empowerment der Mitarbeiter müssen die Klientensysteme dazu gebracht werden, dass sie das erforderliche Know-how selbst generieren bzw. sich selbst beschaffen können. Längerfristige Beratungsmandate, die ein fortlaufendes Betreuen des Klientensystems zum gleichen oder ähnlichen Beratungsthema vorsehen, sollten eher die Ausnahme sein und wären als solche zu deklarieren.

Natürlich steht jeder Berater auch vor dem Konflikt, seine Idealvorstellung vom helfenden und beratenden Fachmann mit seinen ureigensten wirtschaftlichen Interessen zur Deckung zu bringen. Es ist beispielsweise problematisch einem Berater, der sich in wirtschaftlichen Schwierigkeiten befindet, nahe bringen zu wollen, dass vor allem das Klientensystem und dessen durch den Beratereinsatz gesteigerte Performance im Fokus seiner Aufgaben zu stehen hat, und zwar nach dem Prinzip „Hilfe zur Selbsthilfe" – und der Berater andererseits nicht mehr weiß, wie er seinen eigenen finanziellen Verpflichtungen nachkommen soll. Auch deswegen ist es so wichtig darauf hinzuweisen, dass auch Beraterkarrieren eine mittel- bzw. langfristige Planung erforderlich machen und das „schnelle Geld", das zudem noch gesichert sein sollte, über gute Arbeit und nicht über Stückwerk und eine abhängige Klientenschar zu verdienen ist. Denn mittel- und langfristig werden schlechte oder unvollständige Problemlösungen von anderen Beratern wesentlich besser bewältigt und durch tauglichere abgelöst.

Berufsgrundsätze beratender Berufe sehen vor und besonders sollte die Berufsethik des einzelnen Beraters nach Ansicht der Autoren von dem Grundsatz ausgehen, dass am Ende eines Beratungsmandates sich der Klient in einer wesentlich besseren Position im Hinblick auf verschiedene Aufgabenstellungen und Parameter befinden sollte als zu Beginn der Beratung. Diese Forderung bedeutet auch, dass die im Klientensystem implementierten Lösungen dergestalt sein müssen, dass der Berater schlechtestenfalls sich auf eine Supervisorenrolle beschränken kann, um lenkend, kontrollierend und stimulierend einen weiteren Prozessverlauf bei Aufgaben zu gewährleisten, die gelösten Beratungsprojekten gleich oder ähnlich sind.

Das bedeutet, dass **Berater für Klientensysteme dann von Vorteil** sind, wenn durch sie

- bislang gehegte und gepflegte Vorstellungen, Einstellungen und Verhaltensweisen im Klientensystem in Frage gestellt werden,
- neue bzw. bekannte Fakten in ein anderes Licht gerückt werden bzw. sich Perspektiven verändern,
- neue Wege beschritten werden,
- Entscheidungsfindungsprozesse beschleunigt und optimiert werden,
- (Quasi-)Objektivierungen notwendig sind,
- Bedingungen für organisationales Lernen geschaffen werden und
- neues Know-how in das Unternehmen einfließt.

Berater sind **für das Klientensystem von Nachteil**, wenn sie

- laufend dem Klientensystem Entscheidungskompetenz entziehen,
- als „Strohmann" für unbequeme Entscheidungen verwendet werden und
- Entscheidungen ex post absichern sollen.

Bei der Frage, ob „fertige" Lösungen oder Hilfe zur Selbsthilfe das Ziel eines Beratereinsatzes sein sollen, ist Letzterem der Vorzug zu geben. Das schließt selbstverständlich nicht aus, dass es auch Beratungsaufgaben gibt, deren Lösung auch gut mit „fertigen" Beratungsleistungen erfolgen kann, d.h. eine sorgfältige und differenzierte Bewertung ist von Fall zu Fall unumgänglich. Von den Autoren wird angenommen, dass der Markt individuelle Beratungsleistungen bevorzugt, wenn sie in geeigneter Art und Weise beworben und angeboten werden. Standardlösungen werden von vornherein mit dem Ziel eines beliebig multiplizierbaren, d.h. möglichst breiten Einsatzes entwickelt. Diese Intention bewirkt eine sehr starke absatzwirtschaftliche Orientierung der Produktentwicklung und rechtfertigt einen hohen Mitteleinsatz für entsprechende Markt- und Vertriebsaktivitäten. Vergleichbare Bemühungen und Vorlaufkosten sind bei individuellen Beratungsleistungen völlig unerschwinglich, ebenso wie später erwirtschaftete Deckungsbeiträge tendenziell wesentlich geringer als bei Standardlösungen sind. Der Verkauf maßgeschneiderter Beratungsarbeit erfordert – konkreten Bedarf vorausgesetzt – Argumente, die auf den besonderen Vorteilen der betriebsspezifischen und qualitativen Beratungsarbeit aufbauen, ferner werden vor allem ein guter Name des Beraters und sein Bekanntheitsgrad, Empfehlungen und Referenzen, Kontakte u.ä. die Akquisition tragen müssen. Die individuelle Beraterleistung bildet nach wie vor den Eckpfeiler des Beratungsgewerbes und beweist Tag für Tag nicht nur deren unersetzbare Bedeutung für Betriebe und unterschiedlichste Einrichtungen, sondern auch die Lösbarkeit ihrer Akquisitionsaufgaben.

3.2 Regeln zur Strategieentwicklung

Ähnlich den Strategiekonzeptionen für Unternehmen ist auch für Beratungsprojekte eine strategische Orientierung notwendig. Um ein umfangreiches und komplexes Beratungsmandat abzuwickeln sind eine Fülle von Voraussetzungen zu schaffen bzw. über ein gutes Projektmanagement Ziele zu ermitteln und daraufhin Beratungsmaßnahmen abzustimmen. Ansonsten können durch die Fülle von Tätigkeiten, wie sie für größere und komplexere Beratungsmandate typisch sind, wie z.B. Besprechungen, Informations- und Datensammlungen, Subaufgaben, Interventionen, die verschiedenen beteiligten Berater etc., die Ziele des Mandates aus den Augen verloren werden und es sind eine heillose Zersplitterung des Projektes, Leerläufe und Zeitverlust, unkoordinierte beraterische Einzelaktionen, Konflikte usw. zu befürchten. Diese Fehlentwicklungen im Vorhinein zu verhindern, erfordert vom Projektverantwortlichen eine sehr hohe Steuerungs- und Kontrollkompetenz.

Die klare Ausrichtung eines Beratungsmandates auf die mit dem Klienten erarbeiteten und festgelegten Ziele ist eine der wichtigsten Voraussetzungen für den Beratungserfolg. Das Klienten- und Beratersystem ist bei diesen ersten und wichtigen Weichenstellungen im Sinne eine Leistungspartnerschaft möglichst gut zu verknüpfen. Um das sicherzustellen sind u.a. die Beratungsziele ständig zu kommunizieren.

Grundsätze für den Beratungsprozess und zur Zielerreichung können dabei sein:

- Ein Menschenbild, das sich an Achtung und Fairness orientiert,
- Beachtung und Belohnung von Leistungen,
- einfache Projektstruktur mit geringem bürokratischen Aufwand,
- einfache und jedem bekannte Arbeitsgrundsätze,
- straffe Projektleitung mit einer starken Ergebnisorientierung,
- Sicherung einer effektiven Kommunikation innerhalb und zwischen den Berater- und Klientensystemen,
- bei Standardtätigkeiten weitgehende Dispositionsmöglichkeit der Teammitglieder,
- Förderung von Kreativität und Freiräumen,

- Fehlertoleranz und
- bedingt durch die weitgehend fehlenden Ausbildungsmöglichkeiten für Berater sind Beratungsmandate als Lehr- und Lernsysteme zu konzipieren.

Bei **längerfristig konzipierten Beratungsverhältnissen** stellen sich die Fragen der Beratungsstrategie in einer weiteren Spielart. Die Beratungsstrategie ist sehr häufig durch eine Berater-Klienten-Beziehung geprägt, bei der der Berater in erster Linie eine Supervisorenrolle einnimmt und Veränderungen im Klientensystem begleitet. Dabei sollte die Funktion des Beraters dermaßen gestaltbar sein, dass auf unmittelbare Veränderungen im Klientensystem nicht immer und sofort mit einer Strategie- oder Zieländerung reagiert werden muss, d. h. es bieten sich eher offene und flexible Strategien an. Die Supervisorenrolle eines Beraters kann auch die Koordination mehrerer Beratungsmandate von unterschiedlichen Beratungsunternehmen bei einem Auftraggeber zum Inhalt haben, wobei z. B. lediglich die Sicherung des festgelegten und angestrebten Zielzustandes des Klientensystems Inhalt der Beratungsvereinbarung sein kann. Die Verbreitung dieser Form der Beratung wird weiter zunehmen, weil sie der steigenden Komplexität von Organisationen und ihren veränderungsorientierten Projekten am ehesten Rechnung trägt. Solche Beratungsstrategien kommen meist dann zur Anwendung, wenn bei der Auftragserteilung auch die Verantwortungsübernahme durch den oder die Berater für die erfolgreiche Umsetzung von Projekten übernommen wird und damit eine längerfristige Partnerschaft zwischen Klientensystem und Berater gewollt ist (vgl. *Stutz* 1991).

Für den Berater sind bei dieser Form des Mandatsverhältnisses gewisse Problembereiche zu beachten: Der Berater wird u. U. de facto Mitglied des Klientensystems und nimmt sich dadurch möglicherweise den notwendigen Bewegungs- und Bewertungsfreiraum. Es besteht die Gefahr, dass er vom Klientensystem instrumentalisiert wird, da er auf die Kooperation mit Mitarbeitern des Klientensystems angewiesen ist. Gegenstrategien können in der Aufteilung des Gesamtprojektes in teilautonome Unterprojekte liegen oder es können evaluierbare Teilziele bzw. -bereiche mit einer jeweils eigenen Projektorganisation geschaffen werden, obwohl hierbei genauso die Gefahr der Instrumentalisierung generell zwar eingedämmt aber nicht zwingend ausgeschlossen werden kann.

Anforderungen an die Organisation des Beratungsunternehmens: Durch das mittel- bis langfristige Engagement des Beratungsunternehmens in einem Klientensystem müssen auch entsprechende organisatorische Voraussetzungen erfüllt werden, so z. B. die Einrichtung eines Klientenbetreuers, mit ähnlichen Funktionen wie ein Key-Account-Manager, oder die Bereitstellung von Spezialisten für eine Vielzahl von unternehmerischen Bereichen. Wegen der Gefahr der Abhängigkeit und der Betriebsblindheit des Beraters sind auch andere Kundenbeziehungen wünschenswert, d. h. eine Minimalgröße des Beratungsunternehmens, die eine Betreuung von mehreren Klienten ermöglicht, ist eine wesentliche Bedingung für die erfolgreiche Übernahme und Abwicklung solcher Mandate.

Die Vorteile von Vereinbarungen, die an längerfristigen Beratungsstrategien ausgerichtet sind, liegen auf der Hand: Das Klientensystem kann besser unterstützt werden durch die umfassenden Systemkenntnisse der Berater, Zeitgewinne entstehen durch den Wegfall vieler gruppendynamischer „Forming"-Prozesse sowie durch Einsparungen bei den Analyse- und Einarbeitungszeiten. Das Beratungsunternehmen wiederum hat den entscheidenden Vorteil, dass ein Teil der laufenden Akquisitionskosten entfällt, die Auslastung über längere Zeiträume gegeben ist, Referenzkunden da sind und insgesamt die Planung vereinfacht wird.

Auf einer anderen Ebene liegt die Strategieentwicklung im Sinne der eigenen längerfristigen Geschäftspolitik der Beratungsunternehmen selbst. Eine generelle Strategie für kleine und mittlere Beratungsunternehmen ist naturgemäß schwierig zu entwickeln. Zu vielfältig ist die Anzahl der angebotenen Leistungen und Produkte bzw. zu differenziert die Märkte, auf denen Beratungsleistungen angeboten werden können, ganz zu schweigen von den Unterschieden bei den Beraterpersönlichkeiten, die Beratungsunternehmen signifikant prägen. Zudem ist es für die Mehrheit der kleinen Beratungsunternehmen häufig schwierig griffige strategische Konzepte zu entwickeln, da auf Grund der oft begrenzten Auftragsreichweiten die Abgrenzung zwischen strategischen und operativen Optionen nicht einfach zu treffen ist. Die Marktdynamik, die sowohl die Beratungsunternehmen als auch die Beratungsprodukte trifft, erschwert zudem eine eindeutige und längerfristige Positionierung: Neue Klienten, neue Leistungen, unterschiedlichste Tätigkeiten für bestehende Klienten, neue Analyse- und Beobachtungsmethoden, neue Managementlehren, Qualitätsanforderungen u. ä. sind charakteristisch für rasch wechselnde Marktveränderungen. Dennoch ist eine „eigene" Strategie unbedingt erforderlich, die jedoch bei der operativen Tätigkeit eines Beratungsunternehmens ausreichende Freiräume und flexible Verfahrensweisen vorsehen sollte.

Für die **Positionierung und Profilierung des Beratungsunternehmens** und dessen geschäftliche Aktivitäten sollen folgende „**persönliche**"

Fragen eine Klärung erleichtern, die jedes Beratungsunternehmen für sich selbst und seine Märkte beantworten muss (vgl. *Kubr* 1996), wobei zentrale Fragestellungen am Anfang stehen:
- Was wollen Sie erreichen?
- Was ist Ihr primäres Unternehmensziel und wie kommen Sie dahin?

In einer sich im Umbruch befindlichen Beratungsbranche mit tief greifenden Strukturveränderungen, schwer überschaubaren Teilmärkten, wie z.B. dem öffentlichen Bereich, bei rasch wechselnden Konkurrenzverhältnissen usw. ist eine analyseorientierte Konzentration auf die Vergangenheit kein brauchbares Mittel, um die Herausforderungen der Zukunft durch geeignete Strategien zu bewältigen. Vielmehr ist dafür ein Mix zwischen zukünftigen Soll-Positionen und eigenen Ambitionen zu entwickeln, wobei sowohl die Profilierung als auch die geschäftlichen Aktivitäten des Beratungsunternehmens gemeint sind und auch Platz für Experimente sein sollte. Relevante, „persönliche" Fragen wären beispielsweise:

- Was für eine Art von Beratungsunternehmen sind Sie?
- Welche ethischen Ziele streben Sie an?
- Welche Unternehmenskultur wollen Sie entwickeln?
- Welche Organisationsstruktur wollen Sie sich geben?
- Welches Image wollen Sie am Markt haben?
- Wo wollen Sie mit Ihrem Beratungsunternehmen hin, welche Visionen haben Sie?
- Wie gut sind Sie bei Ihren Klienten eingeführt?
- Wie definieren Sie Ihre Tätigkeit bei/mit Ihren Klienten?
- Wie etabliert sind Sie?
- Worin bestehen Ihre Kernkompetenzen und worin liegt Ihr Wettbewerbsvorteil?
- Wie wollen Sie auf Ihr Wachstum reagieren bzw. welche Szenerien sind dafür zu entwickeln? Welche Potenziale stehen dafür zur Verfügung (räumlich, zeitlich, personell)?
- Welche Strategien haben Sie bereits mit welchem Erfolg angewendet?
- Wie stark ist Ihre finanzielle Position bzw. Ihr finanzielles Potenzial?
- Wie stellen Sie die eigene Personalentwicklung sicher?
- Was wissen Sie über Ihre Wettbewerber (Name, Größe, Bekanntheitsgrad, Klientel, Expansion, Produkte und Kompetenzen, Marketingstrategien und Marktzugänge, Unterschiede zu Ihrem Unternehmen, Image, Finanzkraft, Unternehmensführung etc.) und wie ist Ihre eigene Position in Relation zu den genannten Faktoren?

- Wie schützen Sie sich/Ihre Klienten vor Wettbewerbern?
- Welche Alleinstellungsmerkmale können Sie aufbauen und pflegen?
- Was können Sie von anderen professionellen Dienstleistern (z. B. Rechtsanwälten, Steuerberatern, DV-Dienstleistern, Ärzten, Therapeuten) in Ihr Produktportfolio integrieren bzw. welche Dienstleistungen können Sie übernehmen?
- Welche Fehler wollen Sie vermeiden?

Eine optimale Unternehmensentwicklung wird naturgemäß durch **spezifische strategische Grundsätze** wesentlich gefördert. Sie gründen auf Leistungen, die eine ständige Verbesserung der eigenen Position im Markt ermöglichen und dabei Marktsegmente suchen, die wiederum erfolgreich die eigenen Leistungen unterstützen. Ein solcher Verstärkungsprozess, verbunden mit einer fortlaufenden Innovationsorientierung bzw. Suche nach neuen Leistungs-, Markt- und Positionspotenzialen, erhöht verständlicherweise die Sensibilität für die Möglichkeiten des Beratungsunternehmens, gewährleistet ein fortlaufendes Lernen der eigenen Organisation, schützt vor Trott und Routine und prägt die Entwicklung.

Eine Strategie für Beratungsunternehmen kann folgende Themen zum Inhalt haben:

- Die Beratungsprodukte und -leistungen werden schneller und besser kundenbezogen entwickelt, wobei die Produkte und Leistungen sich vor allem durch Individualisierbarkeit, Qualität und Rationalität von Standardlösungen positiv zu unterscheiden haben.
- Für alle möglichen Produkte und Leistungen wird ein Prioritätenkatalog entwickelt und die erforderlichen Anstrengungen in Marketing und Vertrieb entsprechend gewichtet.
- Kernkompetenzen und -produkte werden in enger Abstimmung mit den wichtigsten Abnehmern (weiter-)entwickelt.
- Das Beratungsprodukt im engeren Sinn wird nur als ein, wenn auch wesentlicher Aspekt in der Kundenbeziehung gesehen, d. h. ebenso wichtig ist die gesamtheitliche Betrachtungsweise.
- Das Beratungsprodukt wird bereits in der Entwicklung in Hinblick auf Solidität, Anwendungsfreundlichkeit, Markenpflege, Geheimhaltung etc. geprüft.
- Die Entwicklungsarbeit wird geleitet von den Kriterien Individualisierung und Übertragbarkeit, Wartungsfreundlichkeit, Steuerbarkeit und Einfachheit.
- Die Entwicklungen halten wissenschaftlichen Überprüfungen in weitem Maße stand.

– Die Beratungsprodukte werden aufbauend auf bestehenden Verhältnissen entwickelt und sind damit kompatibel mit bisherigen Instrumentarien der Unternehmensführung.

Für die strategischen Aspekte des Beratungsmarketings empfehlen sich u. a. folgende **Leitlinien für das Beratungsunternehmen**, die sich an den selben Kriterien orientieren, wie z. B. Fixkostendegression, Steigerung der Deckungsbeiträge, Steigerung der Erlöse, die auch für die Klientenunternehmen gelten:

– Nicht Beratungsprodukte, sondern individuelle Lösungen für Kundenprobleme werden verkauft. Im Sinne einer steigenden Prosperität der Beratungsgesellschaft sind Standardisierungen ausschließlich dann vorzunehmen, wenn sie die Kundenbezogenheit und -orientierung nicht einschränken und die Vorteile der Standardisierung auch den Kunden nutzen.
– Alle Kundenkontakte sind so zu konzipieren, dass sie das Qualitätsimage und die Hochwertigkeit der Beratungsleistungen und -produkte deutlich transportieren.
– Die Marketingpolitik orientiert sich am Dienstleistungsmarketing, bei dem sowohl die Qualität der Dienstleistung selbst als auch ihr Erbringer im Mittelpunkt stehen. Es darf nicht der Eindruck entstehen, dass bei den Marketingbemühungen ehemalige Großkunden im Referenzkatalog statt potenzieller Kunden zentraler Punkt sind.
– Das Marketing soll geprägt sein von einer möglichst großen Offenheit in Hinblick auf den Nutzen der Beratungslösungen und eine authentische Kundeninformation, z. B. über Zusammenhänge und Methoden der beraterischen Arbeit.
– Marketing ist eine ständige Managementaufgabe für die Berater. Erkenntnisse und Erfahrungen daraus müssen betriebsintern kommuniziert werden.
– Termintreue in der Leistungserbringung und das Verhalten bei Reklamationen sind ebenfalls Prüfsteine eines effizienten und durchdachten Beratungsmarketings.
– Die Weiterentwicklungen und Multiplikationseffekte von Beratungsprodukten sollen sich in der Preisbildung niederschlagen.
– Die Erfüllung der Kundenwünsche soll dort enden, wo für das Beratungsunternehmen keine mittel- oder langfristigen Gewinnaussichten bestehen. Gutes Wachstum und gute wirtschaftliche Ergebnisse sind die Garanten für die Freiheit bei der Kundenauswahl und damit einer guten Leistungserfüllung. So ist z. B. der ganze Bereich von kostenlosen Beratungsleistungen im Bekanntenkreis kritisch zu prüfen, bekanntermaßen eine für Neueinsteiger sehr ernste Gefahr.

Diese Überlegungen, auch wenn sie in manchen Beratungsunternehmen nicht explizit als Strategie bezeichnet werden, sollen helfen, das Beratungsunternehmen von der Gegenwart in eine prosperierende Zukunft zu führen. Die Gegenwart ist für die meisten bekannt, es sei denn, dass Betriebsblindheit oder eine „deformation professionelle" dazu führen, dass die Perspektiven stark verzerrt sind. Oft ist auch der aktuelle Erfolg des Beraters dessen größter Feind, weil er verhindert, dass solche grundsätzlichen Fragen laufend gestellt, Antworten erarbeitet und Maßnahmen realisiert werden, d.h. die gerade im Beratungsbereich ständig erforderlichen Anpassungen und Qualifizierungen nicht oder zu wenig erfolgen.

3.3 Kundenorientierung

An erster Stelle soll die Beantwortung der einfach scheinenden Frage stehen, wer der Kunde und wer der Auftraggeber ist. Auf den ersten Blick betrachtet ist eigentlich völlig klar, dass das Klientensystem der Kunde ist, für das offensichtlich Probleme zu lösen sind. Allerdings fällt es in manchen Beratungssituationen schwer, das wirklich zu glauben. Versteht sich der Berater als Problemlöser, der Sorgen und Druck vom Klientensystem nimmt, wird er in der beratenden Praxis erstaunt sein, wie schwierig es oft (Er-)Löser haben.

Definitionsgemäß bearbeiten Berater Problemstellungen in Klientensystemen. Paradoxerweise ist in der Akquisitionssituation hingegen vom Problem- bzw. Leidensdruck des Klienten oft nicht viel zu spüren. Die Klienten versuchen vielmehr die Berater-Klientenbeziehung auf die Ebene von ganz normalen Wirtschaftsbeziehungen zu bringen. Da spielt die Qualität der Ware, sprich Beratung, genauso eine wichtige Rolle wie der Preis. Beratungskunden nehmen vielfach von vorneherein an, dass die Qualität der Beratungsleistungen ausgezeichnet ist. Die Beredsamkeit mancher Berater tut noch ein Übriges hinzu. Also bleibt der Preis als Unterscheidungskriterium: Damit der Preis oder die schlechten Vertragsbedingungen am Boden bleiben, wird von vielen Kunden die Strategie gewählt, das eigene Problem möglichst nicht oder nur bruchstückhaft darzustellen, nach dem Motto, dass bei einem kleinen Problem auch der Preis bzw. der Beraterfreiraum klein bleiben muss.

Die Taktik ist einfach, aber oft nur schwer zu durchbrechen, da der Aufwand für Beratungsleistungen vor Beginn einer Beratungstätigkeit für den Berater oft nur schwer genau abschätzbar ist und bei pauschal kalkulierten und vergüteten Beratungen erfahrungsgemäß eine qualitätvolle Beratung auch sehr häufig wesentlich mehr Beratungsaufwand erfordert, als ursprünglich angenommen wurde. Die „preistaktische Verkürzung" des Beratungsumfanges durch den Klienten und damit der Gegenleistung, des Beratungshonorars, ist allerdings nur eine der möglichen Varianten für ungleichgewichtige Preis-Leistungsverhältnisse. Häufig werden von Beratern und Klienten tatsächlich, d. h. ohne preistaktische Manipulationen, Beratungsvolumina unterschätzt, ebenso die vielen Beratungen innewohnende und im Vorhinein oft schwer abschätzbare Beratungsdynamik, die leicht zu einer Ausweitung des Beratungsumfanges führen kann und der sich ein qualitäts- und aufgabenorientierter Berater kaum entziehen wird, auch wenn entsprechende Vergütungsregelungen fehlen.

Die öffentliche Hand ist bei preistaktischen Kniffen wahrlich Weltmeister: Unabhängig davon, dass Beratungsunternehmen unterschiedlichste Zugänge und damit Problemlösungswege und -qualitäten anbieten, wird nur zu oft und, wie wir meinen, fälschlich über den Kamm „Preis" geschoren. Gerade bei General-Management-Beratungen wird vergessen, dass Berater nicht mit dem Strom- oder Papierlieferanten auf eine Stufe zu stellen sind. Obwohl das der Berater weiß, ist seine Position in der Akquisition oft dermaßen schwach, dass er für qualitäts- und beratungsrelevante Argumente kein offenes Ohr findet. Das häufige Auseinanderfallen von Leistungsempfängern und der die Aufträge vergebenden öffentlichen Stellen, aber auch nicht selten politische und andere, nichtberatungsrelevante Motive, verzerren qualitative und objektive Auftragsvergaben in einer für Außenstehende kaum vorstellbaren Art und Weise. Leider ist das die Normalität.

Für die Kundenorientierung der Berater in der Akquisitionsphase kann dieser Missstand zur Folge haben, dass letztlich viele Problembereiche beim Kunden nicht weiter vertieft und dadurch für den Klienten nur suboptimale Lösungen entwickelt werden. Damit erweist der Berater sich selbst sowie dem Klienten durch eine von beiden Seiten falsch verstandene Kundenorientierung in der Akquisitonsphase einen Bärendienst. Kundenorientierung in dieser Phase der Beratung richtig verstanden heißt, dass das Klientensystem unmissverständlich auf Mängel und Schwierigkeiten in der Problemidentifikation hingewiesen werden sollte – so schwer das auch in dieser stark asymmetrischen Kommunikationssituation im Rahmen des Erst- oder Zweitgesprächs in der Akquisitionsphase auch sein mag.

In der **Abwicklung des Auftrages** können vor allem jene Berater nicht kundenorientiert sein, die auf starre und unflexible Beratungskonzepte setzen. Oft sind diese im Franchisewege erstanden, aus der Literatur oder von anderen Beratern abgekupfert, was dazu führt, dass kaum kundenspezifische Beratungsaufgaben bzw. -leistungen entstehen. Die Aufgabenstellung des Kunden wird der Standardlösung und der begrenzten Beraterqualifikation angepasst – und nicht umgekehrt. Der Berater tut eben, was er kann. Ob der Klient „seine" Lösung findet und sich mit ihr identifizieren kann, steht bei dieser Vorgehensweise nicht an erster Stelle. Kundenorientierung könnte in solchen Fällen nur durch eine klientengerechte Adaptierung dieser „Pakete" erreicht werden, wobei allerdings fraglich ist, ob beispielsweise Franchisegeber einer solchen Modifikation zustimmen und für notwendige Anpassungen das Know-how vorhanden wäre.

Starre und zu wenig kundenspezifische und an die prozessbedingte Beratungsdynamik zu gering angepasste Beratungsverfahren sind vor allem ein typisches Kennzeichen vorwiegend großer Beratungsgesellschaften. Solche Beratungsunternehmen hätten zwar durchaus die Ressourcen und das Potenzial, hochwertige und kundenspezifische Leistungen zu erbringen. Sie scheitern dabei aber an den Nachteilen der eigenen Betriebsgröße und ihren räumlich ausgedehnten Beratungsgebieten. Würden die großen Beratungsgesellschaften ihrem oft Hunderte von Beratern umfassenden Mitarbeiterstab jene Gestaltungsfreiheiten bei analytischen, konzeptionellen und besonders umsetzungsorientierten Beratungsaufgaben einräumen, wie sie bei kleinen und mittleren Beratungsunternehmen gut zu praktizieren sind, wären sie bei ihren derzeitigen Strukturen und der personellen Ausstattung überfordert und vor allem sie selbst, aber auch ihre Klienten, sehr hohen Risiken ausgesetzt. Die Vielzahl und der Umfang der dezentral zu erfüllenden Beratungsmandate lässt zu wenig Spielraum für klientenspezifische und individuelle Lösungen, da nur sehr schwer ein qualitatives und gezieltes Beratungscontrolling durchführbar erscheint, wie es bei hohen Freiheitsgraden der einzelnen Berater notwendig wäre. Daher gehen diese Gesellschaften den Weg einer strikten Risikominimierung durch den Einsatz standardisierter Beratungsmodelle, was bei deren relativ breiter Auslegung bei analytischen Aufgabenstellungen in der Regel zwar zu sehr teueren aber auch brauchbaren Ergebnissen führt. Hier ist auch die eigentliche Ursache zu finden für die bekannte Scheu der großen Beratungsunternehmen vor Umsetzungsaufgaben, da diese in weit geringerem Maße eine Verfahrensprogrammierung erlauben. Diese gravierende institutionelle Schwäche und Begrenzung kundenorientierter Leistungserbringung wird allerdings durch eine hohe Professionalität in der

PR- und Akquisitionsarbeit, gut qualifizierte und trainierte Berater, hohe personelle Kapazitäten, eine gute Fach- und Methodenkompetenz und Wettbewerbsvorteile bei internationalen Mandaten aus der Sicht der Beratungsgesellschaften in aller Regel kompensiert.

Daraus allerdings zu schließen, dass die großen Beratungsunternehmen im Geschäftsverkehr mit starken und renommierten Großbetrieben und Konzernen nur einem sanften Wettbewerb ausgesetzt seien, wäre ein großer Irrtum. Zum guten Teil herrschen vielmehr oligopolistische Marktverhältnisse, d.h. härtester Wettbewerb zwischen den Beraterkonkurrenten und in der Regel nicht minder rauhe Zustände zwischen Klient und Berater. Absatzwirtschaftliche Vorteile aus fallweisen Abhängigkeitsverhältnissen werden von jeder Seite, ob sie beim Berater oder Auftraggeber liegen, jeweils ausgereizt. Auch langjährige Geschäftsverbindungen und wechselnde Rollenverteilungen bei Vor- und Nachteilen mildern solche Auseinandersetzungen kaum. Die noblen Fassaden und feinen Attitüden vor professioneller Härte sind schöner Schein, mehr nicht. Anders liegen Dinge dann, wenn Dritte Beratungsgesellschaften sozusagen ins Geschäft schieben, beispielsweise – wenn – ein Aufsichtsratvorsitzender die Hausbank, ein mächtiger Anteilseigner des Beratungsunternehmens oder politische Mentoren aktiv werden, d.h. durch solche und viele andere Varianten der Wettbewerb um Beratungsaufträge weitgehend ausgeschaltet wird. Davon können Beratungsfirmen jeglicher Größe profitieren – und geschädigt werden. Der öffentliche Bereich, angeschlagene Unternehmen, der Non-Profit-Bereich, Tochterunternehmen in Firmenverbünden, öffentliche Betriebe, staatlich beeinflusste Einrichtungen u.ä. sind für solche Praktiken seit Jahr und Tag im Gerede (vgl. auch *Hirn/Student* 2001).

Generell und nahe liegenderweise ist mangelnde Kundenorientierung in Dienstleistungsberufen überall dort ein Problem, wo für anspruchsvolle Aufgaben standardisierte Verfahren eingesetzt werden. Im Übrigen gelten für Berater hinsichtlich der Kundenorientierung genau dieselben Vorgaben, die sie auch ihren Klienten nahelegen:

- „Clients first, firm second" – eine tiefgreifende und durchschlagende Verbesserung wird nur erreicht, wenn das Beziehungsgeflecht zum Kunden im Sinne einer Kundennutzenmaximierung durchleuchtet wird.
- Der Grad der Kundenorientierung ist im Sinne eines für den Kunden optimalen Preis-Leistungsverhältnisses bei der Kalkulation und Vereinbarung der Beratungstätigkeit ausreichend zu berücksichtigen (vgl. *Berry/Yadav* 1997).

3. Beratungsstrategien

- Oberste Priorität hat die Raschheit in der Abwicklung für den Kunden, wobei gute Qualität eine Grundvoraussetzung ist.
- Die Kundenorientierung lebt von professioneller Kommunikation und Kreativität. Nur durch den permanenten Dialog zwischen den Kunden und Beratern werden Chancen und Herausforderungen sichtbar und Veränderungsprozesse in Gang gesetzt.
- Die Kundenorientierung setzt eine entsprechende Personal- und Führungsarbeit bei den Beratern selbst voraus. Die Leitung des Beratungsunternehmens muss diesbezüglich klare Signale setzen.
- Die Kundenorientierung muss laufend evaluiert werden. Bei der Beratungsevaluierung sollten daher entsprechende Soll-Ist-Vergleiche durchgeführt werden.
- Kundenorientierung darf nicht zum Selbstzweck werden, sie muss laufend weiterentwickelt und den aktuellen Kundenbedürfnissen angepasst werden.
- Die externe Kundenorientierung muss durch die interne ergänzt werden; das Personal des Beratungsunternehmens muss gleich geführt werden, wie das den Klienten nahe gelegt wird (Personalmarketing nach innen; vgl. z. B. *Schwan/Seipel* 1994).
- Misstrauenskulturen müssen abgebaut werden, damit auch die Beziehung zu Kunden von Vertrauen getragen werden kann.
- Kundenorientierung muss sich am Kundennutzen orientieren!

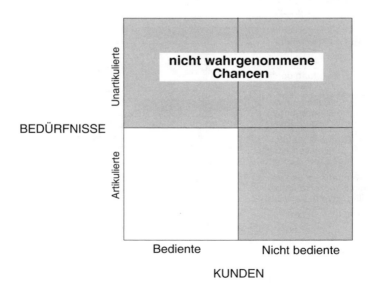

Abb. 9: Kundenorientierung und Chancenverlust

1. Teil: Grundlagen, Märkte und Schwerpunkte der Beratung

Hamel/Pralahad (1995) haben darauf hingewiesen, dass eine falsch verstandene Kundenorientierung, die sich nur an den bestehenden Kunden und deren Artikulationsmöglichkeiten ausrichtet, zu großen Einbußen durch nicht wahrgenommene Chancen führen kann.

Die Chancen sind laufend aktiv zu suchen und „Wahrnehmungsstörungen" durch Inter- und Supervisionsprozesse in den Beratungsgesellschaften abzubauen.

Überraschend sind die Differenzen von Unternehmens- und Kundensicht in Hinblick auf die **Dienstleistungsorientierung**: Da sich Beratungsunternehmen organisatorisch meist nicht wesentlich von anderen Dienstleistungsunternehmen unterscheiden, dürften die Verhältnisse ähnlich liegen und eine kritische Bestandsaufnahme hinsichtlich der tatsächlich praktizierten Kundenorientierung nicht schaden(siehe Abb. 10).

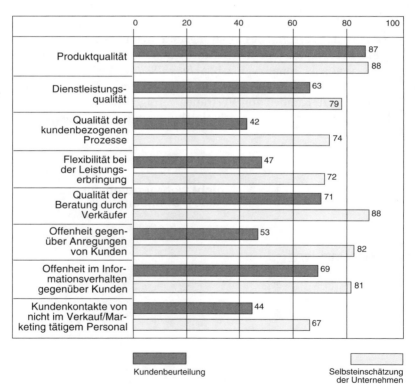

Abb. 10: *Wie Unternehmen ihre Leistung einschätzen und wie die Kunden sie sehen*
(Idealwert = 100, Basis 370 Unternehmen, Quelle: MM 1/96)

3. Beratungsstrategien

Aufgrund der doch beträchtlichen Unterschiede zu Ungunsten der Kundenbeurteilung bei manchen Kriterien ist eine kritische Reflexion darüber angebracht, wo im Beratungsunternehmen Schwachstellen liegen und wie diese zu verbessern sind.

3.4 Einzel- und/oder Teamberatung

Die Frage, ob Einzel- oder Teamberatung, ist aufs engste verknüpft mit der der Aufgabenstellung und den Ressourcen des Klientensystems einerseits und der „manpower" des Beraters auf der anderen Seite. Für die Einzelberatung existieren eine Menge von Spielarten, die vom fachspezifischen Experten für Anwendungsfragen, der Fachwissen einbringt bzw. vermittelt, bis hin zum Coach reichen.

Einzelberatung hat etwas mit der „Frontier-Mentalität" gemein, die auch viele klein- und mittelständische Unternehmen auszeichnet, die noch streng paternalistisch geführt werden. Dort denkt und lenkt ebenfalls ein Einzelner, der für diese Beratungsform einfach auf Grund der Einfachheit und Direktheit sehr viel übrig hat. Im Zuge der Dezentralisierungen von vielen großen Unternehmen, der Einführung von kleineren Einheiten bzw. Führungsteams begegnet man in der Beratung jedoch zunehmend anderen Strukturen, die elastischer, facettenreicher und spezialisierter sind und mit dem als Generalisten auftretenden Einzelberater weniger anfangen können. Zudem dürften Einzelberater bei komplexen und sehr umfangreichen Aufgabenstellungen sehr oft überfordert sein, weshalb für solche Mandate gerne Teams von Beratern zusammengestellt werden. Für den Einsatz von **Beraterteams** gilt der Grundsatz, dass der Komplexität der Aufgaben und des Klientensystems die personellen und fachlichen Ressourcen des Beratungsunternehmens entsprechen sollten. Die Aufgabenstellungen des Projektteams selbst liegen in der zielgerichteten Kooperation in Hinblick auf die Problemstellung und im reibungslosen Ablauf der Projektarbeit.

Nicht nur kalkulatorisch wird der teaminterne Organisations- und Kommunikationsaufwand beim Klienten und beim Berater in der Regel unterschätzt. Auch die Zeitbudgets der beteiligten Berater geraten oft durcheinander, so wenn im Team z. B. durch Kooperationsdruck der Beratungsoutput negativ beeinflusst wird. Dem kann nur durch eine straffe Projektorganisation, Erfahrungen in der Zusammenarbeit bei den Beratern und eine klare funktionelle Definition der Rollen der einzelnen Berater im Beratungsteam begegnet werden. Bei längerdauernden Beratungsmandaten ist anzuraten, dass sich die Teammitglieder einer Super- oder Intervision unterziehen. Dabei dürfen die Auswirkungen solcher Vorkehrungen nicht unterschätzt werden, die durch die Egozentrik mancher Einzelberater und auch das Selbstverständnis von Freiberuflern entstehen, die plötzlich glauben, zu Befehlsempfängern zu werden. Bei einer falschen Einschätzung der Steuerungs- und Optimierungshilfen wird in der Folge der interne Steuerungsaufwand unverhältnismäßig groß.

Bei der Auswahl der Projektmitglieder muss, neben deren fachlicher Qualifikation, vor allem auf die **Erfolgskriterien der Projektarbeit** in der Beratung geachtet werden, wie z. B.

- Anerkennung des Projektleiters als funktionelle Instanz,
- Identifikation mit der Aufgabe,
- Kontrolle und Bewertung des Wettbewerbsverhaltens der Teammitglieder,
- Eignung für das Klientensystem (Problemlösungskapazitäten, Arbeitsstil, Alter, Geschlecht u. ä.),
- soziale und kommunikative Kompetenz (vor allem bei interdisziplinär zusammengesetzten Teams).

Vielfach bestehen die Auftraggeber darauf, dass sie die Mitarbeiter des Projektteams vorher kennen lernen bzw. wollen Referenzen darüber, welche Projekte in der Vergangenheit in der vorgesehenen personellen Besetzung gelöst wurden. Ähnlich wie bei Personalauswahlverfahren erwarten sie, dass sie Erfolge des Beratungsteams aus der Vergangenheit auf ihre konkrete Problemstellung in die Zukunft extrapolieren können. Manche Klienten wissen außerdem, dass die Qualität der Kooperation und Koordination innerhalb des Beratungsteams weitgehend die Qualität der Problemlösung mitbestimmt und achten deshalb besonders penibel auf den gemeinsamen Beratungs- und Erfahrungshintergrund der eingesetzten Teams.

3.5 Beratung im Netzwerk

Beraternetzwerke sind eine der wenigen Möglichkeiten für kleine und mittlere Berater zu umfangreicheren und komplexeren Beratungsmandaten zu kommen, die sonst ausschließlich den großen Beratungsunternehmen vorbehalten sind.

Drei Aspekte dominieren die Beratung im Netzwerk: Einmal die Möglichkeit der qualitativen und quantitativen Leistungssteigerung und damit der besseren Bedienbarkeit von Kunden. Zum Zweiten natürlich das akquisitorische Streben des Beraters über das Netz-

3. Beratungsstrategien

werk zu Mandaten zu kommen und zum Dritten – für den Kunden – die Sicherheit, einmal begonnene Beratungsmandate auch bei Totalausfall eines Beraters zu Ende zu führen.

Das Netzwerkkonzept selbst ist eigentlich relativ einfach: Es bezeichnet nichts anderes als das Muster sozialer Beziehungen, in das ein Individuum (in diesem Fall ein Berater) eingebunden ist. Beratungsnetzwerke treten am Markt wie ein Unternehmen auf, im ersten Moment ist es manchmal für Klienten sehr schwer diese Netzwerke von herkömmlichen Beratungsunternehmen zu unterscheiden.

Netzwerke wurden früher als „Sozialversicherung für Krisensituationen" charakterisiert (vgl. *Bott* 1953). Die Mitglieder von Netzwerken hatten und haben meist einen ausgeprägt lokalen Bezug, eine lange gemeinsame Geschichte, die Hilfe zwischen den Netzwerkpartnern erfolgte schnell und selbstverständlich und war reziprok, bedingt durch die lange Sesshaftigkeit. Hier haben sich im heutigen Verständnis einige Dinge verändert. Netzwerke sind in ihrem Charakter defensiv und üben zugleich einen hohen Grad sozialer Kontrolle aus. Selbständige Berater müssen diese Besonderheiten von Netzwerken erst verstehen, erfahren und akzeptieren lernen.

Die neuen Techniken (z. B. e-Mail) machen die Kommunikation in einem Netzwerk relativ leicht. Was die Größe von Netzwerken betrifft, zählen nicht nur die tatsächlich durchgeführten Kontaktaufnahmen, sondern vielmehr alle potenziell durchführbaren Interaktionen. Bei Beratungsnetzwerken mit 50–100 Mitgliedern ist die Anzahl der möglichen Kontakte Legion.

Netzwerke können aufgrund ihrer unterschiedlichen Konfiguration von Struktur- und Interaktionsmerkmalen beschrieben werden (vgl. *Keupp* 2000):

1. Affektive Unterstützung: Netzwerke, in denen sich die meisten Mitglieder untereinander kennen (hohe Dichte), ähnliche soziale Attribute haben (hohe Homogenität) und lange beieinander leben (geringe Dispersion), vermitteln am ehesten emotionale Unterstützung.
2. Instrumentelle Unterstützung: Die Bereitstellung von praktischer Hilfe und Dienstleistung im Alltag oder in Notfallsituationen verbessert sich mit der Größe und Dichte des Netzwerks.
3. Kognitive Unterstützung: Netzwerke, in denen Mitglieder durch schwache Bindungen (geringe Intensität) verknüpft sind, die Verbindungen zu anderen Netzwerken herstellen und in denen es unterschiedliche Typen von Mitgliedern gibt (geringe Homogenität), vermitteln am ehesten verschiedene und neuartige Informationen.

4. Aufrechterhaltung der sozialen Identität: Netzwerke, die durch geringe Größe, hohe Dichte, starke Bindungen, geringe Dispersion und hohe Homogenität gekennzeichnet sind, ermöglichen eher die Bildung und Aufrechterhaltung eines Identitätsmusters, das relativ einfach strukturiert ist und über die Zeit stabil bleibt.

Auf der anderen Seite erhalten Netzwerke, die groß sind, mehr schwache Bindungen beinhalten, eine geringe Dichte, hohe Dispersion und geringe Identität aufweisen, eher ein Identitätsmuster aufrecht, das offen für Veränderungen und komplex strukturiert ist.

5. Vermittlung sozialer Kontakte: Netzwerke, die schwache Bindungen enthalten und dadurch Verbindungen zu anderen Netzwerken eröffnen und herstellen, vermitteln am ehesten Zugang zu neuen sozialen Kontakten.

Neben rational dominierten Gründen für ein Engagement in einem Beratungsnetzwerk gibt es aber eine Fülle von Irrationalitäten, die den „begeisterten Netzwerker" belasten:

- An erster Stelle steht die Notwendigkeit, dass das Netzwerk auf ein Ziel hin ausgerichtet wird, damit es auch in turbulenten Zeiten gesteuert werden kann bzw. sich insgesamt selbst steuert.
- Wenn sich alle Mitglieder des Netzwerkes der Illusion hingeben, dass die jeweils anderen die Akquisition besorgen, dürfte das der sicherste Weg in den Zerfall des Netzwerkes sein. Daraus resultiert die Forderung, dass alle Teilnehmer des Netzwerkes ihre akquisitorische Kompetenz einbringen müssen.
- Schwierige Klippen sind auch der Einigungsprozess auf Unternehmensgrundsätze, AGB und Honorartarif, vor allem wenn im Netzwerk unterschiedliche Berufsgruppen integriert sind.

Ehe jedoch über Herausforderungen, Möglichkeiten und Probleme bei Netzwerken berichtet wird, sind die entsprechenden „Hausaufgaben" zu machen. Dazu gehören z. B.

- ein Beratervertrag, in dem die rechtlichen Verhältnisse der Netzwerkpartner zueinander und zum Netzwerkträger, idealerweise als Firma konstituiert, geregelt sind;
- Arbeitsgrundsätze, die u. a. die Art und Weise regeln, wie mit Klienten und untereinander umgegangen wird;
- Allgemeine Geschäftsbedingungen (AGB) zur Regelung der Außenbeziehungen des Netzwerkes;
- externe Honorartarife, die das Verhältnis Klient vs. Netzwerk betreffen und preislich regeln bzw. interne Honorartarife, die das Verhältnis Netzwerk vs. Berater regeln;

- weitere Unterlagen für Auftragserteilung und -abwicklung, Abrechnungsformulare;
- Werbemittel, CI- und CD-relevante Vorgaben;
- Budgets, Leitziele, Wettbewerbsstrategien.

Diese Instrumente, Maßnahmen und Leitlinien sind auf dem Konsenswege herzustellen, so dass sie von allen Mitgliedern des Netzwerkes getragen werden. Für jeden einzelnen Berater, der sich den Spielregeln eines Netzwerkes unterwirft, bedeutet das in der Regel für sein eigenes Unternehmen ein konsequentes Umdenken. Dieser Prozess benötigt Zeit für entsprechende Einstellungsänderungen, wofür sich als Instrumente jene, die die Organisationsentwicklung traditionell zur Verfügung stellt, gut eignen (vgl. *Boos/Exner/Heitger* 2000).

Sehr komplex werden solche Netzwerke, wenn unterschiedlichste berufliche Gruppen mit z.T. unterschiedlich restriktiven Standesregelungen kooperieren wollen. Die Restriktionen werden vor allem bei Werbung, Honorartarif und der mentalen Einstellung in Hinblick auf eine Kooperation sehr deutlich. Unternehmensberater, Rechtsanwälte und Steuerberater sind z.B. für solche Beratungsnetzwerke prädestiniert, weil ihre gesammelte Problemlösungskompetenz am ehesten der Komplexität von Problemen und Aufgaben in den Klientensystemen entspricht. Das vor allem, wenn die Klientensysteme vor schwierigen Aufgaben wie z.B. Krisenbewältigung oder Unternehmensnachfolge stehen.

Wie anspruchsvoll solche Integrationsprozesse sein können, zeigen die Fusionsprobleme der großen Beratungsunternehmen.

Die Vorteile von solchen Netzwerken für den Klienten liegen auf der Hand:

- Qualitative und quantitative Leistungsvielfalt mit unterschiedlichsten Kombinationsmöglichkeiten, d.h. Realisierung des Postulates „Klientennutzen durch Leistungen aus einer Hand".
- Netzwerkpartner sind in der Regel selbstständige Unternehmensberater, Rechtsanwälte, Wirtschaftstreuhänder und Experten aus verschiedenen Bereichen, z.B. Hochschullehrer, Marktforschungsinstitute u.ä. Dadurch stehen dem Netzwerk prinzipiell personelle Ressourcen mit einem Qualifikationsniveau und einer personellen Kontinuität zur Verfügung, wie sie traditionell organisierte Beratungsunternehmungen mit vornehmlich angestellten Mitarbeitern selten bieten können.
- Interne partnerschaftliche Führungs- und Arbeitsstrukturen qualifizieren Netzwerke auch gegenüber den Klienten, da ähnliche Be-

ratungsmethoden und Verhaltensweisen vielfach auch jener effektive und zeitgemäße Beratungsstil sind, der zunehmend von den Auftraggebern erwartet wird.
- Durch die oben skizzierte Partnerstruktur wird meist eine attraktive Kostendegression erreicht – durch weitgehend variable Kosten – was für Klienten zu einem attraktiven Preis-Leistungsverhältnis führt.
- Netzwerke sind in jeder Hinsicht flexibler.
- Netzwerke können durch ihre Struktur für die Klienten jeweils das „beste Team" zur Verfügung stellen, da sie im Gegensatz zu den meisten Konkurrenzunternehmen bei ihrem Beratereinsatz keine Rücksicht auf die Auslastung einzelner angestellter Mitarbeiter nehmen müssen. Die Beratervergütungen werden ja ausschließlich aus durchgeführten Projekten geleistet, die für das Netzwerk also variable Kosten darstellen, und somit der Beratereinsatz nicht durch Alimentationsverpflichtungen beeinflusst wird. Meist gilt zudem noch die Verpflichtung an die Netzwerkteilnehmer im internen Beratervertrag, dass die Netzwerkteilnehmer über eigene Erlöse verfügen müssen, bei eigener Insolvenz ausscheiden u. ä.
- Durch eine hohe Qualifikation der Netzwerkpartner ist eine stark dezentrale und damit potenziell sehr kundennahe Leistungserbringung möglich. Bei komplexeren Aufgabenstellungen ist die Wahl des Projektleiters und die Fähigkeit des Projektteams zur Teamarbeit insgesamt von ausschlaggebender Bedeutung. Dies macht gewisse Vorarbeiten notwendig, z. B. Workshops, in denen sich die potenziellen Netzwerkpartner kennen lernen oder längerfristige Kooperationen vor oder neben dem Netzwerk.
- Die Dezentralisation der Netzwerkleistungserbringung führt in der Regel zu sehr schlanken Organisationsstrukturen.
- Bei der Umsetzung der Marketing- und Vertriebskonzeption verfolgen Netzwerke oft eine Strategie des organischen Wachstums: Eine organische Vorgehensweise vollzieht sich schrittweise und knüpft beispielsweise primär bei den Akquisitionsmöglichkeiten der Partner und Referenzen und Empfehlungen aus erbrachten Leistungen an, d. h. andere absatzwirtschaftliche Maßnahmen haben eher ergänzenden Charakter. Dadurch bleibt auch der finanzielle Mitteleinsatz überschaubar bzw. wird die weitere Entwicklung des Netzwerkes in weitem Maße aus Erlösen finanziert.
Der organische Ansatz schließt auch ein, dass die internen Potenziale des Netzwerks möglichst synchron mit der Leistungserbringung für die Klienten Zug um Zug aufgebaut werden, sei es

3. Beratungsstrategien

einerseits hinsichtlich der personellen Ressourcen und ihrer methodisch sinnvollen Zusammenführung, der Entwicklung der Infrastruktur, andererseits mit Blick auf die Leistungsangebote am Markt. Kurz gesagt, man bietet am Markt das an, was man auch tatsächlich zu leisten imstande ist.
Natürlich ist es verführerisch, möglichst alle Kräfte auf die Akquisition zu konzentrieren, quasi mit der Hoffnung, wenn man erst die Aufträge hat, wird es auch schon gelingen diese „abzuarbeiten". Für die Leistungsfähigkeit und des Ruf des Netzwerkes ist eine solche Vorgehensweise sehr riskant.

- Netzwerke bauen idealerweise auf einer sehr intensiven und ausgesprochen partnerschaftlichen Gründungsphase auf, bei der in zahlreichen Treffen eine gemeinsame Vision für das jeweilige Netzwerk entwickelt werden sollte. Bis zur Herstellung der Arbeits- und Leistungsfähigkeit eines Netzwerkes ist es oft ein weiter Weg, auf dem immer wieder Korrekturen vorgenommen werden müssen.
- Netzwerke, die eine längere Zeitspanne überdauern, sind „lernende Organisationen", bei denen dem „Teamlernen" besonderer Stellenwert zukommt.
- Die Leitung von Netzwerken muss eine ausgesprochen partnerschaftliche Grund- und Führungshaltung entwickeln, da durch sie oft der Umfang der Beratungsprojekte und die Art und Weise ihrer Abwicklung bestimmt wird.
- Für alle Netzwerke gilt: Lediglich über Partnerschaft zu sprechen kann nur in einer Startphase sinnvoll sein. Wenn die angestrebte Partnerschaft nicht praktiziert werden kann, verliert sie ihren Reiz und auch ihren Sinn. Darum sind auch periodische Treffen wichtig, bei denen ein wesentlicher Schwerpunkt auf die Stärkung und Entwicklung des Partnerschaftsgedankens und seiner praktischen Umsetzung im Netzwerk gelegt werden muss.

Generell gilt: Netzwerke müssen individuell gewählt, individuell hergestellt, erhalten und immer wieder erneuert werden. Von den Teilnehmern wird die Kompetenz zum „Beziehungsmanagement durch Aushandeln" verlangt. Netzwerke sind arbeitsintensiv und die Beziehungen innerhalb sind ständig bedroht, was von den Netzwerkmanagern besondere Kenntnisse und Fähigkeiten verlangt.
Deshalb ist die Zustimmung zu einem Netzwerk von Beratern auch relativ rasch zu erhalten – sobald jedoch das Netzwerk Inputs fordert, steigen relativ viele wieder aus.

3.6 Projektabwicklungen

Aufgrund der hohen Komplexität und der fachlichen Anforderungsvielfalt von Beratungsmandaten, vor allem in der Mittelstandsberatung, stoßen Einzelberater sehr häufig an qualitative und kapazitätsbedingte Grenzen. Nicht zuletzt deshalb organisieren sich kleine Beratungsbüros oft so, dass zwei oder drei Einzelberater sich zu einer zeitlich stabilen und fachlich ergänzenden Kooperation zusammenschließen, um die Gruppenvorteile zur oft geforderten Komplexitätsbeherrschung zu nutzen.

Bei größeren Beratungsunternehmen wird der Komplexität von Mandaten mit der Bildung von projektbezogenen Beraterteams entsprochen. Vielfach wird schon in der Angebotsphase ein Projektteam zusammengestellt und mit Hinweisen auf bisherige Beratungserfolge dem potenziellen Auftraggeber präsentiert. Mit der Auftragserteilung wird ein Projektleiter ernannt, der für die Abwicklung des gesamten Beratungsprojektes oder wesentliche Teile davon verantwortlich ist.

Damit wird dem **Projektleiter** eine wichtige Position eingeräumt, der meist ein Partner oder Inhaber des Beratungsunternehmens ist und in der Projektabwicklung im Rahmen des Projektmanagements – Kernbereiche sind Planung, Organisation und Steuerung – folgende Aufgaben und Verantwortlichkeiten wahrnimmt:

- Organisationsverantwortung: Sie betrifft z. B. die Arbeitsstrukturen, das Teammanagement, die Ablaufoptimierung, die Schwachstellendiagnose, die Terminkoordination, die Einbindung des Klientensystems bei gemischten Teams etc.;
- Personalverantwortung: Sie betrifft z. B. die Auswahl der Teammitglieder, deren Leistungsbeurteilung und Entgeltgestaltung, die Motivation, die Personalentwicklung, das Auslastungs- und Konfliktmanagement etc.;
- Ergebnisverantwortung: Sie betrifft z. B. die Einhaltung von Terminen, Qualitätskriterien, Grad der Aufgabenerfüllung etc.;
- Kostenverantwortung: Sie betrifft z. B. die Budgeterstellung und -kontrolle, ggf. die monatlichen Abrechnungen, die Einhaltung der Honorarregelungen, ggf. die Bonitätseinschätzung von Kunden.

In der **Projektorganisation** liegen die Vorteile und die Nachteile eng beisammen. **Vorteile** können z. B. sein:

- Einen definierten Beginn und ein definiertes Ende zu haben;
- quasi im „Sandkasten" neue Rollen und Verantwortungsbereiche zu vergeben, die zudem klar und offen sind (Laborsituation);

3. Beratungsstrategien

- eine hohe Identifikation der Teilnehmer mit den Projektzielen zu erreichen;
- die Ressourcen und Potenziale der Teilnehmer voll ausschöpfen zu können;
- alle Vorteile von kleinen, schnellen und konzentrierten Organisationen im Sinne rascher Aktions- und Reaktionsmöglichkeiten zu nutzen;
- soziale Bindungen zu schaffen, die über das offizielle Projektende hinaus anhalten.

Als **Nachteile** können z. B. genannt werden:

- Hoher Kommunikations- und Koordinationsaufwand durch die unterschiedlichsten Qualifikationen und persönlichen Orientierungen im Projektteam;
- die Rückkehr zur betrieblichen Normalität ist für manche Projektteammitglieder problematisch, vor allem bei gemischten Teams;
- bei langen Projektlaufzeiten entsteht eine „ungesunde" Gruppendynamik durch Regeln, die eher für kurze Laufzeiten aufgestellt wurden (Machtposition, Initiative, Kompetenzen);
- das Projektteam fungiert insofern als Labor, in dem z. B. Veränderungsprozesse mit vielen hochmotivierten Mitarbeitern funktionieren können, die dann aber in der betrieblichen Realsituation in der reinen Form nicht mehr angetroffen werden, woraus sich die Probleme erst entwickeln; solche Mechanismen (Discounting) beeinflussen nachteilig die Bewertung der geleisteten Arbeit in den Projektteams.

Probleme in der Projektierungsstruktur treten vor allem dann auf, wenn die Anforderungen an das Projekt nicht genügend erhoben wurden. Ebenso können Fehler in der Auswahl des Projektleiters gemacht werden, wie etwa die falsche Person am falschen Projekt in der falschen Position einzusetzen etc.

Um die „vitalen Einzelkämpfer" (*Niedereichholz* 1994, S. 221), die durch übersteigerte Extrovertiertheit, ausgeprägten Egoismus, ständig vorhandenes Wettbewerbsbewusstsein und -verhalten sowie eine totale Akquisitions- bzw. Auslastungsorientierung charakterisiert werden können, bei der Stange zu halten, muss der Projektleiter über Führungsqualitäten verfügen.

Verstärkt wird die Nachfrage nach den Führungsqualitäten bei gemischten Teams, in denen Mitglieder des Klientensystems und Berater miteinander arbeiten sollen. Zu den „normalen" Problemen, die sich für die Mitarbeiter des Klientensystems auf Grund der Projektziele ergeben können, wie z. B. durch geplante Rationalisierungen mit Personaleinsparungen oder durch die Wiedereingliederung von Projektmitgliedern des Klienten nach Projektende in die Klientenorganisation, kommen noch die Unterschiede in den Arbeits- und Sichtweisen zwischen Beratern und den Mitarbeitern des Klientensystems hinzu.

3.7 Lean Consulting

Die Vorwürfe an die Berater, viel Geld zu kosten und lediglich Analysen zu liefern, die die Klienten selber hätten erstellen können, ohne dass Veränderungen realisiert werden, nutzte *Niedereichholz* zur Entwicklung des Lean Consulting-Konzepts (1994). Sie orientiert sich dabei an den theoretischen Grundlagen der modernen Organisationstheorie bzw. -entwicklung und sieht Lean Consulting vor allem als Instrument für Einzelberater, die auf Grund ihrer eingeschränkten personellen Kapazitäten hochspezialisierte Beratungsprodukte entwickeln. Diese Produkte werden so weit standardisiert, dass sie den Klienten in Form von konkreten Aufgaben und Erhebungsbögen überlassen werden können, damit sie selbst die Datenerhebung durchführen. Dabei sind zwei Vorteile maßgeblich: Der Berater muss sich nicht mit langwierigen Analysen und Widerständen der Mitarbeiter auseinandersetzen und die Mitarbeiter sind insgesamt motivierter und informierter, weil sie von Betroffenen zu Beteiligten gemacht werden.

Dadurch erhält der Berater authentische Unternehmensinformationen und kann ein Workshop-Karussell beginnen. In den Workshops agiert der Berater hauptsächlich als Moderator, der Impulse setzt und Leistungen der Teilnehmer hinsichtlich Maßnahmenplanungen, Verantwortlichkeiten und Terminen einfordert. Bei den Folgesitzungen nach dem Workshop berichten dann die Teilnehmer, wie sie mit ihren Arbeiten vorankommen, und entsprechende Nachjustierungen bzw. Kontrollen werden besprochen und vorgenommen. Diese Fortschrittskontrollen sollen sicherstellen, dass Initiativen bzw. Aktivitäten nicht im Sande verlaufen.

Innerhalb kürzester Zeit und mit einem Minimum an Aufwand können mit dieser Methode komplexe Beratungsfälle abgewickelt werden. Neben allen Vorteilen für den Einzelberater und den Klienten sieht *Niedereichholz* gerade darin das Problem für große Beratungsgesellschaften, weil diese damit nicht mehr die hohe Auslastung ihrer Mitarbeiter erzielen können. Außerdem sei für Lean Consulting ein neuer Typ von Berater notwendig, der willens und in der Lage ist, in den Workshops von den Mitarbeitern Ergebnisse einzufordern bzw. Initiativen zu setzen.

Kritisch ist anzumerken, dass die Reduktion des Beraters auf eine Moderatorenrolle, auch wenn diese sehr dominant ist, vielfach mit dem Selbstverständnis von Beratern, aber auch mit den Vorstellungen des Klienten kollidiert, der vom Berater vor allem auch einen besonderen fachlichen Input erwarten kann. Außerdem kommen hermeneutische, intuitive und probabilistische Zugänge zum beratenen Unternehmen zu kurz, wie sie durch Datenanalysen und Informationsgespräche vor Ort durchaus denkbar sind.

Der Einsatz von Lean Consulting bei strategischen, tiefgreifenden, umfangreichen und sehr komplexen Aufgabenstellungen ist schwer vorstellbar, zumindestens bei mittleren und großen Betrieben.

Anzumerken bleibt auch noch das *Churchill*-Bonmot im Hinblick auf die Zweifel bezüglich der Authentizität der durch das Klientensystem erhobenen Ergebnisse: „Ich vertraue nur einer Statistik, die ich selber gefälscht habe!".

3.8 Beratungsmodelle der Organisationsentwicklung

Die Beratungsmodelle der Organisationsentwicklung sind eng verknüpft mit jenen der Personalentwicklung. Es bestehen auch die ähnlichen Unschärfen im Hinblick auf die Frage, was wohin und bis wann entwickelt werden soll.

Der **personale Ansatz** der Organisationsentwicklung geht davon aus, dass die Organisation durch die in ihr tätigen Menschen nachhaltig mitbestimmt wird, die Beratungsansätze also immer zuerst oder auch an den Mitarbeitern von Organisationen ansetzen müssen (vgl. z.B. *Walger* 1995; *Wimmer* 1995; *Rosenstiel* 1992; *Doppler/Lauterburg* 1977; *Graf-Götz/Glatz* 1998; *Baumgartner* et al. 1998; *Schreyögg* 2000; *Trebesch* 2000). Wenn sich Organisationen entwickeln wollen, müssen sich auch die beteiligten Personen entwickeln können. Dabei spielt der Berater eine wesentliche Rolle, der Personen bzw. Organisationen moderiert, Lernen ermöglicht und die Funktion eines Wegbegleiters ausübt.

Der **strukturale Ansatz** sieht zuerst Veränderungen in der Organisationsstruktur vor, z.B. durch Dezentralisierung, Neuverteilung der Aufgaben und Funktionen mit den Zielen, die Flexibilität der Organisationen zu verbessern bzw. die Entscheidungsinstanzen im Unternehmen anders zu verteilen (vgl. *Bleicher* 1991; *Vahs* 2001).

In der Praxis werden meist beide Ansätze zeitgleich angewendet, weil dadurch für den Berater die Wahrscheinlichkeit steigt, Veränderungen tatsächlich zu realisieren (vgl. *Senge* 1996, 2000).

Die **Vorgehensweise** für Berater sollte (in Analogie an das 3-Phasen-Modell von *Lewin*) folgenden Schritten folgen:
1. Auftauen („unfreeze"): Beschreibung und Diagnose der Ist-Situation – Rückkoppelung der Ergebnisse in die Organisation;
2. Verändern („move"): Prozessberatung (s. Kapitel 13) – Teamentwicklung (Datensammlung, -analyse und Aktionsplanung) – Gruppenarbeit (Interaktionen zwischen unterschiedlichen Gruppen in der Organisation);
3. Einfrieren („refreeze"): Durchführung konkreter Maßnahmen – Verankern der Veränderungen bei den Führungskräften – Evaluierung – Supervision – Ausscheiden des Beraters.

Diese fundamentalen Schritte in der Organisationsentwicklungsberatung finden sich in den meisten Phasenmodellen wieder (vgl. z.B. *Rosenstiel* 1992, S. 416ff.).

Die hohe Komplexität der Organisationsentwicklungsberatung gibt die Abbildung 11 wieder.

Rieckmann/Neumann (1995) versuchen dabei, vor allem die Beratungseffizienz und den Kundennutzen in den Mittelpunkt zu stellen und alle relevanten Faktoren in der Berater-Klienten-Beziehung aufzuzeigen. Jeder Punkt stellt dabei besondere Anforderungen an den Berater und verlangt besondere Fähigkeiten. Dabei zeigt sich recht deutlich, wieso sich bei Organisationsentwicklungsprojekten Beraterteams empfehlen, deren Mitglieder sich aus unterschiedlichen unternehmensnahen Dienstleistern zusammensetzen.

3.9 Klienten- und Beraterrisiken

Risiko bedeutet, dem allgemeinen Sprachgebrauch entsprechend, die Verlustmöglichkeit oder Ungewissheit des Eintretens oder Ausbleibens eines Ereignisses. Hier soll vor allem das Ausbleiben des Beratungserfolges diskutiert werden (Vertragsrisiken u.ä.: s. Kapitel 1.6).

Die Risikodebatte in der Beratung ist ein sehr sensibler Bereich: Sind die gesetzlichen Rahmenbedingungen zu eng und legen zu viel Verantwortung auf die Schultern der Berater, wird deren Experimentierfreude und auch die Risikobereitschaft für neue und unkonventionelle Lösungen für ihre Klienten sinken, d.h. mit der Bewusstheit des Risikos sinkt gleichzeitig die Wahrscheinlichkeit, unorthodoxe und neue Wege zu beschreiten. Allerdings ist realistischerweise fest-

3. Beratungsstrategien 113

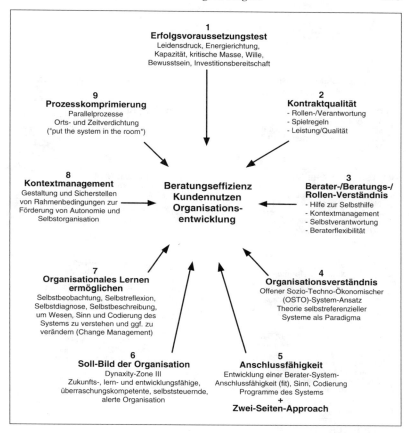

Abb. 11: *Neun Variablen effizienter Beratungsprozesse*
(Quelle: *Rieckmann/Neumann* 1995)

zuhalten, dass die Entscheidungsrisiken meist ohnehin im Klientensystem liegen, da in der Regel der Klient entscheidet, ob er den Ratschlägen eines Beraters folgen möchte; dem Berater kommt dabei vor allem eine erhöhte Informationspflicht zu, d.h. er muss den Klienten umfassend über die Folgen von Handlungen oder deren Unterlassung informieren. Maßgeblich wird sein, wie der Vertrag zwischen Berater und Klient formuliert und gestaltet ist, wobei vor dem aktuellen Hintergrund in der Beratungspraxis sich Klienten ganz selten die Handlungs- und Entscheidungskompetenz zur Gänze abnehmen lassen.

Generell ist in der Beratung eine **Strategie des Risiko-Managements** anzuwenden, indem Risiken vermieden, vermindert, überwälzt, getragen und versichert werden:

1. Teil: Grundlagen, Märkte und Schwerpunkte der Beratung

```
                        ┌─────────────────┐
                        │   RISIKOARTEN   │
                        └────────┬────────┘
              ┌──────────────────┴──────────────────┐
    ┌─────────────────────┐              ┌─────────────────────────┐
    │ ALLGEMEINE RISIKEN  │              │  PROJEKTPHASENRISIKEN   │
    └─────────────────────┘              └─────────────────────────┘
```

ALLGEMEINE RISIKEN:

- **TECHNISCHE** Risiken
  (z.B. EDV-Inkompatibilität, Ausfall von Spezialisten, Qualität der vereinbarten internen Unterstützung stimmt nicht)

- **WIRTSCHAFTLICHE** Risiken
  (z.B. Kostenarten nicht exakt vermittelt, weitgehende Zusagen an den Kunden, Verzettelung in Teilprojekte, Subunternehmer liefern nicht in der erforderlichen Qualität und zum vereinbarten Zeitpunkt)

- **POLITISCHE** Risiken
  (z.B. Technologietransfer bei internationalen Projekten, Einflussnahme politischer Interessengruppen, Wechsel der Machtverhältnisse, Vorurteile)

- **SOZIALPSYCHOLOGISCHE** Risiken
  (z.B. keine optimale Teambildung, da Kriterium oft die zeitliche Verfügbarkeit, Projektleiter schwach, Ängste der MA im Klientensystem, bei Rationalisierungsmaßnahmen sind Teammitglieder des Kunden Repressionen ausgesetzt)

- **SOZIOKULTURELLE** Risiken
  (z.B. Vorurteile gegen weibliche Berater, Schattenwirtschaft und Korruption, unternehmerische Entscheidungskompetenz im politischen Bereich)

PROJEKTPHASENRISIKEN:

- **PROBLEMDEFINITION**
  (z.B. Konzentration auf Symptome, nicht auf Ursachen; Problem wird externalisiert)

- **ZIELFORMULIERUNG**
  (z.B. Projektziel nach subjektiven Vorstellungen einer Person, das Ziel ist nur ein Kompromiss ohne Identifikation, Berater hat nur Alibi- oder Sündenbockfunktion)

- **DURCHFÜHRUNGSPHASE**
  (z.B. keine Lösung vorhanden, keine Einigkeit über Prioritäten von Lösungen, Fehlinformationen bei der Datensammlung schlagen auf Lösung durch)

- **REALISIERUNGSPHASE**
  (z.B. Projektstopp, eigene Module des Kunden verfälschen Umsetzung, Bewährung für Problemlösung)

Abb. 12: Risikoarten
(Quelle: *Niedereichholz* 1994, S. 200 ff.)

– Vermieden können Risiken werden, wenn die risikogenerierenden Faktoren bekannt und umgehbar sind. Meist ist man erst, nachdem das Risiko schlagend wurde, klüger. Für die Beratung bedeutet das, dass Beratungsinhalte und -entwicklungen, die für den Berater nicht beherrschbar sind, vermieden werden sollen.
– Vermindert werden können Risiken durch organisatorische oder technische Maßnahmen (z.B. durch das Einhalten von Durchführungsverordnungen), durch die die Wahrscheinlichkeit für das Eintreten des Risikofalles reduziert wird.

- Das Überwälzen von Risiken kann durch vertragliche Vereinbarungen realisiert werden, z. B. durch eine Vertragsgestaltung, bei der ausschließlich das Klientensystem die Verantwortung für die Zielerreichung trägt (s. auch Kapitel 2.11 über Erfolgshonorare von Beratern).
- Ist das Risiko quantifizierbar und kann vom Berater auf Grund von Erfahrungen abgeschätzt werden, wie oft, in welchem Ausmaß und wann es eintritt, können die Schäden auch vom Berater selbst getragen werden; das wird vor allem dann der Fall sein, wenn die Wahrscheinlichkeit des Schadensfalls gering und die Versicherungsprämien dafür sehr hoch sind.
- Risiken sind versicherbar, z. B. durch eine Betriebshaftpflichtversicherung, die Sach- und Vermögensschäden abdeckt. Aufgrund der „Amerikanisierung" unserer Gesellschaft ist jedem Berater zu raten, eine solche Versicherung abzuschließen; manche Beraterverbände bieten Haftpflichtversicherungen für ihre Mitglieder an bzw. geben Auskünfte über solche Spezialversicherungen, an deren Entwicklung sie auch häufig als fachkundige Interessenvertreter mitgewirkt haben.

Bei IT-, Ingenieur-Beratern oder Time-Managern sind die Risiken relativ hoch und auch die Kausalitäten vergleichsweise einfach zu erheben. Problematischer wird es bei General-Management-Beratungen, bei der Berater in der Regel keine operativen Aufgaben haben. Auf jeden Fall wichtig für die Berater ist eine umfassende Dokumentation ihrer Tätigkeit, damit später bei möglichen gerichtlichen Auseinandersetzungen die Beweisführung keine Probleme macht.

Auf der Ebene der Projektrisiken schlägt *Niedereichholz* (1994) vor, zwischen allgemeinen Risiken, die sich eher aus den Umweltbedingungen ergeben, und Projektphasenrisiken, die direkt mit dem Projektmanagement zusammenhängen, zu unterscheiden:

Generell bleibt festzuhalten, dass in Zeiten radikalen Cost-Cuttings die Wahrscheinlichkeit für den Berater steigt, wegen Haftungsfragen um sein Honorar bangen zu müssen.

4. Managementtheorien und Beratung

Jede Managementtheorie wird fast nach demselben Schema präsentiert und etabliert: Zuerst wird ein Buch geschrieben und dieses Journalisten präsentiert. Im Buch werden die Irrungen und Wirrungen der Vorläufer beschrieben und dann das aktuelle Thema quasi aus dem Hut gezaubert, das alle Probleme in den Unternehmen beseitigen kann. Diese Strategie funktioniert ausnehmend gut und ist vor allem für Berater, die ohnehin einen Hang zu Modewörtern, Anglizismen und insgesamt einer „verquasten" Sprache haben sollen (vgl. *Staute* 1996), ein vergleichsweise gutes Geschäft.

Das geringe Kurzzeitgedächtnis der Klienten macht es möglich: Wurde vor noch relativ wenigen Jahren durch die Beratungsunternehmen versucht, das Heil der Unternehmen in der Zentralisierung zu finden – ein Festschreiben und Zementieren der Aufbauorganisation war eine Pflichtaufgabe, die mit Hilfe von Beratern auch vielerorts geschafft wurde –, so wurde in den letzten Jahren zunehmend der Dezentralisierung das Wort geredet. Es folgte ein Zwischenspiel mit dem Loblied auf die Vorteile einer Matrixorganisation. Kaum war es verklungen, waren bereits neue Hymnen zu vernehmen. Fraktale Unternehmensstrukturen, die Lean-Philosophien, Reengineering, ISO-Zertifizierung, Shareholder Value und zuletzt Mass Customization waren und sind Konzepte, die in vergleichsweise kurzer Zeit sehr gut verkauft wurden. Strategische Konzepte, die einen mittel- oder gar langfristigen Zeithorizont aufwiesen, wurden durch die „Mode"-Erscheinung Managementtheorien vorerst wieder in die Schubladen gelegt. Nun beginnt sich das Blatt wieder zu wenden in Richtung der „Wiederentdeckung" des strategischen Managements (vgl. *Porter* 1997).

Die zahlreichen und sich teilweise widersprechenden Managementtheorien, von Beratern empfohlen wie warme Semmeln, u. U. mehrfach demselben Kunden innerhalb kürzester Zeit verkauft und sehr rasch und oft nur teilweise implementiert nach dem Motto: Zeit ist Geld, bergen für die Unternehmen die Gefahr, dass sie wie ein steuerloses Schiff im Ozean schlingern. Die Folgen für die betroffenen Unternehmen sind katastrophal, wie Desorientierung, enorme sachliche und personelle Reibungs- und Umstellungsverluste, der heillose Abbau von Mitarbeiterengagement und -motivation, z.B. durch die in Europa falsch verstandene und falsch geführte Shareholder Value-Diskussion, ganz zu schweigen vom Verlust an Manpower, wenn die Besten das Schiff verlassen. Der forcierte Verkauf immer wieder neuer Managementmethoden und -theorien durch die Berater, die durch ihre „neuesten Produkte" den Unternehmen eine prosperierende Zukunft versprechen, und deren unkritischer Konsum durch die Klienten, nennt *Shapiro* (1996) nicht zu Unrecht „galoppierende Verantwortungslosigkeit", und zwar der Berater wie der Klienten. Diese Verantwortungslosigkeit erklärt sehr gut im doppelten Sinn des Wortes den Erfolg dieses Theorienbooms: Die

4. Managementtheorien und Beratung

Manager und Führungskräfte stehlen sich aus ihrer Verantwortung mit dem Hinweis, doch ohnehin ihr Ohr am Puls der Zeit durch den Einkauf und die Implementierung der jeweils neuesten Konzepte zu haben. Die mittel- und langfristigen Folgen für das Unternehmen bleiben dabei unberücksichtigt. Zudem sind Effizienz, „die Dinge richtig tun", und Effektivität, „die richtigen Dinge tun", dieser Theorien oft alles andere als nachweisbar. Die Verantwortungslosigkeit geht dabei unglücklicherweise sehr oft eine Ehe mit Naivität, wirtschaftlicher und allgemeiner Unbildung ein, d.h. mit einer weitgehenden Desorientierung der Beteiligten. Darüber sollten sich die Berater bei ihrem oft ungelenkten Betätigungsdrang viel mehr den Kopf zerbrechen, denn natürlich sind die ethischen, moralischen und – bei einer am Kunden-Barwert (!) orientierten Unternehmens- und Beratungsphilosophie – wirtschaftlichen Folgen für die Unternehmen der Klienten mehr als bedenklich.

Das Erfinden von Managementtheorien durch die Kombination „gute Idee – klingende Bezeichnung – Ghostwriter" ist heute für viele Beratungsunternehmen eine rentable Sache, das neben den Tantiemen für die Fachbücher auch die Consulter-Kassen klingeln lässt. Seit *Tom Peters und Robert Waterman* 1984 mit „Auf der Suche nach Spitzenleistungen" der Beratungsbranche vor Augen geführt haben, wie wirkungsvoll sich die Strategie „Managementtheorie und Consulting" gestalten lässt, hat sich dieser Trend ungebrochen fortgesetzt, auch wenn sich gerade bei *Peters und Waterman* sehr deutlich zeigen ließ, dass den von ihnen besonders positiv hervorgehobenen Unternehmen kein langes Leben beschieden war und ihre Annahmen einer empirischen Prüfung nicht standhielten (vgl. z.B. *Krüger* 1989), was besonders deutlich für die beschränkte Sinnhaftigkeit ihrer Theorien sprach.

Auch bei *Hammer* und *Champy* scheint es sich in Sachen **Reengineering** um eine unendliche Geschichte zu handeln (vgl. z.B. *Womack* 1996). Auf der Strecke bleiben Klienten, die entweder im Vertrauen auf die Effizienz der neuen Managementtheorie andere wichtige Maßnahmen unterlassen oder sich mit dem Befolgen dieser Methode überhaupt aus dem Markt katapultiert haben. Die letzte Variante ist insofern besonders drastisch, weil sie deutlich zeigt, dass mit der griffigen Terminologie eigentlich ein „Halbfertigprodukt" präsentiert wurde, ohne dies aber deutlich zu artikulieren. So haben viele Unternehmen z.T. in Eigenregie und teilweise mit Hilfe von Beratern begonnen, Reengineering-Maßnahmen zu realisieren, obwohl die Theorie noch nicht genügend ausformuliert war. Sie haben sich also als Simulator im Verhältnis 1:1 zur Verfügung gestellt und feststellen müssen, dass wesentliche Fragen unbeantwortet geblieben sind. So haben beide Autoren z. B. die Beantwortung der zentralen Frage, nämlich nach den Trägern und Betroffenen der Maßnahmen, also den gesamten personalwirtschaftlichen und führungsrelevanten Bereich, schlicht vergessen! Daran konnten auch die folgenden neuen Publikationen der beiden Autoren nicht mehr viel ändern: Porzellan, Vertrauen, stille Reserven u. ä. waren in den betroffenen Unternehmen bereits zerschlagen, neuerliche Veränderungen nicht mehr durchsetzbar.

Diese Erfahrungen, die weder die letzten noch die ersten waren (!), müssten ethische und fachliche Qualitäten bei den Beratern freisetzen. Sie sollten ihre Klienten, die ihnen mit freudig erregtem Kopf von den neuesten Errungenschaften des Managements im Sinne von „Das wollen wir auch!" berichten, verantwortungsbewusst auf die Relativität und Anwendungsbegrenztheit der sozusagen brandneuen und scheinbar so attraktiven Managementtheorien hinweisen. Außerdem scheint heute auf Grund der Vielzahl von Modellen ein eklektischer Pragmatismus angebracht, bei dem der Berater sich zwar dieses Bauchladens von Theorien bedient, aber sich situationsgerecht und klientenspezifisch jeweils die Rosinen herauspickt, um für den Klienten das Optimum zu erreichen (vgl. *Fink* 2000).

Dessen ungeachtet haben die Lean- und Reengineering-Philosophien einen wesentlichen Einfluss auf unser heutiges Wirtschaften und damit auch auf die Berater. Zur besseren Information ein kurzer historischer Abriss zur Entwicklung der Lean- und Reengineering-Philosophien. 1984 führte das Massachusetts Institute of Technology (MIT) zwei große Industriestudien durch:

– Eine vergleichende Untersuchung der Produktionsmethoden der internationalen Automobilindustrie: Warum sind die Japaner bei der Automobilproduktion soviel produktiver („Lean Production-Studie")?
– Untersuchung über den Einsatz von Informationstechnologie (EDV etc.) in Industrie, Dienstleistung und Verwaltung: Warum ist die Produktivitätssteigerung durch IT so gering („Reengineering-Studie")?
– Mit etwas Verspätung erfolgte 1986 durch das MIT eine Industrie- und Standortstudie über die USA: Was führte zum Niedergang der US-Wirtschaft („Produktivitätsstudie")?

Die wissenschaftlichen Endberichte wurden 1989 vorgelegt. Die Publikation der Ergebnisse der Produktivitätsstudie erfolgte 1989 in den USA unter dem Titel: „Made in America. Regaining the Productive Edge." Sie blieb ohne nachhaltige Wirkung auf Wirtschaft,

4. Managementtheorien und Beratung

Verwaltung und Bildungseinrichtungen. Auch die deutsche Übersetzung 1990 führte zu keiner besonderen Resonanz im deutschen Sprachraum. Lediglich in Japan wurde sie als Sensation gefeiert und führte zur Einsetzung einer gleichartigen Untersuchungskommission. Die Ergebnisse sind hinlänglich bekannt: Aussagen wie „Nicht nur Eure Firmen sind nach dem Prinzip des Taylorismus aufgebaut, sondern – und das ist noch schlimmer – auch Eure Köpfe." (Zitat von *Konosuke Matsushita*, Matsushita Electric Industrial Co., Osaka) mussten sich europäische und amerikanische Unternehmer an den Kopf werfen lassen. In der Folge wurde die Welt „japanisch" – auch die Consulter, so z.B. ab 1994 bei Porsche. Eine wesentliche Aufgabe der Berater bestand in den letzten Jahren darin, die japanischen Erfolge an europäische, regionale und lokale Bedürfnisse in den Betrieben anzupassen und zu übersetzen sowie, entsprechend der Äußerung von *Roland Berger*: „Man kann japanische Methoden nicht kopieren! Es geht darum, dass wir den Erfolgskern kapieren", die jeweils heimischen Betriebe international wettbewerbsfähig zu machen. Das alles bewirkte die Veränderung die, wie gewohnt, natürlich sehr konsequent erfolgte, obwohl die japanische Wirtschaft 1990 in die längste Krise der Nachkriegszeit schlitterte.

Erst die Publikation der Lean Production-Studie 1990 mit dem Titel „The Machine that Changed the World" (*Womack/Jones/Ross* 1991) unter Mitwirkung einer Journalistin wurde auf Anhieb ein Bestseller. Die kritischen Stimmen zum mangelhaften Durchführungsdesign der Studie, z.B. wurden bei der Berechnung der europäischen Werte auch Automobilfabriken im ehemaligen Ostblock ohne deren besonderer Gewichtung miteinbezogen, und der damit verbundenen Unschärfe der Ergebnisse blieben ungehört.

1991 wurde in den USA die Reengineering-Studie unter dem Titel „The Cooperation of the 1990s. Information Technology and Organizational Transformation" publiziert. Die Perzeption durch Wirtschaft und Öffentlichkeit blieb aus. Erst als sich 1992 und 1993 Unternehmensberater der Sache annahmen und einige Titel publizierten, wurde Reengineering zum Leitbild jeder Veränderung im anglo-amerikanischen Raum. 1994 erfolgte die deutsche Übersetzung und in der Folge eine Vielzahl von Publikationen zum Thema. Damit war der Durchbruch dieser Ansätze geschafft.

4.1 Lean Philosophien: Kernelemente

Moderne Beratungsansätze und Problemlösungen für die Unternehmen verfolgen konsequent die Ergebnisse und Schlussfolgerungen aus der Lean-Studie. Die zentralen Punkte und ihre Auswirkungen auf die Unternehmen lassen sich wie folgt beschreiben:

1. **Partnerschaftliche Beziehungspflege im Innen- und Außenverhältnis der Betriebe:**
   Das Unternehmen wird als große „Familie" gesehen, das partnerschaftliche Beziehungen zu Mitarbeitern, Kunden und Lieferanten pflegt und diese weiter ausbaut (vgl. *Womack/Jones* 1994). Instrumente dafür sind das Hochhalten der Unternehmenskultur, Corporate Identity, die kooperative Führung, Führungsgrundsätze generell, Mitarbeitergespräche, Zielvereinbarungen, Mitarbeiterbeteiligung, Personalmarketing, Personalentwicklung usw.

2. **Kaizen, Continuous Improvement (KVP):**
   Die japanische Bezeichnung Kaizen beschreibt die Notwendigkeit einer permanenten und schrittweisen Verbesserung der Arbeitsbereiche durch alle Hierarchieebenen. Instrumente sind das betriebliche Vorschlagswesen, das Vorschlags-Ideenheft, visuelles Management mit dem Aufzeigen von Ideen, Zielvorgaben, Problemlösungsgruppen usw.

3. **Quality Management (TQM):**
   TQM verlangt die Ausrichtung der gesamten Organisation auf die Erreichung von Qualitätszielen mit den Prinzipien Fehlervermeidung und umfassende Qualitätssicherung. Ca. 33% des Entwicklungsaufwandes können so eingespart werden, wobei das in Europa praktizierte Qualitätsverständnis, Stichwort: „ISO-Unsinn", bestenfalls ein kleiner erster Schritt in diese Richtung ist. Instrumente sind Kleingruppenarbeit, Fehlerursachenanalysen, Fehler-Möglichkeits-Einfluss-Analyse (FMEA), Bandabschaltmöglichkeiten, Qualitäts Audits, Null-Fehler-Kampagnen, Quality-Function-Development (QFD), Statistic-Process-Control (SPC), Projektmanagement, Wertanalyse, Benchmarking u. ä.

4. **Just in time (JIT):**
   JIT ermöglicht die Verlagerung von Lagerkosten auf den jeweiligen Zulieferer bzw. „auf die Straße". Das angestrebte Ziel besteht in der Glättung der Arbeitsverteilung im Zeitverlauf und einer kontinuierlichen Auslastung. Instrumente sind das JIT, das Kanban-Prinzip, der Abbau aller indirekten Bereiche, die umfassende produktive Instandhaltung (Total Productive Maintenance, TPM), die schnelle Umrüstung (Rapid Setup), global vs. single sourcing u. ä.

5. **Simultaneous Engineering (SE):**
   SE ermöglicht durch die früh- und gleichzeitige Einbindung aller Beteiligten, z. B. Zulieferer und Kunden, kurze Produktentwick-

4. Managementtheorien und Beratung 121

lungszeiten und senkt den vermeidbaren Änderungsaufwand. Instrumente sind das Projektgruppenmanagement, Informations- und Kommunikationszirkel, Wertschöpfungsoptimierung, CAD- und CIM-Integration, neue Produktentwicklungsverfahren u. ä.

6. **Marktorientierte Produktplanung:**
Die marktorientierte Produktplanung ist eine systemische bzw. ganzheitliche Strategie zur aktiven Markteroberung. Erforderlich sind Instrumente zur Gewinnung genauer Marktkenntnisse, hohe Motivation der Mitarbeiter, eine richtige Bewertung neuer Technologien, effektvolles Projektmanagement, aber auch entsprechende Verkäuferschulungen, Job Rotation, Target Costing (Gesamtkostenziel), Kundeninformationssysteme u. ä.

Die **Vorteile** der Lean-Strategien der Unternehmen bringen aber auch **Nachteile** mit sich. So hat etwa die verstärkte Gruppen- und Teamarbeit einerseits den Vorteil, dass durch qualifiziertere Arbeit und Job Enrichment der einzelne Mitarbeiter kompetenter, unternehmerischer und insgesamt motivierter sein kann (vgl. z. B. *Antoni* 1994, 2000; *Dostal* 1999; *Biehal*, 1993, 2000). Die Nachteile liegen andererseits in der verschärften Konkurrenzsituation an den Arbeitsplätzen mit der Gefahr der Ausgrenzung von leistungsschwachen Mitarbeitern und damit einer Sozialisierung betriebsinterner Probleme. Die Aufgabenausweitung mit der Delegation nach „unten" eröffnet dem einzelnen Mitarbeiter durch qualifiziertere Tätigkeiten durchaus die Möglichkeit der Selbstverwirklichung, hat aber den Nachteil, dass der verstärkte Leistungsdruck zu Überforderung und Burn-out-Syndromen führen kann. Die flacheren Hierarchien dienen wesentlich der Entbürokratisierung und Kostensenkung, gleichzeitig bergen die nicht mehr vorhandenen Aufstiegschancen die Gefahr, dass immaterielle Entgeltbestandteile, wie z. B. Anerkennung, monetär abgegolten werden müssen, die Fluktuationsneigung zunehmen kann und insgesamt demotivierende Aspekte dominieren können. Der Abbau der indirekten Bereiche, z. B. durch Outsourcing, hat zwar den Vorteil der Kostensenkung, führt aber gleichzeitig zu Arbeitsplatzverlusten und damit zu sozialen Risiken. Kaizen führt zur ständigen Verbesserung der Arbeitsorganisation, weniger Verschwendung und insgesamt zur Kostensenkung, allerdings verbunden mit der Gefahr, dass dem ständigen Verbesserungsdruck vor allem langfristig nicht alle Mitarbeiter standhalten können. Die Forderung der Lean-Philosophie bzw. -Strategie nach permanenter Weiterbildung und Qualifizierung der Mitarbeiter sind zwar richtig und Investitionen in die betriebliche Zukunft, sie erhöhen die Flexibilität in Hinblick auf den Personaleinsatz, durch den

Bildungsdruck können aber genauso Ängste vor Überforderung entstehen. Außerdem sind erfahrungsgemäß die Bildungsbudgets traditionell als erste von Einsparungen betroffen, so findet z. B. eine antizyklische Bildungspolitik in den Unternehmen nicht statt. Lean-Philosophien verlangen in besonderer Weise sehr sensible Vorgesetzte und Berater mit gut funktionierenden ethischen Antennen und der Fähigkeit zu klugem, ganzheitlichem und langfristig orientiertem Abwägen und Entscheiden.

Insgesamt hat sich durch die Einführung der Lean-Philosophien für die Berater der Markt sehr positiv geändert, auch wenn der Innovationswert der Methoden und Instrumente relativ bescheiden ist. Noch kann nicht abgeschätzt werden, ob sich auch für die beratenen Betriebe entsprechend positive Weichenstellungen ergeben – Toyota, der Weltmeister der Lean-Production, baut ja seine neuen Fabriken auf Grund der fehlenden Freiheitsgrade und kurzfristig nicht möglichen Produktionsumstellungen gar nicht mehr so „lean".

4.2 Reengineering-Ansätze

Die Reengineering-Ansätze basieren auf der zweiten MIT-Studie. Reengineering bedeutet ein fundamentales Überdenken und konsequentes „Redesign" von Unternehmen bzw. Unternehmensprozessen mit dem Ziel, die messbaren Größen Kosten, Zeit/Lieferzeit, Qualität, Service und Produktivität entscheidend, und zwar um Quantensprünge, zu verbessern. Unter Reengineering werden die bekannten Konzepte des TQM, Kaizen-KVP, Kundenorientierung, Lean-Philosophien und -Instrumente in allen Variationen sowie Simultaneous engineering subsumiert und integriert. Im O-Ton liest sich das so: „Reengineering ist das fundamentale Überdenken und radikales Redesign von Unternehmensprozessen. Das Resultat sind Verbesserungen um Größenordnungen in entscheidenden, heute wichtigen und messbaren Leistungsgrößen." (*Hammer/Stanton* 1995, S. 19)

Die Aufbauorganisation der Betriebe wird vertikal und horizontal gestrafft, um den Anforderungen an das Redesign der Unternehmensprozesse zu genügen. Um Widerstände zu vermeiden, werden diese auch zerstört und neu erfunden. Der zentrale Ansatzpunkt für Reengineering-Maßnahmen soll sich nicht nur auf die bestehenden Organisationseinheiten und deren Optimierung und damit den Bau von Insellösungen mit unterschiedlichen Taktraten im Unternehmen konzentrieren. Ebenso wichtig ist die Betrachtung dysfunktionaler Unternehmensprozesse und ihre konsequente Beseitigung, quasi mit dem Ziel, diese „auf der grünen Wiese" neu zu konzipieren. Hier steht also nicht die schrittweise Verbesserung von Prozessen im Mittelpunkt des Handelns, sondern deren Eliminierung und konsequente Neuerrichtung.

Diese Radikalität erfordert auch neue Mitarbeiter bzw. solche, die sich an die rasch veränderten Bedingungen anpassen können. So werden Führungskräfte und Mitarbeiter „anders" arbeiten, planen und denken, z. B. mehrere Arbeitsgänge zusammenfassend und ganzheitlich, auch über bisherige Abteilungs- oder Bereichsgrenzen hinweg, d. h. im Sinne einer schnellen und konsequenten Wertschöpfung verantwortlich bearbeiten müssen. Prozess- und Teamdenken denken anstelle von Funktions- oder Abteilungsdenken heißt die neue Devise (vgl. *Dixon* et al. 1995). Oberstes Ziel und integrativer Bestandteil der Unternehmensphilosophie ist die konsequente Kundenorientierung aller organisatorischen Einheiten. Sind keine externen Kundenkontakte vorhanden, werden die internen Schnittstellen zwischen den Unternehmensbereichen als solche definiert. Dabei wird darauf geachtet, dass die Anzahl dieser Schnittstellen radikal reduziert wird.

Für dieses rigorose Vorgehen, das gleichsam Voraussetzung für ein erfolgreiches Reengineering ist, wird auch eine Unternehmensleitung benötigt, die neue strategische Zielsetzungen und Visionen entwickelt und diese radikalen Schnitte auch aushält. Sonst bleibt alles Makulatur und die schönsten Reengineering-Visionen lösen sich in Rauch auf. Die im deutschen Sprachraum eingebürgerte Mode, an Stelle von Sanierung von Restrukturierung zu sprechen, dann aber bei diesen Sanierungsbemühungen nicht mit der vom Reengineering-Ansatz geforderten Radikalität vorzugehen, zeugt davon, dass auch die Berater nicht die Möglichkeit haben, Reengineering wirklich und überall durchzusetzen. Insofern darf es auch nicht überraschen, dass die Erfolge solcher Maßnahmen ausbleiben, wie auch die noch vorhandenen Differenzen zwischen angestrebten Zielen und tatsächlich erreichten Erfolgen in diesem Zusammenhang dokumentieren.

So darf auch nicht verwundern, dass der Autor obiger Untersuchung lapidar feststellt: „Nicht alles, was aus den Vereinigten Staaten kommt und in griffige und attraktive Begriffe verpackt ist, sollte derart euphorisch und unkritisch angenommen werden. Viele dieser Ziele verfolgen hauptsächlich nur ein Ziel: dem kommerziellen Interesse der entsprechenden Unternehmensberatungen gerecht zu werden. Aus diesem Grund sollte jeder Manager die neuen Managementwunderwaffen zunächst einmal mit Skepsis durchleuchten, bevor er entscheidet, ob eine Implementierung des Konzeptes in

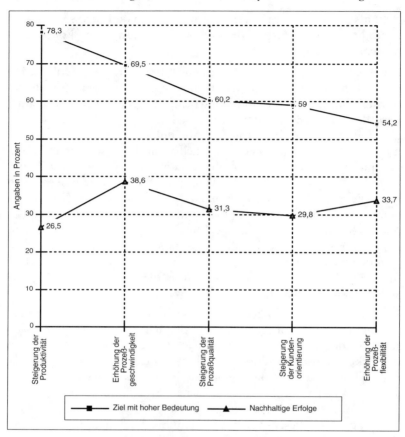

Abb. 13: *Große Ziele, kleine Erfolge – Die Erfahrungen deutscher Unternehmen mit Reengineering*
(Quelle: Wissenschaftliche Hochschule für Unternehmensführung, Vallendar 1997)

seinem Unternehmen von langfristigem Nutzen ist." (BddW, 11. 9. 1997)

Ähnliche Überlegungen sollten auch die Berater anstellen, die längerfristig im Geschäft bleiben und mit ihren Kunden eine Leistungspartnerschaft eingehen wollen, die sich an mittel- und langfristigen Engagements und z. B. am Kundenbarwert orientiert.

4.3 Cost-Cutting/Downsizing

Cost-Cutting ist ein Bereich, für den manche Berater berühmt und andere eher berüchtigt sind. Aufgrund der historischen Entwicklung

4. Managementtheorien und Beratung

des Beratungsgewerbes und der Ausbildung der Berater stehen Kostensenkungen bei vielen an erster Stelle ihrer Tätigkeit, aus deren Erfolgen sie auch ihre Reputation erhalten. Kunden sind auch nach wie vor der Ansicht und erwarten, dass die Berater mit geschulten Augen durch ihre Betriebe gehen und sukzessive Ansätze zur Kostensenkung entdecken. Betriebsräte und Gewerkschafter protestieren und demonstrieren, wenn sie von einem Beratereinsatz erfahren, der nichts mit der Neuerschließung von Märkten oder der Implementierung einer neuen EDV-Anlage zu tun hat. *Niedereichholz* (1994) hat nicht zuletzt deswegen das Lean Consulting-Konzept entwickelt.

Natürlich sind Kostensenkungsmaßnahmen und Downsizing fast in jedem Unternehmen möglich. Doch das ist nur die halbe Wahrheit über Kostensenkungsmaßnahmen. Denn wenn sie vernünftig im Sinne der weiteren Prosperität der Betriebe durchgeführt werden sollen, müssen vorab noch eine Vielzahl von Faktoren bewertet werden, die den jeweiligen Kunden vor den Kostensenkungsschicksalen von VW (Passat) und Mercedes (SLK) mit ihren langen Lieferzeiten (1997 bis zu 16 Monaten) bewahren sollen. Man kann sich in diesen beiden Fällen vorstellen, was nicht erwirtschaftete Erlöse in Milliardenhöhe für die beiden Unternehmen an Verlusten bedeuten (Barwert, Lebenszyklus der Fahrzeuge, Markenwechsel etc.). Dem stehen bei manchen amerikanischen Fahrzeugherstellern Lieferzeiten für manche Fahrzeugtypen von 48 Stunden gegenüber! Corvette in 72 Stunden oder SLK in 16 Monaten? Da werden Kundenbeziehungen aufs härteste strapaziert und die expansiven Entwicklungen der Märkte unterschätzt, auch von den Beratern.

Stephen Roach, Chefvolkswirt und Leiter der Abteilung Globale Wirtschaftsanalysen bei der Investmentbank Morgan Stanley, weist auf die seltsame Beziehung von Downsizing und Produktivität hin, indem er argumentiert, dass Cost-Cutting und Downsizing durch Zurückschneiden des Arbeits- und Kapitaleinsatzes zwar kurzfristig die Produktivität anheben (weniger Mitarbeiter, mehr Ausstoß), dass langfristig gesehen aber das Produktivitätswachstum sich nur einstellen kann, wenn aus einer sich erweiternden Ressourcenbasis ein höherer Ertrag erwirtschaftet wird. Die positiven Effekte des Downsizings ließen sich nämlich einfach auch erklären aus einer erhöhten Arbeitsbelastung und einer verlängerten Wochenarbeitszeit der verbliebenen Mitarbeiter (vgl. *Roach* 1997).

Kostensenkung und Downsizing, also Betriebsverkleinerungen, -stilllegungen und Entlassungen, haben nicht nur für die Mitarbeiter Schattenseiten. In den meisten Fällen wird das Cost-Cutting nicht mit einer sorgfältigen Prüfung des Unternehmensumfeldes verbunden, obwohl eine solche Prüfung sehr sorgfältig durchzuführen wäre und unabdingbar notwendig ist. Gegenstand der Prüfungen müssen die heutige Konjunkturlage, zukünftige relevante Wirtschaftsparameter und Strukturveränderungen auf den Märkten sein. Erst wenn diese Faktoren einigermaßen klar beschrieben werden können und sich daraus eine bedrohliche Unternehmensentwicklung prognostizieren lässt, sind die Maßnahmen konzentriert zu setzen.

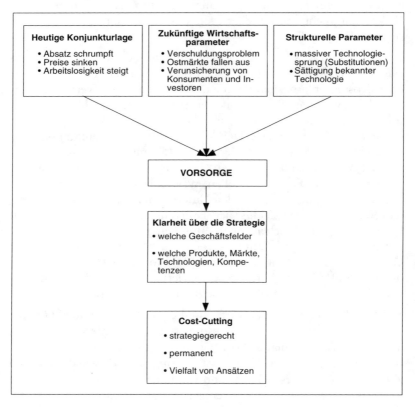

Abb. 14: *Beispielhafte Maßnahmenprüfung, bevor Cost-Cutting angewandt wird*

Die Maßnahmen, die unter den Oberbegriff Cost-Cutting fallen, sind Legion und prägen seit langem das Berufsbild, die Konzepte und die Tätigkeit von Beratern. Allerdings bilden sie auch den Hintergrund für Erwartungshaltungen der Klienten und vor allem der Belegschaften. Bei Letzteren induzieren die Erwartungen Einstellungen, die für viele Betriebsverbesserungen und Sanierungen eher

4. Managementtheorien und Beratung 127

kontraproduktiv sind, weil sich der Blick des gesamten Klientensystems noch mehr nach innen richtet und entsprechende expansive absatzwirtschaftliche Momente fast gänzlich fehlen.

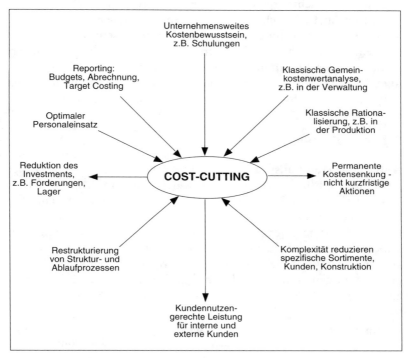

Abb. 15: *Eine Vielfalt von Cost-Cutting-Instrumenten und -ansätzen*

Häufig wird bei Cost-Cutting-Aktionen weder ein ganzheitlich ausgewogener Ansatz gesucht, noch mit der notwendigen Sensibilität und Klugheit vorgegangen. Ist ein Cost-Cutting notwendig, so kann es begründet werden und Mitarbeiter und Betroffene können bei einer offenen und kritisch-konstruktiven Vorgehensweise, wie sie beispielsweise für Aufgaben der Organisationsentwicklung entwickelt wurden und erfolgreich zum Einsatz gelangen, gewonnen werden. Mitarbeiter vor Ort wissen natürlich besser als jeder externe Berater, wo Verbesserungs- und Einsparungsmöglichkeiten sinnvoll genutzt werden können. Darin sind sie meist auch ihren Vorgesetzten überlegen. Dieses enorme Potenzial gilt es primär zu nutzen, hierfür kann auch Zustimmung erreicht werden. Mit der Brechstangenmethode und der Unfähigkeit, weder neutral noch von der kommunikativen Fähigkeit aus Konflikten akzeptable Sach- und Personallösungen zu entwickeln, kann man gerade noch in dumpfer Einfalt Mitarbeiter entlassen – die man vielleicht bald wieder bräuchte, um nämlich dann über die Erlösseite die eigentliche betriebliche Legitimation zu schaffen (s. Kap. 6.1). Die letzten Jahre waren durch viele erschreckende und spektakuläre Aktionen dieser Art gekennzeichnet, vornehmlich im großbetrieblichen Bereich. Echte Lösungen konnten durch diese bösen Umtriebe sehr selten erreicht werden. Persönliche Defekte der beteiligten Entscheidungsträger, institutioneller Autonomieverlust betroffener Betriebe, Berater und andere willfährige „Helfer" sowie unternehmerische Inkompetenz haben an diesem düsteren Kapitel der Wirtschaft mitgeschrieben.

4.4 Innovationsmanagement

Aufwendiger und anspruchsvoller ist die Beratung auf dem Gebiet des Innovationsmanagements. Neben der Erlangung von Förderungen, die für innovative Unternehmen von der öffentlichen Hand bereitgestellt werden, besteht der Anspruch an den Berater vor allem in der Bewältigung der Schwierigkeit, das gesamte Unternehmen im selben notwendigen Ausmaß zu „beschleunigen", wie dies in einem einzelnen Funktionsbereich erfolgt. Werden nur punktuelle Maßnahmen vorgenommen, formieren sich durch die scheinbare Bevorzugung einzelner Bereiche im Unternehmen Widerstände.

Eng verknüpft ist das Innovations- mit dem Projektmanagement, auf das an anderer Stelle eingegangen wird. Wie komplex die Beziehungen sind, wird in Abb. 16 dargestellt (vgl. *Hirzel/Mattes* 1992).

Brown (1997) hat in seiner europaweiten Untersuchung zum Innovationsmanagement und den dafür von Beratern eingesetzten Instrumenten folgende Eigenschaften und Kriterien für Erfolge identifiziert:

– Innovationsmanagement bezieht sich nicht nur auf den technischen Wandel, sondern immer auch auf die beteiligten Personen.
– Innovationsmanagement kombiniert idealerweise technische und betriebswirtschaftliche Strategien zur Zielerreichung.
– Die meisten zur Verfügung stehenden Werkzeuge orientieren sich eher an Analysen als an Entscheidungsfindung, Planung oder Umsetzung.
– Innovationsinstrumente sollen nicht nur das Management, sondern alle Mitarbeiter mit einbeziehen.
– Kleinstbetriebe (bis zu 15 Mitarbeitern) nutzen die vorhandenen Möglichkeiten des Innovationsmanagements professionell kaum.
– Die beste Methode gibt es nicht, bewährt hat sich eine optimale mentale Übereinstimmung zwischen Methodik, Berater und Klient.

4. Managementtheorien und Beratung

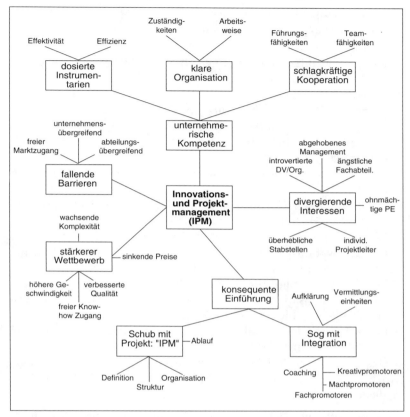

Abb. 16: *Komplexität im Innovations- und Projektmanagement*

- Berater müssen, um im Innovationsmanagement erfolgreich zu sein, unternehmensinterne Ziele, Attitüden und das externe geschäftliche Umfeld des Klienten aufeinander abstimmen.
- Erfolgreiches Innovationsmanagement hat klare, realistische und erreichbare Zielsetzungen.
- Frühe und sichtbare Erfolge fördern die Weiterentwicklung mittelfristig orientierter Innovationsanstrengungen.
- Erfolgskriterien müssen individuell für und mit dem Klienten entwickelt werden. Dabei soll die Anzahl der Indikatoren überschaubar bleiben.

Für erfolgreiche Innovationsprojekte sollten generell folgende Vorgaben gelten:

- Sie sollen sich an einem ausgereiften Modell orientieren.
- Das Präsentationsdesign und die Datensammlung sollen einfach sein.

1. Teil: Grundlagen, Märkte und Schwerpunkte der Beratung

- Es soll flexibel und bedürfnisgerecht an die Notwendigkeiten des Klienten angepasst werden können und sich an dessen Unternehmenskultur orientieren.
- Die ausgewählten Indikatoren sollen mit jenen anderer Unternehmen vergleichbar sein („best practise").
- Idealerweise soll das Innovationsmanagement durch eine entsprechende EDV-Lösung unterstützt werden.
- Das Projekt bzw. die Indikatoren sollen zeitliche Veränderungen (Vergangenheit, Gegenwart, Zukunft) widerspiegeln bzw. transparent machen.
- Das Projekt soll alle Unternehmensbereiche und Hierarchien umfassen.
- Es soll die unterschiedlichen Wahrnehmungen und Interpretationen im Unternehmen berücksichtigen.
- Es soll einem konkreten Handlungsplan folgen.
- Das Innovationsprojekt soll keine Insellösung sein, sondern mit anderen Methoden und Umsetzungshilfen verknüpfbar sein.
- Es soll klare Erfolgskriterien beinhalten.
- Es soll organisationales Lernen fördern und sicherstellen, dass Lernerfolge evaluiert werden können.
- Innovationsprojekte sind keine Strohfeuer, sondern werden kontinuierlich vorangetrieben.
- Das Innovationsprojektteam soll idealerweise inhomogen sein, d.h. es sollen Beratern und Mitarbeitern des Unternehmens Mitglieder sein.

Reinhard Sprenger (1994) hat sich das Innovationsmanagement als Gegenstand seiner Überlegungen zur Unternehmens- und Mitarbeiterführung gewählt und sehr deutlich auf die Unterschiede zum betrieblichen Vorschlagswesen hingewiesen, das für ihn bestenfalls eine Übergangslösung darstellt. Auch nehmen sehr viele Berater immer noch fälschlicherweise an, das Innovationsmanagement begänne bei ihren Kunden mit der Einführung des betrieblichen Vorschlagswesens; nachdem dann nicht die gewünschten Erfolge eintreten, trennen sich Kunde und Berater wieder. Hier ist ausnahmsweise nicht das Berater-Klienten-Verhältnis schlecht gestaltet, sondern einfach der Ansatz zur Hebung der betrieblichen Performance falsch.

Sprenger (2000 ab) hat in seinen neueren Publikationen noch deutlicher gemacht, wie wichtig Personalisierung und kritisches Hinterfragen etablierter Prozesse bzw. Haltungen der Verantwortlichen für Innovation bzw. Veränderung sind.

Dabei wird heute u.a. aufgrund kürzerer Produktlebenszyklen die Innovationsfähigkeit von Unternehmen als Schlüssel zur Sicherung

4. Managementtheorien und Beratung

Historisch: Betriebliches Vorschlagswesen	Aktuell: Innovationsmanagement
Misstrauen: Mitarbeiter halten Kreativitätsreserven bewusst vor	Vertrauen: Mitarbeiter wollen kreativ sein
Vorschläge betreffen den Pflichtenkreis anderer	Vorschläge betreffen den eigenen Pflichtenkreis
Vorschläge als Ausnahme	Verbesserung als Regelverhalten
Moralisierende Appelle	Normale, selbstverständliche Praxis
Wenige Teilnehmer	Die gesamte Belegschaft nimmt teil
Fokus auf punktuelle Missstände	Fokussierung auf kundenorientierte Prozesse
Vorschläge in der Regel von Einzelnen (Konkurrenz)	Verbesserung im Team (Kooperation)
Führungskraft wird „umgangen"	Führungskraft wird einbezogen
Prämien	Keine Prämien
Vorschlag schreiben statt handeln	Handeln statt Vorschlag schreiben
Bürokratisch aufwendig	Unbürokratisch pragmatisch
Bewertung durch zentrale Institution (Rückdelegation von Führungsverantwortung)	Innovation und Kreativität als Führungsaufgabe

Abb. 17: Vom betrieblichen Vorschlagswesen zum Innovationsmanagement

der Wettbewerbsfähigkeit gesehen (vgl. *Braun/Sommerlatte* 2000). Dabei müssen sich Produkt-, Prozess- und Dienstleistungsinnovationen dem Kundennutzen bzw. dessen Problemstellungen unterwerfen. Innovative Produkte und Dienstleistungen müssen zudem von den Unternehmen rasch in der notwendigen Menge und Qualität auf den Markt gebracht werden. Modernes Innovationsmanagement bezieht die Eigentümer, Netzwerkpartner, Mitarbeiter und Kunden in den gesamten Prozess ein und verlangt vom Berater eine gesamtheitliche Strategie und eine entsprechend differenzierte Vorgehensweise, die Strukturen, Prozesse, Ressourcen und Unternehmenskultur gleichermaßen berücksichtigt.

4.5 Qualitätsberatung

Einige Berater haben sich in den letzten Jahren auf den Bereich der Qualitätsberatung gestürzt und sich entweder als Einzelberater oder im Verbund mit einer Qualitätssicherungsvereinigung bzw. -zertifizierungsstelle am Markt präsentiert. Viele Unternehmen griffen nach der Erfolgsdroge oder dem vermeintlich letzten Strohhalm „Qualität" und orientierten ihre gesamte Organisation an den ISO 9000 ff.-Kriterien. Die Breite und Qualität der Erwartungen aus der Zertifizierung gemäß ISO 9000 ff. waren extrem überzogen und ein Ergebnis ausufernder PR- und Werbearbeit der einschlägigen Anbieter und Einrichtungen. Die Missstände, die sich daraus entwickelten, sind hinlänglich bekannt. Anstelle der Dezentralisierung und Entbürokratisierung galt von heute auf morgen die Forderung nach dem Festschreiben und Dokumentieren von Prozessen. Für die involvierten Berater wurde der „ISO-Wahn" (*Sprenger* 1995) zum guten Geschäft.

Viele Betriebe konzentrierten sich plötzlich beinahe ausschließlich auf sich selbst, beschrieben mit der Unterstützung von Beratern ihre Prozesse in Handbüchern – und vergaßen den Markt. Als eine der ersten großen Beratungsfirmen ließ sich Kienbaum nach ISO 9001 zertifizieren, man wird erst sehen, mit welchem Erfolg.

Die Anforderungen an die Berater, die Qualitätsberatung nach ISO 9000 ff. in den Unternehmen praktizieren wollen, weichen von jenen der typischen Consultants insofern ab, als ihr Hauptaugenmerk auf jenem System „Qualität" liegt, das empirisch-rational beschrieben werden kann. Substanzielle Qualitätsziele und -ergebnisse sowie deren Verknüpfung mit den Kundenbeziehungen und Marktmechanismen bleiben dabei unberücksichtigt. Qualitätsberater orientieren sich an vorgegebenen Normen, die in Handbüchern und Dokumentationen penibel aufgezeichnet werden und strikt einzuhalten sind. Sie messen den Erfolg ihrer Tätigkeit regelmäßig am Erreichen des angestrebten Zieles der Zertifizierung, die ein statisches Bild des formalen Ist-Zustandes einer Organisation darstellt, eingepackt und dargestellt durch ein überzogenes bürokratisches System. Für die Qualitätsberatung benötigt der Berater an erster Stelle technisches Know-how, gefolgt von einer Methodenkompetenz messtechnischer Provenienz (z. B. Statistik); die mentalen Anforderungen sollten eher am analytischen („Erbsen zählen") und beharrenden („Sturheit") Pol der Skalen liegen.

4. Managementtheorien und Beratung

Durch ISO 9000 ff. wird die Qualität lediglich stur und einfallslos verwaltet, gelegentlich vielleicht sogar durch bürokratischen Wust zugedeckt und behindert. Eine direkte und substanzielle Qualitätssicherung geschweige denn Qualitätsforderung ist kaum oder gar nicht zu erkennen. ISO-Vertreter geben dies meistens auch zu, meinen aber zu ihrer Rechtfertigung, dass ISO 9000 ff. doch eine allgemeine Sensibilisierung für Qualitätsfragen bewirken würde. Ein wahrlich teurer Weg zur Erkenntnis der Bedeutung von Qualität und eine ebenso entlarvende Argumentation zur ISO 9000 ff.

Ein originelles und in Teilaspekten interessantes Modell zur Zertifizierung, allerdings nicht nach ISO 9000, haben die Österreichischen Wirtschaftstrainer, ein Verband aus Trainern, die gleichzeitig Unternehmerberater sind, entwickelt: Es funktioniert nach den Annahmen der „customer certification" (vgl. *Harramach* 1993, 1995), wobei jeder Wirtschaftstrainer einem Notar 20 Anschriften seiner Klienten überlässt. Dieser wählt davon fünf aus und führt mit ihnen standardisierte Interviews, in denen das Beratungsunternehmen bewertet wird. Wird eine bestimmte Mindestpunkteanzahl erreicht, darf sich das Beratungsunternehmen „zertifizierter Wirtschaftstrainer" (CCT – Customers Certified Trainer) nennen. Es wird von der Marktkommunikation abhängen, ob sich dieses Qualitätsmodell auch bei den Kunden durchsetzen wird.

Staute (1996) sieht in der Zertifizierung eine Möglichkeit für deutsche Beratungsunternehmen – in Deutschland ist die Berufsbezeichnung Unternehmensberater nicht geschützt – sich zu positionieren. Gleichzeitig warnt er ausdrücklich Kunden und Berater davor, sich blindlings auf die Zertifizierung zu verlassen.

4.6 Klientensysteme und Beratungsansätze

Je nach „Befindlichkeit" und Problemdruck des Klientensystems müssen vom Berater unterschiedliche Beratungsstrategien und -ansätze gewählt werden. *Hofmann/Hlawacek* (1991, S. 419 ff.) analysierten EDV- und Organisationsberatungen und unterschieden dabei vier Typen von Interventionsrollen in Abhängigkeit von der Lern- und Kooperationsbereitschaft im Klientensystem und geben an, mit welcher Häufigkeit diese im Berateralltag vorkommen:

- **Typ I** verlangt vom Berater eine rasche Lösung des anstehenden Problems, ohne dass sich das Klientensystem selbst, trotz unmittelbarer Betroffenheit durch ein akutes Problem, einem Lern- und Wandlungsprozess unterzieht und mit dem Berater kooperiert. Einsatzhäufigkeit 16%.

- Beim **Typ II** arbeitet das Klientensystem selbst gemeinsam mit dem Berater an einer nachhaltigen Problemlösung und Lösungsumsetzung. Einsatzhäufigkeit 23%.
- **Typ III** ermöglicht im Idealfall ein Zusammenarbeiten zwischen Klientensystem und Berater, das vorausschauend und nicht an kurzfristigen Erfolgen orientiert ist. Der Klient ist im Beratungsprozess bereit und in der Lage, neue Problemlösungstechniken und Verhaltensweisen zu übernehmen. Einsatzhäufigkeit 52%.
- **Typ IV** ist eine reine Alibi-Situation, bei der gegenüber dem Familien-Beirat oder der Hausbank mit dem Einsatz eines renommierten Beraters nach außen signalisiert wird, dass alles in Ordnung ist. Dabei wird weder die Notwendigkeit eines Wandels, noch ein Problemdruck vom Klientensystem gesehen. Einsatzhäufigkeit 9%.

Abb. 18: *Problemdruck im Klientensystem und Beraterrollen*

4. Managementtheorien und Beratung

Aus diesen Klientensystemsituationen leiten *Hofmann/Hlawacek* folgende logische Zusammenhänge in Hinblick auf das notwendige Beraterverhalten ab, die sich empirisch mehr oder weniger bestätigen ließen:

- Hoher Problemdruck und geringe Lern- und Kooperationsbereitschaft im Klientensystem (Typ I) verlangen Fachberater, die aktuelle Probleme durch ihre Erfahrung, Beratungskompetenz und Fachwissen lösen.
- Bei hohem Problemdruck und hoher Lern- und Kooperationsbereitschaft im Klientensystem (Typ II) müssen ebenfalls Fachberater zum Einsatz kommen, wobei auch die Rolle des Prozessbegleiters unter dem Schlagwort „Krise als Chance" möglich ist.
- Geringer Problemdruck und ausreichende oder gute Lern- und Kooperationsbereitschaft im Klientensystem (Typ III) machen eine Prozessberatung aussichtsreich, bei der der Berater fördernd, steuernd und unterstützend dem Klientensystem zur Seite steht. Allerdings dominierten hier Beraterrollen, die eher dem Problemlöser entsprechen.
- Geringer Problemdruck und geringe Lern- und Kooperationsbereitschaft im Klientensystem (Typ IV) reduziert die Rolle des Beraters auf eine Informationsfunktion, Prozesspromotion wird nicht zugelassen. Darüber gehen Klientensysteme in solchen Situationen offenbar nicht hinaus.

Die Autoren führen die fehlenden Übereinstimmungen darauf zurück, dass sich in der Stichprobe EDV-Beratungsprojekte befanden, die in hohem Ausmaß ein sachorientiertes Beratervorgehen verlangen.

Eine Analyse des Beratungserfolges durch Klienten- und Beratereinschätzungen brachte folgendes Ergebnis, das sich auch mit den Erfahrungen der Autoren als Sachverständige für Betriebsberatung deckt:

Erfolgreiche Beratungen	32,2%
Eher erfolgreiche Beratungen	31,7%
Eher nicht erfolgreiche Beratungen	24,8%
Nicht erfolgreiche Beratungen	11,3%

Welche Bedingungen im Klientensystem fördern nun den **Beratungserfolg**?

- Es ist vor allem die Einbeziehung und die Teilnahme des Klientensystems an der Beratung, eine exakt definierte Beratungsaufgabe, ein ausgeprägtes Engagement von Klienten und Beratern am Anfang und beim Projektmanagement selbst, starke Beteiligung des Klientensystems bei der Datenbeschaffung und Informationssammlung, der Daten- und Informationsbewertung sowie bei der Erarbeitung der Soll-Konzeptionen. Umsetzungshilfe und begleitende Kontrolle durch den Berater wirken sich positiv auf Ausmaß und Geschwindigkeit der Projektzielerreichung aus.

Welche Bedingungen hemmen den Beratungserfolg?

- Fehlende Chancen für Beratungserfolge sind schon am Beginn einer Beratungstätigkeit erkennbar: Mängel in Beratungsstil und Vorgehensweise bei der Daten- und Informationssammlung sowie fehlende oder nicht eindeutige Beratungsziele lassen viele Projekte frühzeitig abbrechen.
- Fehlende Umsetzungen entstehen durch ein nicht vorhandenes Commitment und ausgeprägte Entscheidungsschwächen im Klientensystem, nur unzureichend vorhandene personelle, finanzielle und zeitliche Ressourcen beim Klienten und fehlende Identifikation mit dem(n) Berater(n). Umsetzungsschwierigkeiten und Beziehungsprobleme zwischen Klienten und Beratern nach der Präsentation der Beraterempfehlungen rühren erfahrungsgemäß seltener aus der Unbrauchbarkeit der Vorschläge oder Widerständen im Klientensystem.
- Unbefriedigende Ergebnisse durch eine nur teilweise Realisierung von Vorschlägen, aber auch vollständige Umsetzungen im Klientensystem lassen Beratungsprojekte rasch enden. Ursachen dafür sind sowohl im Entscheidungsprozess für eine Lösungsvariante als auch im unbefriedigenden Ergebnis selbst zu suchen.

Durch die Ergebnisse von *Hofmann/Hlawacek* (1991) wird sehr deutlich, dass zwischen erfolglosen und erfolgreichen Beratungsprojekten wesentliche und durch den Beratungsansatz sowie die Beratungsbedingungen mitverursachte Unterschiede bestehen, und worin diese liegen. Mit den Kriterien „Problemdruck" und „Lern- und Kooperationsbereitschaft" lassen sich die Klientensysteme relativ gut klassifizieren bzw. beschreiben und sich daraus entsprechende Beratungsansätze herleiten, die unterschiedliche Erfolgswahrscheinlichkeiten haben. Neben dem Faktor Beraterverhalten im engeren Sinne wird durch die Untersuchungsergebnisse deutlich, dass die komplexe Beziehung zwischen Klientensystem und Beratertypologie mitentscheidend für den Ausgang einer Beratung ist. Bei der Gestaltung der für den Beratungserfolg so wesentlichen Klienten-Beraterbeziehung fällt dem Berater durch seine Profession grundsätzlich eine besonders gewichtige Rolle zu, sollte er doch in der Lage sein, das Klientensystem dahingehend zu beeinflussen, dass es sich in eine lösungsoptimale Richtung orientiert. Das bedeutet für die beratende Praxis, dass Schlagworte wie „Hilfe zur Selbsthilfe" und „Selbstbeteiligung" oder „Betroffene zu Beteiligten machen" sich empirisch wiederfinden lassen und durchaus Garanten für Beratungserfolge sind.

4.7 Wissensmanagement

Die zunehmende Notwendigkeit von Organisationen, sich zu verändern bzw. zu dynamisieren, hohe Fluktuationen im Personalbereich, eine rasante Entwicklung des Managementwissens und die sprunghafte Zunahme der Komplexität des Wirtschaftens führten in den vergangenen Jahren zu einer Wiederentdeckung des hohen Stellenwerts von Wissen in Organisationen. Durch die verbesserten Möglichkeiten der Arbeitsteilung, des Zusammenspiels von Unternehmen, die verstärkte Konzentration der Betriebe auf Kernkompetenzen, der radikalen Ausschöpfung von Kostensenkungspotentialen, der Sicherung von Flexibilitätsvorteilen usw. sind neue Formen der Koordination und Kooperation in Organisationen notwendig. Trotzdem wird Wissen in Organisationen noch immer schlecht gemanagt, woraus sich große Chancen für Berater ergeben können.

Wissensmanagement hat für den Einsteiger deshalb so gigantische Dimensionen, weil es in seiner Renaissance in der Organisationsforschung versucht systemtheoretische Ansätze mit jenen der künstlichen Intelligenz zu kombinieren und sich dabei auf eine Vielfalt bereits etablierter Erkenntnisse und Theorien stützen kann. Renaissance deswegen, weil sich bereits vor 250 Jahren Unternehmer darüber beklagten, dass ihre Mitarbeiter ihr Wissen im Kopf herumtragen und dieses beim Ausscheiden aus dem Betrieb bzw. dem Arbeitsprozess mitnehmen, weshalb die Betriebe in der Folge die Schriftlichkeit einführten (vgl. *Kieser* 1999). Das hält bis heute unvermindert an und die Betriebe unternehmen sehr viel, dieser für sie nachteiligen Entwicklung entgegenzutreten. So hat z.B. die Trias aus Arbeitssicherheit, Qualität und Umwelt, verbunden mit ihren Dokumentationspflichten, in den Betrieben u.a. den Zweck, Wissen zu kodifizieren und festzuhalten, nachdem der personalwirtschaftliche Versuch, das über Stellenbeschreibungen und Ablaufpläne zu bewerkstelligen, gescheitert ist. Modernere Formen wie z.B. Funktionendiagramme konnten sich, zumindest im deutschen Sprachraum, kaum durchsetzen.

Notwendig wurde die Konzentration auf das Thema bzw. die Suche nach integrativen Modellen auch deswegen, weil einmal die strategische Ausrichtung und die Bedienung von Marktelementen nicht mehr losgelöst gesehen werde konnte von der Qualität der Management-, Produktions- und Logistikkapazitäten; zum Zweiten, weil sich die IT-Abteilungen von Organisationen immer mehr verselbstständigten, in Prozesse eingriffen, diese modifizierten und für sich beanspruchten, ohne in eine ganzheitliche Unternehmensentwicklung eingebunden zu sein. Durch Client-Server-Lösungen und die Einführung von Standardprogrammen wurden diese Insellösungen wieder reintegriert und ermöglichen einen weitgehend flexiblen und dezentralisierten Personaleinsatz, z. B. in der Telearbeit (vgl. *Dostal* 1999).

Vier Forschungsrichtungen des Wissensmanagements haben sich etabliert:

- Wissensmanagement als Organisations- und Managementlehre versucht inhaltliche Lösungen für konkrete Probleme der Praxis auszuarbeiten.
- Knowledge Engineering versucht für konkrete Probleme der Praxis computerbasierte Lösungsverfahren auszuarbeiten.
- Systemisches Management als Kybernetik II. Ordnung und Systemtheorie entwirft theoretische Gestaltungsmodelle für die Veränderung der sozialen Wirklichkeit.
- Business Process Management erarbeitet Regeln für die Entwicklung von Geschäftsmodellen und für die Geschäftsprozessoptimierung in der unternehmerischen Praxis; hier sehen viele Berater Ansatzpunkte (Ist-Analyse und Soll-Vergleich).

Nach *Probst/Romhardt* (1997) sind folgende Anforderungen an ein Wissensmanagement-Modell zu stellen:

- Es muss bei der Lösung von konkreten Problemen einen Beitrag leisten.
- Es muss Begriffe verwenden, die von den Unternehmen verstanden werden.
- Es muss zu Handlungen führen bzw. zum Handeln ermächtigen.
- Es muss Instrumente bereitstellen, die ausgereift und zuverlässig sind.

Bausteine für ein solches Modell sind Wissensziele, -identifikation, -erwerb, -entwicklung, -(ver)teilung, -nutzung, -bewahrung und -bewertung. Aufgrund der umfassenden Auswirkungen auf die betroffene Organisation ist Wissensmanagement hochpolitisch und benötigt deswegen die Unterstützung des Topmanagements.

Auch die Berater haben sich darum gekümmert und verkaufsorientiert Slogans entwickelt, wie z. B. „Wissensmanagement in virtuellen Unternehmen mit sich selbst organisierenden Strukturen". So einfach u. U. diese Worte über die Lippen kommen, so komplex sind

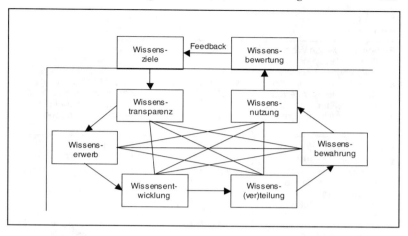

Abb. 19: *Bausteine des Wissensmanagements (Probst/Romhardt 1997)*

die Anforderungen, die man an die betroffene Organisation und auch den Berater stellen soll, d.h. dass sich Klientensystem und Berater auf umfassende Veränderungen und Neuorientierungen einstellen müssen.

Neben vielen anderen Differenzierungsmöglichkeiten unter dem Aspekt der Unternehmensberatung liegt die naheliegendste darin, die Wissenssuche und die Wissenserzeugung von Unternehmen getrennt zu betrachten, woraus sich für den Berater unterschiedliche Rollen ableiten lassen: Bei der Wissenssuche bringt er u.U. als klassischer Expertenberater Know-how in die Organisation ein, bei der Wissenserzeugung kommt ihm die Funktion des Entwicklers bzw. Ermöglichers zu.

Wissensmanagement bedeutet nicht nur, dass lediglich neue IT-Strukturen und entsprechende Kommunikationsmedien bzw. -kanäle in die Organisation integriert werden, diese Strukturen sind nur das Mittel zum Zweck: Entscheidend sind die Nutzer, die Mitarbeiter und Führungskräfte im Klientensystem sowie der direkte Kontakt zwischen den Unternehmen, die mit Hilfe dieser technologischen Möglichkeiten jene Wettbewerbsvorteile für die Organisation schaffen, die ihr Überleben garantieren (vgl. z.B. *Brown/Duguid* 1999, *Hansen/Nohria/Tierney* 1999, *Simon* 1999). Das sollte auch jener boomende Bereich in der Beratungsbranche beachten, der vorerst den Berater nur als IT-Techniker einsetzt. Auf Sicht sind auch hier die Problemlösungskompetenzen, die sich an hard- und softfacts gleichermaßen orientieren, unersetzbar.

Methode **KODIFIZIERUNG**		Methode **PERSONALISIERUNG**
Firmen, die diesen Weg wählen, suchen eine hochwertige, verlässliche und schnelle Implementierung von Informationssystemen zu gewährleisten, indem sie kodifiziertes Wissen erneut verwenden	**Wettbewerbs-strategie**	Hier sorgen die Unternehmen für kreative analytische Ratschläge bei höchst schwierigen strategischen Problemen, indem sie individuelle Expertise weitergeben
Ökonomie der Wissenswiederverwendung: • Einmalige Investition in ein Wissenskapital, das viele Male wiederverwendet wird • Einsatz großer Teams mit verhältnismäßig vielen Beratern pro Partner • Ausrichtung auf hohe Gesamteinnahmen	**Geschäfts-konzept**	*Ökonomie der individuellen Expertise:* • Berechnung hoher Honorare für höchst klientenspezifische Lösung einzigartiger Probleme • Einsatz kleiner Teams mit verhältnismäßig wenigen Beratern pro Partner • Ausrichtung auf das Erzielen hoher Gewinne
Dokumentenbasierter Wissensaustausch: • Entwicklung eines elektronischen Dokumentensystems, mit dem Wissen kodifiziert, gespeichert und wieder verwendet wird	**Strategie beim Wissens-management**	*Interpersoneller Wissensaustausch:* • Entwicklung von Personennetzen, so dass individuelles, implizites Wissen unter den Beteiligten ausgetauscht werden kann
• Erhebliche Investitionen in die Informationstechnik mit dem Ziel, den Beratern den Zugriff auf wiederverwendbares, kodifiziertes Wissen zu ermöglichen	**Informations-technik**	• Maßvolle Investitionen in die Informationstechnik mit dem Ziel, direkte Gespräche und den Austausch von implizitem Wissen innerhalb der Firma zu erleichtern
• Einstellung junger Hochschulabsolventen, die sich dafür eignen, Wissen wiederzuverwenden und im System bereits vorhandene Lösungen zu realisieren • Schulung in Gruppen und durch Aufnahme von Wissen aus dem Computer • Vergütungen nach dem Maß, in dem Dokumentenspeicher genutzt und eigene Beiträge bereichert werden	**Personalpolitik**	• Einstellung von Hochschulabsolventen mit MBA-Abschluss, die Freude am Problemlösen haben und Ambivalenz aushalten können • Schulung jedes Einzelnen durch direkt zugeordnete Mentoren • Vergütungen nach dem Maß, in dem die Betreffenden ihr Wissen mit anderen teilen
Andersen Consulting Ernst & Young	**Beispiele**	McKinsey & Company Bain & Company

Abb. 20: Wie Beratungsfirmen Wissen managen
(vgl. Hansen/Nohria/Tierney 1999)

4. Managementtheorien und Beratung

Für die Praxis im Umgang mit Wissen finden *Hansen/Nohria/ Tierney* (1999) bei Beratungsunternehmen interessante Differenzierungsmerkmale: Sie unterscheiden zwischen kodifizierten und personifizierten Strategien. Einige Beratungsunternehmen verwenden vorwiegend Datenbanken zur Speicherung von Wissen, in anderen bleibt das Wissen eng an den Berater gebunden. Welcher der beiden Ausprägungen ein Beratungsunternehmen folgt, ist keine Frage der Situation im Klientensystem, sondern hängt eng mit der Unternehmensphilosophie sowie den verfügbaren personellen Ressourcen des Beratungsunternehmens ab. So sind z.B. Beratungsunternehmen mit einer hohen Fluktuation eher an funktionierenden Datenbanksystemen interessiert, solche mit einer hohen Konstanz bei ihren Beratern an abrufbarem personifiziertem Wissen.

Ernst & Young oder Andersen Consulting (Accenture) investieren sehr viel in das Kodifizieren von Wissen, so betreuen z.B. im Business Knowledge Center von Ernst & Young 250 Mitarbeiter das elektronische Archiv (*Hansen et al.,* S. 86). Strategieberatungen, wie Bain, Boston Consulting Group oder McKinsey setzen dagegen stärker auf personalisiertes Wissen.

Generell sollte gelten, dass die Strategie des Wissensmanagements eines Unternehmens seiner Wettbewerbsstrategie entsprechen sollte. Dadurch soll verhindert werden, dass ein Beratungsunternehmen versucht, beide Wissensmethoden parallel in gleichem Umfang aufzubauen. *Hansen* et al. (1999) schlagen eine 80:20-Relation vor, bei der 80% der Wissensnutzung der Primärstrategie folgen sollen, 20% der jeweils anderen.

Beide Methoden haben Vorteile, können aber auch gravierende Nachteile haben: Weitgehende Kodifizierung bzw. „Wissen aus der Konserve" kann Klienten irritieren, weil dieses Wissen, gespeichert in Datenbanken, meist nicht die Varietät der Klientenbedürfnisse abdecken kann, zumal das Entstehen des Wissens oftmals nur lückenhaft und ergebnisbezogen in die entsprechende Datenbank eingetragen wurde. Auch das überwiegende Kodifizieren von Wissen in personalisierter Form schafft Probleme, weil interpersoneller Wissensaustausch zeit- und kapitalintensiv ist, oft Lösungen schon vorhanden sind und die Gefahr besteht, dass das Rad neu erfunden wird (vgl. *Simon* 1999; *Hofmann* 2001; *Klotz/Strauch* 2001).

Das Differenzierungskriterium schlechthin ist also die Wettbewerbsstrategie und die damit verbundenen Beratungsprodukte:
- Werden weitgehend standardisierte Beratungsprodukte verkauft, passen eher kodifizierte Wissenssysteme, für Anbieter maßgefer-

tigter Produkte empfiehlt sich eher ein personalisiertes Wissenssystem.
- Bei ausgereiften Beratungsprodukten passen eher die kodifizierten Systeme, bei solchen in Entwicklung die personalisierten.
- Ebenso kann zwischen der Art der Hilfsmittel bei der Problemlösung unterschieden werden: Explizites Wissen, wie z. B. Marktdaten, ist leichter kodierbar; implizites Wissen der Berater hingegen ist oft Erfahrungswissen, daher personalisiert und kann eher interpersonal genutzt werden.

Für Berater und auch die von ihnen beratenen Unternehmen ist es wichtig zu erkennen, welches Wissenssystem im betreffenden Unternehmen in sinnvoller Weise dominiert, damit auch beim „Streit um die Ressourcen" um die wirklich sinnvollen Arbeitsmittel gerungen wird.

Auch auf einer anderen Ebene, auf die sich immer mehr Berater spezialisieren, spielt der Umgang mit Wissen eine wichtige Rolle: Im Bereich des **Public Affairs Management**, einem Bündel von Strategien und Taktiken zur Unternehmenskommunikation, wird dem Management von Information und Kommunikation eine zentrale Rolle eingeräumt. Public Affairs wird definiert als Managementfunktion, die verantwortlich ist für die Interpretation des nicht-kommerziellen Umfeldes eines Unternehmens und das Management der Reaktionen des Unternehmens auf diese Umwelt (*Köppl* 2000, S. 19)

Die Erkenntnis, dass Unternehmen sich nicht in einem Vakuum befinden, nicht nur Produkte erstellen und verkaufen, sondern dass sie quasi als Bürger eines Landes, einer Gemeinde oder einer Gesellschaft mit allen Rechten und Pflichten wahrgenommen werden, führt dazu, dass Kunden, gesellschaftliche Gruppierungen, Behörden etc. neue Verantwortlichkeiten einfordern („Corporate Citizenship"). Wird Public Affairs sinnvoll in die Organisations- und Führungsaufgaben integriert, kann es durch Engagement und Involvierung im externen Netzwerk von Unternehmen Erfolge schaffen.

Für diese Funktionen sind Berater-Klientenbeziehungen prädestiniert, weil die Fülle von Aufgaben in der Regel die PR- und marketingorientierten Ressourcen der Klientensysteme überfordern und die Berater, auch bei kleinen Betrieben, das erforderliche Knowhow haben. Folgende Techniken sind denkbar (vgl. *Köppl* 2000, S. 28):

- Government Relations: Beziehungspflege zu Regierungseinrichtungen auf lokaler, regionaler, überregionaler und internationaler Ebene;

4. Managementtheorien und Beratung 143

- Community Relations: Mitgestaltung und aktive Beteiligung in den sozialen, gesellschaftlichen, wirtschaftlichen und politischen Angelegenheiten der Gemeinde, in der das Unternehmen ansässig ist;
- Philanthropy: Strategisches Sponsoring mit politischen, sozialen oder gesellschaftlichen Intentionen;
- Grassroots: Kommunikation und Motivation von definierten Gruppen (Mitgliedern einer Organisation) um im Interesse des Unternehmens tätig zu werden;
- Issues Management: Aktive Steuerung von gesellschaftlichen, sozialen, politischen oder wirtschaftlichen Themen, um drohende Krisen abzuwenden oder Kapital aus diesen Strömungen zu schlagen;
- Media Relations: Steuerung der Medienberichterstattung über das Unternehmen, seine Interessen und Anliegen;
- Public Relations: Planung und Durchführung von zielgruppenspezifischen Aktivitäten zur Gestaltung und Wahrung des Unternehmens-Images;
- Employee Communications: Mitgestaltung der internen Kommunikation mit dem Ziel, durch die Arbeitszufriedenheit, Motivation und Engagement die Produktivität des Unternehmens zu steigern;
- Public Interest Group Relations: Beziehungspflege mit Non-governmental-Organisationen (NGO) zur Darstellung der Unternehmensaktivitäten und Schaffung von gegenseitigem Verständnis;
- Education Affairs: Aktive Beteiligung und Mitgestaltung bei Fragen der Ausbildung zur Heranbildung qualifizierter Arbeitskräfte sowie Berücksichtigung von unternehmerischen Anliegen in der Ausbildung;
- Regulatory Affairs: Mitgestaltung der legislativen und administrativen Gestaltung des relevanten legistischen Unternehmensumfeldes;
- Volunteer Program: Mitarbeit des Unternehmens und seiner Mitarbeiter bei gemeinnützigen, sozialen oder karitativen Organisationen;
- Corporate Advertising: Einsatz klassischer Werbeinstrumente zur Darstellung der Anliegen und Interessen des Unternehmens;
- International Public Affairs: Beobachtung und Analyse der Intentionen und Entscheidungen von internationalen, multinationalen und supranationalen Institutionen mit Relevanz für das Unternehmen;
- Environmental Affairs: Beziehungspflege und Mitgestaltung aller Themen in Bezug auf Umweltschutz, Gewässerschutz und Artenschutz, sofern das Unternehmen davon betroffen ist;

- Stockholder Relations: Darstellung der wirtschaftlichen Gebarung, Ziele und Pläne des Unternehmens gegenüber den Aktionären zur Erhaltung des Vertrauens;
- Institutional Investor Relations: Darstellung des Unternehmens, seiner Ziele und Pläne für den institutionellen Anleger, um die Kapitalbasis abzusichern;
- Consumer Affairs: Analyse und Bewertung des Konsumentenverhaltens sowie der Aktivitäten von Konsumentenschutzorganisationen zum Schutz des eigenen Absatzmarktes.

Tätigkeiten bzw. Aktivitäten von Beratern in diesen Gebieten ermöglichen auch neue Ausrichtungen ihrer Akquisitionsstrategie. Vor allem im Bereich der öffentlichen und halböffentlichen Einrichtungen, der NGOs etc., sind solche Beratungsansätze notwendig, um zu Aufträgen zu gelangen. Die Berater-Klientenbeziehung ist in solchen Fällen entwicklungsorientiert, d. h. dass eine exakt eingeschränkte Expertenberatung nur sehr schwer möglich sein wird, weil dafür wiederum andere Spezialisten zur Verfügung stehen.

Die Frage nach den „added values" des Beratungseinsatzes ist aus der Sicht der Klienten nur sehr schwer zu bewerten, vor allem, weil er proaktiv erfolgt. Das bedeutet, dass sich z. B. beschleunigte Verfahren in der Betriebsstättenerrichtung zwar quantifizieren, aber nur schwer personalisieren lassen; oder, dass sich abgewendete Krisen in Zahlen ausdrücken lassen, an denen der Berater im Falle einer erfolgsorientierten Bezahlung partizipieren kann; oder, dass ein Vorstand Projekte leichter gegenüber dem Aufsichtsrat durchsetzen kann u. v. a. m.

4.8 Lernende Unternehmen und lernende Berater

Das Wissen von Beratern unterliegt, ähnlich wie das der beratenen Unternehmen, Lernkurven. Die Forderungen nach lernenden Unternehmen und die Anforderungen, die sich daraus ergeben (s. Abb. 19), gelten im selben Maße auch für die Berater und erfordern von diesen entsprechende Anstrengungen. Durch die Verflechtungen und Interaktionen bei Berater-Klienten-Beziehungen gilt daher die Forderung, dass Lernen für beide Seiten nicht nur eine Notwendigkeit ist, sondern vielmehr durch die Beziehung selbst entstehen soll. Nicht zuletzt deswegen präferieren Klienten Berater mit Erfahrungen und signalisieren dabei gleichzeitig, dass für sie Lernen mit Beziehungsgefälle zu tun hat. Schwierig ist die Situation für junge Berater, denn welches Unternehmen will für gutes Geld schon einen Berater engagieren, der bei ihm lernen möchte?

4. Managementtheorien und Beratung

Diesem Problem begegnet die Beratungsbranche mit der Differenzierung in Junior- und Senior-Berater, was sich meist auch in der Preisgestaltung niederschlägt. Aber ist diese Einteilung auch wirklich sinnvoll? Es ist doch wesentlich vernünftiger, wenn die Beratungssituation für beide Teile als „win-win"-Assessment definiert wird, das sowohl für den Berater als auch für das Klientensystem Lernerfahrungen zulässt. Nur bei einer solchen Konfiguration ist gewährleistet, dass lernende Berater und lernende Klientensysteme aus den vorhandenen Potenzialen mehr machen, offen sind für neue Impulse und durch gemeinsame Anstrengungen neue Qualitäten entwickeln, die für beide Seiten mit Fortschritt und Prosperität gleichzusetzen sind. Die Forderungen der Unternehmen oder ausschreibender Stellen an die Berater, mit vielen und guten Referenzen aufzuwarten, zeigen recht deutlich, dass die Notwendigkeit beiderseitiger Weiterentwicklung noch nicht ausreichend erkannt worden ist. Dabei gelten zudem für die Referenzen von Beratern dieselben Einschränkungen wie sie auch für Referenzen bei der Personalauswahl typisch sind (vgl. *Schwan/Seipel* 1994), nämlich dass der Nutzen von Referenzen für den Adressaten von der guten Kenntnis des Referenzgebers und den näheren Umständen eines Referenzgegenstandes abhängen, d. h. ansonsten subjektive Eindrücke die objektive Bewertung von Referenzen verhindern und diese für eine Entscheidungsbildung entwerten und möglicherweise gefährlich werden lassen.

Das Schlagwort der „lernenden Organisation" ist historisch eng verknüpft mit der Forderung an die Unternehmen, längst überfällige Anpassungsleistungen zu realisieren. Berater sollen dabei die Funktion des Experten für die Einleitung von organisationalem Lernen wahrnehmen (vgl. *Probst/Büchel* 1998).

Für die **lernende Organisation** hat *Senge* (1996, 2000) folgende Bereiche festgelegt und notwendige Bedingungen beschrieben:

- **Denkmodelle** sind tief verwurzelte, meist unbewusste Annahmen, Bilder und Symbole, die die Wahrnehmung und das Handeln des Einzelnen und der Organisation bestimmen. Das Erkennen und kritische Hinterfragen dieser Modelle ist eine wesentliche Voraussetzung für Veränderungen.
- **Personal Mastery** ist die Fähigkeit, seine wahren Ziele konsequent zu verwirklichen, seine persönlichen Visionen kontinuierlich zu klären und zu vertiefen, seine Energien zu bündeln und Geduld zu haben. Personal Mastery erfordert Offenheit für Neues und die Bereitschaft zu kontinuierlichem Lernen.
- **Gemeinsame Vision**, gemeinsame Ziele und Wertvorstellungen machen Organisationen auf Dauer erfolgreich. Eine gemein-

same Vision lässt sich nicht verordnen, sie muss gemeinsam entwickelt und von allen Mitarbeitern mit Engagement getragen werden.
– **Teamlernen** ist eine weitere notwendige Bedingung für die Etablierung von Organisationen. Ein Team ist die elementare Lerneinheit in einer Organisation. Teamlernen beginnt mit dem Dialog und damit mit der Fähigkeit, eigene Annahmen in Frage zu stellen und sich auf ein gemeinsames Denken einzulassen.
– **Systemdenken** nimmt auf die Besonderheiten der Interaktion von Organisationen Rücksicht. Organisationen bestehen aus einem Wechselspiel von Ursachen, Wirkungen und gegenseitigen Abhängigkeiten. Durch Systemdenken lässt sich erkennen, ob und wie sich Ereignisse gegenseitig beeinflussen. Systemdenken ist die integrative Disziplin, die alle anderen miteinander verknüpft und sie zu einer ganzheitlichen Theorie zusammenfügt.

Für die beratenen Unternehmen und ihr Lernen gilt, was *Sattelberger* (1991, S. 22) umfassend beschrieben hat: „Es bedarf herausfordernder und innovativer Denk- und Handlungsansätze, die in der Organisations- und Führungskultur eines Unternehmens verankert werden müssen, damit die Organisation und die darin tätigen Individuen antwort- und fortschrittsfähig mit internem und externem Wandel umgehen. Lernen zum Tagesgeschäft zu machen, die Förderung natürlicher Lernprozesse, die Eröffnung von Lernfeldern für Persönlichkeitsentwicklung, die Institutionalisierung von Lern- und Feedbacksystemen, von Planungs-, Strategiebildungs- und Controllingprozessen als Lernprozess für die Beteiligten, die Förderung von Kulturentwicklungsprozessen und die Reintegration von Lernen und Arbeiten bzw. Lehren und Führen sind Schlüsselwege zum Ausbau dieser Erfolgsposition." In dieser Sentenz stecken die Anforderungen und Ziele, die Berater heute in modernen Organisationen bewältigen müssen (vgl. z.B. *Gloger* 1995; *Sattelberger* 1992; *Garvin* 1994; *Probst/Prischel* 1998; *Steinberger* 1999; *Senge* 2000). Aus dem Modelllernen lässt sich ableiten, dass auch die Berater selbst diesen Anforderungen und Zielen entsprechen und ihr Verhalten auch in ihren eigenen Betrieben entsprechend orientieren müssen, damit sie für ihre Klienten authentische und glaubwürdige Gesprächs- und Handlungspartner sein können.

Die Erreichung operationaler Ziele durch Unternehmen fordert diese als lernende Organisation, ansonsten sind Veränderungen sehr schwer vorstellbar und sicher suboptimal sowie stets zu spät. Blickt man beispielsweise auf einige Kernfelder von Veränderungen, wie sie für die Entwicklung von einem traditionellen zu einem moder-

4. Managementtheorien und Beratung

nen Unternehmen charakteristisch sind, wird sofort die zentrale Bedeutung des individuellen und organisationalen Lernens deutlich, aus dem sich auch zahlreiche Beratungsziele und -aufgaben ergeben (Abb. 21).

Jeder Berater verfügt, vor allem bei seinem Berufseinstieg, über eine ganz bestimmte Know-how-Basis, mit deren Hilfe er an ihn gestellte Anforderungen bewältigen kann. Vielfach wird die Know-how-Basis noch kein vertieftes Wissen zur Verfügung stellen können, sondern eher beiläufigem Hintergrundwissen entsprechen, das dem Berater zeigt, wo er bei einem Mandat seinen Hebel ansetzen kann. Dieses rudimentäre und oft nicht ausformulierte und formulierbare Wissen kann man auch als nicht-explizite Beratungsphilosophie bezeichnen.

Aufgrund der weitgehend fehlenden vorgegebenen **Ausbildungswege für Berater,** lediglich zwei Fachhochschulen im deutschen Sprachraum widmen sich derzeit der Beraterausbildung (Mainz, Wiener Neustadt), ist das Wissen um Beratung noch nicht entsprechend katalogisiert und kanonisiert. Ausbildungswege auf Verbandsebene und Train-the-Trainer-Konzepte können bestenfalls fragmentarisch und in sehr schwankender Qualität Beratungs-Know-how weitergeben. Der Know-how-Transfer erfolgt meist sehr klassisch entsprechend dem Muster learning by doing, eventuell noch begleitet durch Supervisoren. Dadurch entsteht eine sehr subjektbezogene und individuelle Know-how-Basis, auf Grund derer dann beraten wird. Ein meist unterschätztes Problem besteht in der mangelnden Verbalisierbarkeit dieses oft versteckten Know-hows und damit in der beschränkten Weitergabe und Anwendung. Darin liegt mit das Hauptproblem der klassischen Beraterausbildung.

Das an Hochschulen und Fachakademien vermittelte Wissen reicht nur zu oft nicht für die Anforderungen von wirtschaftsberatenden Berufen aus. Ein Berater, der nach der Erlernbarkeit des beratenden Berufes gefragt wird, steckt daher in einem Dilemma: Natürlich muss er die Frage mit „Ja" beantworten – wie hätte er selbst sonst Berater werden können, es sei denn, er glaubte an verborgene Talente? Die Realität ist anders. Die Vermittlung des beratungsspezifischen Know-hows, nicht zu verwechseln mit fachspezifischer Kompetenz in unterschiedlichsten Bereichen, steht noch in den Anfängen. Bis vor wenigen Jahren gab es weder einschlägige Literatur noch Aus- und Weiterbildungsangebote. Darin liegt ein typisches Merkmal für einen „jungen" Beruf, der in wenigen Jahren sich mit exorbitantem Wachstum etabliert hat und den Aus- und Weiterbildungsmöglichkeiten enteilt ist.

1. Teil: Grundlagen, Märkte und Schwerpunkte der Beratung

Traditionelle Unternehmen		Moderne Unternehmen
Starre und starke Hierarchien, bürokratisch organisiert.	**Hierarchie**	Spaghetti-Organisation mit kleinen und flachen Führungsebenen und -strukturen.
Lange Entscheidungswege quer durch viele zentrale Einheiten.	**Delegation**	Entschieden wird an Ort und Stelle – dort, wo die Arbeit anfällt und Kunden kontaktiert werden.
Die Arbeit ist in viele kleine und einfache Schritte zerlegt und nach dem System der Fließbandfertigung organisiert.	**Arbeitsteilung**	Selbständige Arbeitsteams ohne Hierarchien, sehr kundenbezogen organisiert.
Schwerfällig – Abteilungen arbeiten im Alleingang und ohne Rückkoppelung.	**Flexibilität**	Der Kunde ist König. Absatzgesteuerte Produktion, Marketing ist wichtig.
Auf die Produktion und Technik ausgerichtet, wenig Kundenorientierung.	**Entwicklung**	Hoher Stellenwert der Marketinggruppe, Zulieferer wirken ebenfalls im Entwicklungsprozess mit.
Fast ausschließlich neue Produkte und neue Techniken.	**Verbesserung**	Alle Mitarbeiter sorgen in enger Kooperation für ständige Verbesserungen
Eine überlastige Bürokratie nimmt den Mitarbeitern Verantwortung ab und sorgt für Verschwendung.	**Verschwendung**	Weniger Bürokratie senkt die Verwaltungskosten.
Hoch, weil auf Vorrat produziert wird und die Transportkosten kaum berücksichtigt werden.	**Lagerhaltung**	Geliefert wird weitest möglich Just-in-Time, geringe Lagerkosten
Fehler werden zu spät (beim Kunden) entdeckt, die Beseitigung ist meist sehr teuer.	**Qualität**	Permanente Qualitätskontrollen
Starre, feste Arbeitszeiten; Mitarbeiterwünsche und -erwartungen werden ignoriert.	**Arbeitszeit**	Äußerst flexibel, Jahresbandbreitenmodelle, Mitarbeiter stimmen ihre Arbeitszeiten mit der Gruppe ab.

Abb. 21: Lernende Organisation

4. Managementtheorien und Beratung

Die Entwicklung der Beratungsqualifikation ist daher derzeit und für die nächsten Jahre mit Sicherheit der entscheidende Ansatzpunkt für die Festigung und Entwicklung des Beraterberufes. Zunehmend engagieren sich immer mehr Berater in Lehrgängen für andere Berater bzw. in der Ausbildung für den hoffnungsfrohen beratenden Nachwuchs. Die Interessenvertretungen der Berater investieren in die Beraterausbildung teilweise große Summen, doch die dabei für Einrichtungen und sich streckenweise entwickelnden und durchaus „lukrativen Eigendynamiken" werden dem Aus- und Weiterbildungsbedarf häufig nicht gerecht. Die Gründe sind vielfältig: Inhaltlich und didaktisch mangelhafte Konzeptionen, Qualifikationslücken, Cliquenwirtschaft u. ä. Die Seminare und Lehrgänge werden in der Regel immer umfangreicher, was vor allem bei institutionalisierten Einrichtungen den Praxiszugang der Neuberater wesentlich verzögert und häufig am Kern der Qualifikationserfordernisse vorbeigeht.

Die Weiterbildungsveranstaltungen sind vielfach mit der Vermittlung von Fachwissen überfrachtet, und zwar ohne dass dieses in einem solchen Rahmen teleologisch, fundiert und anwendungsorientiert gelehrt werden kann. Themen wie beispielsweise Unternehmensführung, Marketing oder Personalwesen können nicht im Schnellverfahren seriös in dem für Berater sinnvollen und von Klienten geforderten Niveau gelehrt und ausreichend praxisgerecht trainiert werden. Das beratungsspezifische Know-how, das sozusagen den Fachmann zum kompetenten und erfolgreichen Berater macht, kommt meistens zu kurz bzw. wird durch die versuchte – und meist nur ungenügend erreichte – Vermittlung eines Bergs an fachlichem Wissen erdrückt. Das kann nicht funktionieren, zumal sich der fachliche Bereich in einer Geschwindigkeit ändert, dem Weiterbildungsveranstaltungen nur in geringem Maße folgen können. Zudem sind Seminare und Lehrgänge immer Laborsituationen, in denen beraterisches Vorgehen unter optimalen Bedingungen geübt wird – ähnlich dem Bodentraining vor einem Fallschirmsprung. Idealisierte Fallbeispiele, wie sie in Trainings und auch in der Literatur vorkommen, vernachlässigen zwangsläufig die Komplexität von Beratungssituationen. Begreift man Organisationen als Organismen, die Eingriffe von außen abwehren, wird klar, dass sie sich nicht als Objekte behandeln lassen, bei denen in der Beratung einfache technisch-mechanistische Vorstellungen, die über „Buchwissen" vermittelt wurden, funktionieren (vgl. *Argyris* 1991).

Das hat sich mittlerweile herumgesprochen, also zielt man beim Ausbildungskriterium auf den sozialen bzw. personalen Bereich,

und gerade hier wird teilweise eine sagenhafte Scharlatanerie betrieben, weswegen dem ob der Fülle der Angebote verwirrten Berater oft nur die Verweigerung bleibt. Folgende zentralen Fragestellungen werden in vielen Angeboten geflissentlich übersehen:
- Was soll ein Berater eigentlich wissen?
- Was bzw. wie soll ein Berater eigentlich sein?
- Welche Fähigkeiten soll ein Berater eigentlich haben?

Heintel (1992, S. 348) geht soweit, dass er konstatiert, dass ein Berater kein Berater ist und fordert Ausbildungsinhalte, in denen nicht die zu beratenden Organisationen im Mittelpunkt stehen, sondern die Selbstorganisation von Beratersystemen, die ihre Kompetenzen und Ressourcen auf ihr Ziel hin abstimmen und bündeln.

Die psychosozialen Fähigkeiten des Beraters hinsichtlich des Beratungsmandats und der daraus resultierenden Anforderungen an Projektorganisation, Leitung und Kontrolle determinieren weitgehend seinen Erfolg – und den seiner Klientel. Denn der Lernerfolg in Klientensystemen wird nicht nur durch technische, finanzielle oder organisatorische Hemmnisse, sondern ganz besonders auch durch soziale Probleme verhindert.

Lernhindernisse können z. B. sein:
- Angst vor Unsicherheit und Neuem,
- vergangenheitsorientierte und eingeschliffene Verhaltens- und Denkmuster,
- Ignoranz durch Wegsehen bzw. Verkehrung ins Gegenteil (Reaktionsbildung),
- fehlendes Problembewusstsein im Klientensystem,
- Verfälschungen und Wirklichkeitswahrnehmungsstörungen durch unterschiedlichste Interessenlagen,
- die klassische Betriebsblindheit mit dem Phänomen der Abschottung und fehlende Kommunikations- und Informationsstrukturen und -möglichkeiten.

Ähnliche Problemstellungen finden sich auch in Consultingunternehmen, die nach dem Motto: „Wir haben Recht, der Markt hat sich geirrt!" für sich selbst organisationales Lernen, individuelle Weiterbildung, Entlernen, Inter- und Supervision ablehnen. Diese Ablehnung kann nur so überwunden werden, dass nicht sogenannte Widerstände geopfert bzw. überwunden werden, sondern durch die Hereinnahme des Klientensystems bzw. des Beraters als Person proaktiv gehandelt, gefühlt und gedacht wird. Dann stellen auch diese Hindernisse keine unüberwindbaren Barrieren mehr dar.

Lernen in der Beratung hört nie auf, jeder Tag bringt neue Erfahrungen und Erkenntnisse, die in ein sinnvolles Ganzes integriert werden müssen. Dem kann sich niemand verschließen, denn jede Beratung ist ein Prozess, an dessen Ende sich alle Beteiligten, Berater und Klientensystem, in irgendeiner Form verändert haben. Diese reflexiven Prozesse zu verkaufen, ist natürlich wesentlich schwieriger, als quasi im „großen Pfadfinderbuch" der Beratung nach einer aktionsorientierten Lösung zu suchen und diese zu präsentieren. Ein Berater, der ein ganzes Füllhorn von Beratungsstrategien, Werkzeugen und Instrumenten dem Klienten aktiv präsentiert und bekundet, diese auch alle einzusetzen, ist vielen Klienten allemal lieber als jener, der das Klientensystem zum Gegenstand seiner Ambitionen macht und in der Akquisition von „kontrolliertem Experiment" und seiner Rolle als „teilnehmender Beobachter" oder von seiner Aufgabe, im Klientensystem „Indifferenzen" zu erzeugen, spricht. Wobei letzterer Ansatz der wesentlich modernere ist, mit einer dem systemischen Beraten verbundenen Vorgehensweise, die den Klienten optimale Bedingungen für organisationales Lernen und ständige Weiterentwicklung gewährleistet und gleichermaßen sicherstellt, dass mit dem Auslaufen des Beratungsmandates die Kompetenzen im Klienten- und Beratersystem wesentlich erhöht werden.

5. Reorganisationsprozesse: Komplexität vs. Vereinfachung

Die Komplexität von Organisationen ist sehr oft „unbeschreiblich". Die neuen Schlagworte und Managementtrends tun ein Übriges dazu, dass für viele Führungskräfte die Komplexität und die daraus resultierenden Interaktionen unüberschaubar werden. Mikro- und makropolitische Strategien, Interventionen, wechselnde Allianzen zwischen den Mitarbeitern und Führungskräften sowie der Wettbewerb zwischen Veränderern und Bewahrern, alles unter dem Schlagwort Misstrauenskultur subsumierbar, und dazu noch externe Berater, schaffen neben den rein pragmatischen, finanziellen bzw. technischen Problemen einen „Beziehungs- und Machtcocktail" in den Organisationen, der seinesgleichen sucht. Viele Berater wählen deshalb das Instrument der Analyse, um „Struktur" herzustellen. Dieser gut gemeinte und etwas naive Objektivierungsversuch läuft nur allzu oft schief, weil der Eindruck der fehlenden Struktur oft nur ein externer ist und die Berater diejenigen sind, die zusätzliche Parameter in das systematische Chaos einbringen. Versuchen Berater komplexe Organisationen mit dem Instrument der Analyse zu beschreiben, so wirkt jedes Element der Analyse komplexitätssteigernd; *Heintel* (1992,

S. 358) nennt diesen Prozess eine „unendliche Reflexion". Die Analyseergebnisse sollen dann dem Berater zu Entscheidungen verhelfen, die mit mehr Hintergrundwissen und damit mehr Sicherheit getroffen werden können. Wie schwierig es ist, durch solche Verfahren die Komplexität(en) von Organisationen beschreib- und erklärbar zu machen, zeigt der Blick auf den Buchmarkt, auf dem z. B. 4000 Fragen an die Unternehmensführung oder die 1500 besten Checklisten zur Unternehmensorganisation angeboten werden. Können da Berater, die vielleicht 50 Fragen stellen, Komplexität reduzieren? Wirken die vielen Arbeitshypothesen und persönlichen Konstrukte der Berater selbst nicht eher komplexitätssteigernd?

Auch die vielstrapazierte Handlungsorientierung von Beratern, der „Schnellschuss aus der Hüfte", verfährt nämlich nach Modellen und Bildern, die aus einer Zeit kommen, als die Welt scheinbar noch einfacher war und man jedenfalls glaubte, sie nach einfachen Vorstellungen ordnen zu können (gut vs. böse, Ursache und Wirkung etc.). Dabei sollten die Berater sich vergegenwärtigen, dass die vielen Graustufen zwischen den jeweiligen Polen den Facettenreichtum bzw. die Vielgestaltigkeit und unterschiedlichsten Ausprägungen von Organisationen ausmachen. Homogenisierungsversuche bedeuten dann gleichzeitig Verluste an Individualität und fordern z. B. auf der Marketingebene neue Anstrengungen, diese zurückzugewinnen. Durch den zusätzlichen Steuerungsaufwand mancher Projekte wird die vermeintliche Komplexitätsreduktion durch die Intervention selbst wiederum zur Komplexitätssteigerung. Viele IT-Projekte in den Betrieben weisen auf diesen Zusammenhang hin.

Ein schneller und komplexer Wandel erfordert laufende Veränderungen im Unternehmen und generiert eine sehr hohe Dynamik. Diese kann nur durch die Induzierung von flexiblen, angemessenen und strukturierten Lernprozessen in den Unternehmen bewältigt werden. Diese Lernprozesse verstärken allerdings ihrerseits die Dynamik. Die Vernetzung und Verflechtung der Unternehmensumwelten sind die Rahmenbedingungen unternehmerischen Handelns, die weder mit Komplexitätsabbau noch -steigerung adäquat bewältigt werden können. Die Herausforderung liegt also weder in der Steigerung noch in der Reduktion der Komplexität, sondern in deren Bewältigung.

Beratung ist deshalb immer eine Gratwanderung zwischen Komplexitätsreduzierung und Komplexitätserweiterung. „Üblicherweise wird Komplexität mit Hilfe der Begriffe Element und Relation definiert [...] Mindestens 3 Dimensionen müssen bestimmt werden, um das Ausmaß der Komplexität eines Systems festzulegen, nämlich

5. Reorganisationsprozesse: Komplexität vs. Vereinfachung

(1) die Zahl der Elemente, (2) die Zahl der im System möglichen Beziehungen zwischen den Elementen und (3) die Verschiedenartigkeit dieser Beziehungen, durch die dann in komplexen Bestimmungsprozessen zugleich die Elemente „qualifiziert" werden ... anspruchsvollere Begriffsfassungen ziehen zusätzlich die Zeitdimension in Betracht." (*Luhmann* 1980; zit. in: *Neuberger* 1994a). Mit diesen Anforderungen umzugehen, sollte beraterischer Alltag sein.

5.1 Rahmenbedingungen, Merkmale, Phasen und Instrumente

Was Unternehmen mit ihren vielfältigen Funktionen, Strukturen, Abläufen, vor allem Menschen, Beziehungen etc. ausmacht, aber auch auf ihre Ziele ausrichtet, nennt man Komplexität. Sie lässt sich entgegen landläufiger Meinung nicht reduzieren, sondern bestenfalls verlagern: Zu Partnern am Markt, auf Mitarbeitergruppen oder auf Kunden.

Auf den ersten Blick scheint Komplexität die Unternehmenssteuerung zu erschweren. In der Literatur werden hauptsächlich zwei Wege zur Bewältigung favorisiert: Reduktion der Komplexität, d.h. abspecken, entflechten, auf Höchstleistung trimmen, beschleunigen, Puffer abbauen, oder im Gegenteil, die Komplexität im Unternehmen erhöhen, also Vielfalt fördern, Selbstorganisation stimulieren, Hierarchien durch Netzwerke ersetzen, Routinen abbauen. Beide Lösungsansätze bergen jedoch durch ihre Einseitigkeit Gefahren.

Auch das Setzen auf die Selbstorganisationsfähigkeit sozialer Systeme, verbunden mit der Hoffnung, dass sich ein ausgeglichener Zustand von selbst einstellt, kann nicht immer die gewünschten Ergebnisse bringen. Bei dieser Vorgehensweise wird z.B. ein Regelwerk benötigt, damit aus der Fülle von Reaktionsmöglichkeiten die unerwünschten ausgeschlossen werden können. Erstrecken sich die Selbstorganisationsbemühungen auf die Personal- und Führungsarbeit, so führen divergierende Managementphilosophien in einem Unternehmen bestenfalls zu Lähmungserscheinungen, weil viel Energie darauf verschwendet wird, die jeweils vermeintlich bessere Philosophie zu verteidigen. Es bedarf ganz klar der Fokussierung und Ausrichtung der Managementtechniken an Leitbildern und Visionen.

Die in den letzten Jahren in vielen Unternehmen durchgeführten und auch von Beratern induzierten Strukturreformen und Organisationsentwicklungskonzepte haben zu einem Zustand des vermeintlichen „anything goes" geführt, mit dem Ergebnis, dass oft klare Zielvorgaben fast zur Gänze verschwunden sind. Als Reaktion auf diese Erfahrungen ist Management neu zu definieren als ein Weg, der das Umfeld (Nutzenstiftung) ebenso im Auge behält wie die Gestaltung der Organisation im weitesten Sinn (nach *Schneider* 1994). Management muss sich wieder auf die zentralen Werte des Unternehmens besinnen. Dafür ist es auch notwendig, dass weitgehend auf die Übernahme sämtlicher modernen, meist kurzlebigen vermeintlichen Allheiltechniken verzichtet wird (z. B. Lean, TQM, ISO 9000:2000). Die Führungskräfte müssen sich aus ihrer abstrakten Begriffswelt lösen und sich wieder den realitätsnahen Aufgaben stellen. Hierbei kommt den Beratern eine Schlüsselrolle zu.

Auf Komplexitätsreduktion zielende Ansätze	Auf Komplexitätserhöhung zielende Ansätze
Lean Management	Systemisch-evolutionäres Management
Hochleistungsorganisation	Netzwerkorganisation, virtuelle Organisation
Speed/Turbo Management	Entdeckung der Langsamkeit
McKinsey-Ansatz der Bekämpfung von Komplexitätstreibern	
Kern/Schumann-Ansatz: Small is beautiful	
Formen: Entkoppelung von Systemen getrimmte Hierarchie	Formen: Immer umfassendere, möglichst lose Koppelung von Systemen (Globalisierung); Selbstorganisierendes Netzwerk
Motto: Vereinfachung/ Beschleunigung	Motto: Deregulierung im Detail Entschleunigung
Auf Achtsamkeit/Gewahrsein beruhende Ansätze	
Erhöhung und Reduktion von Komplexität	
Be- und Entschleunigung	
Genaues Wahrnehmen Abkehr von Unachtsamkeit der abstrakten Haltung: Beteiligt- statt Dabei-Sein	

Abb. 22: Komplexität und Zeit (vgl. Schneider 1994)

Zu diesem Zweck müssen die Führungsmethoden und -instrumente mit Hilfe von Beratern, die in diesem Bereich ausgesprochene Kompetenzen haben, wesentlich verfeinert und bewusster eingesetzt werden: Weniger Dirigismus, Gängelei, Eingreifen in Detailfragen und Monopolisierung der Führungsfunktion, mehr Beteiligung in

5. Reorganisationsprozesse: Komplexität vs. Vereinfachung 155

Situationen, vor Ort präsent sein, authentisch bleiben, Stellung beziehen und sich nicht isolieren, gleichzeitig aber keine Abweichungen von vereinbarten Standards dulden, das sind die Gebote der Stunde. Sind diese Verhältnisse oder die Voraussetzungen dafür im Klientensystem nicht vorhanden, lasten auf den Beratungsprozessen schwere Hypotheken. Sehr oft ist es daher hilfreich, eine konkrete betriebliche Aufgabenstellung mit Formen und Maßnahmen der Organisations- und Personalentwicklung zu koppeln. Bei einer solchen Vorgehensweise steht nicht unmittelbar eine Reduktion der Komplexität im Vordergrund, sondern es wird durch die Berater bewusst eine Möglichkeit des Experimentierens eröffnet, die im Klientensystem wieder Handlungsspielraum schaffen kann.

Fragen der Komplexitätserhöhung bzw. -reduktion stellen eine typische Zwickmühle für den Berater dar: Zum einen wird von ihm erwartet, dass er in der Helferrolle als Problemlöser mit komplexitätsreduzierenden Maßnahmenpaketen auftritt, weil für das Klientensystem die Komplexität unüberschaubar geworden ist. Zum anderen soll er bei seiner Lösungssuche aber auch die unternehmensspezifisch notwendige Komplexität berücksichtigen und durch seine mitunter komplexitätserhöhenden Maßnahmen organisationale Kompetenzen steigern. Kurzum, man sollte sich daran gewöhnen, den Begriff Komplexität möglichst frei von Vorurteilen zu sehen.

5.2 Berater als „große Vereinfacher"?

Große Vereinfachung bedeutet gleichzeitig eine weitgehende Reduktion der Komplexität. Die Beherrschung z. B. der Lean-Techniken, von Cost-Cutting-Maßnahmen sowie ein reichhaltiger Erfahrungshintergrund ermöglichen es Beratern, so scheint es auf den ersten Blick, auf einer Metaebene in den Betrieben als „große Vereinfacher" aufzutreten. Das ist vor allem deshalb möglich, weil der externe Berater, relativ frei von internen Querelen bzw. im Unternehmen bezogenen Positionen, Optimierungsvarianten oder Einsparungspotentiale orten und z. T. auch Gegenmaßnahmen implementieren kann. Durch die beraterische Fähigkeit, problem- und aufgabenbezogen auf eine Vielfalt von Lösungsvarianten zurückgreifen zu können, die natürlich auch im Hinblick auf die eigene Reputation beherrschbar im Klientensystem eingesetzt werden müssen, scheinen Berater wirklich die Problemlöser zu sein, als die sie sich so gerne hinstellen.

Auf einen zweiten Blick und in der Umsetzung vereinfachender Maßnahmen offenbart sich jedoch, dass der Teufel wie so oft im

Detail steckt und beraterische Interventionen nicht immer dazu angetan sind, auch tatsächlich vereinfachend zu wirken (s.u.). Darüber müssen sich auch die Berater klar werden, die sich gerne in der Rolle des Troubleshooters sehen und für jede Problemstellung mit einer diese beseitigenden Intervention aufwarten.

Der Ruf der Vereinfacher erhielten die Berater in den 60er und 70er Jahren, als sie z.B. mit neuen Formen in der Büroorganisation und der Fertigung vor allem die Kommunikationsdefizite in Hinblick auf neue Entwicklungen in den Betrieben wirkungsvoll beseitigten oder in der technischen Beratung neue Prozesse durch die Einführung neuer Gerätschaften und Maschinen in Gang setzten. Die Gründe dafür lagen in den neuen Kommunikationsmedien im weitesten Sinne, z.B. in der Einführung der EDV. Auf dem Papier wurden so Prozesse wesentlich vereinfacht, durch die die Ablauforientierung zudem durch neue Formen ihrer Beschreibung wesentlich erleichtert wurde. Durch diese Orientierung wurden Umwege im Betriebsablauf offensichtlich und die Berater konnten ihr Vereinfachungsinstrumentarium den Betrieben zur Verfügung stellen. Im Managementbereich orientierten sich die Betriebe beinahe ausschließlich an pyramidalen Führungssystemen und genauer Dokumentation aller Abläufe und Prozesse, d.h. sie folgten einer zentralistischen Organisationsstruktur mit ausgeprägt hierarchischem Denken. In dem Maße, wie Wirtschaften vernetzter wurde und sich die Einstellungen der Mitarbeiter zu ihren Aufgaben veränderten, konnten diese Systeme die Realität nicht mehr ausreichend abbilden. Der Steuerungs- und Kontrollaufwand zentralistischer Systeme wurde dermaßen groß, dass Wettbewerbsnachteile daraus entstanden. Sie mussten ersetzt werden durch Systeme, die dezentrale Steuerungsmöglichkeiten eröffneten. Damit schwang das Pendel wieder in die andere Richtung. In den Krisenzeiten der 90er Jahre oszillierten die Managementtrends und Theorien der Unternehmensführung zwischen den beiden Polen Zentralisierung und Dezentralisierung. Manche sehen in diesem Hin und Her die Chancen zum Reibach für die Berater (vgl. *Staute* 1996), andere die Notwendigkeit, dass sich Wirtschaftsdienstleister den Bedürfnissen und Kundenwünschen ihrer Klientel anpassen.

Unterschiedliche Schwerpunkte hinsichtlich der Beratungsziele machen unterschiedliche methodische Präferenzen notwendig. So werden Expertenberater ihre Einsatzmöglichkeiten vorwiegend in der Reduktion von Komplexität sehen, während Organisationsberater eher deren Steigerung forcieren.

5.3 Steigerung der Komplexität

Komplexitätszunahme in Unternehmen wird immer dann erreicht, wenn zusätzliche Informationen in der Bewertung einer Organisation berücksichtigt werden. Die Gefahr hoher Komplexität liegt in ihrem engen Zusammenhang mit der Steigerung der erforderlichen Reaktionszeit („Zeitschere"; vgl. *Bleicher* 1991). Umgekehrt müssen für die zunehmenden Änderungsgeschwindigkeiten entsprechende Ressourcen in den Betrieben geschaffen werden, damit sich das System Unternehmen entsprechend rasch anpassen kann. Die zentralen Fragen lauten: Kann der hohen Komplexität des Umfeldes mit einer reduktionistischen Sichtweise begegnet werden? Können hochkomplexe soziale Systeme, wie sie Organisationen sind, nicht besser mit einer eigenen hochkomplexen Struktur auf die Herausforderungen hochkomplexer Umwelten reagieren? In vielen Fällen wird die erste Frage nach der Komplexitätsreduktion mit Nein und die zweite Frage nach der Komplexitätssteigerung mit Ja beantwortet werden müssen, nämlich immer dann, wenn sich das Unternehmen in sehr rasch sich verändernden Märkten bewegt, was grundsätzlich heißt, dass sich der Berater jeweils vor allem mit der Dynamik und Komplexität des unternehmerischen Umfeldes auseinandersetzen muss.

Wie wichtig hohe Komplexität in den Umweltbeziehungen ist, zeigt die Abhängigkeit von Produktionsbetrieben von einigen wenigen Lieferanten: In der Automobilindustrie wurde z. B. Komplexität dadurch reduziert, „Lopez und seinen Kriegern" sei's gedankt, dass sogenannte Systemlieferanten ausgewählt und auf diese die Komplexität, aber auch die Kosten, überwälzt wurden. Kostenüberwälzung ist eine Sache, dass diese aber in Einstandspreisen wieder zurückkommt, möglicherweise auch überproportional hoch (Erhöhung der Gemeinkosten bei Lieferant und Empfänger aus aufwändigen Abläufen; Quasi-Monopolzentren stark gewordener Lieferanten), ist eine oft unterschätzte andere Sache. Mittlerweile hätten viele Autohersteller gerne wieder etwas mehr an „eigener Komplexität" in Hinblick auf ihre Zulieferer, weil sich die Systemlieferanten tatsächlich zu Monopolanbietern entwickelten und nunmehr das Komplexitätspendel wieder zurückschlägt. Ähnlich verhält es sich mit der komplexitätsreduzierenden Maßnahme Just-in-Time (JIT), bei der die Lagerhaltung auf die Straße bzw. zu den Lieferanten verlagert wurde: Bei Grenzblockaden und ähnlichen Szenerien müssen die Produktionsbänder stillgelegt werden, die betriebliche Komplexitätsreduktion wird mit verstopften Verkehrswegen und einer neuen, allerdings betriebsexternen Komplexitätssteigerung, erhöhten Betriebskosten und nicht geringen „social costs" erkämpft. Diese Effekte müssen von den Beratern bedacht werden, wenn sie in Klientensystemen komplexitätsreduzierende Maßnahmen setzen. Das gilt vor allem dann, wenn die Freiheitsgrade einer Organisation durch eine Beraterintervention wesentlich beschnitten werden. Das kann z.B. durch eine Optimierung des Personaleinsatzes erfolgen oder durch einen Abbau von Pufferzeiten in der Produktion. Die Einsparungen sind sicherlich beachtlich, die Zunahme des Risikos ebenso. Sind im Klientensystem keine Redundanzen mehr vorhanden, funktioniert die Organisation also digital, so sind bei Störungen im Leistungserbringungsprozess die Auswirkung auf das Funktionieren der gesamten Organisation katastrophal. Verantwortungsvolle Berater müssen also immer danach trachten, dass die Komplexität in Klientensystemen groß genug ist bzw. sogar erhöht wird, damit in Krisenfällen ausreichend Problemlösungskapazitäten vorhanden sind. Diese Empfehlung gilt vor allem für Berater, die ausschließlich an technischen Problemlösungen interessiert sind und die sozio-ökonomische Auswirkungen ihrer Handlungen beinahe generell unterbewerten („Schmetterlingseffekt").

5.4 Reduktion der Komplexität

Komplexitätsreduzierende Maßnahmen können sich längerfristig genau ins Gegenteil verkehren: Und zwar immer dann, wenn durch „Schnittstellen" und deren Manipulation Interaktionen induziert werden, die sich explosionsartig durch die ganze Organisation ausbreiten. So können z.B. Redundanzen so gründlich wegrationalisiert werden, dass im Störfall keinerlei Flexibilität mehr gegeben ist (z.B. Just-in-Time, Abbau aller Personalreserven, maximale Auslastungssteigerung), d.h. die Risiken erheblich steigen und über Improvisation und externen Leistungsbezug der Regelungs- und Steuerungsaufwand zunimmt. In der Luftfahrt käme niemand auf die Idee, die Redundanz von Sicherheitsvorschriften zu verringern, weil eine derartige Reduktion der Komplexität schlicht und einfach unverantwortlich und kriminell wäre; ganz im Gegenteil, Fluggesellschaften werben mit ihrer Sicherheit. Abstürze in der Wirtschaft scheinen demgegenüber lockerer bewertet zu werden und Argumente der Verlässlichkeit und Sicherheit für manche Unternehmen intern wie extern geringe Attraktivität und Werbewert zu haben.

Auch komplexitätsreduzierende Strategien, wie die Implementierung von standardisierter IT, führt meist unbeabsichtigt zu einer

Erhöhung der Komplexität; die Geschwindigkeitszunahme in der Informationsverarbeitung fördert die Planungstätigkeit und das Absicherungsdenken und damit auch Komplexität.

Wird umgekehrt die Komplexität beherrsch- und in Netzwerken kontrollierbar, können virtuelle Organisationen entstehen. So ist z. B. die Karstadt-Tochter Dual ein Verbund aus 25 Unternehmen in Asien, Europa und Nordamerika; die britische Virgin-Gruppe koordiniert 250 Unternehmen (vgl. *Linden* 1997).

6. Krisen- und Sanierungsberatung

Am deutlichsten sichtbar werden die Fähigkeiten eines Beraters in der Krisen- und Sanierungsberatung. Manche Berater schätzen diesen Bereich sehr, einmal wegen seiner vielfältigen und hochkarätigen Herausforderungen und zum Zweiten, weil in Zeiten einer unternehmerischen Zäsur sehr viele Dinge entwickelt und realisiert werden können, die während einer „normalen" Phase der Unternehmensführung nicht denkbar wären.

Krisen und in der Folge Sanierungsbemühungen werden zwar vielfach heutzutage als Normalität in den Betrieben bezeichnet, was damit gemeint ist, sind aber eher die täglichen Entscheidungen, die unter hoher Unsicherheit getroffen werden müssen und die den Keim zu Krisen in sich tragen können. Das sind aber nicht die Krisen, von denen hier die Rede sein soll.

Unternehmenskrisen sind für das Unternehmen mitunter tödliche Bedrohungen, denen oft eine relativ lange Latenzzeit vorausgeht. Frühindikatoren, schwache oder auch stärkere Signale sind meist durchaus wahrnehm- und spürbar, werden aber meist falsch oder gar nicht bewertet. Den Autoren sind solche Unternehmen vor allem im öffentlichen und halb-öffentlichen Bereich begegnet, wobei der Vogel sicher von einem kommunalen Verkehrsbetrieb abgeschossen wurde, bei dem eine Entgelterhöhung von 1% p. a. (die durchschnittliche Steigerung betrug in den letzten Jahren 4% p.a.!) eine Umsatzsteigerung im operativen Geschäft von ca. 10% notwendig gemacht hätte. Tatsächlich waren die Umsätze seit Jahren mit ca. 10% p. a. rückläufig. Solche Sanierungssituationen werden lange Zeit nicht erkannt oder einfach ignoriert und machen dann drastische Schnitte notwendig, die an die beteiligten Berater höchste Anforderungen stellen.

160 1. Teil: Grundlagen, Märkte und Schwerpunkte der Beratung

Neben der besonderen und oft schwer bewältigbaren Beherrschung der Komplexität eines Sanierungsfalles haben die Berater auch das Problem der Sicherung ihrer Honorare, nämlich wegen der Gefahr der Gläubigerbevorzugung und der möglichen Rückabwicklung im Insolvenzfalle, abgesehen von der Zahlungsunfähigkeit der betroffenen Unternehmen, was schon unzähligen Sanierungsberatern sehr viel (Lehr-)Geld gekostet hat. Den Autoren sind Berater bekannt, die bei Sanierungsmandaten täglich ihre Rechnung legen bzw. Konstellationen im Vertragsverhältnis anstreben, die dergestalt sind, dass z.B. Auftraggeber nicht das betroffene Unternehmen ist, sondern ein Gesellschafter, ein verbundenes Unternehmen bzw. Familienangehörige, die Hausbank etc. Dadurch können für den Berater die finanziellen Honorarrisiken der Krisen- und Sanierungsberatung teilweise ausgeschlossen werden.

6.1 Ursachen, Merkmale, Typologien

Die Ursachen von Krisen, die betriebsintern oder -extern zu finden sind, sind vielgestaltig, d.h. es gibt für Krisensituationen selten eine eineindeutige Zuordnung zu nur einer Ursache. Dessen ungeachtet können Unternehmenskrisen einmal ihre Ursache in einer konjunkturellen Rezession haben, die in aller Regel eine zeitlich begrenzte Unternehmensbedrohung darstellt, deren Tiefe und Dauer allerdings meist unbekannt ist. Davon zu unterscheiden sind zum zweiten Branchenkrisen, die in aller Regel zeitlich unbegrenzt wirksam sind und sehr unterschiedliche Gründe haben können. Eine konjunkturelle Rezession muss man quasi „durchstehen", eine Branchenkrise verlangt hingegen fast immer tiefgreifende betriebliche Anpassungsprozesse. Beiden Arten der Unternehmensbedrohung ist jedoch gemeinsam, dass es Betriebe gibt, die stärker oder schwächer als andere Betriebe bedroht sind, sich also anders entwickeln als die Gesamtwirtschaft oder der Branchendurchschnitt. Offenkundig sind für diese Unterschiede die individuellen Managementleistungen der Betriebe ganz wesentlich verantwortlich, ob also externe Bedrohungen stärker oder schwächer wirksam bzw. bewältigt werden.

Eine Unternehmenskrise ist dadurch gekennzeichnet, dass die bislang gepflogene Art der Unternehmensführung die nachhaltige Sicherung des Unternehmens nicht mehr gewährleistet. Statt konventionellen werden unkonventionelle Instrumente zur Erhaltung des Betriebes zwingend notwendig. Tiefgreifende Änderungen im Denken, Verhalten und Handeln der Betroffenen sind erforderlich. Dieser zwingende Anpassungsbedarf wird in der Praxis dennoch sehr

6. Krisen- und Sanierungsberatung 161

oft geradezu ignoriert und verdrängt. Offenbar fällt es äußerst schwer, sanierungsgerecht und damit unkonventionell zu agieren. Eine Erfolg versprechende Krisenbewältigung wird dadurch verschleppt und der optimale Interventionszeitpunkt versäumt. Nahezu bei allen fehlgeschlagenen Sanierungen liegt darin ein entscheidender Misserfolgsfaktor. Das selbstkritische und ehrliche Eingeständnis der betrieblich Verantwortlichen, ein Krisen- oder Sanierungsfall zu sein, sowie die Bereitschaft, energisch und rasch auch ungewöhnliche Maßnahmen zu setzen, sind die zwangsläufigen Voraussetzungen zur Bewältigung der gefährlichen Situation. Beschönigungen, Halbherzigkeiten und Zuwarten sind ebenso wie das entschuldigende Suchen nach externen Gründen der Krise genau das Gegenteil des dringend Notwendigen.

Das frühzeitige Erkennen der Bedrohung durch eine Krise ist die wichtigste Voraussetzung zu ihrer Bewältigung. Unternehmenskrisen beginnen zunächst langsam, um dann immer rascher und stärker zu werden. Die Entwicklung kann an verschiedenen allgemeinen und betriebsspezifischen Indikatoren erkannt, gemessen und verfolgt werden. Je deutlicher mit dem Fortschreiten der Krise die Warnsignale werden, umso schwieriger wird die Abwehr der Bedrohungen bzw. die Rückführung des Unternehmens in eine normale Lage. In der Frühphase einer Krise bestehen naturgemäß die vielfältigeren und wirksameren Möglichkeiten der Krisenbewältigung bzw. mit wachsendem Bedrohungsausmaß schränkt sich der für die Krisenbewältigung zur Verfügung stehende Handlungsspielraum zunehmend ein. Chancen von Vorwärtsstrategien sind dann kaum mehr nutzbar. Defensive Sanierungsstrategien werden zum Gebot der Stunde, um den Zusammenbruch des Unternehmens zu verhindern.

Mit herkömmlichen betrieblichen Analyseinstrumenten lassen sich die Auswirkungen einer Unternehmenskrise durchaus feststellen, beispielsweise an Umsatzrückgang, Marktanteilsverlusten, Ertragsschmälerungen, Liquiditätsproblemen usw. Damit ist aber oft noch wenig über die tatsächlichen Gründe einer Bedrohung gesagt, d. h. das betriebliche Berichtswesen stößt rasch an seine Grenzen. Daher bedarf es einer weitergehenden und differenzierten Ermittlung der Krisenursachen, um der Bedrohung in geeigneter Weise Herr zu werden. Bei der konjunkturellen Rezession und noch mehr bei der Branchenkrise gibt es eine Fülle von zu erkennenden Ursachen, die nach ihrer Bedeutung unbedingt zu gewichten sind, damit die Krisenbewältigung gezielt und effektiv erfolgen kann und somit eine Zersplitterung der meist bereits geschwächten Kräfte vermieden wird.

Die erfolgreiche Früherkennung und Abwehr von Bedrohungen bei Unternehmenskrisen bedeutet, dass man zeitgemäße Verfahren und Instrumente der Unternehmensführung einsetzt, allerdings unter sehr erschwerten betrieblichen Verhältnissen und Zeitdruck. Bei den meisten Unternehmenskrisen zeigt die praktische Erfahrung, dass sie vermeidbar gewesen wären, hätte man sich bereits früher um eine professionelle Unternehmensführung bemüht, wie sie im Krisenstadium zur Unternehmenssicherung unverzichtbar wird. Ähnlich den Verfahren der Strategischen Unternehmensführung ist ein **Krisen- und Sanierungskonzept** zu erstellen, allerdings unter Berücksichtigung einiger besonderer Faktoren, wie z. B.:

- Konzept über verschiedene Sofortmaßnahmen,
- Raschheit der Konzepterstellung,
- zeitlich und sachlich geordneter Maßnahmenkatalog mit entsprechenden Aufgabenverteilungen,
- Einrichtung eines Krisen- bzw. Sanierungsteams für Sofortinterventionen,
- Sicherung der nötigen Personalreserven,
- Sanierungscontrolling,
- Verhandlungen u. ä.

Gleichzeitig ist eine nachhaltige und ergebnisorientierte Planung (Zielsetzung, Budgetierung, laufende Soll-Ist-Vergleiche, Anpassungsverfahren) als kontinuierlicher Prozess zu installieren. Die Planung muss mit der Einführung eines die wichtigsten betrieblichen Funktionen umfassenden Informations- und Berichtssystems einhergehen. Letzterem sollte eine laufende externe Beobachtung der Markt- und Wettbewerbsbedingungen sowie der technischen Veränderungen integriert werden. Durch die vorgenannten Instrumente wird Klarheit und Überprüfbarkeit der Leistungsfähigkeit des Betriebes erreicht.

Ein zentraler Erfolgsfaktor beim Einsatz der Instrumente ist die Sicherung einer optimalen **Kommunikation** zwischen Unternehmensführung, Führungskräften und Mitarbeitern sowie die Pflege einer hervorragenden Personal- und Führungsarbeit. Die Bewältigung von Unternehmenskrisen kann nur gemeinsam mit den Mitarbeitern erfolgen. Einzelgängerische Kraftakte taugen ebenso wenig wie das Beharren auf einem stark autoritär gefärbten Führungsstil. Viele selbst ernannte Sanierer machen gerade hier die größten Fehler und haben damit viel zum oft zweifelhaften Ruf der Krisen- und Sanierungsberatung beigetragen. Gegen Mitarbeiter zu sanieren, ist sachlich regelmäßig falsch und verschüttet die wertvollsten Sanierungskräfte eines Betriebes, ganz zu schweigen von schwersten ethischen Bedenken.

Rüde Cost-Cutting-Methoden mögen vordergründig eine Kostenentlastung bewirken, nachhaltige Sanierungserfolge sind jedoch meist auf der Erlösseite des Betriebes zu suchen.

Mitarbeiterabbau ist ein eher naives Konzept, bildlich gesprochen schlägt man jene Hände ab, die man eigentlich zum Arbeiten bräuchte. Natürlich wird es häufig notwendig sein, unproduktiven Personaleinsatz zu korrigieren. Unternehmerische Lösungen werden in diesem Sinne eine Antwort auf die Frage suchen, wo zukünftige sinnvolle Einsatzmöglichkeiten bestehen. Ein solches Chancenmanagement verlangt selbstverständlich ein ganzheitliches Bewerten von Krisen- und Sanierungssituationen bzw. schließt verkürzte Bewertungen und Konzepte aus, ebenso wie sich die zu treffenden Maßnahmen durch Phantasie und Vielfalt auszeichnen sollten.

So wie Leistungsschwächen des Managements die Gefahr einschließen, dass externe betriebliche Bedrohungen zur Unternehmenskrise führen, so entscheidet letztlich die Qualität des Managements in weitem Maße darüber, wie in kritischen Unternehmensphasen Schwierigkeiten nachhaltig bewältigt werden. In diesem Zusammenhang liegt auch die Begründung, weshalb bei Unternehmenskrisen häufig ein Wechsel oder die Ergänzung des Managements notwendig sind, meist verbunden mit einer temporären externen Unterstützung durch Berater mit breit gelagerter Qualifikation und einschlägiger Erfahrung.

Durch eine **Umfeld-Analyse** sowie **Prognosen** sind Art und Ausmaß der aktuellen und wahrscheinlichen externen Bedrohungen zu ermitteln. Dem hat eine **Unternehmens-Analyse** zu folgen bzw. zu entsprechen, mit der die Abhängigkeit des Betriebes von externen Bedrohungen bestimmt sowie interne Schwächen erkannt werden. Daraus leitet sich das Konzept für die Krisenbewältigung ab. Der analytischen und strategischen Arbeit muss notwendigerweise die wesentlich aufwändigere und mühsamere Umsetzung festgelegter Maßnahmen folgen.

Wenn Krisenkonzepte scheitern, dann meist durch das Versagen des Managements, schrittweise und konsequent die als richtig und notwendig erkannten Maßnahmen zügig zu realisieren. Die Bewältigung von Krisensituationen erfordert von den Betroffenen ein überdurchschnittliches Maß an Einsatz und physischer sowie psychischer Belastbarkeit, und zwar gerade dann, wenn diese Kräfte erfahrungsgemäß bereits mehr oder minder ausgelaugt sind. Pessimistische, depressive und resignative Verhaltensweisen sind oft eher die Regel als die Ausnahme. Unsicherheit, Angst, Statusprobleme und die Furcht, das Gesicht zu verlieren, sind dabei typische Symptome. Hinzu kommt, dass gleichzeitig mit den Aktivitäten zur Krisenbewältigung natürlich auch das laufende Tagesgeschäft bestmöglich bewältigt werden muss. Kurzum – gerade dann, wenn die Bewältigung einer Krisensituation enorme Energie und auch unternehmerischen Optimismus verlangen, fehlen diese Voraussetzungen besonders häufig. Daher kommt der Sicherung eines wirksamen Krisenmanagements ganz besondere Bedeutung zu und erfordert eine breite Sammlung der betrieblichen Kräfte. Hat die Unternehmenskrise bereits die Frühphase verlassen, die Bedrohung einen sehr ernsten Umfang angenommen und ist die Zeit zur Bedrohungsabwehr knapp geworden, wird es fast immer notwendig sein, durch die Gewinnung externer Hilfe den drohenden betrieblichen Zusammenbruch abzuwehren und eine nachhaltige Sicherung der Unternehmung herbeizuführen.

Vielfältige Erfahrungen im Sanierungsmanagement haben gezeigt, dass professionelle Bemühungen der Krisenbewältigung von den Banken und Geschäftspartnern honoriert werden, nämlich dann, wenn sie sehen, dass man plausible und Erfolg versprechende konzeptionelle Lösungen gefunden hat, mit offenen Karten sich ernsthaft um ihr Vertrauen bemüht und die betrieblich Verantwortlichen ihre Kompetenz zur tatsächlichen Umsetzung notwendiger Maßnahmen in weitem Maße nachweisen können. Weder Banken noch Geschäftspartner erwarten Wunder, sondern wollen durch konkrete Fortschritte überzeugt werden. Gelingt das, hat man sie als entscheidende Partner gewonnen – und kann es auch schaffen.

Eine kurze **Krisentypologie** kann folgendermaßen aussehen:

- **Spontankrisen:** Sie entstehen durch plötzlich eintretende Ereignisse (z.B. Tod des Unternehmers, Unglücksfälle aller Art, Explosionen, Schadensfeuer, Flugzeugabstürze, Erdbeben, Vergiftungen durch Produkte).
- **Akzeptanz- oder Vertrauenskrisen** entwickeln sich, sobald die Akzeptanz in Produkte oder Produktgruppen, aber auch in die Erbringung guter und seriöser Dienstleistungen abnimmt (z.B. FCKW, DDT, Dünnsäureverklappung, Tiefflüge, Unpünktlichkeit, Unregelmäßigkeiten u.ä.).
- **Führungs- oder Konsenskrisen** entstehen aus dem Verlust von gemeinschaftlichen Zielen im Unternehmen, Motivations- und Einflussstränge wirken nicht mehr, die Geschäftsführung zerfällt in verschiedene Lager, der innere Zusammenhalt schwindet.

6. Krisen- und Sanierungsberatung

– **Existenzkrisen** können obigen Krisentypen folgen, allerdings nicht zwangsläufig; am Ende einer solchen Krise steht der Verkauf, Konkurs oder die Liquidation des Unternehmens.

Zahlreiche Krisen- und Sanierungsfälle werden einer breiteren Öffentlichkeit nicht bekannt, d.h. die vorhandenen Vorstellungen werden vornehmlich von jenen spektakulären Fällen geprägt, die mediales Interesse hervorrufen. Das sind vorzugsweise Sanierungsversuche von Großbetrieben, die mit Massenentlassungen gekoppelt sind. Bilder und aufrüttelnde Berichte von Demonstrationen u.ä. runden die mediale Präsenz ab. Diese Medienarbeit ist sicher positiv zu bewerten, da sie eine breite Öffentlichkeit sensibilisiert, eine notwendige Kontrollfunktion ausübt und fallweise die Basis für verbesserte Sanierungsoptionen erst ermöglicht. Ein repräsentatives Bild der äußerst vielfältigen Sanierungspraxis wird der Öffentlichkeit durch die Medien allerdings nicht vermittelt. So wird sicherlich verkannt, dass ein überwiegender Teil der Sanierungen nachhaltig gelöst wird, dass unterschiedlichste Stellen und Personenkreise mit Sanierungen befasst sind (Berater, Banken, Verbände, öffentliche Einrichtungen, Private), die Sanierungen nicht nur im allerletzten Moment eingeleitet werden, welche unterschiedlichen Maßnahmen und Lösungen zum Einsatz gelangen, was für strukturelle Branchen- und Betriebsgrößenunterschiede bestehen und vor allem, dass kein Sanierungsfall einem anderen gleicht.

Vor allem wird die Rolle öffentlicher Stellen als „Sanierungshelfer" weit überschätzt und deren meist sehr geringe Effektivität in der praktischen Sanierungsarbeit übersehen. Komplizierte und langwierige Abwicklungen, politische Interventionen, altkluge Ratschläge, sehr beschränkte oder fehlende finanzielle Hilfen u.ä. haben viele Sanierungen verschleppt, falsche Hoffnungen geweckt und insgesamt die Sanierung eher belastet als unterstützt. Staatliche Bürokratien taugen schon im allgemeinen Wirtschaftsleben aus vielen Gründen äußerst selten zum erfolgreichen Unternehmer, im „Sanierungsgeschäft" sind sie regelmäßig überfordert, ganz abgesehen von der ordnungs- und wettbewerbspolitischen Problematik solcher Aktivitäten.

6.2 Anpassung der Beratungsleistung an den Problemdruck im Klientensystem

Die gewählte Strategie in der Sanierungsberatung ist stark abhängig von der Ausgangslage im Unternehmen. Trifft man auf eine verengte Problemsicht aus der Innenperspektive des Unternehmens (Subjektivität), zementierte Strukturen, etablierte Denkmuster, Beharrungsvermögen und Trägheitsmomente, fehlende Nutzung der betriebsinternen Potenziale (fehlende interne Berater, keine Erfahrung im Umgang mit Krisensituationen und gravierende Kenntnisdefizite), ausgeprägte Liquiditätsengpässe (Geldmangel), Beziehungsstörungen zu relevanten Partnern (z. B. Kunden, Hausbank), Vertrauensverlust und soziale Altlasten, so muss sich die Beraterleistung durch

- Schnelligkeit,
- Zielorientierung,
- Strukturiertheit,
- Unterstützung beim Transfer und
- offene Information

auszeichnen.

Die Vorgehensweise bei der Beratung erfolgt einmal nach einem systematischen **Muster**, zum zweiten unter Einsatz unterschiedlichster fallspezifischer **Lösungsansätze und Maßnahmen**. Was die Beratungsleistung auszeichnen sollte, ist, wie schon erwähnt, vor allem ein wesentlicher Faktor: Geschwindigkeit bei einzelnen, möglicherweise lebensrettenden Maßnahmen. Bis eine Sanierung insgesamt und nachhaltig als gelungen bezeichnet werden kann, können allerdings auch Jahre vergehen. Folgende Schritte beschreiben z. B. *Faulhaber/Landwehr* (1996, S. 20) beim Turnaround-Management:

- **Vorphase**
  Erkennen der Krisensituation mit dem Erkennen von Krisensymptomen – Suche und Auswahl externer Berater – Beauftragung von Restrukturierungsspezialisten.

- **1: Crash-Phase**
  Einsetzen der Krisenmanager – Koordiation der Interessen und Aktivitäten aller Beteiligten – erste Analyse der Krisenfaktoren (Crash-Analyse) – Rekrutierung des Restrukturierungsteams, Dauer: 2–4 Wochen.

- **2: Restrukturierung beginnen**
  Restrukturierungsteam einsetzen – Unternehmens- und Marktanalyse (Strategie, Struktur, Ressourcen) – Restrukturierungskonzept erstellen und präsentieren, Dauer: 1–2 Monate.

- **3: Restrukturierung durchsetzen**
  Strukturveränderung einführen – Restrukturierungsmaßnahmen durchsetzen – Controlling der Maßnahmen und der Ergebnisverbesserung – langfristiges Unternehmenskonzept entwickeln, Dauer: 3–12 Monate.

6. *Krisen- und Sanierungsberatung* 167

- **4: Neuausrichtung sichern**
Stabilisierung der Strukturveränderung – Konzentration auf Kernkompetenzen – Mobilisierung zusätzlicher Erfolgspotentiale – Unternehmensprofitabilität erreichen und sichern, Dauer: 2–3 Jahre.

Während der Phasen 1 und 2 ist die Liquidität zu sichern, während der Phasen 2 und 3 der Turnaround herbeizuführen und während der Phasen 3 und 4 das neue Unternehmenskonzept zu realisieren.

Die vordringlichste Berateraufgabe ist zunächst die weitgehende Sicherung und Aufrechterhaltung der **Liquidität** des Unternehmens in einem sehr schwierigen Umfeld. Gleichzeitig sind Unternehmensstrategien, Planungen, mittel- und langfristige Umsetzungen u. ä. zu entwickeln und festzulegen, die Voraussetzung für eine nachhaltig erfolgreiche Bewältigung der Krisen- bzw. Sanierungssituation sind. Kurzfristig stellen sich regelmäßig folgende Aufgaben:

- Die Banken wollen in der Regel zusätzliche Sicherheiten, weil die Kreditlinien überschritten werden. Erschwerend kommt der Vertrauensverlust hinzu, der die Banker befällt. Meist sind bis zu diesem Zeitpunkt die Banken vom Unternehmen mit Falsch- und Fehlinformationen „bei der Stange" gehalten worden. Die vordringlichste Aufgabe des Beraters besteht in der Wiederherstellung einer Informations- und Kommunikationskultur zwischen Bank und Unternehmen sowie der Prüfung der Möglichkeiten von Drittfinanzierungen, der Aktivierung von Förder- und Überbrückungsmitteln und der Bildung von Bankenpools bzw. konsortialen Finanzierungslösungen.
- Ein großes Problem sind die Warenkreditversicherer der Lieferanten, die bei Bekanntwerden der Probleme des Unternehmens keine Gewährleistungen mehr übernehmen. Die Lieferanten drängen dann auf Barzahlung, was die ohnehin knappe Liquidität nochmals wesentlich verschlechtert. Zudem müssen alternative Bezugsquellen gefunden werden, was insgesamt auf die Leistungserstellung und die Lieferzeiten einen schlechten Einfluss hat. Hier muss der Berater ebenfalls Sparringpartner sowohl der Lieferanten als auch der Kreditversicherer sein.
- Durch den Zwang der Zuführung liquider Mittel wird sehr oft versucht im Verkauf mit niedrigeren Preisen und höheren Mengen relativ undifferenziert Geld in die Kasse zu spülen. Generell sind diese Strategien sehr gefährlich, weil sie das Preisniveau nachhaltig nach unten drücken. So haben z. B. einige österreichische Headhunter während ihrer eigenen Branchenkrise die Preise innerhalb kürzester Zeit halbiert, was neben einem ausgeprägten Erklärungsbedarf für die Kunden auf Jahre hinaus die Preisland-

schaft zerstört hat. Die Aufgaben des Beraters bestehen vor allem in einer sorgfältigen Überprüfung der Preisgestaltung und der Zahlungsbedingungen (Zahlungsziele, Boni, Skonti). Zusätzlich müssen Optionen eines veränderten Zahlungssystems (Scheck, Wechselfinanzierung) geprüft werden.
- Der nächste wichtige Bereich sind die öffentlich-rechtlichen Gläubiger wie Finanzamt oder Krankenkassen: Nichts ist teurer als ein Kredit vom Finanzamt. Bei hohen Steuerschulden muss der Berater über eine Umschichtung oder Stundung verhandeln, die für den Betrieb einigermaßen tragbar ist. Ähnliches gilt bei Rückständen bei den Kranken- und Pensionskassen. Im Allgemeinen besteht bei beiden Einrichtungen durchaus Entgegenkommen.

Zusätzlich zu den externen Beziehungsstörungen treten eine Menge **interne Probleme** auf:

- Mit den Betriebsräten müssen verschiedene personalpolitische Maßnahmen verhandelt werden, z. B. Verschiebung von Entgeltzahlungen, Stundungen für freiwillige und gesetzliche Sozialleistungen, Kurzarbeit, Entlassungen.
- Gute Mitarbeiter müssen durch Maßnahmen des Beraters dem Betrieb erhalten bleiben, denn diese können in der Regel, bedingt durch die hohe Attraktivität ihrer Qualifikation am Arbeitsmarkt, als erste das sinkende Schiff verlassen. Frustrationen und Demotivationen der Mitarbeiter verbunden mit allen negativen Konsequenzen, wie Bummelei, Fehlzeiten, fehlender Einsatz und Enthusiasmus, greifen häufig um sich und es ist Aufgabe des Beraters, das zu verhindern.
- Im finanzwirtschaftlichen Bereich sind ebenfalls mit hoher Wahrscheinlichkeit Neuerungen durch den Berater einzuführen, angefangen von Budgetierungssystemen, Finanz- und Liquiditätsplänen bis hin zu komplexen Controllinginstrumenten, Deckungsbeitragsrechnungen und Management-Informations-Systemen.
- Mit dem Steuerberater des Unternehmens muss eng kooperiert werden, vor allem wegen der steuerlichen Probleme, wie z. B. bei Aktivierung von stillen Reserven und damit verbundenen Buchgewinnen, Lagerbewertungen, Abschreibungen u. ä.
- Die juristische Seite der Sanierung ist ebenfalls zu kontrollieren im Hinblick auf gesellschaftsrechtliche Überlegungen, wie Aufspaltungen, Neugründungen, Ausscheiden/Hereinnehmen von Gesellschaftern, oder arbeits- und sozialrechtliche Auseinandersetzungen.
- In relativ vielen Fällen müssen zudem Eigentümer und Gesellschafter während der Restrukturierungen gecoacht bzw. psycho-

6. Krisen- und Sanierungsberatung

logisch begleitet und betreut werden, da die mentalen Belastungen vor, während und auch nach eingeleiteten Sanierungen sehr hoch sein können.
- Eine weitere Front ist die Beschaffung zusätzlicher Liquidität, die meist mit der Hereinnahme von neuen Gesellschaftern oder dem Verkauf von Betriebsteilen verbunden ist. Hier sind Berater ganz besonders gefordert, weil sie Feasibility- und Due dilingence-Studien anfertigen und mit dem gesamten Dienstleistungsumfeld des Unternehmens eng kooperieren müssen. Diese Funktion kommt oft einer Sisyphos-Arbeit gleich. Weiters sind sämtliche anderen Liquiditätsquellen anzuzapfen (Anlage- und Umlaufvermögen, Banken, Mitarbeiter, Lieferanten, Veräußerung von nicht betriebsnotwendigem Vermögen).
- Im Rahmen der Sanierungsbemühungen sind auch die Unternehmensleitbilder sowie die ungeschriebenen Regeln des Betriebes neu zu definieren bzw. die durch die radikalen Umstellungen entstandenen Problembereiche sorgfältig zu evaluieren und in entsprechenden Vorgaben und Maßnahmenpakten umzusetzen und festzuschreiben; kurz: Die notwendige neue Unternehmensstrategie und Unternehmenskultur muss mit Leben gefüllt werden.

Diese exemplarischen Aufzählungen von Interventionen machen deutlich, wie komplex die Anforderungen an Berater sein können, die sich mit Sanierungsberatung, auf neudeutsch: Restrukturierung, Reorganisation, beschäftigen.

Je nach Problemdruck, Branche, Art der Krise (Branchen- oder Konjunkturkrise) und Struktur des Unternehmens, Familienbetrieb oder Publikumsgesellschaft, sind in der Sanierungsberatung unterschiedliche Schwerpunkte zu setzen. Dass diese Anforderungen einen Einzelberater nicht nur intellektuell, sondern auch zeitlich sehr stark unter Druck setzen können, liegt auf der Hand und macht die Bildung von **Sanierungsteams** notwendig.

6.3 Bewertung der Ressourcen im Klientensystem

Die Vorgehensweise des Beraters richtet sich auch nach den infrastrukturellen und personellen Potenzialen des Klientensystems. Die infrastrukturellen Potenziale und deren Ergänzung können ein untergeordnetes Problem sein, da die meisten Leistungen am Markt zukaufbar sind. Problematischer wird die Sache bei den personellen Potenzialen und damit auch bei der Zusammensetzung des Sanierungsteams.

Das Sanierungsteam sollte sich zum Ersten natürlich aus Beratern und zum zweiten aus Mitarbeitern des Klientensystems zusammensetzen. Die Anforderungen an die „task force"-Einheit sind sehr hoch: Durch- und umsetzungsstark, initiativ, informations- und kommunikationsorientiert, sozial kompetent, fachlich hochqualifiziert. Natürlich kann nicht vorausgesetzt werden, dass im Klientensystem plötzlich Mitarbeiter auftauchen, die das Beraterteam „ideal" ergänzen. Trotzdem ist es sehr oft möglich, dass unter dem unmittelbaren Eindruck von Bedrohungen Potenziale bei Mitarbeitern freiwerden, die ursprünglich verschüttet waren. Es ist die Aufgabe eines verantwortungsvollen Beraters, diese Leute nach Beendigung des unmittelbaren „Feuerwehreinsatzes" nicht im Regen stehen zu lassen und deren Funktionen und Funktionserfüllungen besonders sensibel zu handhaben; herrscht doch im Zuge der Sanierungsbemühungen oft ein etwas rauerer Umgangston und die zu treffenden Entscheidungen werden nicht immer von allen Mitarbeitern oder Führungskräften mitgetragen.

Die Bewertung der Ressourcen muss auch eine gewisse Dynamik mit ins Kalkül ziehen, die der zeitliche Verlauf der Sanierungsbemühungen mit sich bringt. Mitarbeiter des Klientensystems entwickeln u. U. erst im Verlauf des Projektes Vertrauen in die Berater und deren Projektplanung und stehen eventuell erst zu einem späteren Zeitpunkt voll zur Verfügung. Es ist auf jeden Fall klug, aus der Sicht der Projektsteuerung, die Fluktuation im Sanierungsteam klein zu halten und dennoch zugänglich für Neuaufnahmen zu sein. Sonst entsteht die Gefahr, dass (a) nicht alle personellen Ressourcen und Potenziale des Klientensystems optimal genutzt werden und (b) die „verschworene Gemeinschaft" ein Käseglockendasein führt, weil keine befruchtenden Momente von außen in die Gruppe getragen werden.

Depressive Stimmungen, Mutlosigkeit, mangelndes Selbstbewusstsein und die Angst vor Gesichtsverlust sind sehr verbreitete und auch verständliche Haltungen der Betroffenen in betrieblichen Krisen- und Sanierungssituationen. Diese Haltungen erschweren jedoch ein Krisen- und Sanierungsmanagement und können es sogar gefährden. Der Berater muss dem unbedingt entgegenwirken, z. B. indem er an den Anfang des Sanierungsprojektes Aktionen setzt, die kleine und relativ leicht zu erringende Erfolge ermöglichen. Das stärkt das Selbstvertrauen des „task force"-Teams und macht eine Mitarbeit attraktiv. Außerdem wird sehr klar die Kompetenz, der Wille und die Möglichkeit zur Veränderung signalisiert.

6.4 Möglichkeiten des Krisenmanagements

Die Möglichkeiten von Beratern im Krisenmanagement sind relativ weit gesteckt: Sie reichen von der klassischen Expertenberatung bis zum Time- oder Risk-Management, bei dem der Berater z.B. aktiv Geschäftsführungsfunktionen übernimmt.

Beim Krisenmanagement können zwei grundsätzliche Spielarten unterschieden werden, zwischen denen eine Vielzahl von Varianten denkbar und in der Praxis auch tatsächlich anzutreffen sind: Die erste setzt auf die unbedingte Fortführung des Unternehmens d.h. es wird versucht, mit Hilfe des Beraters die Krise zu bewältigen und im Idealfall aus ihr gestärkt neu zu reüssieren. Im zweiten Fall tritt der Berater als Liquidator auf, der eine geordnete und die Unternehmensinteressen berücksichtigende Auflösungsstrategie anwendet. Beide Formen machen unterschiedliche Fähigkeiten und Fertigkeiten des Beraters notwendig, wobei aus unserer Sicht vorzugsweise jene Sanierungsstrategien zu verfolgen sind, die die Betriebsfortführung zum Ziel haben, d.h. sich letztlich durch einen konstruktiv-optimistischen Charakter auszeichnen.

Häufig wird in der Wirtschaft die Notwendigkeit der gesunden Auslese und Selbstreinigung das Wort geredet und vermeintlich „übertriebene" Sanierungsbemühungen eher kritisiert, natürlich von Personen ohne Sanierungsprobleme. Auch die Normen und die Handhabung des Insolvenzrechts tendieren eindeutig in diese Richtung, wie z.B. die Dominanz des Grundsatzes des Gläubigerschutzes zeigt. Novellen zum Insolvenzrecht lassen allerdings auch die Absicht des Gesetzgebers erkennen, die traditionellen insolvenzrechtlichen Regeln zugunsten der Erhaltung der Betriebe zu ergänzen. Insgesamt bedarf nach unserer Erfahrung dieser Problemkreis und seine Bewertung einer differenzierteren Betrachtung. Wenn beispielsweise unter Einsatz öffentlicher Mittel, mit politischem Druck und ohne Rücksicht auf die nachteiligen Folgen von Kapitalfehlleitungen sowie Wettbewerbsverzerrungen zu Lasten guter Betriebe versucht wird, marode Betriebe zu erhalten, was erfahrungsgemäß nachhaltig kaum gelingt und nur den Betriebszusammenbruch verschleppt, ist das sowohl einzel- wie gesamtwirtschaftlich sicher falsch. Auch ohne Fatalist zu sein, wird man zur Kenntnis nehmen müssen, dass insbesondere bei den Mittel- und Kleinbetrieben, eingeschränkt auch bei Großbetrieben, seit jeher Geburt und Sterben essenzielle Merkmale des Wirtschaftslebens sind, aus welchen Gründen im Einzelfall und mit welchen meist menschlich tragischen Folgen auch immer.

Andererseits zeigen die langjährigen Erfahrungen der Sanierungspraxis, dass entgegen den klischeehaften Vorstellungen zum Thema Unternehmenskrisen und -sanierungen die landläufigen, kurz erwähnten Verallgemeinerungen nicht der überaus facettenreichen Realität mit in vielen Einzelfällen oft erstaunlichen Chancen für nachhaltige Sanierungen gerecht werden. Politischer Einfluss und öffentliche Gelder sind in der Sanierungspraxis nicht die entscheidenden Faktoren, ganz im Gegenteil. Die Erfahrungen damit im Bereich der mittelständischen Wirtschaft sind tendenziell ausgesprochen schlecht bzw. Sanierungen auf „privatwirtschaftlicher" Basis sind wesentlich rascher und leichter zu bewerkstelligen sowie ordnungspolitisch weitgehend problemlos. Letzteres gilt für den Bereich der Großbetriebe und Konzerne nur sehr begrenzt, wie die mit Sanierungen verbundenen Massenentlassungen der 90er Jahre zeigten, denen die staatlichen Einrichtungen ebenso wie die Arbeitnehmer- und Arbeitgebervertretungen nahezu hilflos gegenüberstanden und die zu hoher Arbeitslosigkeit und der persönlichen Tragik von unzähligen Einzelschicksalen führte.

Das Nichterkennen von Sanierungschancen rührt häufig davon, dass gerade bei Beratern und Wirtschaftsfachleuten die Qualifikation für eine ganzheitliche Erfassung einer Krisen- und Sanierungssituation sowie der sich daraus ergebenden Möglichkeiten fehlt. Wird beispielsweise nur mit der Elle der Juristen, Finanzexperten, Bankfachleute und der Cost-Cutter gemessen, infolgedessen also Marketing- und Vertriebschancen, ungehobene Personalpotentiale oder neue Geschäftspartner übersehen, muss es nicht verwundern, dass ein verkürztes Bild der Sanierungsmöglichkeiten entsteht oder überhaupt keine Sanierungschance gesehen und das Unternehmen unnötigerweise zerschlagen wird.

Krisenmanagement ist in erster Linie eine Kommunikations- und Konfliktbewältigungsaufgabe, bei der einmal ein sehr breites fachliches Know-how der Berater und zum Zweiten deren psychologische und soziale Kompetenz stark im Vordergrund stehen und auch laufend gefordert werden. Der Themenkatalog reicht von Verhandlungen mit der Personalvertretung, Umschuldungen, Lieferantenkrediten, Neuorientierung der Marketing- und Vertriebsarbeit, Ein- und Ausbau von Controllinginstrumenten über Coaching- und Trainingsmaßnahmen für Unternehmer und Führungskräfte, dies alles möglichst gleichzeitig und dennoch aufeinander abgestimmt und strategiebezogen.

6.5 Überwindung von Missmanagement: Turnaround, Chancenmanagement

Mit dem ersten Silberstreifen am Horizont ist die Gefahr für Betrieb und Berater noch nicht gebannt. Nachdem durch Feuerwehraktionen die größten Brände eingedämmt und vielleicht über eine Bombenwurfstrategie im betroffenen Unternehmen massive Veränderungen durchgeführt wurden, sind nun die Sicherheitsbedürfnisse zu erfüllen; ähnliche Schwierigkeiten und Probleme, die zum Turnaround führten, sollen in Zukunft vermieden werden. Denn eine zweite Sanierungschance ist in den seltensten Fällen gegeben: Die Kosten sind gedrückt worden, die Kreditlinien ausgereizt, die stillen Reserven aktiviert, die Haftungen fixiert, Ratenzahlungen vereinbart, neue Produktions- oder Arbeitsverfahren installiert, der Markt aufbereitet, der Zielbildungs- und Planungsprozess abgeschlossen – nur wenig davon ist in einer Neuauflage denkbar.

Außerdem stehen den betroffenen Unternehmen nicht sämtliche Freiheitsgrade hinsichtlich der gewählten Sanierungsstrategie offen. Diese ist vielmehr abhängig von Bedrohungsausmaß und Handlungsspielraum (Abb. 23).

Wichtig in diesem Zusammenhang ist auch die Forcierung eines aktiven Chancenmanagements, bei dem sämtliche sich bietenden Möglichkeiten der Ertragsverbesserung genutzt werden sollten. Dafür ist beispielsweise die Beherrschung von Kreativitätstechniken durch den Berater eine Voraussetzung, deren Anwendung in Gruppen oft außerordentlich ergiebig sein kann.

6.6 Sanierungsberatung

Die Sanierungsberatung wird zu Recht als „Knochenjob" bezeichnet. Die Klienten erwarten vom Berater, dass er rund um die Uhr von ihnen angesprochen werden kann, Entscheidungen auch über Kleinigkeiten trifft und generell für alle Belange mit Rat und Tat dem betroffenen Unternehmen zur Seite steht. Nachdem tagsüber die hard facts bearbeitet werden, sind abends die privaten Sorgen und Schwierigkeiten der Unternehmer und Führungskräfte ein zentrales Thema. Dabei bestehen zwischen mittel- und großbetrieblichen Sanierungsfällen keine wesentlichen Unterschiede, wobei bei klein- und mittelständischen Unternehmen vom Berater eher generalistische Fähigkeiten und Kenntnisse eingefordert werden.

1. Teil: Grundlagen, Märkte und Schwerpunkte der Beratung

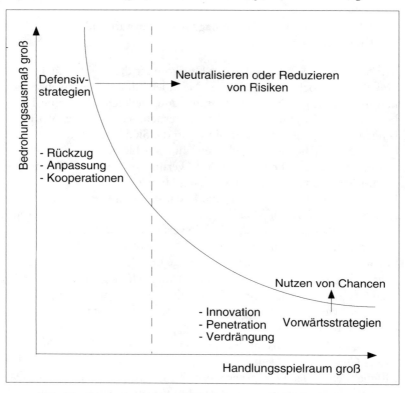

Abb. 23: Strategiewahl in Abhängigkeit von Bedrohungsausmaß und Handlungsspielraum

Für den Sanierungserfolg maßgeblich ist die Vornahme einer sehr sorgfältigen **Sanierungsprüfung**, die folgende Schwerpunkte zum Inhalt haben sollte:

– Allgemeine Angaben zum Sanierungsobjekt (Mitarbeiterzahl, Rechtsform, Branche etc.),
– Liquiditätslage des Unternehmens,
– Vermögens-, Finanz- und Ertragslage,
– Kostensituation,
– Qualität der Unternehmensführung und des Managements,
– Marktsituation,
– Wirtschaftsdaten der Branche/des Segments,
– Besicherungsmöglichkeiten.

Nach Abwägung und Bewertung dieser Schwerpunkte muss der Berater offen die Erfolgswahrscheinlichkeiten für eine Sanierung abwägen. Ist das nicht der Fall und wird hemdsärmelig mit einer Sanierung

6. Krisen- und Sanierungsberatung 175

begonnen, ist das Scheitern vorprogrammiert. Für die betroffenen Unternehmen ist es oft sehr schwer, sogenannte „Leichenfledderer" von guten Beratern zu unterscheiden.

Neben den oben kurz angesprochenen Tätigkeitsfeldern in der Sanierungsberatung spielen die Koordinierungsaufgaben des Beraters eine gewichtige Rolle im gesamten Prozess: Erstellen und führen der to-do-Listen, Informationsbeschaffung und -aufbereitung, Sitzungsmanagement, Aufgabenerledigungen sichern, Unterlagen und Hilfsmittel für die entsprechenden Sitzungen beschaffen etc. *Faulhaber/ Landwehr* (1996, S. 134) zeigen deutlich, wie dicht gedrängt das **Programm einer Sanierung** ist:

– Vorbereitung der Projektarbeit:
Aufgaben definieren – Ziele setzen – Team bilden – Ablauf planen;
– Analyse (Informationsbeschaffung):
Schwachstellen ermitteln – Funktions-Struktur klären – Marktdaten vergleichen – Kosten ermitteln – Kosten der Funktion zuordnen;
– Strategie (Soll-Größen festlegen):
Informationen auswerten – Soll-Funktionen festlegen (Portfolio) – Soll-Kosten festlegen – Aufgabenstellung prüfen;
– Kreativität (Ideen entwickeln):
Vielfalt erzeugen – Analogien bilden – Kreativitätstechnik wählen – Kreativitätsregeln beachten;
– Entscheidung (Lösung erarbeiten):
Ideen bewerten – Lösungen ermitteln – Lösungskonzept festlegen – Lösung präsentieren – Entscheidung herbeiführen;
– Realisierung (Lösung verwirklichen):
Details planen – Ablauf steuern – Ergebnis sicherstellen – Projekt abschließen.

Was sich hier so plausibel darstellen lässt, ist in der beratenden Praxis sehr schwierig zu erreichen und mit viel Einsatz und Engagement verbunden. Auch Tiefschläge bleiben nicht aus, weil insgesamt die Rahmenbedingungen für organisationales Lernen zwar günstig sind (Problem-, Geld- und Termindruck), eingeschliffene Verhaltensweisen aber beim ersten Anzeichen einer Besserung wieder in den Vordergrund rücken. Erfolgreiche Sanierer ziehen sich auch nicht nach den ersten Löschversuchen aus dem Unternehmen zurück, sondern arbeiten oftmals auch unter Widerständen des Klientensystems solange weiter, bis die Gefahr einer Insolvenz nachhaltig gebannt ist.

2. Teil: Beratungsverhalten

7. Berater-Klienten-Beziehungen

Die Berater-Klienten-Beziehungen sind dermaßen facettenreich, dass eine umfassende Darstellung beinahe unmöglich erscheint. Die gewaltige Komplexität entsteht dadurch, dass Beratungsauftrag, Klient und Berater sowie unterschiedlichste Sichtweisen des Beratungsgegenstandes selbst über die Zeit sowohl intra- als auch interindividuell auf verschiedenen Ebenen oszillieren; dabei kann kaum vorhergesagt werden, in welchem Tempo und mit welcher Stärke die einzelnen Faktoren variieren.

Im Prinzip ist der Beratungsprozess ein offenes System. Jede Information, jede Unterhaltung, Dinge, die verschwiegen werden, alles, was außerhalb und innerhalb der eigentlichen Beratungsbeziehung in irgendeiner Form geschieht, hat mittelbare und unmittelbare Auswirkungen auf die Berater-Klienten-Beziehung. So reicht z.B. in der Akquisitionsphase ein Biertischgespräch des Klienten mit Bekannten aus, dass er den Beratereinsatz und die Beziehung zum Berater grundlegend ändern kann. Das kann genauso ein Hinweis vom Steuerberater, dem Hausanwalt, der Schwiegermutter oder von sonst jemand sein, der in irgendeiner Form das Beratungsverhältnis beurteilt. Nicht zuletzt deswegen ist eine grundlegende Basis im Beratervertrag zu schaffen, die diese potenziellen Instabilitäten wenigstens teilweise verhindern kann.

Bei allen Überlegungen zu den Berater-Klienten-Beziehungen sollte der Anlass für die Kontaktaufnahme zwischen Klient und Berater nicht aus den Augen verloren werden: Der Klient hat ein Problem – und der Berater sollte es lösen können. Die Problemdefinition prägt in weitem Maße die Beziehung zwischen Berater und Klient. So wird die Beziehung z.B. in einem privatwirtschaftlichen Sanierungsfall eine grundlegend andere sein als in einem Beratungseinsatz, indem ein kommunales Management durch diesen nach außen Modernität und Veränderungsbereitschaft signalisieren möchte. Auch die Berater selbst werden sich im Zuge ihrer eigenen Entwicklung bei verschiedensten Auftragsinhalten und in den verschiedenen Phasen des Beratungsmandates anders verhalten. So sind die Verhaltensmuster des Beraters während der Akquisitionsphase sicherlich verschieden von jenen in der Analysephase und nochmals verschieden von jenen in der Umsetzungsphase, wobei sich die Muster

– in einem zirkulären Beratungsprozess gedacht – beim Akquirieren eines möglichen Folgeauftrages wieder jenem der ursprünglichen Akquisitionsphase annähern dürften.

Der kleinste gemeinsame Nenner in der Berater-Klienten-Beziehung ist für den Berater die Unterscheidung und Bewusstmachung zweier grundlegender Positionen: Auftraggeber und Klientensystem (vgl. *Titscher* 1997, S. 62 f.). Zu beiden muss im Laufe der Beratung eine qualitativ andere Beziehung aufgebaut und gepflegt werden. Der Empfänger der Leistung, in der Regel der Klient, muss ja mit dem Auftraggeber, z. B. Konzernmutter, Gesellschafterversammlung, Firmeninhaber, nicht identisch sein. Was für den einen gut ist, muss nicht notwendigerweise auch im Interesse des anderen liegen und umgekehrt. Ein Beispiel dafür sind die Vorgehensweisen im Rahmen eines Cost-Cutting-Mandats mit der notwendigen Unterscheidung zwischen Minimierung und Optimierung: Eine Geschäftsführung nach amerikanischem Muster hat in der Regel ein starkes Interesse an der Minimierung der Kosten. Aber: Ist das Kostenminimum auch das Kostenoptimum? Bedeutet Minimierung nicht sehr oft auch gleichzeitig den Verlust an Handlungsspielraum und Innovationsstärke? Besteht nicht die Gefahr der Betriebsverwaltung, da an Investitionen zugunsten kurzfristiger Gewinne und entsprechender Erfolgsbeteiligungen für das Management gespart wird? Betroffene Konzerntöchter reagieren in diesem Bereich besonders sensibel. In solchen Situationen muss der Berater auf einem schmalen Grat wandern, wo er für einen Ausgleich der unterschiedlichen Interessenlagen Sorge tragen muss.

Ein weiterer wesentlicher Punkt für die Berater-Klienten-Beziehung liegt in der Definition der Zusammenarbeit: Ein vom Klientensystem nachgefragter Fach- bzw. Expertenberater hat natürlich eine andere Beziehungsqualität als ein Managementberater bzw. Organisationsentwickler; eine nochmals andere Qualität entsteht z. B. in Coaching-Beziehungen.

Aufgrund der hohen Komplexität der Berater-Klienten-Beziehung können Versuche, diese zu charakterisieren und zu beschreiben, eben nur solche sein.

7.1 Funktion, Dynamik und Finalität der Beratung

Definitionsgemäß ist die Beziehung zwischen Berater und Klient freiwillig und zeitlich befristet. Der Berater versucht dabei als Außenstehender, dem Klienten bei der Lösung laufender und potenzieller Probleme zu helfen (vgl. S. 8 ff.). Dabei erfüllt die Beratung an erster Stelle eine Funktion: Sie ermöglicht es in der Regel dem Klientensystem, aktuelle und künftige Problemfälle und Herausforderungen besser zu bewältigen, wenn man von den Alibi-Beratungen absieht, bei denen der Auftraggeber quasi bei der Auftragserteilung schon das voraussichtliche Ergebnis mitbestellt.

Diese Beziehung hat ihre eigene Dynamik, die sich stark am Beratungsinhalt und -ablauf orientiert. Sie wird in der Anfangsphase des Mandates von Vorsicht und gegenseitiger Wertschätzung getragen sein und kann sich in Belastungssituationen durchaus in Aggression, gegenseitiger Ablehnung und Verachtung äußern. Manche Berater-Klienten-Beziehungen sind durchaus belastbar, andere enden schon bei den kleinsten Dissonanzen.

Von Finalität in der Beratung ist dann die Rede, wenn über den Zweck und das Ziel des Beraterengagements gesprochen wird, d. h. damit auch über die Beendigung der Beratertätigkeit. Je nach Aufgabendefinition, nach Beratertypus, der wirtschaftlichen Situation von Klient und Berater, nach der Art der Berater-Klienten-Beziehung wird das Ende des Beratungsmandats verschieden deutlich und scharf erkennbar sein. So wird beispielsweise die Implementierung und beraterische Unterstützung eines neuen EDV-Systems vergleichsweise klar abgrenzbar sein. Problematischer wird die Definition der Zielerreichung bei Engagements im Zusammenhang mit Organisations- und Personalentwicklungen, oder bei Coaching-Mandaten. Selbst bei so vermeintlich einfachen Dingen wie z. B. der Personalbeschaffung ist das Ende der Vertragsbeziehung nicht so leicht eruierbar.

Ist also das Erreichen des vertraglichen Zielzustandes das Ende der Beratungstätigkeit oder wird es erst erreicht, wenn beide Vertragspartner, Klient und Berater, den Vertrag als erfüllt betrachten? Welche Interessen werden von wem maßgeblicher und hartnäckiger verfolgt werden können? Die des Klienten mit der Forderung nach Minimierung der Aufwendungen, auch im Hinblick auf notwendige Veränderungen, oder die des Beraters nach „runden" und abgeschlossenen Projekten bzw. sein wirtschaftlicher Erfolg oder sein Wunsch nach zeitlicher Begrenzung von Risiken durch Haftungsfragen? Die Antworten auf diese Fragen können nicht leicht gegeben werden. Zum einen wegen der ausgeprägten Unterschiede in den Inhalten der Beratungsmandate selbst, zum anderen wegen der unterschiedlichen Qualitäten der Berater-Klienten-Beziehungen und auch der unterschiedlichen Unternehmensumwelten, die ihrerseits Komponenten wie Dynamik und Finalität aufweisen.

Finalität in der Beratung sollte dadurch gekennzeichnet sein, dass sich der Klient quasi emanzipatorisch in seinem durch die Beratung für ihn optimierten Umfeld bewegen kann. Die Fähigkeiten dafür soll der Berater vermitteln. Ist die Bewegungsfähigkeit wieder erreicht und kann sich der Klient autonom und aktiv mit seiner Umwelt auseinandersetzen, ist der Berater verpflichtet, das Engagement zu beenden. Beratungen über diesen Punkt hinaus, in welchem Fachbereich auch immer, führen in den seltensten Fällen zum Erfolg. Das vor allem deswegen, weil Berater und Klienten keine Liaison eingehen sollen und dürfen, da dadurch der Objektivitätsanspruch und das Objektivitätsgebot des Beraters sehr wahrscheinlich verloren gehen.

Am ehesten entspricht das Berater-Klienten-Verhältnis in diesem Zusammenhang jenem zwischen Schüler und Lehrer unmittelbar vor dem Abitur: Der Berater in der Rolle des Lehrers erfüllt seinen bildungspolitischen Auftrag. Mit dem Bestehen des Abiturs kann sich der Schüler frei bewegen, er kann weiterlernen – mit neuen Beratern, um beim Bild zu bleiben – oder er kann berufstätig werden und dort weiterlernen. In diesem Stadium würde eine weitere Wissensvermittlung durch den ursprünglichen Lehrer, z.B. in Darstellender Geometrie, nicht auf sehr fruchtbaren Boden fallen. Bemüht sich der Lehrer nach dem Abitur fachlich weiterhin um den Schüler, wird dieser mit Sicherheit ungehalten werden. In diesem Beispiel ist der Moment des Loslassens ziemlich klar definiert, in Beratungsfällen ist der Zeitpunkt oft schwieriger zu bestimmen. Ein eindeutiges Ende findet die Beratung dann, auch die Akquisitionsphase, wenn das Klientensystem zu verstehen gibt: „Don't call us, we call you."

7.2 Situation der Klienten: Erwartungshaltungen, Aufgaben- bzw. Problemstellungen

Die Situation der Klienten kann ebenfalls sehr facettenreich sein. Sehr oft knüpfen sich taktische Überlegungen an den Beratereinsatz, die dann meist sehr technokratisch geprägt sind. Die Anforderungen an den Berater sind bei solchen Erwartungshaltungen meist „maschineller" oder „technokratischer" Art, wobei die Klienten eine reine Expertenberatung vor Augen haben. Solche Klienten sind meist sehr überrascht, wenn die Beratung eine Eigendynamik entwickelt und von ihnen Inputs und Arbeitsleistung fordert bzw. das scheinbar so bequeme Delegieren, das in diesen Fällen immer funktioniert(!), vom Berater zurückgewiesen wird.

7. Berater-Klienten-Beziehungen

Die **Erwartungshaltungen von Klienten** an die Person des Beraters sind – ähnlich wie in der Personalbeschaffung – meist nicht sonderlich differenziert. So soll der Berater verfügen über

- eine entsprechende Qualifikation,
- Methoden und Fachkompetenz,
- Branchen- und Problemerfahrungen,
- Einfühlungsvermögen,
- Solidarität mit dem Klienten,
- eine transparente und möglichst günstige Honorarstruktur,
- eine stattliche Anzahl von Referenzen,
- einen konkreten Handlungs- und Zeitplan,
- Erfolgskriterien,
- definierte und kontrollierbare Schnittstellen zwischen Berater- und Klientensystem u. ä.

Die Beratung selbst soll sehr individuell, großzügig, sachlich, wertschätzend, von Selbstbestimmung des Klienten getragen und diskret sein.

Da die Erwartungshaltungen des Klienten dessen Wahrnehmungen nachhaltig beeinflussen, muss sich jeder Berater die Frage stellen, ob er diesen Erwartungen entsprechen oder ob er sich, von einem quasi standespolitischen Auftrag durchdrungen, nicht diametral entgegengesetzt verhalten soll. Diese Überlegung wird vor allem dann sehr wichtig sein, wenn im Klientensystem Vorurteile, Stereotypien und Aversionen gegen den Beratereinsatz vorhanden sind.

Entscheidend dafür ist die Klärung der Frage, ob die Problemlösung im Klientensystem durch dessen totale Partizipation oder eine weitgehend autoritäre Implementierung des Managements oder der Geschäftsführung erfolgt; diese Eckpfeiler sind auf jeden Fall in der Auftragsdefinitionsphase zu klären.

Die Aufgaben- bzw. Problemstellung ist aus der Sicht des Klienten – vordergründig – meist recht klar: Es gibt ein konkretes Problem oder Symptom, das durch einen Beratereinsatz beseitigt werden soll. Aus der Problemstellung beim Klienten leitet sich in der Regel die Aufgabenstellung für den Beratereinsatz her. So weit, so gut. Diese klassische und sehr technische Vorgehensweise mag in einigen Fällen durchaus zurecht so funktionieren, bringt den Berater in die Rolle eines Lieferanten und hat in der Unternehmensberatung schon eine lange Geschichte. Tatsächlich waren die frühen Unternehmensberater sehr technisch orientiert und boten sich als reine Problemlöser an.

In den modernen, sehr komplexen Unternehmen und ihren Umwelten funktionieren allerdings sehr oft diese mechanistischen Vorstellungen nicht mehr ausreichend und gerade in der Managementberatung liegen die Dinge nicht so klar auf dem Tisch. Außerdem haben viele Klienten noch immer keine ausreichenden Vorstellungen darüber, wofür ein Berater eingesetzt werden kann bzw. wie facettenreich das Angebot an unterschiedlichen Beratungszugängen eigentlich ist.

Die Dynamik in der Beratung erfährt aus der Sicht des Beraters ihre erste Herausforderung durch die Art und Weise, wie er beim Klienten aufgenommen wird. „Wir sind gegen Berater!", „In Relation zum Ergebnis sind die Kosten zu hoch!" und „Wir haben bislang schlechte Erfahrungen mit Beratern gemacht!" sind sehr oft die Eröffnungssätze, die ein Berater bei seinem Engagement in Klientenunternehmen erhält. Mit diesen Erwartungshaltungen umzugehen und daraus trotzdem authentische und tragfähige Beziehungen zu entwickeln, ist eine große Herausforderung für jeden Berater. Auch sollte man manchen Klienten ins Stammbuch schreiben: Berater sind demotivierbar und der Umgang mit individualistisch geprägten Freiberuflern verlangt in einer Leistungspartnerschaft auch vom Klienten Führungsqualitäten. Sehr gute Berater sind sensibel, gleichzeitig selbstbewusst und schätzen es nicht, wenn sie frech, ungerecht und wie Unterstellte behandelt werden. Beraterische Spitzenleistungen und volles Engagement zu erwarten verträgt sich kaum mit krämerhaften Klientenhaltungen. In dem Maße, wie es beiden für den Beratungserfolg maßgeblichen Teilen gelingt, in einen konstruktiven und von gegenseitiger Wertschätzung getragenen Dialog zu treten und so eine zufrieden stellende Kooperation möglich wird, gewinnt auch zwangsläufig die Beratungsarbeit an Qualität.

7.3 Situation der Berater: Unsicherheiten und Legitimationsprobleme, implizite Persönlichkeits- und Verhaltensvorstellungen über Klienten

Nicht immer sind Beratungsprojekte dermaßen gestaltbar, dass sie wie im Idealfalle ablaufen. Vielmehr trifft der Berater meist auf mehrdeutige Situationen, in denen er sich orientieren muss, um seine Handlungspläne nicht zu verlieren.

Der Berater muss sich zuallererst damit abfinden, dass die Zweckrationalität seines Beratungseinsatzes zwar ein wünschenswerter Idealzustand wäre, diese jedoch in der Praxis durch vielerlei Unstimmigkeiten bedingt nicht gegeben ist. Viel zu oft sind die auseinanderstrebenden Kräfte, die nur nach außen hin an einem Strang ziehen, weder zu identifizieren, noch zu quantifizieren. Das schafft für den Berater ein hohes Maß an Unsicherheit, dem manche durch ein ausgeklügeltes Checklisten-Verfahren zu begegnen versuchen, andere mit einem Beratungsprodukt, das auf individuelle Unwägbarkeiten des Klientensystems keine Rücksicht nimmt. Beide Varianten sind suboptimal.

Mehrdeutige Situationen (vgl. *Neuberger* 1995, S. 89 ff.) in Klientensystemen sind dadurch charakterisiert, dass

- die Art des Problems an sich fraglich ist, weil im Klientensystem unterschiedlichste Sichtweisen über die Problemstellung vorhanden sind. Die Mitarbeiter haben oft nur ungenaue und miteinander konkurrierende Problembeschreibungen, die ihrerseits wieder miteinander verflochten sein können;
- die Problemstellung zweifelhaft ist, was das Sammeln und Bewerten von Informationen erschwert. Der Informationsfluss wird auf Grund zu allgemeiner Beschreibungen zu mächtig oder er wird auf Grund eines zu hohen Detaillierungsgrades zum Rinnsal. Weil die Datensammler nicht genau wissen, worauf es bei der Datenbeschaffung ankommt, werden zudem die Informationen entweder nur fragmentarisch oder falsch bewertet zusammengetragen;
- die Interpretationen von Situationen individuell verschieden ist. Je nach Kontaktperson wird sie mit verschiedenen Schwerpunkten versehen und aus anderen Perspektiven auf Grund der unterschiedlichen Informationsherkunft und -entstehung beleuchtet und dargestellt;
- sie unterschiedlichen Wertorientierungen und emotionalen Diskrepanzen folgen. Dabei verlassen sich die Beteiligten eher auf persönliche und/oder fachliche Werte, um in der mehrdeutigen Situation einen Sinn zu sehen. Die unterschiedlichen Sinngebungen führen in der Regel zu einer Emotionalisierung der Situation und damit zu einer Verschärfung dessen, was dem Berater vom Klientensystem an Problemidentifikationen und -lösungen angeboten wird;
- die Ziele der Subsysteme des Klientensystems unklar, vielfältig und zum Teil widersprüchlich sind. Die Interessenlagen und Ziele z. B. der Einkaufsabteilung sind in der Regel andere als jene der Produktion;
- Zeit, Geld und Beachtung fehlen. Beim Eintreten eines dieser drei Faktoren geraten Situationen außer Kontrolle;
- sich Widersprüche und Paradoxien zeigen. In dieser Phase scheitern Beratereinsätze oft, weil im System Unvereinbarkeiten, Beziehungsstörungen und unterschiedlichste Anforderungen und Wün-

sche an den Beratungseinsatz und dessen Ziele auftauchen. Im Klientensystem heißt es dann oft, dass noch „gewisse Hausaufgaben" zu machen sind und die Berater zu einem späteren Zeitpunkt engagiert werden;
- die Rollenverteilung und die Verantwortlichkeiten nicht klar geregelt sind. Im Klientensystem, vor allem wenn die Ansprechpartner dem mittleren Management angehören, können leicht Kompetenzgrenzen überschritten werden. Wird das nicht transparent gemacht, sind Fehleinschätzungen und Fehlleistungen Tür und Tor geöffnet und das Beratungsprojekt beginnt, sich zu verlaufen;
- Erfolgsmaße fehlen und dadurch eine Evaluierung in Hinblick auf die Zielerreichung unmöglich gemacht wird;
- Ursache-Wirkungs-Zusammenhänge nicht von allen Beteiligten verstanden werden und darüber sowie über die Auswirkungen des unsystematischen Vorgehens Konfusion entsteht;
- in Beispielen und Bildern argumentiert wird, was oft eher zur Verwässerung als zur Klärung der Situation führt. Berater sind sehr anfällig für Metaphern, weil sie selbst gerne welche in den Mund nehmen mit dem Ziel, eine für sie und ihre Absichten nützliche Eigenlogik zu transportieren;
- die personelle Zusammensetzung variiert und die Entscheidungskompetenzen in dem Tempo wechseln wie die Zugehörigkeit der Führungskräfte zum Beratungsteam.

In diesen mehrdeutigen Situationen kann sich der Berater, je nach Professionalität und Erfahrung, unterschiedlich positionieren und seine Legitimation dadurch erreichen, dass er die unterschiedlichen Unschärfen im Klientensystem reduzieren hilft und somit auch zu einem klaren Beratungsmandat mit realistischen Ergebnissen kommt.

Auch muss jeder Berater sich darüber im klaren sein, dass von manchen Klientensystemen bewusst versucht wird, mehrdeutige Situationen herzustellen. Dieser „Vernebelungstaktik" kann und soll sich der Berater nicht entziehen, weil sie mit zum Symptomkomplex Klientensystem gehört und für ihn die Gründe wichtig sein müssen, die das Klientensystem oder Teile davon dazu veranlassen, diesen Aufwand zu betreiben.

Die impliziten Persönlichkeits- und Verhaltensvorstellungen über Klienten durch Berater prägen weitgehend das konkrete Beratungsverhalten. Weit verbreitet ist die durch manche Berater sorgfältig gehegte und gepflegte Vorstellung der Arzt-Patienten-Beziehung, in der ihnen die Rolle des Psychotherapeuten zukommt.

Therapie (z. B. von Einzelpersonen)	Beratung (z. B. von Organisationen)
Setting	
in der Regel personenorientiert, 2-Personengespräch	meist komplexe soziale Systeme; vor Ort, im Unternehmen und mit mehreren Beteiligten
Vertrag	
recht klare Zielvereinbarung, Verträge zur Lösung eines „vordergründigen" Problems (Anlassfall)	Ziele können klar oder diffus vereinbart werden; ähnlich die Instrumente zur Erreichung von Zielen und deren Evaluierung
Anbahnung	
durch den Klienten, manchmal durch den behandelnden Arzt	durch einen Vertreter der Organisation (Unternehmer, Führungskraft) oder durch den Berater
Ort	
in den Räumlichkeiten des Therapeuten, zu seinen Bedingungen	in der Organisation, „vor Ort"
Anfangsbedingungen	
Suche des Klienten nach einem vertrauenswürdigen Therapeuten; Therapeut bestimmt die Nachfrage	Selbstdarstellung des Beraters bzw. die Durchführung der Akquisition; Klient bestimmt die Nachfrage
Finanzierung	
fast ausschließlich durch den Klienten	von der Organisation
Schwerpunkte	
Neben den aktuellen Symptomen steht auch die Beziehung Klient-Therapeut im Mittelpunkt der Intervention	Interaktionen zwischen den Mitgliedern des Klientensystems; in modernen Beratungsverfahren auch die Beziehung Berater-Klient

Abb. 22: Unterschiede zwischen Psychotherapie und Unternehmensberatung

Manche Berater liebäugeln mit dem Therapeuten-Modell vor allem deswegen, weil die Rollen in diesem Setting definiert sind und weil der Prestigegewinn der Arztrolle, noch immer, vermeintlich die Tätigkeit erleichtert. Allerdings gibt es dabei nur eine sehr oberflächliche Übereinstimmung der beiden Beziehungsvarianten und bei genauerer Betrachtungsweise sind die Unterschiede signifikant (vgl. z. B. *Titscher* 1991, 1997, *Kubr* 1998, *Westmann* 2000).

Unsicherheiten der Berater äußern sich oft in Überheblichkeit und einer utilitaristischen Vorgehensweise, wie sie in der Machiavellismus-Skala von *Henning/Six* (1977; vgl. *Neuberger* 1995) ihren Niederschlag finden und die oft zu einer „deformation professionelle" führen, und wie sie für die Sozialverträglichkeit von Beratern eher hinderlich sind. Die folgenden Items stammen aus diesem Fragebogen, jede Zustimmung bringt einen Punkt, je höher die Punkteanzahl umso „deformierter" der Berater:

- Im Umgang mit Menschen ist es am besten, ihnen das zu sagen, was sie hören wollen.
- Es ist nicht so wichtig, wie man gewinnt, sondern dass man gewinnt.
- Bescheidenheit ist nicht nur unnützlich, sie ist sogar schädlich.
- Jeder ist sich selbst der Nächste.
- Man sollte am Guten solange wie möglich festhalten, aber im Notfall vor dem Schlechten nicht zurückschrecken.
- Um eine gute Idee durchzusetzen, ist es unwichtig, welche Mittel man anwendet.
- Sicheres Auftreten ist mehr wert als Empfänglichkeit für Gefühle.
- Man sollte nur dann den wahren Grund seiner Absichten zeigen, wenn es einem nützt.
- Wer sich für die Zwecke anderer ausnützen lässt, ohne es zu merken, verdient kein Mitleid.
- Ein weitgestecktes Ziel kann man nur erreichen, wenn man sich manchmal auch außerhalb des Erlaubten bewegt.
- In Gesellschaft ist es günstiger, sich der Meinung des jeweiligen Gastgebers anzupassen.
- Für das eigene Vorwärtskommen muss die Familie manchmal Opfer bringen.
- Man kann ein Versprechen ruhig brechen, wenn es für einen selbst vorteilhaft ist.
- Man soll seine Bekanntschaften unter dem Gesichtspunkt auswählen, ob sie einem nützen können.
- Meistens ist es günstiger, seine wahren Absichten für sich zu behalten.
- Das Wichtigste im Leben ist, nicht den Anschluss zu verlieren.
- Wer einem anderen zum Aufstieg verhilft, richtet sich selbst zugrunde.
- Man muss die Taten der Menschen nach dem Erfolg beurteilen.

Solche und weitere Einstellungen führten in den 80er Jahren zum Aufstieg von Tycoons wie z.B. *Donald Trump*, es zeigte sich aber auch in den 90er Jahren am Beispiel von *Lopez* & Co., dass sich der

Zeitgeist diesbezüglich verändert hat und sich die Vorbilder des Managements wieder dem smarten und interaktiven Typen annähern, der mit den Ressentiments seiner Organisation sehr gut umzugehen vermag. Einem ähnlichen Ideal sollten die Berater folgen, weil nur diese Haltung unter den gegenwärtigen wirtschaftlichen Bedingungen zum Erfolg führen kann. Auch z. B. Lopez hat, zumindest in Buchform, sich wieder zu einer sehr ausgeprägten Ethik im unternehmerischen Handeln bekannt (vgl. *Höselbarth* et al. 2000) und damit eine Trendumkehr signalisiert. Auch *Kappler/Scheytt* (1995) zeigen schon diese Entwicklungen auf und es wird auch in diesem Bereich zu einer weiteren Diversifikation der unterschiedlichen Positionen kommen. Wie die Berater darauf reagieren bzw. welchem Weg sie folgen, bleibt offen und wird vor allem von ihren ethischen Vorstellungen und denen der Klienten abhängen.

7.4 Soziale Wahrnehmung und Urteilsfehler

Wichtig für den „Sozialberuf" Unternehmens- oder Wirtschaftsberatung ist die korrekte Wahrnehmung und Einschätzung des Gegenübers. Was z. B. die formelle Machtaspekte betrifft, sind damit wenig Probleme verbunden: Aus den Organisationsplänen, Türschildern, Briefköpfen, Visitenkarten etc. ist die jeweilige Position des Gegenübers relativ leicht auszumachen. Die formale Macht und deren Erkennen durch den Berater ist aber nur die halbe Wahrheit. Um wirklich einen ganzheitlichen Ansatz des Zugangs zur Person des Klienten zu erhalten, ist eine sorgfältig ausbalancierte und oft nur durch Erfahrung zu erwerbende soziale Wahrnehmung Voraussetzung, die nicht oder kaum von Urteilsfehlern beeinflusst sein soll, bzw. wenn sie das doch ist, dann mit solchen, die sozial in den Beratungssituationen erwünscht sind, wie z. B. Zweckoptimismus.

Bei Erstkontakten zwischen Klient und Berater greifen beide auf ein Repertoire von Verhaltensweisen zurück, die sie in dieser Situation für angemessen halten. Die unmittelbare Konsequenz daraus ist, dass jeder der Gesprächspartner in seinem Fundus kramt und Informationen über gemeinsame Bekannte, Marktpartner, Wettbewerber u. ä. ans Tageslicht zerren will. Das eigentlich nur aus dem Grund, weil auf der Basis von gemeinsamen Bekanntschaften und Interessenlagen, die sich daraus ableiten lassen, die Unsicherheiten auf beiden Seiten reduziert werden und auf dieser „vertrauten" Basis das Gespräch leichter fortgeführt werden kann. Dieser Mechanismus findet deshalb Anwendung, weil durch die entstehenden Mystifikationsversuche mancher Berater soziale Distanz überwunden und durch den gegenseitigen Austausch über Bekannte(s) die psychologische Nähe (s. u.) hergestellt werden soll.

Allerdings bewegen sich manche Berater dabei zu rasch: Es entsteht die Gefahr einer zu schnellen Identifikation des Beraters mit dem Repräsentanten des Klientensystems. Im Bewusstsein, dass wirtschaftliche Macht dominiert – und über die verfügt der Klient z. B. in der Akquisitionsphase –, passt sich der Berater sehr stark an den Klienten an; das wiederum ist nicht immer ein Fehler, weil manche Berater wirklich im Laufe der Zeit zu begnadeten Selbstdarstellern geworden sind und den Klienten dadurch förmlich „ersticken" lassen.

Psychologische Gesetzmäßigkeiten zu kennen, verhindert nicht, dass sie passieren – ebenso wenig, wie die Kenntnis der physikalischen Gesetze deren Eintreten verhindert. Allerdings können durch sie Fehler vermieden werden, wenn man sich der Existenz solcher Wahrnehmungs- und Beurteilungsfehler bewusst ist (vgl. *Wottawa/ Glebinski* 1995, S. 173 ff.).

Exemplarisch sollen hier **beratertypische Wahrnehmungsverzerrungen** vorgestellt werden:

- **Self-serving bias:**
  Der Erfolg in Leistungssituationen wird vom Berater hauptsächlich seinen eigenen Anstrengungen bzw. seinem Intellekt zugeschrieben. Für seine Misserfolge hingegen sind widrige Umstände verantwortlich, auf die er keinen Einfluss hat oder hatte, z. B. die Banken, die nur auf Sicherheiten erpicht sind und nicht ein Gramm unternehmerische Ambitionen haben, oder ruinöse Wettbewerber, die an der Brust eines internationalen Konzerns hängen, oder Unternehmer, die bei näherer Betrachtung eigentlich keine sind usw. Genauso werden die bisherigen Mandate womöglich dem Klienten geschildert. Das Problem dabei ist, dass der Berater sich dieser Sichtweise natürlich anschließt und damit nicht aus eigenen Misserfolgen lernen kann.
  Dieser Punkt ist zentral für das gesamte Beraterverhalten. Für Erfolge werden Berater gefeiert bzw. sie werden als „normal" bezeichnet. Schließlich kostet ein Beratereinsatz den Klienten auch eine Stange Geld. Bei Misserfolgen hört und sieht er von dem Klienten nichts mehr, vorausgesetzt, das Honorar ist schon beglichen. Schlechte Erfahrungen erreichen den Berater nicht oder nur unvollkommen. Das ist eigentlich eine sehr schlechte Ausgangssituation für Erfahrungslernen, obwohl die gesamte Branche für ihren Nachwuchs eigentlich beinahe ausschließlich das learning-

on-the-job präferiert und auch so praktiziert. Damit sind Berater natürlich prädestiniert für „Höhenflüge", unter denen die Klienten zu leiden haben und die z. B. dazu führen können, dass in der Tiroler Gastronomie Bettenauslastungen bei 90% und Preise für eine Übernachtungspension von DM 200 aus der Sicht mancher Berater als durchaus realistisch erzielbar gesehen werden. Die Realität sieht allerdings so aus, dass die Auslastungen bei der Hälfte liegen, wenn die Betriebe gut sind, und die erzielbaren Marktpreise bei etwa 10–20% liegen. Zur Ehrenrettung der Tiroler Berater muss allerdings festgehalten werden, dass der „Goldtipp" von deutschen Berufskollegen kam.

Verhindert werden können solche Fehlhaltungen nur durch Prozesse der Supervision und Intervision, bei denen professionelle Supervisoren die Berater betreuen, oder, weniger ideal, sich mehrere Berater gegenseitig in der **Wahrnehmung** ihrer Klienten unterstützen bzw. Fehlhaltungen korrigieren:

– **Psychologische Nähe:**
Das Phänomen der psychologischen Nähe bezeichnet den eigentlich sagenhaften Vorgang, durch den auf Grund der immer besseren Bekanntschaft zwischen Berater und Klient Erfolge dem Berater zugeschrieben werden und Misserfolge den widrigen Umständen. Je besser es also dem Berater gelingt, mit dem Klienten eine gewisse Ähnlichkeit oder Gemeinsamkeit zu schaffen, desto besser ist auch seine Beurteilung. Umgekehrt verhindert dieser Prozess, dass der Berater aus dem Beratungsmandat lernt.

– **Erwartungsbestätigung:**
Werden beim Klienten durch den Berater Erwartungshaltungen hervorgerufen, die sich bestätigen, führt auch dieser Prozess dazu, dass Erfolge dem Berater zugeschrieben werden und Misserfolge den widrigen Umständen. Durch die begnadete Selbstdarstellung mancher Berater und das Mitspielen der Klienten gelingt es, aus 5% Erfolg 100% der geleisteten Arbeit zu machen. Manchen dieser „Künstler" werden unwahrscheinliche Erfolgsstories zugeschrieben.

– **Fundamentaler Attribuierungsfehler:**
Bei diesem Fehler werden Handlungen des Beraters durch den Klienten auf dessen spezifische Personenmerkmale zurückgeführt und weniger auf Situationsfaktoren. Generell nehmen wir – fälschlicherweise – an, dass der Einfluss von Personen auf Handlungsergebnisse regelmäßig stärker ist als jener von situativen Gegebenheiten. Das führt natürlich auch regelmäßig zu einer Überbewertung beraterischer Interventionsstärke.

- **Falscher Konsensus-Effekt:**
  Dabei versucht der Berater seinen Normalitätsbegriff für das Klientensystem als den maßgeblichen hinzustellen. Alles, was der Berater denkt und tut, ist normal, was der Klient abweichend davon tut oder unterlässt, abnorm. Der Gipfel dieses Effektes wird dann erreicht, wenn gestandene Handwerker durch einen „Unternehmensanalysator" erfahren, dass das verwendete Kalkulationsschema „unzeitgemäß" ist und sich ein vernünftiger Mensch damit nicht aus dem Haus trauen würde oder dass natürlich jeder Mensch wissen muss, was Reengineering ist usw.
  Dadurch wird dem Klienten suggeriert, dass seine Probleme aus einer falschen Realitätseinschätzung resultieren. Wenn er sich die des Beraters zu eigen macht, sind auch seine Probleme Makulatur. Aufgrund der besseren Position des Beraters erfährt auch bei dieser Verhaltensweise der Berater nichts über sich und kann sich nicht weiterentwickeln. Die Notwendigkeit dazu besteht ja nicht, denn der Klient hat schließlich das Problem.

- **Stereotype:**
  Bestimmte physiologische und psychologische Merkmale lenken die Wahrnehmung des Klienten in eine ganz bestimmte Richtung; es kann auch versucht werden sie zu steuern. Deswegen sind Statussymbole oder der Versuch, Körpersignale zu senden und zu empfangen, für viele so wichtig. Viele Berater orientieren sich sehr genau an solchen Vorgaben: Time-Manager, blauer Anzug, weißes Hemd, Anglizismen, eine ausgesprochen betriebswirtschaftliche Sprache und Orientierung, Schlüsselworte (z.B. Profit, Change, Streamlining, Herausforderung u.ä.), Aktenkoffer etc. gehören zur Standardausrüstung. Auch die Klienten versuchen mit solchen Zuschreibungen zu arbeiten: Vorzimmer, Schreibtischausstattung, Kunst, Ledersessel, Chefparkplatz u.ä. signalisieren nach außen sehr deutlich, mit wem man es eigentlich zu tun hat. Was beide dabei nur vergessen ist, dass sie dadurch an Individualität verlieren.

In Summe schaffen diese genannten Wahrnehmungsverzerrungen keine „win-win"-Situationen, sondern eher „loose-loose"-Situationen, aus denen sowohl Berater als auch Klient keine Vorteile für sich ziehen können. Je mehr sich Berater und Klienten an solche Situationen gewöhnen, desto schwieriger wird es für beide, eine optimale Entscheidung zu treffen und miteinander unbelastet die Herausforderung der Problemlösung zu wagen.

Durch diese Effekte wird in der Regel das Anspruchsniveau an die Berater signifikant erhöht, umgekehrt werden genau jene Berater, die vielleicht dem Klientensystem einen Spiegel vorhalten könnten, von diesem, weil sie sich nicht an die Spielregeln halten, abgelehnt. Das führt dazu, dass heute in der Beraterlandschaft kaum „bunte Vögel" ihren Platz finden und in den Unternehmen viel zu wenig kreative Lösungen gesucht und gefunden werden. Alle machen in Reengineering, nachdem alle in Lean Management gemacht haben, alle setzen auf Intranets und Globalisierung, nachdem alle auf Shareholder value gemacht haben usw.

Auswege können nur im oben angesprochenen Supervisions- bzw. Intervisionsprocedere liegen und im Bestreben, sowohl durch Berater als auch Klienten, die Grenzen der eigenen diagnostischen Kompetenz, auch oft als „Menschenkenntnis" bezeichnet, sich selbst oder andere betreffend zu kennen. Dazu können folgende Schritte verhelfen:

- Überprüfung der eigenen Defizite in der sozialen Wahrnehmung in Hinblick auf die damit verbundenen Folgen in der Vergangenheit;
- Überprüfung der impliziten Persönlichkeitstheorien: Welche vermeintlichen Personenmerkmale führen zu welchen Meinungen über Personen; sind die großen, schlanken Menschen wirklich die besseren Berater/Klienten;
- Überprüfung der meist zu kurzen Zeiten, die man sich für die Beurteilung anderer Menschen nimmt;
- Verwendung einer Falsifikations- anstelle einer Verifikationsstrategie: Suche nach Gründen, warum der entstandene und für richtig befundene Eindruck falsch sein könnte;
- Gesprächsführung, die hauptsächlich auf (Nach-)Fragen basiert;
- Entwicklung eines Systems, das die Kommunikation mit Klienten exakt dokumentieren kann.

Alle diese Operationalisierungen, die zu einer verbesserten Menschenkenntnis und damit zu einer besseren Beratungsleistung führen sollen – Beratung hat vorwiegend mit Menschen zu tun – können nur dann wirklich sinnvoll angewendet und weiterentwickelt werden, wenn eine Grundhaltung im Vordergrund steht: Das Interesse an Menschen. Als Menschenfeind und Technokrat ist man in der Beratung eher ein Gegner denn ein Freund seiner Profession.

7.5 Machtverteilung, Gestaltungs- und Einflussmöglichkeiten, Veränderungen in der Prozessdynamik

Der Machtaspekt in der Beratung nimmt deswegen eine wichtige Rolle ein, weil – zumindest bei den meisten Mandaten – Veränderungen im Klientensystem die Folge des Beratereinsatzes sein sollten. Macht hat immer mit Beziehung zu tun, durch einen Machtausübenden und einen Machtempfangenden. Macht kann nur durch Kontakt ausgeübt werden und zielt auf eine qualitative oder quantitative Veränderung des Machtempfängers. Gemäß einer allgemein akzeptierten Definition von Macht (vgl. *Dahl* 1957) hat ein Berater in dem Maße Macht über das Klientensystem, als er es dazu veranlassen kann, etwas zu tun, was es sonst nicht tun würde (vgl. *Wottawa/Gluminski* 1995, S. 130 ff.).

Ein Berater verfügt über unterschiedliche Machtmittel, die von Argumenten über affektive Appelle bis zu direkten Vorgaben bzw. Vorschriften im Klientensystem reichen können. Der Einsatz von Machtmitteln in der Beratung sollte immer auf angestrebte Veränderungen oder Verbesserungen im Klientensystem abzielen – eine eher altruistische Position. Tatsächlich versucht der Berater im Beratungsprozess auch seine eigene Situation und Position im Klientensystem zu stärken. Durch den Kommunikationsprozess zwischen Berater und Klientensystem sind Macht und der Einsatz von Machtmitteln durch den Berater keine „Einbahnstraße", sondern sie interagieren miteinander.

Berater können im Beratungsprozess unterschiedliche Machtmittel anwenden, z. B.

- **Macht durch Belohnung:**
  Berater können im Klientensystem von ihnen gewünschte Verhaltensweisen dadurch manipulieren, dass sie deren Auftreten belohnen, sei es sprachlich oder materiell; unerwünschte Verhaltensweisen werden ferngehalten, z. B. durch Versetzung oder Entlassung.
- **Macht durch Zwang:**
  Berater können dem Klientensystem sehr deutlich signalisieren, dass Fehlverhalten zu Sanktionen führt. So können z. B. wenig kooperative Mitarbeiter des Klientensystems bei der Geschäftsleitung „angeschwärzt" werden oder das Klientensystem insgesamt mit Lieferanten, z. B. der Hausbank, unter Druck gesetzt werden, bis die gewünschte Veränderung erreicht ist usw.
- **Macht durch Legitimation:**
  Berater können Mandate erhalten, in denen sie relativ unabhängig Abteilungen oder Unternehmensbereiche „reorganisieren". Dafür werden sie von der Geschäftsleitung mit entsprechenden Vollmachten ausgestattet. Ähnlich verhält es sich beim Time-Management, wenn ein Berater zeitlich befristet im Klientensystem eine Führungsposition ausübt. Die Macht durch Legitimation

kann dann sehr stark sein, wenn das Mandat von einem Dritten erteilt wurde, z. B. der Hausbank oder einer öffentlichen Förderstelle, von der das Klientensystem maßgeblich abhängig ist.

- **Macht durch Identifikation:**
  Berater können durch ihr Beispiel Mitglieder des Klientensystems dazu bringen, die Werthaltungen des Beraters zu übernehmen. Eine solche Vorgehensweise ist z. B. bei Aufträgen sinnvoll, die mit Marketing oder Kundenorientierung verknüpft sind.

- **Expertenmacht:**
  Fachberater haben den Status von Experten, weil sie Dinge besser können bzw. wissen als die Organisation. Dabei werden nicht Ressourcen des Klientensystems freigesetzt, sondern explizit das Know-how des Beraters genutzt, d. h. die Organisation ist in der Regel auf das Wissen des Beraters angewiesen (z. B. Mergers & Acquisitions, Stabstruktur, F&E, neue Managementmethoden).

- **Informationsmacht:**
  Berater verfügen z. T. über ein exquisites Know-how, das dem Klientensystem fehlt. So verfügen z. B. die meisten IT-Berater über die Informationsmacht, was Klientensysteme sehr oft in abhängige Positionen bringt. Die Diskussion über die notwendigen EDV-Anpassungen an die Jahrtausendwende war aus der Sicht der Unternehmen ein beklagenswertes Beispiel dafür.

Um die Machtverteilung zwischen Berater und Klientensystem zu verstehen ist es sinnvoll, die Beratungssituation zu systematisieren. In einer vergleichsweise einfachen Darstellung werden fünf **Machtkriterien** in die Situation von Beratern überführt, wobei ersichtlich wird, dass die klassischen Machtquellen für Berater nur eingeschränkte Gültigkeit und recht begrenzte Wirkung haben (Abb. 23).

Als nicht der Organisation Zugehöriger ist Positionsmacht des Beraters – mit Ausnahmen, z. B. als Time-Manager – eher gering. Was ihn allerdings aus der Sicht der Mitarbeiter mit einer gewissen Macht ausstattet, ist sein direkter Zugang zur Geschäftsführung bzw. zum Management.

Eine Profilierungsmöglichkeit besteht zweifelsohne in der Fachberatung durch die Fachkompetenz des Beraters. Allerdings gibt es in vielen, vor allem größeren Unternehmen, ausgezeichnet ausgebildetes Fachpersonal, das diese Quelle der Beratermacht rasch versiegen lassen kann.

Charismatische Berater können ihre Fähigkeiten durchaus im Sinne der Festigung einer Machtposition nutzen, allerdings erhalten Berater dann sehr schnell den Vorwurf, sie wären Manipulatoren.

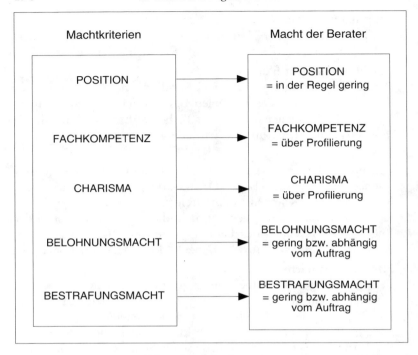

Abb. 23: *Macht der Berater*

Die Belohnungs- und Bestrafungsmacht kann bei manchen Mandaten sehr stark sein, nämlich immer dann, wenn der Berater Organisationsveränderungen vornimmt, in den Personalabbau und positionelle sowie materielle Förderungsmöglichkeiten einbezogen oder das Unternehmen von seinem Know-how sehr stark abhängig ist.

Diese Machtkonstellationen verführen den Berater fast zwangsläufig dazu, sich andere Insignien zuzulegen: Gesprächspartner von Unternehmern und Politikern zu sein, einen „vorzeigbaren" Lebensstil zu führen, Kleidung, Autos, etc.

In der Dynamik des Beratungsprozesses wird Macht immer dann zum Kulminationspunkt in der Berater-Klienten-Beziehung, wenn der Berater im Zuge seines Mandats direkten Einfluss auf das Klientensystem ausüben möchte bzw. muss. Im Zuge des Beratungsablaufes kommt der Zeitpunkt, an dem die Erkenntnisse aus den Analysen, Lösungsvorschlägen und die Schaffung strategischer Positionen in die betriebliche Praxis umgesetzt, d.h. operational implementiert werden sollen. Die Praxis bei vielen Unternehmen zeigt, dass Beratungskonzepte und Berichte häufig an diesem Punkt nicht mehr weiterverfolgt werden. Auch die Berater selbst wissen um diesen Umstand, was auch ihren Angeboten zu entnehmen ist. So ist sehr oft die Honorargestaltung derart, dass für den Analyseteil drei Viertel des Honorarvolumens angeboten werden, für die Umsetzung der verbleibende Rest. Oder dass die Angebote überhaupt gesplittet werden in einen Hauptteil mit Analyse, Diagnose und Beratungsbericht. Die Umsetzung und deren Begleitung wird dann mit einem Folgemandat verknüpft.

Diese Vorgehensweise der Berater ist auch ein deutliches Indiz dafür, wie beschränkt im Allgemeinen ihre Machtposition und speziell die zur Verfügung stehenden Mittel in der Berater-Klienten-Beziehung sind.

7.6 Grundlagen und Maximen einer erfolgreichen Zusammenarbeit

Eine erfolgreiche Zusammenarbeit bedingt, dass sowohl Berater als auch Klientensystem das Beratungsprojekt als eine gemeinsam zu erbringende Leistung sehen. Beschränkt sich der Berater auf eine Rolle als Sachverständiger oder Kommentator oder stellt der Klient nicht Informationen und Ressourcen zur Verfügung, ist der Erfolg des Beratungsprojekts gefährdet.

Grundlagen und Maximen einer erfolgreichen Zusammenarbeit gelten also für beide Seiten. Für den **Berater** sollten folgende **Vorgaben** gelten (vgl. *Titscher* 1997, S. 215 ff.):

– Er muss das Klientensystem respektieren und sich vor Trivialisierungen hüten („kleiner Laden", „Nachtwächter", „Steinzeitausstattung").
– Der Erfahrungshintergrund hinsichtlich Branche und Unternehmensgröße des Beraters sollte dem aktuellen Mandat entsprechen.
– Der Berater sollte dem Klientensystem seine ganze Wertschätzung und Aufmerksamkeit zukommen lassen.
– Analysen, Konzepte und Strategien sollten sorgfältig aufbereitet und überlegt sein, damit Überraschungen weitgehend ausgeschaltet werden können.
– Das Timing der Interventionen muss stimmen und entsprechend abgestimmt sein; hektische Reparaturarbeiten zerstören eine zielgerichtete Entwicklung des Klientensystems.
– Die Vorgaben und Interventionen des Beraters müssen sich an den Kapazitäten und Möglichkeiten des Klientensystems orientieren.
– Erfolgreiche Berater erstellen Alternativszenarien für Notfälle und unvorhergesehene Ereignisse, d.h. sie rechnen damit, dass etwas schiefgehen könnte!

Für das **Klientensystem** sind folgende **Vorgaben** empfehlenswert:
- Üblicherweise hat es einen Problemdruck und sollte an den Ergebnissen der Beratung interessiert sein.
- Das Klientensystem sollte noch Bewegungsfreiräume haben und nicht ausschließlich fremdbestimmt sein. Bei weitgehender Fremdbestimmung stellen sich im Klientensystem Hilflosigkeitssymptome, Depression und Paralyse ein.
- Das Klientensystem sollte aktiv am Beratungsprozess mitwirken und Mitverantwortung übernehmen.
- Die bestehenden Bedingungen im Klientensystem sollten für dessen Entscheider nicht zu bequem, die gewünschten Zielzustände nicht zu unbequem sein.
- Das Klientensystem muss idealerweise die erforderlichen Ressourcen (informell, personell, zeitlich) zur Verfügung stellen.
- Auch das Klientensystem muss „rapportfähig" sein, d. h. es muss über eine gewisse Beziehungsfähigkeit verfügen, damit der Kontakt mit dem Berater fruchtbar ist (Analysefähigkeit, Verbalisierungsgrad, fachliches Know-how).

Neben diesen speziellen Bedingungen werden die Grundlagen für eine gute Zusammenarbeit naturgemäß bereits in der Phase der Beraterauswahl gelegt. Dazu einige Kurzempfehlungen:
- Das Klientensystem sollte schon vor der ersten Kontaktaufnahme mit einem Berater eine möglichst exakte Vorstellung über den gewünschten Beratungsumfang und -inhalt entwickeln.
- Das Klientensystem sollte schon bei der Auswahl des Beraters sehr sorgfältig vorgehen.
- In einem persönlichen ersten Kontaktgespräch sollte der eingeladene Berater seine fachliche Kompetenz nachweisen können.
- Dem potenziellen Auftraggeber sollen Auftreten und Naturell des Beraters gefallen, damit die mögliche Zusammenarbeit von vornherein harmonisch verläuft.
- Der Berater soll ein schriftliches Angebot machen, das sehr detailliert auszuarbeiten wäre, auch hinsichtlich der Honorare und Abrechnungsmodalitäten, um spätere Auseinandersetzungen zu vermeiden. Darin wäre detailliert der Beratungsumfang und die geplanten Ergebnisse festzuhalten. Auch der Zeitraum der Erbringung der Leistungen und gegebenenfalls die Konsequenzen bei Überschreiten der Frist sollten benannt werden. Besteht die Beratungsleistung aus mehreren Teilen, so muss ein entsprechend aufgebautes Angebot vorliegen. Das Angebot sollte auch Leistungen des Klientensystems beinhalten.
- Erst zu diesem Zeitpunkt sollten Honorarverhandlungen beginnen.

- Auch die Auftragserteilung sollte in Schriftform erfolgen.
- Während der Beratung sollten sich beide Seiten so weit wie möglich bzw. wie vereinbart unterstützen und kooperieren; auch das sollte im Vorhinein besprochen und festgelegt werden.
- Am Ende der Beratung sollte schließlich eine von vornherein vorgesehene Evaluierung der Beraterleistung vorgenommen werden, um für den Berater und das Klientensystem einen Lernerfolg zu gewährleisten und ggf. Optionen für weitergehende Betreuungsarbeiten zu eröffnen.

Bei Einhaltung dieser Grundlagen dürfte dem Beginn einer erfolgreichen Zusammenarbeit nichts mehr im Wege stehen. Auch wenn die Bedingungen idealisiert wiedergegeben sind, trifft man in der Praxis immer wieder auf Fälle, die genauso abgewickelt werden, ebenso wie beispielsweise die Sachverständigenpraxis seit Jahr und Tag mit überraschender Regelmäßigkeit zeigt, dass gerichtliche Auseinandersetzungen zwischen Klienten und Beratern vor allem durch Unklarheiten bei der Festlegung der Spielregeln und Inhalte der angestrebten Zusammenarbeit entstehen.

8. Dynamik des Beratungsprozesses

Akquisition, Angebotslegung, Auftragserteilung, Auftragsdurchführung, Zwischenbericht, Implementierung, Schlussbericht, Evaluierung, Auftragsende – so lautet die idealtypische Vorgehensweise bei Beratungen. Die Praxis sieht allerdings sehr oft anders aus. Änderungen des Beratungsgegenstandes, der Beratungsmethodik, Abbruch der Berater-Klienten-Beziehung, gerichtliche Auseinandersetzungen um den Honoraranspruch, verzögerte Zahlungen, Intrigen im Klientensystem, falsche oder unvollständige Informationen und persönliche Differenzen zwischen Berater und Klient und vieles mehr können das Resultat von Dynamiken im Beratungsprozess sein. Ist der Berater auf solche Beratungsverläufe nicht vorbereitet, tappt er blindlings in Fallen. Auch erfahrenen Beratern „passieren" solche „Mißgeschicke". Die Auftretenshäufigkeit steigt immer dann, wenn der Dynamik des Beratungsprozesses zu wenig Aufmerksamkeit geschenkt wurde.

Die **Prozesscharakteristik** entsteht durch die Zusammenarbeit selbst, durch das Aufeinandertreffen von zwei Welten und die sich daraus ergebende Berater-Klienten-Beziehung, durch das verbindende Problem und die Bewertung des Erfolges dieser Verbindung.

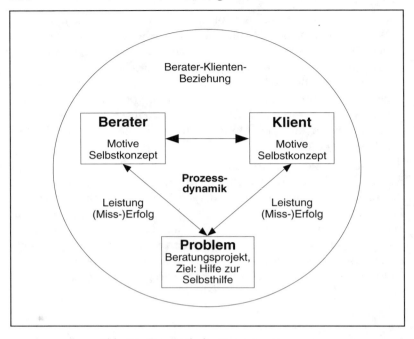

Abb. 24: Dynamik des Beratungsprozesses

Die zwei aufeinandertreffenden Welten „Berater" und „Klient" können auch mit den Metaphern „außen" und „innen" verglichen werden: Der Berater hat seine Ausbildung, seine Erfahrung, das erforderliche Know-how und seine Beraterpersönlichkeit. Er ist im Klientensystem kurzfristig präsent, setzt seine Interventionen, bringt Normen von außen in das System und vertritt in der Regel die Ziele des Auftraggebers, er ist relativ selbstständig und arbeitet oft allein. Für die Mitglieder des Klientensystems ist er zunächst „der Fremde".

Das Klientensystem selbst erlebt sich als „das Bekannte": Gruppendynamische Prozesse sind bereits abgelaufen, es gibt sehr viele Gemeinsamkeiten (Not, Feind, Vorteil, Freude). Es sind mehrere Personen vorhanden, die in direkter Interaktion meist schon über einen längeren Zeitraum mit gemeinsamen Zielen und Normen zusammenarbeiten. Dabei ist eine Rollendifferenzierung und ein entsprechendes Wir-Gefühl entstanden.

Das Einzige, was auf den ersten Blick diese beiden Welten miteinander verbindet, ist das Beratungsmandat. An den Schnittstellen können, je nachdem, wie sich die Systeme gegenseitig einschätzen, Konflikte oder Ablehnung entstehen; aber auch umgekehrt kann

8. Dynamik des Beratungsprozesses

dem Berater eine Welle der Sympathie entgegenschlagen, weil viele Mitarbeiter im Klientensystem in seinem Einsatz ein deutliches Signal für längst überfällige Veränderungen sehen. Meist wird das Stimmungsbild irgendwo dazwischen liegen und nach Personen und Gruppen differieren. Eine wesentliche Aufgabe des Beraters ist es, diese Schnittstellen sorgfältig zu beobachten, zu hegen und sich die grundlegenden Unterschiede der Systeme laufend zu vergegenwärtigen. Nur so kann er die Mitglieder des Klientensystems auch im Laufe einer engen und intensiven Zusammenarbeit verstehen und sie richtig einsetzen. Außerdem ist ihm immer bewusst, wo in der Berater-Klienten-Beziehung sein Platz ist bzw. worin seine Verantwortung besteht.

Dass diese Schnittstellen ein hochsensibler Bereich sind, merkt jeder Berater spätestens zu dem Zeitpunkt, an dem er in das Klientensystem operational eindringt und dort Veränderungen vornehmen möchte. Dann beginnt das, was man eigentlich unter Prozessdynamik versteht.

Bis zu den Analysen und Berichten, die zum normalen Handwerkszeug jedes Beraters gehören und für die er auch substituiert werden kann, z. B. durch Projekte des Klientensystems selbst, durch Mitarbeiter des Beraters oder durch Kooperationen mit Hoch- oder Fachhochschulen u. ä., geht meistens alles gut. Für alle Experten- und Fachberater ist in der Regel auch damit das Beratungsmandat beendet. Organisationsentwickler und umsetzungsorientierte Berater wählen per definitionem einen aufwändigeren und nicht selten durchaus konfliktträchtigen Weg.

Problematischer und dynamischer wird der Beratungsprozess dann, wenn entweder in den Berichten oder durch direkte Interventionen des Beraters selbst das bisherige Selbstbild des Klientensystems dramatisch verändert wird und Beteiligte und Betroffene des Klienten sich in einer ersten Reaktion in ihr Schneckenhaus zurückziehen bzw. in eine Paralyse verfallen. Die Aufgabe eines guten Beraters fängt dann eigentlich erst an. Er muss durch seine Einflussnahme und sein Prozess-Know-how ermöglichen, dass seine Überlegungen und Strategien vom Klientensystem akzeptiert und übernommen werden. Nur durch die Irritation im Klientensystem und dessen Anpassung an die Interventionen des Beraters und durch die Inkorporation des neuen Know-hows findet die prozessorientierte Entwicklungsberatung (s. u.) ihren – vorläufigen – Abschluss.

8.1 Elemente von Beratungsprozessen

Die Komplexität der Beratungsbeziehung wird deutlich sichtbar, wenn die beteiligten Faktoren näher beleuchtet werden. *Steyrer* (1991, S. 14 ff.) hat in seinem Versuch der Erstellung eines rollentheoretischen Interaktionskonzeptes auf einer breiter Erkenntnisbasis sehr deutlich veranschaulicht, welche Elemente den Interaktionszusammenhang zwischen Berater und Klientensystem beeinflussen.

1. Der Interaktionszusammenhang zwischen Berater und Klientensystem, der Anlass für die Beratung, bildet die Basis und hat einen wesentlichen Einfluss auf die Qualität der Beziehung. Das sind Faktoren wie z.B. Beratungsobjekt, Beratungsinhalte, Stellenwert des Ist-Zustandes, Diagnose, manifeste/latente Ebene, Kontexte, Problemtyp, Problemauftrag, Problemsicht und Lösungstyp.
2. Der nächste determinierende Faktor sind die interaktionsunterstützenden Methoden, d.h. der methodische Zugang, den der Berater zur Erfüllung seines Auftrags wählt. Damit ist auch das Beratungsprojekt, die Art und Weise der Durchführung, ob gemischtes oder homogenes Beratungsteam, kurz: die Arbeitsteilung zwischen Berater und Klientensystem gemeint.
3. Der Interaktionshintergrund beschreibt die berater- und klientenspezifischen Determinanten und die Umweltbedingungen (intern und extern), unter denen die Beratung durchgeführt wird.
4. Die klienteninternen Determinanten beschreiben die finanziellen Möglichkeiten, die Machtstrukturen, Normen und Wertesysteme, den möglichen Beitrag der Mitarbeiter zur Problemlösung und das Verhältnis zum Beratungseinsatz des Klientensystems.
5. Den beraterspezifischen Determinanten entsprechen Ausbildung, Qualifikation, Werte und Normen des Beraters, seine wirtschaftliche Situation, sein Problemlösungspotential, seine Belastbarkeit, die Beratungs- und Unternehmensethik.
6. Zur Beratungsumwelt gehören die rechtlichen Rahmenbedingungen, die Art des Beratungsvertrages (z.B. Pauschal- oder Erfolgshonorar), das wirtschaftliche und technologische Umfeld sowie das Konkurrenzverhalten.
7. Zur Beraterrolle zählen die Erwartungen des Klientensystems an diese, aber auch die Intensität der Beteiligung des Beraters an der Problemlösung.
8. Der Faktor Klientenrolle beschreibt die Voraussetzungen, die ein Beratungsmandat erst möglich machen. Das betrifft einerseits die Beraterauswahl, den Beratungsvertrag, die Bereitstellung der erforderlichen Ressourcen, Problemdruck und Lern- und Kooperationsbereitschaft.

8. Dynamik des Beratungsprozesses

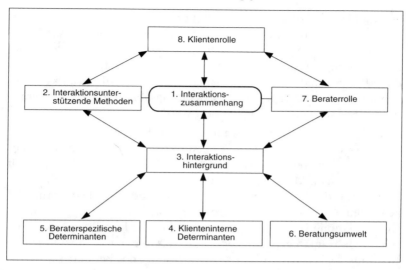

Abb. 25: Elemente einer Beratung (vgl. Steyrer 1991)

Durch diese Faktoren wird die hohe Komplexität der Berater-Klienten-Beziehung deutlich. Steyrer (1991, S. 18) merkt richtigerweise an, dass mit einer taxativ orientierten Aufzählung der Elemente für eine Theorie, die auch Vorhersagen erlauben würde, noch zu wenig Informationen vorliegen. Die Suche nach validen „Wenn-dann"-Verknüpfungen ist auch heute noch nicht wesentlich weiter fortgeschritten und so können erfolgskritische Variablen im Beraterverhalten nach wie vor nicht kausal, sondern nur deskriptiv und der eigenen Wahrnehmungen und Erfahrungen folgend beschrieben werden.

8.2 Ablauf von Beratungen: idealtypische vs. reale und fördernde vs. hemmende Faktoren

Der Ablauf von Beratungen sieht auf einer idealtypischen Ebene eigentlich eine relativ unkomplizierte Vorgehensweise vor. Ausgangspunkt ist das Globalziel des Mandates, z.B. Einführung eines Controllingsystems, Neubesetzung einer Geschäftsführerposition oder Reorganisation des Vertriebs etc., wie es im Erstgespräch vereinbart wurde und beispielsweise mit einer ersten Auftragsskizze des Klienten oder Beraters festgehalten wird. In der Projektplanung des Beraters wird dieses Ziel in Handlungsschritte unterteilt (s. u.), die sich ihrerseits aus konkreten Aufgabenstellungen zusammensetzen. Die einzelnen Aufgabestellungen sind zeitlich differenzierbar und können dadurch kalkuliert bzw. budgetiert werden. Erst wenn die einzelnen Aufgabenschritte zeitlich festgelegt und bewertet werden in Hinblick auf ihre wechselseitigen Abhängigkeiten, ist es sinnvoll, den Terminplan des gesamten Mandats bekanntzugeben. Durch diese Praxis erhält das Beratungsmandat seine Struktur und es können ggf. auch Abweichungen im Beratungsablauf auf einer operationalen Ebene frühzeitig identifiziert werden.

Nachdem für den Berater dadurch das Aufgabengebiet strukturiert ist, muss er seine Kapazitäten entsprechend den Aufgaben bereitstellen, kalkulieren bzw. planen. Diese Vorgehensweise empfiehlt sich bei jedem Mandat, wird aber umso wichtiger, je besser die Auslastung des Beraters ist. Nach Erstellen der Projektstruktur, der zeitlichen Aufwendungen und der personellen Besetzung kann die Kostenplanung vorgenommen werden. Für die Erstellung eines wirtschaftlich tragfähigen Angebotes ist das die Basis, aber auch in Kenntnis der Kostenstruktur und Auslastung des Beraters selbst, die Grundlage für sein weiteres Engagement in diesem Mandat.

Beinahe jedes Beratungsmandat wird somit auf der Ebene des Projektmanagements regel- und steuerbar; Unterstützung kann dabei eine entsprechende Projektplanungssoftware bieten, die sehr differenzierte Aufgaben- und Ressourcensteuerungen zulässt. Allerdings ist anzumerken, dass die kleinste sinnvolle Zeiteinheit der „Manntag" sein sollte, weil durch kleinere Einheiten der Wartungsaufwand zu groß würde.

Niedereichholz (1996) sieht in einer klaren **Auftragsstrukturierung** folgende Vorteile:

– Durch die stufenweise Zerlegung des Gesamtprojekts in abgestimmte Teilaufgaben können alle Arbeitspakete erfasst werden.
– Die Strukturierung ermöglicht eine detaillierte Planung, Steuerung und Überwachung des Projekts.
– Für die jeweiligen Endpunkte der Phasen, Segmente und Arbeitsschritte können Qualitätsnormen festgelegt werden.
– Nach Beendigung der Endpunkte ist eine Ergebniskontrolle durchführbar.
– Pro Teilaufgabe oder Handlungsschritt ist eine verursachungsgerechte Zeit- und Kostenplanung möglich.
– Kapazitätsengpässe sind identifizierbar.
– Die Beschäftigung mit der Projektstruktur allein verhilft zu einer intensiven Analyse.
– Risikobereiche werden identifiziert.
– Die Ermittlung des Arbeitsvolumens wird erleichtert.
– Überlappungen und Interdependenzen werden sichtbar.

- Durch die eindeutige Aufgabendefinition werden klare Verantwortungsbereiche geschaffen.
- Aktualisierungen von Teilprojekten sind leichter durchzuführen als vom Gesamtprojekt.
- Der Informationsgleichstand aller Beteiligten über die Projektaufgaben wird erreicht.
- Die Projektstruktur unterstützt die zeitliche Planung der Abfolge der Arbeitsschritte.
- Zugleich ist die Projektstruktur Grundlage der Dokumentation.

Nach jedem Abschluss eines Handlungsschrittes oder Teilprojekts ist dessen Evaluierung notwendig. Dabei wird bewertet, ob die Zeit- und Geldbudgets eingehalten wurden, die Ergebnisse in die Gesamtplanung integrierbar sind, wie die nächsten Schritte aussehen oder ob möglicherweise der betreffende Handlungsschritt noch einmal bearbeitet, oder sogar das Gesamtprojekt angepasst werden muss. Bei komplexen Mandaten kann auch jeder einzelne Arbeitsschritt selbst ein Subauftrag sein, der auch nicht unbedingt jeweils an denselben Berater gehen muss. Auch sind Mandate denkbar, die ob ihrer Komplexität schon im Vorfeld der Projektarbeit Machbarkeitsstudien benötigen, die Informationen über Bedarf, Zielrichtung, technische und soziale Machbarkeit etc. geben sollen.

Dieser Ablauf entspricht der klassischen Form der Beratung, die auch in weitem Maße den Erwartungen der Klienten entspricht und damit meist auch keinerlei zusätzlichen Erklärungsaufwand bedingt. Hält sich der Berater an die Vorgaben der klassischen Form, so bewegt er sich in der Regel auf der „Autobahn der Beratung". Diese Mainstream-Beratung ist weit verbreitet und etabliert.

Idealtypisch ist eine Beratung dann, wenn aufeinander aufbauend sämtliche Schritte sukzessive bearbeitet werden. Auch aus der Sicht der meisten Berater ist es wünschenswert, wenn sich das Klientensystem seinen Projektvorstellungen beugt, keine Verzögerungen auftreten und somit seine Zeitbudgets nicht zusätzlich belastet werden. Wegen der durch den klassischen Beratungsansatz transportierten Verfahrenslogik treten seitens der Klienten auch selten Widerstände gegen diese Vorgehensweise auf.

Allerdings hat der klassische Beratungsansatz den gravierenden Nachteil, dass sich das Klientensystem tendenziell eher nur in der Rolle der Betroffenen wiederfindet und sich zu wenig oder gar nicht an der Beratung beteiligen kann. Das führt in der Regel zu einer reduzierten Akzeptanz und zu klientenspezifischen Widerständen bei der Implementierung von Veränderungen, die durch Berater initiiert werden sollen.

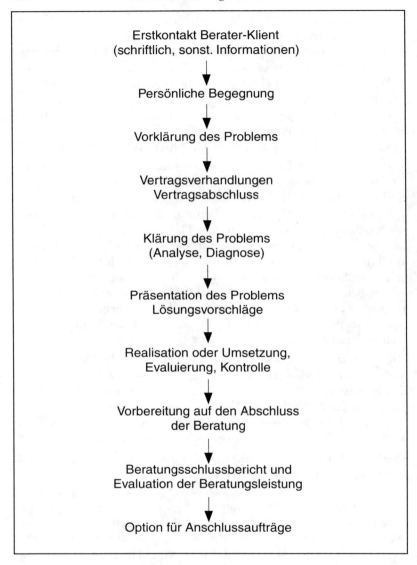

Abb. 26: Ablauf eines idealen Beratungsprozesses

Zudem sieht der klassische Ansatz auch bei der Datengewinnung und -analyse keine Klientenbeteiligung vor, was für den Berater mit relativ hohen Aufwendungen verbunden ist. Außerdem reagieren Klientensysteme in der Regel so, dass sie in den Ergebnissen dieser Art von Beratung Vorwürfe gegen sich selber sehen und diese mit Widerständen behandeln. Das hat zur Folge, dass es zu einem

8. Dynamik des Beratungsprozesses

Schlagabtausch zwischen den Ansätzen und Vorschlägen des Beraters und den Entgegnungen des Klientensystems kommt, mit allen Möglichkeiten der Fehl- und Falschinterpretation. Der Beratungsansatz bindet sehr oft bei Berater und Klientensystem durch die intensive und häufig emotional geführte Auseinandersetzung um die Richtigkeit bzw. Widerlegbarkeit der Beratungsergebnisse soviel Energie, dass oft nur noch wenig Lust und Kraft besteht, sich der tatsächlichen Realisierung von Problemlösungen zu widmen, d. h. der Beratungsansatz trägt in sich bereits einen potenziell destruktiven und damit demotivierenden Kern. Durch partizipativere und in einem möglichst frühen Stadium umsetzungsorientierte Beratungsverfahren können diese Probleme verhindert werden.

Anpassungen erfährt der klassische Ansatz meist dadurch, dass „gemischte Teams" gebildet werden, d. h. Arbeitsgruppen aus Mitarbeitern des Klientensystems und Beratern bearbeiten das Beratungsprojekt gemeinsam. Das führt dazu, dass die Selbstbeteiligung des Klientensystems wesentlich erhöht wird, die Datenbasis in der Regel außer Streit steht und die Potenziale des Klientensystems weitgehend richtig eingeschätzt werden.

Allerdings kann in der betrieblichen Praxis dann oft nur bedingt am Beratungsplan festgehalten werden. Der Berater kann darauf Rücksicht nehmen, indem er die Komplexität des Mandats dadurch erhöht, dass er auf der Ebene der Aufgabenstellungen und der vorgelagerten Handlungsschritte Alternativprojekte einplant.

Die genaue Projektplanung ist dabei deshalb wichtig, weil der Berater im Zuge des Kapazitätsausgleichs personelle Ressourcen verschieben kann. Das wird vor allem bei langen Vorlaufzeiten von Beratungsmandaten wichtig. Der praktische Vorteil für den Berater bei der eigenen Personaleinsatzplanung ist, dass auf Grund der immer häufiger notwendigen Beraterkooperationen gesetzliche Arbeitszeitvorschriften nicht zwingend auf die meist als selbstständige Unternehmer tätigen Berater anzuwenden sind und somit Kapazitätsschwankungen nicht das Hauptproblem darstellen. In kooperativen Beratungsunternehmen bzw. in Beratergruppen stellt sich vielmehr das Problem für den verantwortlichen Berater, dass zu einem bestimmten Zeitpunkt die „besten Köpfe" verfügbar sein müssen, was wieder zu Lasten der Planungen geht und vielfach nur über einen erhöhten Preis bewältigbar ist, d. h. dass sich die Planungsunsicherheit des Beraters in erhöhten Kosten niederschlägt.

Bei der Bewertung einer erfolgreichen Beratung sind mindestens zwei Perspektiven möglich, wobei zur Beurteilung des Erfolges Kriterien aus beiden Perspektiven erfüllt sein sollten:

- **Die Perspektive des Auftraggebers:**
  Hier spielen folgende Überlegungen eine wesentliche Rolle, wie z. B. die Aufwands-Ertrags-Relationen, die geglückte Instrumentalisierung des Beratereinsatzes, geringe betriebliche Stillstandszeiten, unmaßgebliche zeitliche Bindung der Managementkapazitäten, Konfliktarmut, gute Kommunikationsbeziehungen zum Berater, Zielerreichung und geringer Umfang der erforderlichen Nacharbeiten.
- **Die Perspektive des Beraters:**
  Hier sind Überlegungen, wie z. B. Fristigkeiten und deren Einhaltung, Umsetzung der erarbeiteten Ergebnisse, auftragsbezogen optimale Lösungen zu finden, gut mit den Widerständen im Klientensystem zu Rande zu kommen, Übereinstimmung mit der Vorkalkulation, Erreichen der selbstgesteckten Ziele, Erhaltung der Gesprächsbasis zum Klientensystem, Erkenntnisgewinn und der Erhalt von Zusatzaufträgen von wesentlicher Bedeutung.

Treten eines oder mehrere Kriterien bei einem Beratungsmandat gemeinsam auf, werden beide Partner, Berater und Klient, ihren Nutzen aus der Verbindung ziehen; Nachhaltigkeit und ähnliche Evaluierungskriterien bleiben aus dieser Betrachtung ausgenommen.

Hemmende Faktoren, die einer erfolgreichen Beratung entgegenstehen, zeichnen hingegen in ihren Auswirkungen ein düsteres Bild. Die hemmenden Faktoren bei der Akquisition wurden bereits besprochen. An erster Stelle bei der Bewertung von Misserfolgsfaktoren steht aus der Sicht des Beraters als „worst-case"-Szenario der Abbruch des Mandates durch den Klienten, verbunden mit dessen Weigerung, die bereits erarbeiteten und noch ausstehenden Honorarbeträge zu bezahlen und es ggf. auf eine gerichtliche Auseinandersetzung ankommen zu lassen. Gegen diese Gefahr ist der Berater eigentlich nie gefeit.

Ursachen für problematisch ablaufende Berater-Klienten-Beziehungen können ganz am Beginn der Beratung entstehen, z. B. in einer gar nicht vorhandenen oder nur allgemein gehaltenen, eventuell sogar nur mündlichen Beratungsvereinbarung. Sobald das Beratungsverhältnis aus dem Ruder läuft, werden solche Fehler zum massiven Hindernis.

Eine erfolgsverhindernde Fehleinschätzung des Beraters kann auch darin liegen, dass er Auftraggeber und Empfänger seiner Leistungen nicht auseinanderhalten bzw. identifizieren kann.

Ein weiteres hinderliches Kriterium liegt im Versäumnis des Beraters, sich über die Problemidentifikation und alle damit möglicherweise verbundenen Konstellationen eigene Gedanken zu machen.

8. Dynamik des Beratungsprozesses

Das nächste Hindernis könnte darin liegen, dass der Berater einmal gefasste (Vor-)Urteile über das Klientensystem starr und unreflektiert während der Beratung mitschleppt oder er sich auf Grund seiner Erfahrungen darauf beschränkt, im Klientensystem ihm Bekanntes wieder zu identifizieren und somit nicht auf die Individualität seines laufenden Mandates Rücksicht nimmt. Ähnlich verhält es sich, wenn der Berater auf eine umfassende Diagnose des Klientensystems verzichtet.

Auch „Verkäufer" von Managementmethoden oder Instant-Beratungsprodukten riskieren, das Ziel ihres Einsatzes beim Klienten aus dem Auge zu verlieren und damit zu scheitern.

Ein Problem kann darin liegen, dass dem Berater die Grundsätze von Interventionen in sozialen Systemen nicht geläufig sind und er vergisst, dass artikulierte Probleme von Organisationsmitgliedern neben ihrem eigenen Problemgehalt immer auch eine stabilisierende Funktion haben können – wird das Problem beseitigt, kann z.B. die kathartische Funktion desselben nicht mehr funktionieren und der Berater als Verursacher des Ungleichgewichts verantwortlich gemacht werden.

Informelle Beziehungen und deren Kenntnis sind für den Berater sehr wichtig. Wenn sich der Berater allerdings beinahe ausschließlich darum kümmert, besteht die Gefahr, dass das eigentliche Beratungsziel nicht realisiert wird und sich der Berater ggf. auf eine Rolle als Coach oder Moderator beschränkt.

Ein weiterer hemmender Faktor kann darin liegen, dass der Berater durch zu große Nähe bzw. zu hohe Identifikation mit dem Klientensystem „betriebsblind" wird. Das kann auch geschehen, wenn der Berater eine Richterrolle besetzt und im Klientensystem anfängt, Mitglieder zu beurteilen bzw. zu verurteilen.

Weitverbreitete und belastende Faktoren sind beratereigene Probleme, wie der Hang zu einer übersteigerten persönlichen Profilierung sowie der Ehrgeiz, gegenüber dem Klientensystem eine stärkere Position zu erreichen und eigene Strategien durchzusetzen. Dadurch werden Berater für das Klientensystem schwer kontrollier- und einschätzbar. Anschaulich wird das, wenn beispielsweise der mit der Vertriebsreorganisation beauftragte Berater einen „Krieg" mit dem Marketingverantwortlichen anzettelt, wie er für das betriebliche Verhältnis zwischen Vertriebs- und Marketingleiter durchaus typisch ist, d.h. sich eine betriebliche Problemsituation grotesk und unproduktiv im Beratungsprozess abbildet. Eine Steigerung dieses realen Beispiels kann darin liegen, wenn sich dieser

Konflikt innerhalb des Beratungsteams wiederfindet und insgesamt durch diese Situation Effizienzverluste eintreten.

Häufig hinderlich für einen Beratungserfolg ist auch das Nebeneinander unterschiedlicher Beratungsunternehmen bei ein und demselben Klienten zur selben Zeit, wenn auch mit unterschiedlichen Teilaufträgen, so dass sich deren Wege häufig kreuzen. Damit werden, gelegentlich mit Hilfe der Berater, Konflikte von Machtgruppen im Klientensystem ausgetragen. Wenn dafür schon externe Berater herhalten müssen, kann man gewiss sein, dass diese Konflikte nicht zu jenen gehören, die produktiv über ein Beratungsmandat gelöst werden können.

So vernünftig es ist, in verkrusteten Strukturen von Klientensystemen kleine Erfolge als größere darzustellen, so gefährlich ist es, wenn diese kleineren Erfolge nicht Bestandteil der gesamten Beratungsstrategie sind. In diesen Fällen werden sie nämlich, sobald das Globalziel erreichbar scheint, unter den Tisch gekehrt – wie die Motivation der damit Betrauten.

Titscher (1997, S. 213) hat die **Misserfolgskriterien** für Beratungsprojekte in seinen „10 unerlässlichen Regeln für einen Projekt-Flop" recht griffig-ironisch zusammengefasst und damit für Berater eine „Anleitung zum Unglücklichsein" verfasst (Abb. 27):

1. Verzichten Sie auf einen klaren Vertrag. Was zählt, ist Vertrauen.
2. Wer zahlt, schafft an! Achten Sie den Auftraggeber als den wirklich wichtigen Klienten.
3. Ein Berater, der seinen Klienten Kundenorientierung predigt, muss auch an dem Problem arbeiten, das der Kunde vorgibt.
4. Erfolg heißt, ein Problem zu beseitigen. Sollten daraus neue entstehen, so kann das höchstens einen neuen Auftrag nach sich ziehen.
5. Erfahrung ersetzt Diagnosen und spart dem Kunden Ausgaben.
6. Der Mensch im Mittelpunkt! Daher muss sich ein verantwortlicher Berater der Leute annehmen.
7. Wer nicht klar Stellung bezieht, ist nicht entscheidungsfreudig und kann keinem Manager Vorbild sein.
8. Ein professionelles Team braucht keine langen internen Abstimmungen, sondern nützt diese Zeit für Arbeit beim Kunden.
9. Wer Firmen meidet, in denen schon andere Consultants arbeiten, zeigt nur, dass er die Konkurrenz fürchtet.
10. Orientierung am Erfolg heißt auch, dass man nicht abwartet, sondern selbst herstellt und überprüfen will.

Abb. 27: Anleitung zum Unglücklichsein (vgl. Titscher 1997)

8. Dynamik des Beratungsprozesses

Insgesamt kann festgehalten werden, dass tendenziell folgende besonders **erfolgskritischen Phasen** oder Schritte im Beratungsprozess identifiziert werden können:

- Alle Aktionen in und um die Auftragsvergabe (Akquisition, Problemdruck im Klientensystem, Beratungsvereinbarung, Festlegung der Ziele etc.),
- die Durchführung einer sorgfältigen Bestandsaufnahme bzw. Ist-Analyse im Klientensystem,
- die Präsentation der Analyseergebnisse und ihre Einbindung in die weitere Vorgehensweise,
- die Entwicklung einer geeigneten Interventionsstrategie mit genauer Kenntnis ihrer Grenzen durch den Berater,
- als Bestandteil der Interventionsstrategie die Bildung des(r) Projekt-Teams (gemischte und/oder homogene Teams, Verantwortlichkeiten, Berichtssystem sowie die Sicherstellung der Betreuung),
- jeder Versuch, im Klientensystem Veränderungen herbeizuführen,
- jede Auseinandersetzung mit dem Klientensystem, bei der unterschiedliche Sichtweisen (extern/intern) aufgearbeitet werden sollen,
- Meetings des Beratungsteams, bei denen Ergebnisse besprochen und weitere Vorgehensweisen abgestimmt werden sollen,
- das Beenden des Beratungsverhältnisses: Lösen des Klientensystems vom Berater und umgekehrt.

Auch wenn der Berater sehr sorgfältig die förder- und hinderlichen Faktoren einer Berater-Klienten-Beziehung beobachtet, analysiert und kontrolliert: Beratungsmandate entwickeln sehr oft eine Eigendynamik, deren Steuerung sich den Möglichkeiten des Beraters entziehen kann. Andererseits kann durch eine sorgfältige Planung der Bewegungsspielraum dieser Eigendynamik eingegrenzt werden, so dass der Überraschungseffekt nicht übergroß wird. Außerdem wird bei einigen Beratungsarten, z.B. in der Organisations- oder Personalentwicklung, diese Dynamik explizit forciert, d.h. die Eigendynamik eines Beratungsprozesses ist eine „normale" und keineswegs eine „fragwürdige" Entwicklung, sondern maßgebliches und zu begrüßendes Element einer Beratung.

8.3 Rollen von Beratern und Klienten und deren Auftretenshäufigkeiten im Beratungsverlauf

Beratung ist ein Prozess der Begegnung von Menschen unterschiedlicher sozialer Systeme. Um die Orientierungsprozesse, die das Aufeinandertreffen solcher Systeme regelmäßig begleiten, die relativ lange andauern können und damit nicht sehr ökonomisch sind, zu

2. Teil: Beratungsverhalten

begrenzen, bieten rollentheoretische Erklärungsansätze zum Beraterverhalten dafür Lösungen an. Die rollentheoretischen Ansätze sind sehr stark phänomenologisch orientiert, d.h. sie beschreiben die verschiedenen Rollen bzw. Funktionen, die ein Berater während des Beratungsprozesses in der Auseinandersetzung mit dem Klientensystem spielt bzw. spielen kann.

Die Orientierung am Rollenverhalten in der Beratung hat den Vorteil, dass dadurch die Erwartungshaltungen sowohl auf Berater- als auch auf Klientenseite gut beschrieben werden und in die Analyse eines Beratungsprozesses einfließen können.

Rollen werden durch Lernen und Imitation erworben. Das Konzept von Senior- und Junior-Berater passt genauso hierher wie das Lesen von Büchern über Beraterverhalten. Dadurch werden Rolleninhalte und die daran geknüpften Erwartungshaltungen geprägt, die auf die Berater-Klienten-Beziehung bzw. das Beraterverhalten Einfluss haben.

Die Rollen des Beraters sind nicht während der gesamten Berater-Klienten-Beziehung konstant, sondern wechseln je nach „Befindlichkeit" der Beziehung bzw. der Situation des Klientensystems.

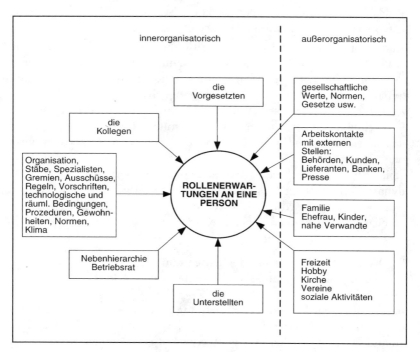

Abb. 28: Rollenerwartungen an Mitarbeiter

8. Dynamik des Beratungsprozesses

Wie komplex die Rollenerwartungen sein können, soll Abbildung 28 veranschaulichen, die die **Rollenerwartungen** an ein Mitglied des Klientensystems darstellt. Die Darstellung verdeutlicht, dass so mancher Anspruch an die Veränderungsnotwendigkeit von Beratern an Mitarbeiter zwar sehr leicht formuliert, aber auf Grund der Vielzahl an möglichen Erwartungen, die das Verhalten determinieren, eher schwer zu realisieren ist.

Mintzberg (1991) hat in seinen umfangreichen Analysen Managern zehn verschiedene **Rollenfunktionen** zugeschrieben. Diese Rollenbezeichnungen bzw. -funktionen können auch auf Berater angewandt werden, weil Beratung i.w.S. auch Managementfunktionen notwendig macht:

1. **Repräsentant (Figurehead):** Der Berater fungiert nach innen und außen als symbolischer Vertreter seiner Organisation und repräsentiert sie.
2. **Führer (Leader):** Im Mittelpunkt dieser Rolle stehen Aufgaben der Motivation und Anleitung von Mitarbeitern, des Personaleinsatzes und der Personalentwicklung – sowohl im Klientensystem als auch im Beratungsteam.
3. **Koordinator (Liaison):** Der Berater baut interne und externe Kontakte auf und pflegt diese auf formellen und informellen Wegen.
4. **Informationssammler (Monitor, Beobachter):** Der Berater sucht und empfängt sehr unterschiedliche Informationen, die sein Verständnis über das Funktionieren des Klientensystems und seine Umwelt bestimmen.
5. **Informationsverteiler (Disseminator):** Darin gibt der Berater interne und externe Informationen sowohl an die Mitglieder des Beraterteams als auch an das Klientensystem sowie dessen Umfeld weiter.
6. **Sprecher (Spokeperson):** Als Sprecher gibt der Berater Informationen über Pläne, Maßnahmen oder erzielte Ergebnisse des Beratungseinsatzes an Mitglieder des Beratungsteams, Auftraggeber, Klientensystem und Dritte weiter.
7. **Unternehmer (Entrepreneur):** Als Unternehmer sucht der Berater laufend nach Möglichkeiten und Chancen, Innovation, Wandel und Beschäftigungsmöglichkeiten, sowohl für sich als auch für das Klientensystem. Betriebswirtschaftliche Prinzipien sollten dabei sein Handeln leiten.
8. **Krisenmanager (Disturbance Handler):** In dieser Rolle kann er einmal selbst explizit im Klientensystem eingesetzt werden, zum zweiten beschreibt sie eine Erwartungshaltung, wie er mit unerwarteten Störungen im Beratungsablauf umgeht.

9. **Ressourcenzuteiler (Resource Allocator):** Durch das Management des Beratungsprojekts entscheidet der Berater über Vergabe von Ressourcen aller Art an Personen oder Abteilungen; durch den Entscheidungsvorbehalt behält der Berater die Kontrolle über Zusammenhänge zwischen verschiedenen Einzelentscheidungen.
10. **Verhandlungsführer (Negotiator):** Der Berater tritt extern als Verhandlungsführer auf und verpflichtet die Organisation für künftige Aktivitäten, z. B. in Bankverhandlungen u. ä.

9. Konfliktbewältigung

Konflikte werden in der Regel mit unangenehmen Erfahrungen in Verbindung gebracht. In manchen Unternehmen findet man daher auch ein ausgeprägtes Harmoniestreben, in der Glitzerwelt der Berater haben Konflikte noch weniger Platz. Deshalb werden sie oft überpointiert als konstruktive und positive Erfahrungen geschildert. Ganz gleich, wie man zur Konfliktproblematik steht, es lebt sich natürlich besser ohne sie.

Im Berateralltag hingegen sind Konflikte in und mit Klientensystemen eher die Regel. Durch die mögliche Instrumentalisierung des Beratereinsatzes, durch die Intention der Berater, etwas im Klientensystem verändern zu wollen, und durch seine Position im beratenden Setting erwachsen beinahe naturgemäß Konfliktpotentiale. Durch das soziale Eingebundensein und die Konfrontation mit komplexen sozialen Systemen der unternehmensberatenden Berufe ist ein beim Berater vorhandenes Konfliktlösungspotential sehr wichtig.

Klassische organisatorische Maßnahmen, wie sie in Unternehmen durch die Schaffung von Organisationsplänen mit Stellenbeschreibungen und Kompetenzplänen Tradition haben, lassen sich auf das Verhältnis Berater-Klient nur bedingt anwenden. Der Berater ist eben gerade nicht Teil der Organisation des Klientensystems oder eine „Stabsstelle", wie man vielleicht vordergründig meinen könnte, sondern, wie auch der Klient, eigenständiger Partner in einer Berater-Klienten-Beziehung. Natürlich wird eine solide vertragliche Grundlage, verbunden mit einer sorgfältigen Projektplanung und -dokumentation, das Konfliktpotential kanalisieren bzw. begrenzen können. Nichtsdestoweniger sind aus der Beziehung entstehende Konflikte unvermeidlich. Ursachen dafür können in unterschiedli-

9. Konfliktbewältigung

chen persönlichen Interessenlagen genauso liegen wie in Macht- und Verteilungsstreitereien, die sowohl offen sichtbar als auch unter der Oberfläche brodeln können.

Voraussetzung für das Entstehen von Konflikten ist das aufeinanderbezogene Handeln von Personen bzw. Gruppen, wobei diese Interaktionen für mindestens einen der Beteiligten unbefriedigend sind. Diesem Zustand wirken der oder die Beteiligten mit entsprechenden Handlungen, Einstellungen und Veränderungsresistenzen entgegen. Berater sollten diesen Widerstand bemerken, manche prozessorientierten Berater setzen ihn ganz gezielt ein bzw. erklären ihn zum Beratungsgegenstand.

Die Veränderungen in den präferierten Organisationsformen wirken sich auch auf die **Konfliktpotentiale** in den Unternehmen aus. Allerdings ist nicht die Organisationsform selbst Ursache für Konflikte, die entstehen erst durch das subjektive Wahrnehmen und Erleben der Mitarbeiter (vgl. *Wottawa/Gluminski* 1995, S. 112 ff.):

- Führt der Berater autoritäre Strukturen (z.B. in Form von Aufbau- und Ablaufvorschriften) in Organisationen ein, die von ihrem Unternehmensgegenstand her selbstständiges Arbeiten der Mitarbeiter verlangen, sind Konflikte vorprogrammiert.
- Bei Dienstleistungsorganisationen, z.B. im Non-Profit-Bereich, entstehen Konfliktpotentiale vor allem dann, wenn ad-hoc Dienstleistungen ohne Berücksichtigung der personellen und zeitlichen Kapazitäten erbracht werden sollen oder formale Überreglementierungen getroffen werden, um sich gegen Einzelfälle abzusichern.
- In Produktionsunternehmen entstehen Konfliktpotentiale immer dann, wenn die hohe Arbeitsteilung Entfremdungs- und Monotonieprozesse in Gang setzt. Deshalb muss der Berater bei Interventionen nicht nur auf die Papierform von Organisationen achten, sondern sich aktiv mit den Auswirkungen auf die einzelnen Arbeitsplätze und Mitarbeiterpotentiale beschäftigen.

Berater müssen zudem bei ihren Interventionen bei Organisationsentwicklungsprozessen oder Veränderungen in der Aufbauorganisation mit Problemen rechnen, die sich aus den sich verschiebenden Abhängigkeitsverhältnissen ergeben und die nachhaltigen Einfluss auf die erwünschte Produktivität haben können:

- **Synergetisch laterale Interdependenz:** Durch die Einführung von Koordinationsregeln verhindert der Berater, dass gleichrangige Mitarbeiter mit klar abgegrenzten Aufgaben- und Kompetenzbereichen sich gegenseitig Informationen vorenthalten und so das unternehmerische Ziel aus den Augen verloren wird.

- **Synergetisch vertikale Dependenz:** Durch die verstärkte Absicherung hierarchisch untergeordneter Positionen wird verhindert, dass die Vorgesetzten zu sehr mit ihrem Machtausbau beschäftigt sind und dadurch Konflikte entstehen.
- **Synergetische, sequenziell laterale Interdependenz:** Berater müssen bedenken, dass die „Radfahr"-Technik hauptsächlich deswegen möglich wird, weil die Abhängigkeit der Unterstellten aus nur einer Kommunikations- und Interventionsrichtung resultiert. Um die daraus entstehenden Reibungsverluste zu minimieren ist es wichtig, dass sie an Clearing-Stellen denken, die eine Umgehung des Dienstweges möglich machen.

Die Konfliktthematik ist in der Literatur weit verbreitet. Wir wollen uns generell auf jene Bereiche beschränken, die für die Beratung wesentlich erscheinen.

Koordinationszwang
Verschiedene Parteien sind – aus unterschiedlichen Gründen – gezwungen, bei ihren Handlungen die anderen Parteien zu berücksichtigen.

Überbetonung des Rationalitätsprinzips
Vorherrschen eines „Handlungsprinzips" in Organisationen.

Einengung des Handlungsspielraumes
Wenn die Einengung des Handlungsspielraumes bewusst wird, fördert das Reaktanz, die sich als Widerstand manifestiert.

Gleiche oder unklare Machtverhältnisse
Keine der vorhandenen Parteien ist in der Lage, der anderen Wege und Ziele des Verhaltens verbindlich vorzuschreiben.

Struktur des Belohnungssystems
Belohnungssysteme sind dann konfliktfördernd, wenn im Sinne eines Nullsummenspieles die Belohnung einer Partei mit der Bestrafung der anderen Partei verbunden ist.

Heterogenität der Parteien
Die potenziellen Konfliktparteien unterscheiden sich in relevanten Aspekten wie etwa Werthaltungen, Informationsstand etc.

Wettbewerbshaltung
Überbetonung des Wettbewerbs zwischen Gruppen auch dort, wo Kooperationsverhalten angebracht wäre.

Abb. 29: Konfliktursachen in Organisationen

9.1 Problemfelder in der Berater-Klienten-Beziehung

Von den Problemfeldern wurden im bisherigen Text schon einige angesprochen. Viele aus Problemfeldern entstehende Konflikte ließen sich in ihren Ansätzen vermeiden, wenn sich in der Beratung eine Konfliktvermeidungshaltung in dem Sinne etablieren könnte, dass Konfliktansätze schon im Keim erstickt werden. Das bezieht sich vor allem auf jene Konfliktbereiche, deren Entstehung und Aufarbeitung sich nicht mit dem Beratungsziel decken. In der Organisationsberatung bzw. -entwicklung ist allerdings die Konfliktfähigkeit oft ein entscheidendes Indiz für die Erreichung von Lernzielen bzw. für Bewegung.

Zur Konfliktvermeidungshaltung gehört ein gutes Management der Berater-Klienten-Beziehung. Oft wird diese durch die eigentlichen Schlussfolgerungen und Ergebnisse des Beratereinsatzes auf die Probe gestellt. Kommen dazu noch schlecht gehandhabte Rahmenbedingungen ist der Bogen oft überspannt.

Problemfelder durch eine **unzureichende Beherrschung des beraterischen Handwerks** können wie folgt beschrieben werden:

- An erster Stelle stehen unzureichende Aufwendungen für die Analyse bei der Problemidentifikation des Beratungsgegenstandes. Wenn in diesem Problemfeld, dessen Bedeutung zu Beginn der Berater-Klienten-Beziehung meist nicht richtig eingeschätzt wird, nicht sehr sorgfältig recherchiert und verhandelt wird und der Beratungsgegenstand und das Ziel des Beratungseinsatzes nicht mit der nötigen Klarheit offengelegt und diskutiert werden, entstehen erhebliche Probleme dadurch, dass nicht an einem Strang gezogen wird und jeder Partner im Laufe des Beratungsmandates und besonders bei Belastungssituationen in der Berater-Klienten-Beziehung seine eigenen Intentionen deterministisch und relativ unflexibel verfolgt. Den einmal eingeleiteten Handlungsplänen folgen dann sowohl Berater als auch Klient mit einer ausgeprägten Starrheit. Eine weitere Gefahr kann darin liegen, dass auf Grund der zu wenig detaillierten Analyse die Beratung zur Symptomkur wird und die den Problemen zugrunde liegenden Ursachen nicht erkannt und damit auch nicht behoben werden. Die Konsequenzen liegen dann im Auseinanderbrechen der Berater-Klienten-Beziehung. Zurück bleibt ein frustrierter Klient und ein Berater, der wirtschaftlichen und referenziellen Schaden tragen muss.

- Ein weiteres Problemfeld kann in der starren Verfolgung eines Beratungsplanes durch den Berater liegen, in dem die Aufeinanderfolge von Handlungsschritten festgeschrieben ist, an die sich der Berater halten sollte. Die Ursachen, die in der Unerfahrenheit, Überbeschäftigung, mangelnden Sensibilität oder Unkonzentriertheit des Beraters liegen können, ermöglichen das Entstehen von zwei Geschwindigkeiten zwischen dem Beratungs- und dem Klientensystem, was zu Reibungsverlusten führt und viel Aufwand für die neuerliche Koordination erfordert. Spätestens nach dem zweiten Koordinationsversuch trennen sich im allgemeinen Klienten von den Beratern. Diese Gefahr kann vor allem Berater treffen, die mit Checklisten beraten. Aber auch der Klient kann starre Handlungsmuster (wie z. B. Dienstwege, Vorschriften über Außenkontakte oder Abwicklungen) entwickelt haben, die vorerst unabhängig von ihrer Sinnhaftigkeit vom Berater im Hinblick auf ihre Auswirkungen auf den Beratungsprozess bewertet werden sollen.
- Durch die Wahl der falschen Ansprechpartner im Betrieb und eine wenig ausgeprägte Informations- und Kommunikationskultur beim Berater, oder eine Vorgehensweise, die sich in der Trias Analyse-Beratungsbericht-Honorarrechnung erschöpft, können Informationslücken entstehen, die Konfliktpotential in sich bergen. Ebenso ist es möglich, dass schlechte Kommunikatoren als Berater weder Umsetzungen noch Annehmen von Lösungsvorschlägen im Klientensystem erreichen, auch wenn diese sachlich richtig sind. Intentionen, Überlegungen, Zwischenberichte u. ä. müssen in der Projektierung jedes Beratungsmandats ihren fixen Platz haben, um die Informationen der Berater wieder in das Klientensystem hineinzuspielen, den Informationsstand der Berater zu aktualisieren und Lösungsmöglichkeiten fortlaufend den Fähigkeiten des Klientensystems anzupassen. „Vom Reden über die Dinge zum Tun kommen" ist eine Vorgabe, der Berater immer und überall folgen müssen. Wird sie nicht berücksichtigt, sind die Probleme und Konflikte quasi vorprogrammiert.
- Oft sind Beratungsergebnisse für die Klienten sehr unangenehm; der Berater findet sich in der Rolle des Überbringers schlechter Botschaften wieder. Nur ein gewachsenes Vertrauensverhältnis und ein offenes Wort darüber, wie der Berater mit solchen Erkenntnissen umgeht, kann über diese Klippen helfen. Die „Schönfärberei" mancher Berater ist im Hinblick auf die Notwendigkeit und die Erfordernisse raschen Handelns der falsche Weg. Auch der zur Schau getragene Zweckoptimismus ist nicht immer die richtige Haltung, mit der Klienten über unangenehme Dinge un-

terrichtet werden sollen. Der Berater muss sich bemühen, authentisch und seiner Rolle als objektiver Außenstehender gerecht werdend, den Inhalten der Erkenntnisse eine entsprechende Informationsform zu geben. Eine ergebnisverfälschende Betriebsblindheit, die in den Organisationen auch gepaart mit gezielter Desinformation anzutreffen ist, ist in den Klientensystemen oft genug vorhanden. Die wenigsten benötigen noch Berater, die diesen Desinformationscocktail durch übertriebene Opportunität und Konfliktscheu anreichern. Manche Mitarbeiter des Klientensystems versuchen außerdem in solchen Fällen den Berater zum Verbündeten zu machen und die Last der Verantwortung zu verteilen. Gerade junge und unerfahrene Berater nehmen solche Bündnisvorschläge oft sehr leichtsinnig an, fühlen sie sich doch ins Vertrauen gezogen und als Gesprächs- und Handlungspartner ernst genommen. Doch das ist genau jener Punkt der Instrumentalisierung, der mit den Vorgaben und Werten des Beratungsberufes unvereinbar ist. Zudem sind für den Berater solche Dinge doppelt unangenehm: Erstens lassen sich schlechte Botschaften nicht auf Dauer verschleiern und zweitens holt die Realität jeden Vertuschungsversuch ein. Das Konfliktfeld zu umgehen macht auf Sicht also weder für den Berater noch für das Klientensystem viel Sinn.
- Ein weiteres Problemfeld kann darin liegen, dass der Berater das Klientensystem und seine Exponenten in ihrer Belastungsfähigkeit falsch einschätzt. Setzt er z. B. in einer sehr stark ausgelasteten Organisation auf das evolutionäre System Moderation für die Organisationsentwicklung und will daher arbeitszeitintensive Workshops mit einem hohen Anteil an Projektaufgaben durchführen, wird er Konfliktsituationen geradezu herausfordern. Ähnlich verhält es sich, wenn er Organisationen ohne entsprechende organisationale Werkzeuge und Abwicklungskenntnisse in neue Märkte führen will oder wenn er, mit der entsprechenden Positionsmacht ausgestattet, Veränderungen durchpeitschen will und so eine Geschwindigkeit vorgibt, der die Organisation nicht folgen kann. Wie bei allen Überforderungen und Fremdbestimmungen wird sich das Klientensystem gegen den vermeintlichen Aggressor zur Wehr setzen, hilft das nichts, in Lethargie und Paralyse verfallen – der Beratereinsatz gerät zum Fiasko. Um diese Entwicklungen zu vermeiden, ist eine sorgfältige Analyse und Bewertung des Klientensystems absolut notwendig. Sind die erforderlichen Ressourcen im Klientensystem nicht vorhanden bzw. können in der vorgegebenen Zeit nicht entwickelt werden, ist vom Berater entweder der Zukauf der erwünschten Leistungen

vorzuschlagen oder eine andere Problemlösungsmethode zu verwenden.
- Hat der Berater seine Vorarbeiten gut gemacht und ist er zu einem Ergebnis gekommen, können unterschiedliche Bewertungen hinsichtlich der Qualität und Quantität der notwendigen Maßnahmen ein weiteres Problemfeld darstellen. Jede noch so gut gemachte Präsentation von Ergebnissen des Beratungseinsatzes kann daran scheitern, dass die Bewertung des Klientensystems eine völlig andere ist. Die Ursachen dafür können historisch in organisationalen Erfahrungen liegen, sie können von Animositäten zwischen Berater und Entscheidern herrühren oder sie können einfach nur darauf zurückzuführen sein, dass das Klientensystem nicht den Weg mit den höchsten Erfolgsaussichten sondern jenen mit dem geringsten damit verbundenen Aufwand und möglichst wenigen internen Widerständen wählt. Deshalb ist die ständige Kommunikation zwischen Berater und Klient während des gesamten Beratungsprozesses sehr wichtig, im Idealfall ist dann die Schlusspräsentation bzw. der Endbericht eines Projekts nur noch ein formaler Akt. Die hoffentlich richtigen Entscheidungen wurden schon früher gefällt.
- Die Beherrschung und Nutzung moderner Möglichkeiten der Präsentationserstellung, z.B. mit Hilfe von animierten Computergrafiken, sollte beim Berater nicht verhindern, dass die Ergebnisse und vor allem deren Herleitung mit der entsprechenden Präzision geschildert und nachvollziehbar festgehalten werden. Werden lediglich Ergebnisse im Sinne von „that's it" präsentiert, wird erstens die Selbstbeteiligung des Klientensystems nicht initiiert und zum zweiten werden organische Lösungen verhindert. Das Problemfeld wird dann zum Konfliktfall, wenn die Exponenten des Klientensystems das Gefühl bekommen, die vorgeschlagenen Lösungen seien weder auf ihr Unternehmen bezogen noch extra für sie entwickelt. Ein Beratungsansatz, der die Mitarbeiter des Klientensystems einbezieht, der klar signalisiert, die präsentierten Ergebnisse sind das Produkt aller Beteiligten, verhindert weitgehend Konflikte dieser Kategorie.
- Ähnlich verhält es sich, wenn der Berater isoliert und quasi im Labor an Lösungen arbeitet, die weder miteinander kompatibel sind noch mit dem Klientensystem viel gemein haben. Das dürfte immer dann der Fall sein, wenn der Berater z.B. in der Fachliteratur berichtete Lösungen ohne entsprechende klientenspezifische Anpassungen präsentiert, oft noch verbunden mit dem Hinweis, das Klientensystem müsse sich eben intellektuell nach der Decke strecken, um die Originalität und die hohe Fachkompetenz des

Beraters zu verstehen. Dieses Schicksal erleiden oft Universitätsprofessoren in der Beratung, die nicht verstehen können, dass Betriebe anders funktionieren als Hörsäle oder angepasste Prüflinge. Deshalb ist es wichtig, dass die Lösungen als Teil einer Gesamtstrategie dargestellt werden, die auch für Außenstehende nachvollziehbar sein muss. Die Angst mancher Berater, dass die Klienten dann in ihr persönliches „Kochbuch" blicken könnten, erweist sich regelmäßig als unbegründet.

– Sehr viele Klientensysteme sind zu Recht unzufrieden, wenn ein Berater nahezu ausschließlich vergangenheitsorientiert arbeitet und sich zu sehr mit der Genese des aktuellen Zustandes auseinandersetzt. Für den Berater kann diese Vorgehensweise vernünftig sein, orientiert er sich doch in Analogie zur Personalbeschaffung daran, was das Klientensystem in der Vergangenheit geleistet hat und extrapoliert daraus dessen Verhalten in der Zukunft. Neben dem Bohren in Wunden verursachen die ex post facto-Analysen allerdings meist ein organisationales Unbehagen über nicht genutzte Chancen und nicht durchgeführte Weichenstellungen. Diese vergangenheitsorientierte Betrachtungen führen im Klientensystem zu Verteidigungshaltungen. Niemand will doch zugeben, dass er in der Vergangenheit Fehler gemacht hat oder notwendige Dinge versäumte und dass die Gründe dafür in seiner Person zu suchen sind. Steht der Berater nun mit erhobenem Zeigefinger vor der Organisation und bewertet deren Verhalten in der Vergangenheit, so wird er zum Störenfried bzw. bösen Buben, dem nichts recht gemacht werden kann und dessen enthüllungsjournalistische Attitüden allen schaden. „Weg mit ihm!" wird die Forderung des Klientensystems sein.

– Manche Forderungen von Beratern gleichen der Quadratur des Kreises: Einmal werden z.B. Bettenauslastungsziffern in der Hotellerie gefordert, die nie zu erreichen sind. Dann sollen die Produktionskosten auf ein Niveau zurückgeführt werden, das mit herkömmlichen Maßnahmen nicht möglich ist. Ein anderes Mal sollen Tätigkeiten mit einer Geschwindigkeit durchgeführt werden, die unrealistisch ist. „Umsätze rauf, Kosten runter" ist eine originäre betriebswirtschaftliche Forderung der Berater – nur wie das zu realisieren ist, bleibt oft im Dunkeln. In den Beratungsberichten zu diesem Thema stehen dann oft Leersätze, wie „… wenn der Deckungsbeitrag I um 30% erhöht werden kann, ist das Unternehmen in der Gewinnzone." Bei 10% geht's schon nicht mehr, bei 20% schaut es immer noch schlecht aus. Solche Analysen von Beratern ärgern Klienten und das zu Recht, weil das kein vorschlagsorientiertes Vorgehen ist, sondern mit Leerformeln versehene Ziele einfach in den Raum gestellt werden, ohne dass der Berater konkret sagt, wie diese zu erreichen sind. Viele Berater bleiben in diesem Bereich relativ vage. Kurzum, überzogene „wenn-dann-Aussagen" und unerreichbare Ziele demotivieren nicht nur, sondern schaffen auch unnötige Konflikte.

- Ein relevantes Konfliktfeld kann dadurch entstehen, dass sich der Berater nach der Präsentation seiner Problemlösungswege verabschiedet. Vor allem bei kleinen und mittelständischen Unternehmen führt die fehlende Umsetzungsunterstützung zu mitunter massiven Belastungen der Berater-Klienten-Beziehung (vgl. z.B. *Kailer/Merker* 2000).

Das sind nur einige der möglichen Problemfelder in der Berater-Klienten-Beziehung. Situationen, in denen sich diese Beziehung verschlechtern kann, sind Legion. Nur durch eine präventive und offene Kommunikation können wesentliche Belastungspunkte entschärft werden, auch wenn das alleine für eine gelungene und optimale Zusammenarbeit keine Garantie ist.

9.2 Konfliktbereiche und -formen

Konflikte in der Beratung können unterschiedlichste Ursachen haben. Erfahrene Berater kennen diese oder sind in der Lage, die Ursachen zu ermitteln, und setzen sie für eine gezielte und effektive Konfliktlösung ein, um in der zu beratenden Organisation Veränderungen hervorzurufen. *Wottawa/Gluminski* (1995, S. 99 ff.) beschreiben Konflikte hinsichtlich ihrer Entstehung, ihres Verlaufs und der beteiligten Personen. In der Beratung trifft man immer wieder auf folgende Konflikttypologien und relevante Veränderungsansätze.

- Reibungskonflikte bestehen zwischen Personen in Organisationen, deren Positionen weitgehend festgelegt sind. Die Konflikte zielen dabei nicht auf eine Positionsveränderung, sondern auf eine Positionsverbesserung. Solche Reibungskonflikte treten z.B. immer wieder zwischen Arbeitnehmer- und Arbeitgebervertretern auf. Der Berater kann sie insofern nutzen, in dem er versucht, eine „win-win"-Situationen zu schaffen. Dieser Balanceakt ist natürlich schwierig, allerdings gelegentlich den Versuch wert (vgl. *Brandenburger/Nalebuff* 1996).
- Positionskämpfe in Organisationen wirken nicht systemverändernd, sondern der Einzelne möchte dadurch nur seine Position verbessern. Konflikte aus Positionskämpfen können daher vom Berater z.B. nur mittelbar zu Organisationsentwicklungsprozessen genutzt werden.

9. Konfliktbewältigung

- Systemveränderungskonflikte zielen hingegen auf organisationale Veränderungen und betreffen die Diskrepanz zwischen Verändern und Beharren unmittelbar. Dieser Konflikttypus wird in der Beratung sehr oft anzutreffen sein.

Ein weiteres Unterscheidungsmerkmal beschreibt die Art und Weise, wie Konflikte in Organisationen ausgetragen werden. Sind die Konfliktparteien in ihrer Rollen- und Positionswahl nicht frei, wie z. B. Betriebsrat und Unternehmensführung, so spricht man von formgebundenen Konflikten. Überall dort, wo z. B. innovatives Verhalten bzw. Streiten der Konfliktparteien notwendig ist, trifft man auf formlose Konflikte. Kalte Konflikte in Organisationen sind solche, die äußerlich durch „Friedhofsruhe" sichtbar werden, aber auf Grund ihrer schleichenden Verbreitung oft von der Unternehmensspitze bis zum Pförtner alle erfasst. Umgekehrt sind heiße Konflikte deutlich sichtbar.

Wenn ein Konflikt	
Innerhalb einer Gruppe/zwischen Gruppe und Individuum	zwischen Individuen
schwelt,	
sind Mitglieder ungeduldig miteinander,	gehen Beteiligte ungeduldig miteinander um,
werden Ideen angegriffen, noch bevor sie ganz ausgesprochen sind,	fallen Beteiligte sich gegenseitig ins Wort
nehmen Mitglieder Partei und weigern sich nachzugeben,	beharren Beteiligte auf ihrem Standpunkt,
können Mitglieder sich nicht über Pläne und Vorschläge einigen,	können Beteiligte die Vorschläge des anderen nicht akzeptieren,
werden Argumente mit großer Heftigkeit vorgetragen,	sprechen Beteiligte mit aggressivem Unterton,
greifen Mitglieder sich gegenseitig auf subtile Weise persönlich an,	machen Beteiligte ironische Bemerkungen übereinander,
sprechen Mitglieder abfällig über ihre Gruppe und ihre Fähigkeit(en), widersprechen Mitglieder Vorschlägen des Leiters,	sprechen Beteiligte bei Außenstehenden abfällig über den anderen,
klagen Mitglieder sich gegenseitig an, dass sie das eigentliche Problem nicht verstehen,	beklagen Beteiligte sich darüber, dass sie den anderen nicht verstehen,
verdrehen Mitglieder die Beiträge von anderen,	verdrehen Beteiligte die Beiträge des anderen,
bilden sich Cliquen innerhalb der Gruppe.	suchen Beteiligte sich Verbündete.

Abb. 30: Kriterien für schwelende Konflikte (vgl. Becker/Becker 1992)

Die Konfliktwahrnehmungen durch den Berater sollen ihn in der Wahl der Interventionstechniken leiten und seiner Arbeit Orientierung bieten. Je besser der Berater die vorherrschenden Konfliktsituationen in das Beratungsprojekt integrieren kann, desto wahrscheinlicher wird sein Erfolg.

Woran bemerkt nun der Berater, dass in der von ihm beratenen Organisation Konflikte problematische Dimensionen erreicht haben könnten? Zunächst an gar nichts. Erst wenn er das Kommunikationsverhalten von Mitarbeitern untereinander oder zwischen Mitarbeitergruppen sehr aufmerksam beobachtet, werden ihm die in Abbildung 30 genannten Dinge auffallen.

Sind für den Berater solche Verhaltensweisen sichtbar, kann er sie als Indiz für eine fehlende Konfliktkultur im Klientensystem nutzen. Allerdings sollte er überprüfen, ob die Mitarbeiter im Klientensystem seine Wahrnehmungen teilen und ob sie die Einschätzung des Beraters darüber bestätigen. Erst wenn der Berater viele Übereinstimmungen beobachtet und von Exponenten des Klientensystems darin bestärkt worden ist, kann er annehmen, dass die beobachteten Konflikte tatsächlich einer Intervention bedürfen.

9.3 Konfliktkultur: Beratung und Spielregeln

Maßgeblich für den Beratungserfolg ist also die Art und Weise, wie gut Konflikte in die Beratungsarbeit integriert werden können. Konflikte sind nichts Gottgewolltes, neben Eskalationsstrategien gibt es auch solche der Deeskalation. Dazu ist es notwendig, neben der Diagnose von Konflikten, Spielregeln für eine Konfliktkultur im Unternehmen aufzustellen. Dazu können solche **Leitsätze** (vgl. *Zürn 1994*) helfen:

- Konflikte dürfen nicht unter der Oberfläche schwelen, sondern sind eine Chance der Bewährung und Bewegung zum Besseren.
- Konfliktlösung soll durch Gespräche angestrebt werden. Im Idealfall soll unmittelbar nach der Konfliktentstehung das Gespräch zwischen den Konfliktparteien, z.B. in einer neutralen Umgebung, gesucht werden. Lassen sich die Konflikte auf diese Art nicht lösen, sind externe Moderatoren zuzuziehen.
- Aktives Konfliktmanagement ist eine Aufgabe der Führungskräfte. Nicht die ängstliche Vermeidung oder Verharmlosung von Konflikten kann dabei das Ziel sein, sondern die Schaffung einer Konfliktkultur, die es ermöglicht, unterschiedliche Meinungen in einem offenen und sachlichen Rahmen auszudiskutieren.

- Die sachliche und fachliche Diskussion ist erst eine Seite der Medaille. Die andere betrifft die emotionale Qualität der Begegnung, d. h. man sollte die Betonung bei Konfliktinterpretationen und -lösungen darauf legen, dass in Betrieben Menschen arbeiten, die sich gegenseitig bei allen möglichen Differenzen gegenseitig schätzen.
- Konflikte entstehen oft aus Fehlern. Fehler werden vor allem dann entstehen, wenn etwas bewegt und verändert wird. Deshalb sollte die betriebliche Konfliktkultur mit einer hohen Fehlertoleranz gekoppelt sein.
- Selbstreflexion und ein ausgeprägtes Selbstbewusstsein ermöglichen es den Organisationsmitgliedern, dass diese Fehlertoleranz zunimmt.
- Konflikte verlieren viel von ihrer Schärfe, wenn übergeordnete Ziele gemeinsam angestrebt werden.

Werden in Unternehmen durch Berater Spielregeln für die Konfliktbearbeitung als Methode der Kommunikationsoptimierung eingesetzt, ist darauf zu achten, dass alle Beteiligten – auch der Berater – sich an diese Spielregeln halten und sie mit Leben erfüllen.

9.4 Konfliktsystem

Berater treffen in der Organisationsberatung auf soziale Systeme mit Vergangenheit. Jedes soziale System hat seine eigenen Spielregeln, die es bei Kontakten zu berücksichtigen gilt. Relevant werden diese Spielregeln bei Veränderungsintentionen des Beraters. Sie lassen sich beschreiben, analysieren und in ihren Auswirkungen weitgehend vorhersagen. Bei Veränderungen steigt allerdings dabei die Komplexität sprunghaft an. Um diese zu beherrschen ist es sinnvoll, abstrahierende Termini zur Beschreibung zu verwenden und diese dann im Einzelfall zu überprüfen.

Ein Konfliktsystem hat potenzielle Konfliktthemen zum Inhalt, so z. B. Budgetzuteilungen, Strategieentwicklung, die Parkplatzverteilung.

- Das Konfliktsystem identifiziert mögliche Konfliktparteien und erlaubt diese in der Beratungsarbeit zu berücksichtigen.
- Das Konfliktsystem schreibt die Lösungsmuster vor, die zum Konfliktmanagement in der Organisation verwendet werden. Diese können autoritär, am Konsens orientiert, partnerschaftlich oder kämpferisch sein und beschreiben in Summe die Konfliktkultur des Unternehmens.

226 2. Teil: Beratungsverhalten

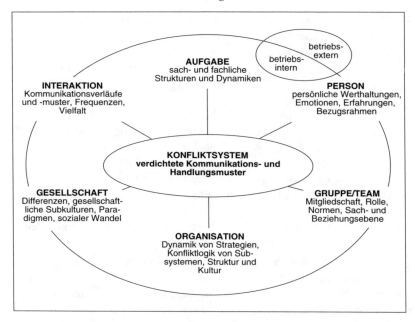

Abb. 31: Konfliktsystem
(Quelle: Lenglacher/Schmitz/Weyrer 1994)

Das Konfliktsystem einer Organisation ist wie ein lebender Organismus. Berater müssen bei ihren Interventionen sorgsam vorgehen, um im Organismus Lernschritte in Gang zu setzen. Daher ist es für Berater wichtig, das Konfliktsystem ganzheitlich zu erfassen und jene Mechanismen bzw. Personen zu identifizieren, die das System stabilisieren bzw. destabilisieren. Sind die Faktoren bzw. Verantwortlichkeiten bekannt, sollten erste Schritte in die gewünschte Richtung gesetzt werden. Dabei ist immer zu beobachten, wie das gesamte System auf die Veränderungen reagiert.

9.5 Konfliktprozess, -verhalten, -steuerung, -lösungsinstrumente

Konflikte haben eine Geschichte. Für viele Ursachen haben sie einen erkennbaren Beginn und ein wahrnehmbares Ende. Allerdings sehen für jeden Beginn und Ende anders aus. Der Grund dafür liegt in den unterschiedlichen Wahrnehmungen bzw. der verschieden entwickelten Fähigkeit, mit Konflikten umzugehen. Die sogenannte Konflikttoleranz ist bei manchen sehr hoch, bei anderen aber äußerst gering. Aufgabe des Beraters ist es nicht, nur die Konflikttoleranz eines

9. Konfliktbewältigung

Einzelnen, sondern eines komplexen Systems von aufeinander einwirkenden Personen zu beschreiben und zu handhaben. Deswegen ist es vernünftig, für Konflikte und deren Potenziale Beschreibungskategorien zu haben, die eine leichtere Handhabung bieten. Eine Möglichkeit, Konflikte zu verstehen, bieten **Phasenmodelle** (vgl. z. B. *Müller* 1989):

- **Konfliktbedingungen:** Diese können manifest oder latent vorhanden sein und bilden die Ausgangslage eines Konflikts.
- **Subjektive Wahrnehmung:** Die Bedingungen eines Konfliktes werden immer subjektiv wahrgenommen. Es können auch Konfliktbedingungen wahrgenommen werden, ohne tatsächlich vorhanden zu sein (Scheinkonflikt), oder Bedingungen unbeachtet bleiben, so dass der Konflikt latent bleibt.
- **Affektive Betroffenheit:** Das Individuum oder die Gruppe fühlt sich von den Konfliktbedingungen persönlich betroffen.
- **Konfliktaustragung:** Das ist die Phase des manifesten Konfliktes.
- **Konfliktbewältigung:** Einen Konflikt zu bewältigen bedeutet, ihn zu einem Ende zu bringen, mit ihm fertig zu werden.
- **Abwehrverhalten:** Bewältigungsmechanismen werden häufig durch Abwehrmechanismen ersetzt, die jedoch das Konfliktpotential nicht beseitigen können. Das Problem wird, bewusst oder unbewusst, ignoriert oder geleugnet. Diese Art der Konflikthandhabung liefert nur Scheinlösungen, das eigentliche Problem bleibt und die Gefahr der Konfliktverschärfung und -erweiterung entsteht.
- **Konfliktnachwirkung:** Als Folgen eines Konflikts treten Kooperationen nach Konfliktbewältigung und Agieren nach Konfliktabwehr auf.

Will der Berater sicherstellen, dass Konflikte, die auf Grund seiner Interventionen entstanden sind, von der Organisation adäquat bewältigt werden, muss er darauf achten, dass sämtliche Stadien des Konfliktprozesses von den Beteiligten durchlaufen werden.

Eine Verhaltensbeschreibung von Personen, die Konflikte durchleben, kann für Berater vor allem deshalb nützlich sein, weil er zwar der Anlassfall für Konflikte sein kann, aber nicht im Zentrum der Konfliktparteien stehen muss. Er wird in der Praxis folgenden **Verhaltensweisen** begegnen:

- Personen betonen sehr stark die eigenen Ziele, „mauern" gegenüber den Konfliktpartnern, äußern sich nicht über die eigenen Interessen, setzen auf Überraschungseffekte und verteidigen aus ihrer Sicht strategisch wichtige Positionen.

- Bei Gruppen, die Konfliktpartei werden, wächst der Gruppenzusammenhalt, steigt die Zielorientierung, sie suchen nach autoritären Mustern, d.h. der Wunsch nach Leadership erwacht, sie überschätzen ihre Position regelmäßig und sie beschäftigen sich, zu Lasten der Außenbeziehungen, hauptsächlich mit sich selbst.

Üblicherweise werden folgende Vorgehensweisen angewendet, die in der Beratung nicht nur als singuläre Maßnahmen isoliert eingesetzt werden können, sondern im Bündel zu mehr oder weniger guten Ergebnissen führen:

- **Konfliktverebben:** Setzen auf Zeit, bis das Konfliktpotential schwindet. Die Zeit ist für Berater oft eine kritische Variable, da er sie nicht hat.
- **Konfliktunterdrückung:** Der Konflikt wird durch eine Machtinstanz beendet, ohne dass alle Parteien der Lösung zustimmen. Diese Methode wird besonders in paternalistisch geführten Unternehmen oft angewendet.
- **Konfliktlösung:** Es wird ein Weg gefunden, der zu einem Ziel führt, das alle Betroffenen zufriedenstellt. Darin sollte das Ziel jeder Beratung liegen. Allerdings werden immer Dissonanzen während und nach eines Beratereinsatzes im Unternehmen anzutreffen sein, Nullregelungen bei Konflikten gibt es nicht.

Erkennt der Berater solche Konfliktlösungsstrategien in Unternehmen, können für die **Konfliktlösung** folgende Vorgehensweise genutzt werden (vgl. *Wottawa/Gluminski* 1995, S. 120 f.):

- **Erhöhung der Abstraktionsebene der Konfliktinhalte:** Mit den Konfliktparteien wird ein Abstraktionsniveau angestrebt, auf dem noch Konsens besteht, z.B. der gemeinsame Unternehmenserfolg. Gelingt das nicht, bleiben als Interventionsmittel nur noch radikale personenbezogene Maßnahmen übrig.
Werden dann unter der neuen Perspektive die Konfliktauslöser nochmals betrachtet, wird deren Umfang in der Regel wesentlich reduziert. Für die verbleibenden Punkte werden dann Alternativen entwickelt, zusätzliche Sachinformationen beschafft und im Konsens die Erfolg versprechendste Möglichkeit gewählt. Damit verliert keine der Konfliktparteien ihr Gesicht.
- **Konkretisierung der Nutzenfunktion:** Die Konzentration auf den Nutzen, z.B. einer Kompetenzerweiterung eines Mitarbeiters zu Lasten eines anderen, sowie dessen Artikulation und Diskussion ist idealerweise oft eine Möglichkeit, Konfliktpotentiale zu reduzieren. Gerade im interpersonellen Bereich gibt es auf den ersten Blick keinen objektiven Nutzen, sondern nur jeweils gute Absichten der Kontrahenten. Da in Betrieben darüber nicht gesprochen

wird, brodeln die Konflikte unter der Oberfläche. Ein Beispiel dafür ist das Zerwürfnis eines Außendienstmitarbeiters mit seinem Vorgesetzten: Der Berater erfährt vom Vorgesetzten, dass auf Grund der hervorragenden Bezahlung die Leistungen wesentlich besser sein müssten. Der Außendienstmitarbeiter äußert sich mit der Bezahlung zwar einverstanden, setzt aber voraus, dass guten Leistungen auch gute Worte folgen müssten und wartet auf eine Anerkennung. Da die Leistungen nicht besser werden, nimmt der Vorgesetzte an, der Mitarbeiter wäre faul und hält sich weiter zurück. Der Mitarbeiter erfährt allerdings die erhoffte Anerkennung nicht und nimmt sie zum persönlichen Wertmaßstab. Da beide warten und keiner die Initiative ergreift liegt es am Berater, beiden die unterschiedlichen Sichtweisen zu vermitteln und dadurch dem Konflikt die Schärfe zu nehmen.
- **Emotionale Entspannung:** Diese Technik wird besonders bei Gruppenkonflikten angewandt. Die Gruppenphänomene schaukeln Konflikte erst so richtig hoch.
  - Gruppen wählen z.B. Repräsentanten, die eine vom Gegner möglichst weit abweichende Position beziehen.
  - Ein Akzeptieren des Repräsentanten durch die gegnerische Gruppe schwächt dessen Position in der eigenen Gruppe.
  - Die Erwartungen der Gruppenmitglieder treiben den Repräsentanten in Positionen, die dieser vielleicht gar nicht einnehmen möchte, auf Grund des Gruppendrucks aber einnehmen muss.

Diese Effekte fördern Schaukämpfe, die öffentlich ausgetragen werden, aber nicht unbedingt den Einstellungen der Repräsentanten entsprechen müssen. Eine Strategie der emotionalen Entspannung kann in der Durchführung von gemeinsamen Workshops, der Durchmischung der Gruppenmitglieder und die Schaffung einer Unternehmenskultur liegen, die das offene Besprechen von tabuisierten Themen ermöglicht.

9.6 Chancen und Risiken des Konfliktmanagements

Konflikte dürfen aber nicht nur als etwas Negatives betrachtet werden, die den organisationalen Ablauf behindern und deswegen beseitigt werden müssen. Wie der Berater in den Klientensystemen das vorhandene Konfliktpotential bewertet, nutzt oder beseitigen will, ist entscheidend für den Interventionsansatz, den er wählt.

Unabhängig davon ist eine möglichst genaue Beschreibung der angetroffenen Konfliktsituation sinnvoll. Dabei sollte der Berater auch seine eigenen Konfliktbewältigungsmechanismen mit in die Überlegungen einschließen, weil davon seine persönlichen Idealvorstellungen von der „optimalen Organisation" des Klientensystems abhängen.

In vielen Unternehmen trifft man auf die Tendenz, Konflikte im Sinne von Kompromisslösungen zu bewältigen. Diese Einstellung kann nicht immer sinnvoll sein, weil sie für jeden der am Konflikt Beteiligten mit Frustrationserlebnissen gekoppelt ist. Auf Dauer halten solche Modelle der Konfliktlösung ohnehin nie, im Gegenteil: Die angesammelten Frustrationen entladen sich und werden zur Aggression, die meist nicht situationsadäquat ist und somit ihrerseits wieder Auslöser für weitere Aggressionen sein kann. Ferner sind in Unternehmen nicht immer Kompromisslösungen denkbar, z. B. bei Personaleinstellungen, Investitionen oder Preis- und Marktstrategien.

Zur Lösung von Konflikten begibt sich der Berater oft „zwischen die Fronten" und muss damit rechnen, dass sich die Streitparteien sogar gegen ihn verbünden. Ein oft verkanntes Risiko in der Konfliktbeilegungsberatung liegt darin, dass durch die Artikulation von Konflikten diese erst so richtig losbrechen. Deshalb ist es ratsam, dass sich der Berater einen **Konfliktfahrplan** zurechtlegt, den er konsequent verfolgen sollte (vgl. *Wottawa/Gluminski*: Konfliktlösungsmodell von *Deutsch*, S. 116 ff.):

Mit der Analyse der Situation werden die konfliktträchtigen Aspekte zutage befördert.

– Der Berater muss sich vom Dogma verabschieden, dass Konflikte immer sofort und überall gelöst werden. Vielmehr gibt es günstige und ungünstige Gelegenheiten dafür.
– Konflikte entstehen oft durch Kommunikationsstörungen. Diese müssen aufgezeigt und beseitigt werden.
– In Konfliktsituationen wird mit allen erlaubten und unerlaubten Tricks gearbeitet. Ein Moderator ist zur Konfliktbewältigung oft unverzichtbar, weil er auf die Einhaltung von Spielregeln achten muss, wie sie für die Einhaltung der zwischenmenschlichen Kommunikation notwendig sind.
– Die Konfliktlösungsregelungen müssen machbar und praktikabel sein.
– Konfliktlösungsregelungen sind nicht demokratisch auf der Basis von 51:49-Regelungen durchsetzbar. Vielmehr muss darauf geachtet werden, dass ein weitestgehender Konsens hergestellt wird.
– Jeder der Konfliktparteien muss der Problemlösungsvorschlag eine Zustimmung ohne Gesichtsverlust ermöglichen.

Helfen diese sechs Stufen der Deeskalation nicht weiter, ist auch der angemessene Einsatz von Machtverhalten denkbar und in der betrieblichen Praxis üblich. Auch der Berater muss erkennen, wann er mit seinem Wissen und seinen Interventionsmöglichkeiten am Ende ist und er eine übergeordnete Instanz, den Eigentümer oder eine Führungskraft, um eine Intervention bitten muss, die dieser auf Grund seiner Positionsmacht zur Verfügung hat. Das ist dann keine Kapitulation des Beraters, sondern der Einsatz eines weiteren Konfliktlösungsinstruments, das der Berater nicht ad personam einsetzen kann.

10. Informations- und Kommunikationsverhalten

Wie aus den bisherigen Ausführungen hervorgeht, besteht Beratung, neben dem Bereitstellen fach- und prozessspezifischen Know-hows, sehr wesentlich aus Anforderungen an die kommunikative Kompetenz des Beraters. Ob in Akquisitionsgesprächen, bei der Durchführung von Datenanalysen, bei der Präsentation von Ergebnissen, Verhandlungen jeder Art, bei Bewerbergesprächen oder Interventionen im Klientensystem – das wichtigste Werkzeug für den Berater ist die Beherrschung der Kommunikationstechniken, unabhängig vom verwendeten Medium.

Paul Watzlawick (1980, S. 51) hat in seiner umfassenden Definition Verhalten mit Kommunikation auf einen Nenner gebracht: „Verhalten hat vor allem eine Eigenschaft, die so grundlegend ist, dass sie oft übersehen wird: Verhalten hat kein Gegenteil, man kann sich also nicht nicht verhalten. Wenn man also akzeptiert, dass alles Verhalten in einer zwischenpersönlichen Situation Mitteilungscharakter hat, das heißt Kommunikation ist, so folgt daraus, dass man, wie immer man es auch versuchen mag, nicht nicht kommunizieren kann." Und auch *Rupert Lay* (1989, S. 115) legt Wert auf den umfassenden Aspekt der Kommunikation: „Kommunikation bezeichnet eine Abfolge von Interaktionen, die Informationen, Emotionen, Bedürfnisse, Interessen, Wertungen, Vorurteile hervorbringen, transportieren oder verändern." Kommunikation wird heute oft mit Interaktion gleichgesetzt, wobei es sich um eine Interaktion mit Zeichen und Symbolen handelt, die meist sprachlicher Art sind (vgl. *Rosenstiel* 1992, S. 294).

Der Berater ist gegenüber dem Klientensystem immer in der Position des Kommunikators. Neben dem gesprochenen Wort signalisiert er auf der non-verbalen Ebene durch die Kriterien Körperkontakt (z. B. Händedruck), Nähe oder Distanz zum Gesprächspartner, seine Haltung und äußere Erscheinung, durch Mimik, Gestik, durch die Verwendung von Symbolen und Ritualen seine Eindrücke, Empfindungen und Einstellungen zum Gesprächspartner. Manche Beratungsbüros verwenden solche non-verbalen Kommunikatoren ganz bewusst, z. B. durch Bekleidungsvorschriften, eine spezifische Sprache oder Vorgaben für die Abfassung von Berichten.

Wieso ist ein tieferes Verständnis der Kommunikation für den Berater so wichtig? In der beratenden Praxis trifft der Berater immer wieder auf folgende **Kommunikationsprobleme,** die auch als Schnittstellenproblematik bezeichnet werden kann:

- Kommunikation findet vor allem zwischen Gleichgesinnten statt, denn Personen neigen dazu, andersartige Information erst einmal abzulehnen.
- Innerhalb des Klientensystems entstehen Probleme durch Rivalität und das Profilierungsbedürfnis Einzelner. Die Angst vor Machtverlust verhindert den optimalen Informationsfluss, d.h. die Kommunikation.
- Die unterschiedlichen Interessenlagen im Klientensystem führen dazu, dass Informationen taktisch, verfälscht oder gar nicht weitergegeben werden.
- Sympathie, Vertrauen und Kooperationsneigung sind wesentliche Voraussetzungen für einen guten Informationsfluss – diese Voraussetzungen müssen durch den Berater in vielen Fällen erst mühsam erarbeitet werden.
- Mitglieder des Klientensystems wollen die oft scheinbar vorhandene Harmonie nicht durch kontroverse Meinungen stören. Bedenken gegen getroffene Entscheidungen werden nicht geäußert, damit sie das angebliche Einvernehmen und vermeintlich gute Klima nicht nachteilig beeinflussen.

Für den Berater bedeuten diese Phänomene, dass er sich bei seiner Tätigkeit immer vor Augen halten muss, dass die Informationen aus dem Klientensystem nur bedingt die betriebliche Realität tatsächlich abbilden bzw. er sich erst mit den betrieblichen Kommunikationsstrukturen, -inhalten und -wegen vertraut machen muss. Neben der beraterischen Kommunikationskompetenz gibt es jene in den Betrieben, die allerdings im Allgemeinen wesentlich verbessert werden muss. Moderne Kommunikationsmedien, wie Internet- bzw. Intranet-Technologien, versprechen hierbei zwar eine Verbesserung, aber dennoch trifft der Berater in seiner Praxis immer wieder auf Klienten, deren Kommunikationsfähigkeit deutlich beschränkt ist. So

10. Informations- und Kommunikationsverhalten

belegt eine Untersuchung des Deutschen Kommunikationsverbandes (vgl. BddW, 25. 10. 1993), dass

- zwar das Verständnis der Praxis für die Idee und Notwendigkeit einer integrierten Unternehmenskommunikation stark ausgeprägt ist, jedoch die potenziellen ökonomischen Vorteile vielfach nicht hinreichend erkannt werden;
- eine für die Integration der Kommunikationsarbeit notwendige Planung und Steuerung „aus einer Hand" bei den wenigsten Unternehmen Anwendung findet;
- die Erwartungen in einen forcierten Kommunikationsausbau sehr hoch sind, die Gefahren der Integration allerdings kaum gesehen werden;
- eine wesentliche Voraussetzungen für eine verstärkte Integration und Koordination in der Kommunikation zum Zwecke der Effizienzsteigerung die Kenntnis der Beziehungen und Wirkungsinterdependenzen zwischen Kommunikationsinstrumenten ist. In der Praxis werden kaum Anstrengungen unternommen, diese zu analysieren;
- die Analyse der Stellung einzelner Kommunikationsinstrumente in den Unternehmen deutlich eine Vernachlässigung der internen Kommunikation zeigt. Dieses Ergebnis ist vor allem vor dem Hintergrund der Rolle der Mitarbeiter als Meinungsmultiplikatoren des Unternehmens bedenklich und erfordert Handlungsbedarf;
- die Umsetzung der integrierten Unternehmenskommunikation in der Praxis häufig an inhaltlich-konzeptionellen Barrieren scheitert. Das Fehlen eines klar umrissenen Konzeptes mit verbindlichem Charakter stellt hierbei das wesentliche Defizit dar;
- die Effizienzsteigerung in der Kommunikation regelmäßiger Wirkungskontrollen bedarf. Hier haben Praxis wie Wissenschaft einen erheblichen Nachholbedarf. Für die Umsetzung einer integrierten Kommunikation als problematisch anzusehen ist jedoch die Tatsache, dass die meisten Unternehmen einer solchen Kontrolle insgesamt wenig Bedeutung beimessen.

Diese Ergebnisse machen deutlich, dass Beratungseinsätze fast zwangsläufig mit der Verbesserung der Kommunikation des Klientensystems verbunden sein sollten und zwar beinahe unabhängig vom eigentlichen Beratungsauftrag im engeren Sinne. Über eines müssen sich Berater allerdings auch beim Kommunizieren im Klaren sein: Ratschläge können auch Schläge im eigentlichen Wortsinn sein! Und zwar immer dann, wenn z.B. auch gut gemeinte Hilfestellungen des Beraters in Appelle münden, denen der Empfänger offensichtlich nicht Folge leisten kann oder will.

10.1 Stellenwert und Ebenen der Kommunikation

Schon aus den bisherigen Ausführungen wird deutlich, welch hohen Stellenwert der Kommunikation in der Beratung eingeräumt werden muss. Bis auf ein schmales Segment in der Expertenberatung sind alle anderen Beratungsbereiche unmittelbar und erfolgsrelevant mit den Kommunikationsfähigkeiten des Beraters verbunden.

Durch das Kommunikationsverhalten des Beraters wird die Berater-Klienten-Beziehung nachhaltig beeinflusst. Hat der Klient das Gefühl, dass der Berater alle wesentlichen Dinge offen kommuniziert und der Klient als gleichberechtigter Partner in den Gesprächen angenommen wird, wird auf der Basis dieser symmetrischen Kommunikation eine stabile Berater-Klienten-Beziehung entstehen („kooperatives Problemlösen"). Diese Stabilität schafft auch beiden Beteiligten den notwendigen Freiraum für Experimente und kann zu innovativen und kreativen Problemlösungen führen.

Ist die Berater-Beziehung hingegen stark asymmetrisch, z. B. durch das Übergewicht des Klienten, kann daraus nur eine Beziehung resultieren, bei der das Besteller-Prinzip dominiert und bei der der Berater sich strikt an seinen Auftrag hält. Innovative und kreative sowie an einer möglichen Leistungspartnerschaft orientierte Lösungen werden dadurch eher unwahrscheinlich.

Die unterschiedlichen Kommunikationsmodelle mit ihren unterschiedlichen Auswirkungen auf die Berater-Klienten-Beziehung und damit auch auf den Output des Beratungsengagements haben ihre Ursachen darin, dass weitgehend unabhängig von dem durch die Wortwahl vermittelten Inhalt zusätzlich der sogenannte Beziehungsaspekt einer Kommunikation eine Rolle spielt, mit dessen Hilfe der Empfänger einer Botschaft diese bewertet.

Kommunikation ist immer auch Interaktion, denn Kommunikation bewirkt im Gegenüber etwas und ruft Reaktionen hervor. Sie setzt sich aus Mitteilungen zusammen. Werden diese wahrgenommen und analysiert, so erhält man Informationen. Diese Informationen nennt *Watzlawick* den Inhaltsaspekt einer Nachricht. Nun ist die menschliche Kommunikation wesentlich komplexer und geht über den reinen Informationsaustausch hinaus. Der Kontext, in dem z. B. gesprochen wird, oder die Art und Weise, wie kommuniziert wird, bringt dem Empfänger der Kommunikation noch zusätzliche Informationen, die auf den ersten Blick oft nicht erkennbar sind. Das sind Hinweise darauf, wie der Sender die Mitteilung verstanden haben möchte; *Watzlawick* nennt das den Beziehungsaspekt. Erst beide Aspekte ermöglichen es uns, den anderen richtig zu verstehen und adäquat auf seine Äußerungen zu reagieren.

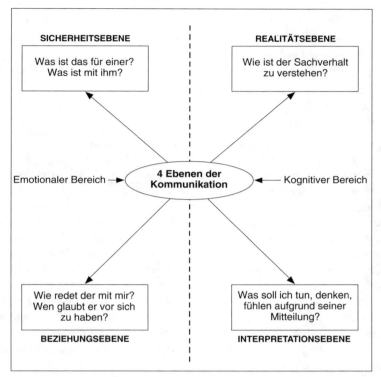

Abb. 32: Kommunikationsebenen

Wird eine konfliktfreie und unbelastete Kommunikation angestrebt, ist es wichtig, auf allen vier Ebenen die Balance zu halten. Berater müssen in solchen Fällen in ihren Kommunikationsbemühungen danach trachten, dass bei Botschaften an das Klientensystem alle vier Ebenen ausreichend kontrolliert werden, d.h.:

- Für die Realitätsebene gilt: Sachverhalte müssen z.B. mit klaren und verständlichen Worten ausgedrückt werden.
- Für die Interpretationsebene gilt: Die Kommunikation muss so gestaltet werden, dass keine Irritationen möglich sind.
- Für die Sicherheitsebene gilt: Die Art und Weise der Botschaftsübermittlung sollte für den Empfänger keine Bedrohungen zum Inhalt haben.
- Für die Beziehungsebene gilt: Der Berater sollte eine Kommunikationsform wählen, die dem Status des Empfängers entspricht und sich an kultivierten Umgangsformen orientiert.

Obige Differenzierung ist in der Kommunikationsforschung weit verbreitet. Nachdem die Anwendung und vor allem das Kommunikationstraining auf dieser Basis etwas umständlich ist, hat z. B. *Neuberger* (1985) sein TALK-Modell entwickelt, das etwas leichter zu handhaben ist. Dadurch sollen alle Kommunikationsaspekte beschrieben werden können:

- Tatsachen, wie „es ist",
- Ausdruck, wie „Ich bin",
- Lenkung, wie „Du sollst" und
- Klima/Kontakt, wie „Wir sind".

Die deutsche Sprache besteht aus etwa 40 000 Wörtern, dazu kommen mindestens noch einmal soviele Wortkombinationen, Eigennamen, Redewendungen u. ä. Man müsste eigentlich annehmen, dass so viele Elemente einer Sprache ausreichen, sich optimal mitzuteilen. Neben der verbalen Kommunikation existiert aber noch ein Bereich, der sich anderer Mittel bedient, z. B. der Mimik, der Körperhaltung, der Artikulation – der Bereich der nonverbalen Kommunikation. Wegen unseres im Vergleich zur Aufnahmefähigkeit langsamen Sprechtempos werden über 60% der Informationen nonverbal übermittelt. Die verbalen Informationen sind vergleichsweise leicht zu steuern und zu beeinflussen, auf Grund unserer Lerngeschichte spiegeln jedoch die nonverbalen Äußerungen das wider, was wir tatsächlich meinen. Nur wenn für den Empfänger beide Wahrnehmungen übereinstimmen, hält er die gesprochene Botschaft für bare Münze.

In unserer arbeitsteiligen Wirtschaft ist der Informationsaustausch zwischen den Mitarbeitern und Organisationen von herausragender Bedeutung. Erreicht eine Organisation ihre Ziele nicht und soll das mit externer Hilfe durch einen Berater ermöglicht werden, ist die Analyse der Kommunikationsstrukturen von zentraler Bedeutung.

10.2 Kommunikationsmodelle

Die Kommunikationskompetenzen des Beraters sind auch deshalb so wichtig, weil es zunächst ja sehr einfach erscheinen mag, ein Klientensystem in seiner Ist-Situation zu beschreiben. Wie trügerisch dieser erste Eindruck ist, wird deutlich, wenn der Versuch gemacht wird, sich über die dafür notwendigen Kriterien zu einigen. Aufgrund der Vielzahl an möglichen beobachtbaren Kommunikationsakten und einer Vielzahl von potenziell beobachtbaren Merkmalen wäre eine genaue Abbildung sehr aufwändig.

10. Informations- und Kommunikationsverhalten

Einerseits verfügen Berater über Instrumente, die ihnen eine solche Abbildung erleichtern, wie z. B. Checklisten oder Analysemodelle. Andererseits werden durch solche Instrumente immer nur kleine Segmente des Klientensystems fassbar. Bei einem holistischen Beratungsanspruch, der versucht, das Klientensystem als Ganzes mit seiner Vielzahl von internen und externen Kommunikations- bzw. Interaktionsbeziehungen zu erfassen, sind jedoch kommunikative Instrumente erfolgreicher.

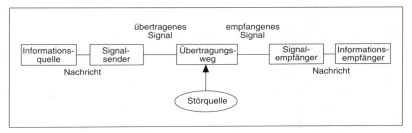

Abb. 33: Technische Kommunikation

Berater sollen sich dabei jedoch nicht ausschließlich an der technischen Kommunikation orientieren. Das Sender-Medium-Empfänger-Paradigma folgt einem sehr einfachen Modell, bei dem eine geradlinige Sender-Empfänger-Beziehung angenommen wird, was bedeutet, dass Informationen des Senders beim Empfänger Reaktionen bewirken. Diesem „digitalen" Kommunikationsmodell entspricht die beraterische Form der Kommunikation eher weniger. Kommunikation im zwischenmenschlichen Bereich folgt eher einem „analogen" Modell, bei dem nicht nur der Sender die Informationen festlegt, die transportiert werden sollen, sondern der Empfänger weitgehend bestimmt, welche Informationen bzw. Worte und Verhaltensweisen von ihm angenommen und interpretiert werden. Diese Informationsfilter nennt z. B. die Attributionstheorie kausale Schemata, die als allgemeine Konzepte von Personen zu verstehen sind, wie Ursachen und Wirkungen miteinander interagieren. Im Kontext dieser Ursache-Wirkungs-Schemata wird der Berater Botschaften an das Klientensystem senden. Ebenso verfügt das Klientensystem über seine eigenen kausalen Schemata, die durch die historischen Kommunikationsbeziehungen und die Unternehmenskultur geprägt sind. Gelingt es dem Berater als aktiverem Teil nicht, seine Informationen schemabezogen an das Klientensystem zu übermitteln, wird er von diesem nicht verstanden, seinen Aussagen wird z. B. nicht das Gewicht beigemessen, das er gerne transportiert hätte. Für den Beratungsprozess bedeutet das, dass in diesem Fall verschiedene Wirklichkeiten aufeinandertreffen. Nun können diese Konfrontationen konstruktiv im Dialog zwischen Berater und Klientensystem für Weiterentwicklungen der jeweiligen Schemata genutzt werden. Der Berater erreicht seine Ziele und das Klientensystem erhält den erhofften fruchtbaren Nutzen aus der Beziehung. Es kann aber auch der Kommunikationsprozess plötzlich ein Ende finden, wenn beide Seiten zur Einsicht kommen, dass sie keine gemeinsame Sprache sprechen.

10.3 Situations- und Gesprächsvariablen und ihre Bestimmungsfaktoren

Um vom Klientensystem also richtig verstanden zu werden, ist für den Berater die Kenntnis der jeweiligen unternehmensspezifischen Situations- und Gesprächsvariablen wichtig. Sie beeinflussen jede Begegnung zwischen Berater und Klient, sei es im Akquisitionsgespräch, in den Informationsbeschaffungen, bei Interventionen oder bei der Konfliktbewältigung bzw. beim Lösen der Verbindung. Sie prägen das Kommunikationsverhalten einer Organisation und damit auch die Begegnung zwischen Berater und Klientensystem. Für den Berater ist dabei wichtig zu erkennen, welchen Stellenwert z.B. ein Gespräch zwischen Tür und Angel hat, wie lange Gespräche in der Organisation dauern dürfen, um von den Beteiligten noch als konstruktiv wahrgenommen zu werden (den Autoren ist z.B. eine Organisation bekannt, die nach exakt zwei Stunden jedes Gespräch abbricht – alle Teilnehmer stehen auf und verlassen den Raum), wo in der Organisation die Kommunikatoren sitzen, die für die Aufrechterhaltung der betrieblichen Kommunikation und Verbreitung von Informationen sorgen etc.

Zu diesem Zweck ist es für den Berater wichtig, welche **Faktoren** ein Gespräch bestimmen bzw. die Gesprächsentwicklung nachhaltig beeinflussen können:

- Äußere Variablen sind z.B. Zeitpunkt und Dauer des Gesprächs, akustische Eignung des Gesprächsortes, Einrichtungen und Sitzpositionen.
- Alter, Altersunterschiede und Geschlecht können ebenfalls die Gesprächsentwicklung und den Stellenwert des Gesprächs beeinflussen. Es gibt vorerst noch wenige Organisationen, in denen z.B. das Senioritätsprinzip nicht gilt. Genauso ist denkbar, dass zu große Altersunterschiede das Finden einer gemeinsamen Sprache erschweren etc.

- Als historische Variablen werden alle jene vor dem Gespräch bereits bestehenden Vorstellungen, die es beeinflussen und prägen, bezeichnet. Das sind z. B. bereits bestehende Vorstellungen über den Gesprächsablauf, die Gesprächsatmosphäre, den Gesprächspartner und Vorstellungen über das Gesprächsergebnis.

Dazu gehören Kriterien der Gruppenzugehörigkeit, wie Status und soziale Rolle, berufliche Rangordnung, die von beiden Partnern wahrgenommen und weitgehend automatisch von Meinungen, Vorurteilen und Haltungen begleitet wird. Sie können bereits vor Gesprächsbeginn wirken und im Rahmen der Urteilsbildung im Laufe des Gespräches eine Verstärkung erfahren.

Die soziale Gruppenzugehörigkeit ist eine (s. o.) historische Variable, die über den Gesprächsverlauf entscheidet. Das Gespräch wird sich wesentlich anders entwickeln, wenn die Teilnehmer entdecken, dass sie derselben sozialen Gruppierung angehören, z. B. einem Fußball-, Ski- oder politischen Verein. Deswegen versuchen auch immer wieder Berater, über diesen Weg zu akquirieren.

Ein weiterer Punkt sind unbewusste affektive Reminiszenzen als nicht klar bewusste Ähnlichkeiten mit außenstehenden sympathischen oder unsympathischen Personen, die im Gespräch Assoziationen wecken und auf den Partner übertragen werden. Ein Anlasspunkt dafür kann auch in der Körperhaltung und im Gesichtsausdruck des Gegenübers liegen.

Ästhetische Kriterien, wie z. B. Harmonie, Schönheit, Hässlichkeit können Sympathie oder Antipathie bestimmen genauso wie Informationen, die im Laufe des Gesprächs als zusätzliche Kriterien bewertet und in die Beurteilung sympathisch oder unsympathisch miteinbezogen werden, wie z. B. Intelligenz, Geschmack, Gewohnheiten, Fähigkeiten, usw.

Situations- und Gesprächsvariablen sind wichtige Komponenten in der Berater-Klienten-Beziehung. Grundsätzlich gilt: Das Gesprächsverhalten ist eine Funktion der Situations- und Gesprächsvariablen, aber auch der Gesprächsdynamik, wobei der Berater sehr unterschiedliche Einflussmöglichkeiten hat. Wo es möglich ist, z. B. bei den äußeren Variablen Zeitpunkt und Dauer des Gesprächs, sollte der Berater auf diese Komponenten Einfluss nehmen, damit die Kommunikation durch das Ausschalten von unerwünschten Rahmenbedingungen störungsfrei ablaufen kann.

10.4 Instrumentelle Beratungsgespräche: Beschreiben – Erklären – Verändern – Vorhersagen

Beratungsgespräche sollten, wenn sie nicht der Beziehungspflege dienen, zielgerichtet durchgeführt werden. Worin liegen nun diese Ziele?

Berater sollen mit ihrer Zeit und ihren Aufwendungen sehr ökonomisch umgehen. Zudem haben sie in den meisten Fällen ein klar umrissenes Aufgabengebiet, das sie sehr rasch, kompetent und umfassend bearbeiten sollten. Um das Klientensystem ganzheitlich zu erfassen, müssen mindestens die Kriterien erfüllt werden, die eine Beschreibung der Aufgabengebiete, Erklärungen über Funktionsweisen, Vorhersagen über Manipulationsmöglichkeiten und Trends für die Systementwicklung ermöglichen.

Diese Ziele können über sorgfältig vorbereitete Beratungsgespräche erreicht werden. Für die Beschreibung des Status quo sollte der Berater mehr Fragen stellen als Antworten geben, so schwer es manchen auch fallen mag. In der Rolle des Fragenden sollte der Berater solange bleiben, bis keine neuen wesentlichen Informationen mehr auftauchen. In einem nächsten Schritt muss der Berater untersuchen, ob seine Informationen zur Erklärung des Klientensystems bzw. seines Aufgabenbereiches ausreichend sind. Ist das der Fall, kann er anfangen, verschiedenste Variationen durchzuspielen. Gelingen ihm dabei möglichst exakte Vorhersagen, hat er seine Aufgabe weitgehend erfüllt.

Für die Punkte Beschreibung, Erklärung, Veränderung und Vorhersage muss der Berater sein gesamtes kommunikatives und methodisches Repertoire nutzen. Die kommunikative Kompetenz soll es ihm ermöglichen, in den unterschiedlichen Stadien der Beratung einmal authentische Informationen zu erhalten und zum zweiten diese auch sehr authentisch zu geben. Nur so ist sichergestellt, dass er die Beratungsziele erreicht.

Instrumentelle Beratungsgespräche sind in diesem Zusammenhang solche, die es dem Berater ermöglichen, das Klientengespräch ziel- und aufgabengerecht zu beeinflussen. Dafür ist es notwendig, dass der Berater, neben einer sorgfältigen kommunikativen Rezeption, auch sämtliche Argumentations-, Diskussions- und Verhandlungstaktiken beherrscht, um sich gegen Instrumentalisierungsversuche des Klientensystems zu behaupten.

Argumentationstaktiken sind z. B. die Übertreibung, die Abwertung, das Persönlichwerden, das Aus-dem-Zusammenhang-reißen, die

Umdeutung und Entstellung, das Verschieben des Streitpunktes, die Schaffung von Verwirrung, das Vortäuschen von Tatsachen, der Sprung vom Sach- zum Werturteil sowie Ablenkungstechniken. Diskussions- und Verhandlungstaktiken betreffen die Kommunikation in Gruppen. Dabei muss der Berater bei der Zielbildung helfen, eine Einigung auf Verfahrensweisen herbeiführen, Beurteilungsheuristiken aufstellen, wesentliche Sachbeiträge leisten, Argumentationsschwächen aufdecken, Alternativen anbieten, den Diskussionsverlauf schildern und Zwischenergebnisse zusammenfassen.

Neben diesen manipulativen Taktiken muss der Berater daran interessiert sein, das Beziehungsverhältnis zum Klientensystem rasch aufzubauen und nachhaltig zu verbessern. Das geht vor allem durch die Schaffung von Kontakten als Beziehungsstifter, die Verteidigung von Mitarbeitern, die Etablierung von Kommunikationsmöglichkeiten, die Interpretation und Zitierung von Fremdaussagen, die Vermittlung, die Artikulation von Gefühlen und das Spenden von Anerkennung.

Neben all diesen Tätigkeiten darf der Berater die Verfolgung der eigenen Interessen nicht aus den Augen verlieren. Deshalb darf er nie Extremlösungen, wie z.B. Alles-oder-Nichts, anstreben. Er muss verhindern, dass sich ein Gesprächspartner gegen ihn festlegt, er muss aus der Sicht des Partners denken und argumentieren und die eigenen Absichten in die Vorschläge anderer integrieren.

Die Aufzählung der unterschiedlichsten Möglichkeiten und Techniken in der Verfolgung von Kommunikationsstrategien soll deutlich machen, wie anspruchsvoll die Tätigkeit eines Berater eigentlich ist. Die dafür erforderlichen Fähigkeiten kann sich der Berater durch Üben und Erarbeiten von selbstständigem Wissen, z.B. in Form von Kurzvorträgen, durch Selbsterfahrung und Lernen von Verhaltensübungen, z.B. durch Rollenspiele, und durch die Förderung der Teamfähigkeit und Toleranz aneignen.

11. Problemlösungsmethoden

Probleme zu lösen ist der originäre Anspruch, den Berater haben und der zu Recht zu einem guten Teil ihren Marktwert widerspiegelt. Die Problemlösungskompetenz der Berater basiert einmal auf fachlichen Qualifikationen und zum zweiten auf der genauso wichtigen Beherrschung eines Methodenrepertoires zur Implementierung neuen Know-hows bzw. zur Optimierung der vorhandenen Ressourcen ihrer Auftraggeber.

Dieses Methodenrepertoire stützt sich in der Regel auf „wenn-dann-Verknüpfungen", mit denen der Berater methodenkonform und auftragsbezogen auf eine von ihm wahrgenommene Systemkonfiguration reagiert. Erhält er also z. B. von einem Betrieb den Auftrag das Rechnungswesen zu optimieren, wird er, nach der Analyse des Bestehenden, mehr oder weniger systemgeleitet Vorschläge zu dessen Verbesserung machen. Erhält er den Auftrag für eine Personalsuche für den Vertrieb, wird er im Anschluss an seine Erhebungen einen Vertriebsmitarbeiter suchen. Das einfache Kausalmodell der Beratung legt also fest, mit welchem Instrument auf welche Anforderungen reagiert wird. Zu diesem Zweck haben sich in der Beratung Problemlösungsmethoden etablieren können, die auch in den Köpfen der Klienten verankert sind. *Niedereichholz* (1994) bietet in diesem Zusammenhang eine phänomenologische Unterscheidung zwischen standardisierten Beratungsprodukten und innovativen Problemlösungsmethoden an (Abb. 34).

Nun gleicht der beraterische Alltag keiner Einbahnstraße in dem Sinne, dass mit einer Problemlösungsmethode alle Klientenbedürfnisse zu befriedigen sind, oder umgekehrt, mit der Problemlösungsmethode hausierend die dazu einigermaßen passenden Klienten gesucht und gefunden werden können. Überall dort, wo in sehr starkem Maße Aufgaben und Probleme durch das Zusammenwirken von Menschen in Organisationen bedingt sind, reicht das einfache Kausalmodell nicht mehr aus. Das Zusammenwirken fördert die Entwicklung von hochkomplexen sozialen Aufgabenstellungen, die für den Berater das Identifizieren von einigen wenigen Problemen und das Wählen lediglich einer Interventionsstrategie zur Problemlösung sehr schwierig werden lassen.

Nun soll diese hohe Komplexität den Berater nicht geradewegs in die Verzweiflung bzw. zur Kapitulation führen. Er muss sich aber bewusst sein, dass bei vielen Fragestellungen nicht nur ein Lösungsweg existiert, sondern dass u.U. ein Methodenpluralismus eingesetzt werden muss, um die gesetzten Ziele in der Beratung zu erreichen. Natürlich ist man versucht, nach „der Methode" zu suchen, und viele halten ihre Methoden und Vorgehensweisen schon für ausreichend entwickelt, um mit ihnen über einen Kamm geschoren sämtliche Aufgabenstellungen und Probleme optimal zu bewältigen. Doch diese „eierlegende Wollmilchsau" gibt es nicht.

11. Problemlösungsmethoden

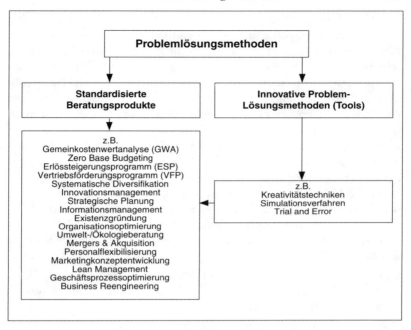

Abb. 34: *Problemlösungsmethoden in der Beratung*

Wir treffen in der Beratung von Betrieben immer wieder auf Unternehmensleitungen, die symptombezogen Problemfälle schildern und diese durch einen Beratereinsatz verändern wollen: Herr A ist zu wenig agil im Verkauf, die Konkurrenz macht alles besser, das Unternehmen macht keine Gewinne, die Forschungs- und Entwicklungsabteilung ist zu wenig innovativ, die interne oder externe Kommunikation ist schlecht etc. Bei einigen dieser Problemstellungen reicht sicherlich die Wahl einer Problemlösungsmethode, die sich auch in anderen Organisationen bewährt hat: Budgetierungsmodelle, Controllingmaßnahmen, variable Entgeltregelungen, organisatorische Veränderungen etc. Im Köcher der Beratungsmethoden stecken viele solcher Pfeile. Bei dieser Art der Aufgabenidentifikation wird angenommen, dass mit der Benennung des Symptoms die Ursache bekannt und mit der Wahl der entsprechenden Problemlösungsmethode beseitigt wird. Dafür werden gerne Berater eingesetzt, die, und so funktioniert vor allem über die Referenzschiene auch deren Auswahl, diese Methoden in der Vergangenheit mit Erfolg bei anderen Organisationen bereits eingesetzt haben. Doch, ist nicht jedes Unternehmen anders?

Etablierte Problemlösungsmethoden ermöglichen teilweise auch eine individuelle Anpassung an die organisationalen Ressourcen des Klientensystems und entsprechen damit den Anforderungen häufig sehr weitgehend. So wird z.B. niemand für die EDV-Anlagen eines Unternehmens ein individuelles Betriebssystem entwickeln, wohl aber die bestehenden so konfigurieren, dass sie den Anforderungen und Erwartungen der Nutzer entsprechen. Problematischer werden solche und ähnliche Vorgehensweisen, wenn sie betriebliche Umstände betreffen, die weniger greifbar sind und deren Ursachen sich nicht so einfach benennen lassen. Damit sind solche gemeint, bei denen der Berater nicht von der Symptomschilderung auf eine verbindliche Ursache schließen kann. In diesen Fällen fehlt ihm auch der Ansatzpunkt für die Wahl einer Problemlösungsmethode. Welche Problemlösungsmethode wendet der Berater zur Hebung der Motivation oder zur Senkung der Fehlzeiten an? Wie verbessert er das Betriebsklima?

Um dafür entsprechende Problemlösungsmethoden zu identifizieren, muss sich der Berater mit folgenden Fragestellungen und Ansätzen befassen (vgl. *Becker/Langosch* 1995, S. 221 ff.):

- Er muss die Komplexität des Problems erkennen,
- er muss in einem Funktionsmodell alle Faktoren darstellen, die bei dem Problem eine Rolle spielen können, und
- er muss untersuchen, welche Faktoren im jeweiligen Fall wichtig und beeinflussbar sind.

Erst nachdem diese Punkte geklärt sind, sollte der Berater die entsprechende Interventionsstrategie bzw. Problemlösungsmethode wählen. Dabei kann er versuchen, den in Abbildung 35 dargestellten hierarchischen Problemlösungsweg zu gehen und dadurch die vermutlichen Schwierigkeiten einzugrenzen.

11.1 Kurzbeschreibung von Problemlösungsmethoden

Die wirksame Anwendung von Problemlösungsmethoden setzt eine möglichst genaue Definition des Problems und der damit verbundenen Zielvorstellungen voraus. Eng verknüpft ist damit die Klärung der Frage, ob mit den vorhandenen Ressourcen im Klientensystem diese „Bewegung" für eine gestellte Aufgabe möglich ist oder ob durch externe Ressourcen die Problemlösungskapazität erhöht werden muss. Diese Problemstellung betrifft sowohl den Einsatz von Problemlösungsmethoden „von der Stange", wie z.B. Kostensenkungsprogramme, als auch den Einsatz von Kreativitätstechniken, wie z.B. Workshops mit Brainstorming-Verfahren.

11. Problemlösungsmethoden 245

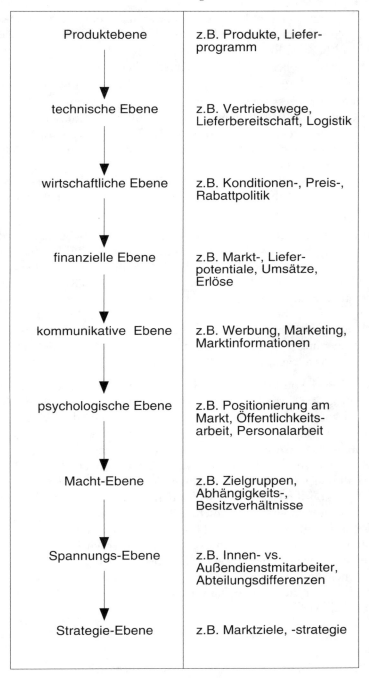

Abb. 35: Problemlösungswege

Das Ergebnis der Problemlösungsanalyse sollte obige Fragen abklären, weil sich daraus die im bzw. mit dem Klientensystem anzuwendenden Problemlösungsmethoden herleiten. Die **Problemlösungsanalyse** muss folgenden Kriterien entsprechen:
- Sie muss als Basis für die Entscheidung dienen, ob und wie ein Planungsprozess einzuleiten ist.
- Sie muss die Hauptbeteiligten und Betroffenen identifizieren.
- Sie muss es ermöglichen, dass vorläufige Planungsschwerpunkte und Zielvorstellungen auf der Basis vorhandener und optionaler Ressourcen durchgeführt werden können.
- Sie muss Vorhersagen liefern können über die voraussichtliche Dauer, den Aufwand und den optimalen Beginn der Problemlösung.

Voraussetzung für die Notwendigkeit dieser Überlegungen ist das Vorliegen einer komplexen Situation, in der die Problemstruktur nicht genau definiert werden kann, deshalb Such- und Entscheidungsprozesse notwendig sind, mehrere Ebenen des Klientensystems betroffen sind, Informationsbedarf besteht und für die Problemlösung ein relativ hoher Zeitbedarf notwendig sowie die Lösung selbst gravierend ist. Das sind alles Faktoren, wie sie für die Berater-Klienten-Beziehung und die Erwartungen, die Klienten in den Einsatz von Beratern legen, häufig typisch sind.

Der Einsatz von Gruppen zur Problemlösung hat sich seit langem bewährt. Durch die Gruppenarbeit wird das Ideen- und Wissenspotential von vielen genutzt, d.h. quantitative und qualitative Vorteile für eine Problemlösung erreicht. Außerdem werden durch gruppendynamische Prozesse Potenziale freigesetzt, die ein Einzelner nur sehr schwer mobilisieren kann, wie z.B. ein normierender Effekt innerhalb einer Gruppe, die eine breite Zustimmung zu einer Lösung und ein koordiniertes Handeln für deren Umsetzung bewirken können. Berater fungieren in solchen Problemlösungsprozessen oft als Moderatoren, weil sie sich relativ frei bewegen können, da sie nur mittelbar den Zwängen von organisationsinternen Rollenerwartungen unterliegen. Von ihnen müssen bei Stockungen neue Impulse ausgehen und sie sollten Visualisierungstechniken beherrschen, die Probleme für die Gruppe analysierbar und Problemlösungswege anschaulich werden lassen.

Was sind nun die gängigsten **Problemlösungsmethoden** in der Beratung?
- **Brainstorming:** Das ist die wahrscheinlich bekannteste und am häufigsten angewandte Problemlösungsmethode des gemeinsa-

men Nachdenkens und der gemeinsamen Ideenfindung. Zu Brainstorming-Sitzungen wird ein möglichst heterogener Personenkreis von bis zu 15 Teilnehmern eingeladen. Die Regeln sind relativ einfach: Quantität der Vorschläge soll vor Qualität gehen, das Fortführen und Weiterentwickeln fremder Ideen ist jederzeit erlaubt und die Vorschläge dürfen nicht kritisiert werden. Der Berater, der hier als Moderator fungiert, überwacht das Einhalten der Regeln, dokumentiert mittels einer Visualisierungstechnik die Ideen und aktiviert die Teilnehmer. Die Ideen werden klassifiziert und das Ergebnis bekanntgegeben, das als Ausgangspunkt für weitere Schritte verwendet wird.

- **Methode 635:** Es handelt sich um eine Weiterentwicklung aus dem Brainstorming, bei der die Ideen allerdings weiter vertieft werden. Der Name leitet sich aus der Vorgehensweise ab: 6 Teilnehmer einer Gruppe schreiben jeweils 3 Ideen nieder, die dann in einer vorgegebenen Reihenfolge 5-mal weitergereicht werden. Jeder Teilnehmer soll jedes Blatt um drei weitere Ideen ergänzen. Die neuen Kommunikationsmedien bieten sich für diese Vorgehensweise an, weil sich dadurch die Teilnehmer nicht einmal am selben Ort versammeln müssen.
- **Synektik:** Dabei werden neue Ideen durch die Verfremdung des Problems in der Weise erzeugt, dass durch die Bildung von symbolischen und persönlichen Analogien diese mit dem Problem verknüpft werden und so Lösungswege gefunden werden können.
- **Morphologische Analyse:** Bei dieser Methode wird eine Matrix verwendet, mit deren Hilfe die vollständige Erfassung eines komplexen Problembereichs sowie mögliche Lösungswege beschrieben werden. Dabei sollen voneinander unabhängige Einflussgrößen des Problems mit ihren denkbaren Ausprägungen festgehalten werden. Dann erfolgen systematische und intuitive Bewertungen der Lösungen.

Weitere Möglichkeiten der Entscheidungsfindung und damit der Problemlösungsmethoden sind z.B. die Netzplantechnik, Strategietagungen, die Analyse von Erfolgsdeterminanten oder Visualisierungstechniken wie z.B. Mind-Mapping oder Meta-Plan, Simulationen, Nutzwertanalysen, Planspiele, Szenario-Technik, Delphi-Methode usw., auf die an anderer Stelle des Buches näher eingegangen wird.

11.2 Wahl von Problemlösungsmethoden

Lösungsansätze zu entwickeln bedeutet auch, die üblichen und gewohnten Bahnen zu verlassen. Das Setting Berater-Betrieb ist schon ein erster Schritt in diese Richtung. Problemlösungstechniken sollen die Ideenfindung und -verarbeitung erleichtern sowie zur Entscheidungsfindung beitragen. Anzumerken ist, dass die Beherrschung von Problemlösungstechniken nicht notwendigerweise zur Problemlösung führen muss, was vor allem für Berater und Unternehmen heißt, dass das Setzen auf eine Problemlösungsmethode in allen „Lebenslagen" nicht unbedingt zu guten und brauchbaren Beratungsergebnissen führt, d.h. das Ob und Wie der Wahl von Problemlösungsmethoden will gut überlegt sein.

Für die Wahl der Problemlösungsmethoden ist an erster Stelle eine umfangreiche Abklärung darüber notwendig, welche Wege möglich sind, wie attraktiv die anzustrebende Situation ist, wo Widerstände zu erwarten sind, wo Unterstützung zu finden ist, wer von den Lösungen betroffen ist, was die Durchführung kostet und welches der beste Zeitpunkt für den Einsatz der Problemlösungsmethode ist. Folgende Checkliste kann dabei behilflich sein (vgl. *Kubr* 1996, S. 208f.; 1998):

- **Welche neue Lösung soll angestrebt werden?**
  Zu welchem grundlegenden Zweck? Aus welchen anderen Gründen? Auf welcher Durchführungsebene? Mit welcher Qualität? Soll ein neues Produkt, ein neuer Service oder eine neue Aktivität das Ziel sein? Welche Verhaltensweisen müssen dafür neu entwickelt werden?

- **Wie soll sich die neue Situation von der aktuellen unterscheiden?**
  Durch andere Produkte, einen anderen Service oder andere Aktivitäten? Sind die neuen Methoden geeigneter zur Zielerreichung? Ist ein Methodenpluralismus möglich oder soll nur ein System verwendet werden? Muss dafür eine andere Ausrüstung benutzt werden? Ist die Leistungserbringung am selben Ort und mit derselben Abteilung möglich? Benötigt man dazu ein anderes bzw. ein neues Management?

- **Wie lange werden die neue Situation, die neuen Produkte bzw. die neuen Fähigkeiten modern sein?**
  Mit welcher Geschwindigkeit ändern sich die Märkte des Klienten? Werden die Wettbewerber noch bessere Produkte entwickeln? Wie stabil sind die neuen Fähigkeiten bzw. besteht die Gefahr, dass nach dem Beratereinsatz wieder alles in den alten Trott fällt? Können künftige Entwicklungen abgeschätzt bzw. vorhergesagt werden? Wenn ja, auf Grund welcher Informationen und mit welcher Wahrscheinlichkeit?

- **Wo können Lösungen oder Ideen gefunden werden?**
In derselben Abteilung, im selben Unternehmensbereich, im gleichen Unternehmen? Von Geschäftspartnern? In der Literatur? In privaten oder universitären Forschungseinrichtungen? Im Beratungsunternehmen selbst, bei Partnern? Durch die Einschaltung von anderen Beratern? Wo sonst noch?
- **Welche Probleme werden auftauchen?**
Können das technische Probleme sein? Oder Widerstände der Führungskräfte und Mitarbeiter im Klientensystem? Welche Gefahren bei der Realisierung sind denkbar? Bestehen Qualitätsprobleme und wie können diese abgefangen werden? Werden durch die neue Methode Überkapazitäten in den bisherigen Märkten, gepaart mit einem Preisverfall entstehen? Gibt es Beschaffungsengpässe? Entstehen Liquiditätsengpässe? Wie werden sich die Kunden verhalten?
- **Wer sind die Beteiligten?**
Sind die Mitarbeiter und das Management zugänglich für diese Lösungsvariante? Was muss getan werden, um sie vorzubereiten? Wie sollen sie einbezogen werden? Müssen ansonsten noch irgendwo bei irgendjemand Anpassungen vorgenommen werden?
- **Welches ist der beste Zeitpunkt für den Wechsel?**
Sind saisonale Schwankungen zu berücksichtigen? Ist es günstig, während der (Betriebs-)Ferien den Wechsel durchzuführen? Sind Bilanzstichtage oder Budgetverhandlungen zu berücksichtigen? Zum Jahreswechsel? Oder können die Veränderungen jederzeit vorgenommen werden? Ist die Problemlösung dringend einzuführen? Bedarf es dazu einer bestimmten Schrittfolge, z.B. eines Phasenmodells?

12. Interventionen: Möglichkeiten, Instrumente, Fehler

Wenn man über Interventionen in der Beratung spricht, meint man eigentlich den Beitrag, den ein Berater in Hinblick auf die Erreichung von organisationalen Zielen leisten kann. Ob und wann welche Interventionen zu setzen sind, hängt immer auch davon ab, wie lange und intensiv sich der Berater mit einer Beratungsaufgabe auseinandersetzt und wie intensiv der Informationsaustausch mit dem Klientensystem erfolgt. Je nachdem, wie früh diese Informationsgewinnung abgebrochen wird, kommen dann in der Regel unterschiedliche Interventionsaktivitäten zum Zug. So kann z.B. auf den telefonischen Anruf eines Unternehmens, es benötige einen neuen kaufmännischen Leiter mit der Antwort „machen wir!" entsprochen und eine Standardsuchanzeige geschaltet werden. Es wäre aber auch denkbar, dass sich der Berater zum Unternehmen begibt und dort mit seinen Recherchen beginnt (interne Besetzungsmöglichkeiten, Abganggespräch mit bisherigem Stelleninhaber, Firmenkultur, Betriebsklima etc.). Wahrscheinlich werden sich die Ergebnisse der beiden Vorgehensweisen massiv unterscheiden, wobei letztere sich eher in Richtung Intervention bzw. Einmischung bewegen dürfte. Die Intensität des wechselseitigen Informationsaustausches bestimmt somit wesentlich Art und Weise der Intervention.

Wenn zwischen Beratern über Interventionen gesprochen wird, meinen sie vor allem überschaubare, abgrenzbare und kontrollierte Maßnahmen, die im Klientensystem eine natürlich vorher überlegte und mit oder auf die Beteiligten abgestimmte Wirkung erzielen, d.h. eine Intervention ist immer zielgerichtet und greift auf ein Methodenrepertoire zurück. Meist ist das Wort Intervention konnotiert mit Anstrengung, Emotionalität oder besonderer Raffinesse. Der eigentliche Wortsinn, das Sicheinmischen, Grenzen überschreiten, Handlungszusammenhänge aufbrechen etc. (vgl. *Titscher* 1991, S. 313) kommt dabei regelmäßig zu kurz. In der Beratung ist es meist so, dass für die Systeme Unternehmen und Berater ein in seiner Breite begrenzter Korridor geschaffen wird, durch den die Intervention erfolgen kann, d.h. Beratung erfolgt nicht im Klientensystem, sondern in einem dafür, auch vertraglich, geschaffenen Bereich, der oft nur ein beschränktes Spektrum an Aktionen zulässt. Beim Verlassen dieses Korridors werden möglicherweise ergänzende und notwendige Beraterqualitäten sichtbar, die in den Kategorien soziale Verantwortung, besseres Wissen, Standesregeln etc. einzuordnen sind. Beratungsvereinbarungen sehen bestenfalls durch vertraglich integrierte Arbeitsgrundsätze, Standesregeln, Allgemeine Geschäftsbedingungen generelle Regelungen zu den vorgenannten Kategorien vor, die im konkreten Fall das persönliche Engagement und den Mut zu auch ethisch gerechtfertigten Interventionen, sozusagen jenseits des Korridors von Soll und Haben, nicht ersetzen können. Interventionen können abhängig vom Gegenstand auch sehr weit gefasst sein und fast alle Bereiche des Klientensystems durchdringen (z.B. in der Sanierungsberatung, EDV-Implementierung). Dabei ist das „Fitting" zwischen Organisation und Berater wichtig, weil die Interventionen des Beraters im Klientensystem auch als solche erkannt werden müssen und des Rückhaltes durch den Klienten bedürfen.

12. Interventionen: Möglichkeiten, Instrumente, Fehler

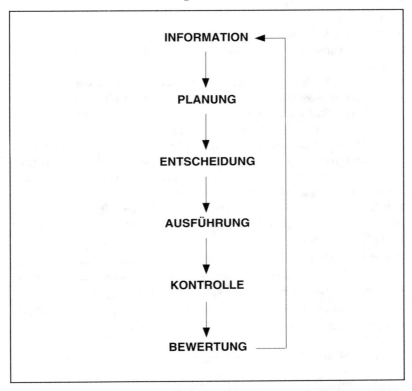

Abb. 36: Grundlegendes (mechanistisches) Schema für Interventionen

Wir möchten mit Intervention jedoch auch den größeren Zusammenhang bezeichnen, der alle Aktionen oder Unterlassungen umfasst, die in diesem definierten Korridor zwischen Berater und Klient ablaufen und auch darüberhinaus in den Randbereichen Platz finden. Damit wird auch die Unterscheidung in Diagnose- bzw. Analyse- und Interventionsphase obsolet. Der Hinweis mancher Beratungsgesellschaften, man mache nur eine Analyse (Stichwort: Unternehmensanalyse) geht bei einem weiter gefassten Interventionsverständnis ins Leere, da auch die Analyse bzw. Diagnose – obwohl reduktionistisch angelegt – sehr wohl auch bereits Intervention ist.

Auf die Festlegung des „Aktionskorridors" während der Vertragsverhandlungen ist nicht zuletzt deswegen größter Wert zu legen, damit der Berater in eine Position kommt, die es ihm ermöglicht, sowohl die fachliche als auch soziale Kompetenz selbstgesteuert einzusetzen.

12.1 Bestimmungsfaktoren menschlichen Interaktionsverhaltens und realistische Einschätzung der Veränderbarkeiten

Grundsätzlich muss vorausgeschickt werden, und das gilt auch für Berater, dass man die Probleme durch Interventionen löst, die man lösen kann, und nicht jene, die man lösen soll (vgl. *Dörner* 1989). Wer unter einem gewissen Problemdruck steht, möchte sich so rasch wie möglich davon entlasten, ohne seine Problemsicht dabei zu verändern. Auch erfahrene Berater wissen um diesen Umstand und verbinden mit ihrer Beschreibung des Problems auch gleichzeitig dessen Lösung. Mit diesen einfachen „wenn-dann"-Verknüpfungen wird allerdings eine Simplifizierung der Realität angeboten, die im schlimmsten Fall lediglich in einer Beratung zur Symptombekämpfung resultiert.

Bei der Analyse von organisationaler Macht und der Bewertung durch die Berater sollten folgende Fragen am Anfang jeder Intervention im Klientensystem stehen (vgl. *Neuberger* 1995, S. 22ff):

- **Akteurperspektive, Handlungsorientierung:** Wer tut was (nicht)?
- **Interessen:** Warum oder wozu handelt jemand im Klientensystem?
- **Intersubjektivität:** Welche interpersonalen Beziehungen existieren?
- **Dialektik der Interdependenz:** Wie wird wechselseitige Abhängigkeit bewältigt?
- **Legitimation:** Wie werden Handlungen oder Verhältnisse gerechtfertigt?
- **Zeitlichkeit:** Wie wird mit Instabilität, Wandel und Chancen umgegangen?
- **Ambiguität:** Welche Mehrdeutigkeiten, Widersprüche und Intransparenzen erlauben/erfordern „interessiertes" Handeln?

Mit einer solchen Analyse können auf Verhaltensebene wichtige Kategorien des Klientensystems bzw. die personellen, faktischen und informellen Abhängigkeiten der Gesprächspartner identifiziert und im beraterischen Ansatz berücksichtigt werden.

12.2 Verhaltensebene – Verhaltensbeschreibung – Verhaltenssteuerung – Konsequenzen

Unterstellt man, dass Unternehmen sich an rationalen Normen orientieren, organisatorische Strukturen betonen, formalisierte Beziehungen aufweisen, geregelte Unterstellungs- und Weisungsverhält-

12. Interventionen: Möglichkeiten, Instrumente, Fehler

nisse bestehen, mittels einer weitgehenden Aufgabenspezialisierung funktionieren und dafür administrative Kontrollen einsetzen, so sind dabei zwei Extrempositionen denkbar (vgl. *Wottawa/Gluminski* 1995): Die eine Extremposition ist charakterisiert durch eine vollständige externe Verhaltenskontrolle der Mitarbeiter, wie sie für totalitäre Strukturen typisch ist. Die andere Position ist gekennzeichnet durch eine interne Verhaltenskontrolle durch die Mitarbeiter, d.h. sie steuern sich aus eigenen Beweggründen weitgehend selbst. Die Innensteuerung tritt an die Stelle der Außensteuerung. Die Innensteuerung eines Menschen, also etwas aus eigenem Willen zu tun, sich mit Aufgaben zu identifizieren, eigenen Überzeugungen zu folgen und etwas als Resultat eigener Überlegungen zu unternehmen, ist in weitem Maße identisch mit dem, was allgemein mit dem Begriff „Motivation" gemeint ist. Die Außensteuerung funktioniert eher in Analogie zu den mechanischen Stoßgesetzen, wie man sie beim Billardspiel am schönsten beobachten kann. Ein Stoß in die richtige Richtung mit der exakt dosierten Stärke – und die Kugel erreicht ihr Ziel. Das klingt in der Beschreibung sehr einfach, ist aber ein sehr anspruchsvolles Spiel. Mitarbeiter nach den „Stoßgesetzen" zu führen ist noch viel schwieriger.

Für einfache Produktionstätigkeiten wurde in der Vergangenheit sehr oft die externe Verhaltenskontrolle, d.h. die Außensteuerung angewandt, wie z.B. für Fließbandarbeit oder Sklavenarbeit auf Plantagen. Für komplexere Tätigkeiten ist es jedoch sinnvoll, auf die interne Verhaltenskontrolle zu setzen. Sie ist weitaus effektiver, humaner, reduziert den externen Steuerungs- und damit Kontrollaufwand, vermeidet „Bestrafungen und Sanktionen", die heute nicht mehr durchsetzbar sind. Die möglichst weitgehende Vermeidung der Außensteuerung und die intensive Förderung der Innensteuerung ist sukzessive aus guten sachlichen und humanen Gründen zum Credo einer zeitgemäßen Personal- und Führungsarbeit geworden. Das findet auch seinen Niederschlag in der Sprache durch Ausdrücke wie z.B. Selbstbestimmung, Freiräume für Mitarbeiter, Mündigkeit und Selbstverwirklichung, Motivation, Führung durch Delegation, teilautonome Arbeitsgruppen, selbstbestimmte Teamarbeit, und auch in den neuen Formen der Arbeitsverrichtung wie z.B. durch Teleworking und in anderen ergebnisorientierten Ansätzen. Die Abb. 37 zeigt schematisiert die Varianten entsprechender Führungsstile auf und kann bei der Positionierung verhaltensrelevanter Ziele und Veränderungen dem Berater als Orientierungshilfe nützlich sein.

2. Teil: Beratungsverhalten

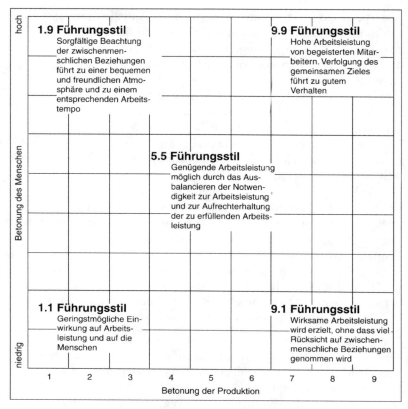

Abb. 37: *Verhaltensgitter (Blake/Mouton 1988)*

Es gibt keinen vernünftigen Grund, die Führungsarbeit innerhalb der Beratung, bei Interventionen, der Problemlösungssuche usw. nach anderen Regeln zu verfolgen, ganz im Gegenteil: Gerade der Berater weiß um seine Grenzen und seine eingeschränkte Macht, so dass ihm allein aus pragmatischen Gründen die Außensteuerung als Instrument der Veränderung fragwürdig erscheinen muss. Aufgrund seiner Erfahrungen weiß er auch, dass Veränderungen im Klientensystem, die auf der Innensteuerung der Führungskräfte und Mitarbeiter basieren, wirksamer und nachhaltiger sind. Er sollte auch wissen, dass man Veränderungen effektiv nur mit und nicht gegen die Betroffenen bewerkstelligen kann.

Die Realität in den Betrieben wird heute irgendwo zwischen den Extrempositionen der Innen- und Außensteuerung liegen. Geprägt wird diese Realität von den Unternehmern und Führungskräften in den Unternehmen und Organisationen. Der Berater muss nun bei seiner Wahl der Interventionsform auch die Situation des Unternehmens im Hinblick auf seine Lage zwischen den Extrempositionen beurteilen, weil nicht in jedem Unternehmen dieselbe Intervention auf gleich fruchtbaren Boden fällt.

Um diese Bewertung vornehmen zu können, muss der Berater Beschreibungskategorien und Indikatoren für die Verhaltensbedingungen und Befindlichkeiten des Klientensystems entwickeln. Eine Möglichkeit dafür bieten unternehmenskulturelle Besonderheiten, die der Berater erkennt, wie z.b. sprachliche Äußerungen, Geschichten, Anekdoten, Routinehandlungen, Rollen, Rituale, Statussymbole, Kleidung etc.

Eine andere Möglichkeit der Verhaltensbeschreibung von sozialen Systemen ist die Konzentration auf deren Exponenten. Wenn also der Berater nur mit einer Person des Klientensystems konfrontiert ist, kann er versuchen, dessen Verhaltensursachen zu ergründen. Üblicherweise angewandte Kategorisierungsversuche bleiben auf einer adjektivischen Ebene und haben dadurch nur einen eingeschränkten Informationsgehalt. Eine weitergehende Möglichkeit bietet die multimodale Verhaltensanalyse, bei der versucht wird, eine Person umfassend zu betrachten. Eine Anwendung dieser Analysemethode ist in Abbildung 38 dargestellt.

Beispiel eines Mannes, der einen Autounfall hatte und seither das Autofahren vermeidet	
Behavior	Vermeidung von Autofahren
Affects	starke Angstgefühle
Sensation	starke Spannungsgefühle im Nacken
Imagery	lebhafte, sich wiederholende Vorstellungen des Unfalls
Cognitions	Überlegungen, dass man sich am Steuer in großer Gefahr befindet
Interpersonal	die eigene Frau muss Chauffeur spielen
Drugs	Beruhigungsmittel, die der Arzt verschrieben hat, werden eingenommen

Abb. 38: Multimodale Verhaltensanalyse (BASIC-ID)
(nach Lazarus, in: Kessler 1978; Lazarus, 2000)

Für die Wahrnehmung des Beraters könnte das so aussehen: Er wird mit einem Unternehmer konfrontiert, von dem seine Führungskräfte sagen, er wäre entscheidungsschwach und würde alles delegieren und sie dadurch überfordern. Jetzt könnte der Berater dem Unternehmer, auch im Sinne einer paradoxen Intention, sagen: „Sei doch entscheidungsstark, dann sind alle Probleme bewältigt!" Damit wird er jedoch wenig erreichen, weil er nur ein Symptom wahrgenommen hat. Er hat dadurch weder die Komplexität des Problems erkannt, noch kann er Strategien für Interventionen entwickeln, die das Problem ursächlich beseitigen. Wichtiger wäre für den Berater die Wahrnehmung bzw. Antworten auf folgende Fragen bzw. sieben Module zu finden:

1. Wie kann das Verhalten beschrieben werden?
2. Welche Gefühle begleiten den Betroffenen dabei?
3. Wie äußern sich diese Phänomene z. B. auf körperlicher Ebene?
4. Welche Faktoren halten das Verhalten aufrecht?
5. Welche Rationalisierungen und Bewältigungsmuster hat der Betroffene entwickelt?
6. Welche Auswirkungen haben diese Probleme auf den sozialen Bereich?
7. Resultieren aus den Problemen z. B. Medikationen, Suchtverhalten oder gesundheitliche Folgen?

Versucht der Berater nun in seiner Bewertung alle sieben Module entsprechend zu berücksichtigen, findet er mit größerer Wahrscheinlichkeit Ansatzpunkte für Interventionen, er kann z. B. die Problemlösungskapazität und die Belastbarkeit des Klienten besser einschätzen und mit diesem Pläne und Strategien entwickeln, wie Lösungswege aussehen könnten. In der Folge muss er penibel darauf achten, dass sein Klient und dessen Umwelt an diesen Plänen und Strategien mit der notwendigen Konsequenz festhalten und über kleine Lernschritte das große Problem lösen.

12.3 Grundannahmen zu Interventionen und methodischem Vorgehen

In der Regel kann die Intervention aus der Sicht des Intervenierenden sehr klar beschrieben werden. Problematischer ist die Beschreibung und Voraussage darüber, was im intervenierten System mit der Intervention passiert. Ob und wie die Intervention wahrgenommen, verarbeitet und ihr entsprechend in der gewünschten Weise vom Klientensystem reagiert wird, hängt davon ab, ob sie Aufmerksamkeit erregt und entsprechend der eigenen Situation bewertet wird.

12. Interventionen: Möglichkeiten, Instrumente, Fehler

Lebendige Systeme, wie sie Organisationen nun einmal sind, müssen laufend Aktivitäten setzen, um zu überleben. Die Analyse und Bewertung dieser Aktivitäten ist ein zentraler Ansatzpunkt für Beratung und Intervention, weil z. B. Problemstellungen in den Organisationen ebenfalls Produkte von Aktivitäten darstellen. Je intensiver und andauernder die Problemstellung ist, desto massiver müssen die Aktivitäten im Klientensystem sein. Hat man als Berater realisiert, dass die Klientensysteme ständig neue Aktivitäten benötigen, damit ihre Probleme als solche zutage treten, dann können die Interventionen bei jenen Prozessen ansetzen, die es erlauben, das Problem zu reproduzieren bzw. die Störung aufrechterhalten. Bei Fehlverhalten von Organisationsmitgliedern wird sich der Berater also auf die Suche nach Verstärkern machen, die das Fehlverhalten aufrechterhalten bzw. die Auftretenshäufigkeit beeinflussen.

Grundsätzlich gibt es für Interventionen in komplexen sozialen Systemen zwei Möglichkeiten (Abb. 39).

Einbringen neuer, externer Stimuli in die vorhandene Stimulussituation im Klientensystem   z. B. Implementierung neuer Techniken
Reinterpretation von bereits vorhandenen Stimuli im Klientensystem   z. B. Reorganisation, Organisationsentwicklung, Personalentwicklung

Abb. 39: Grundlegende Interventionsansätze

Im ersten Fall wird der Berater z. B. auf Grund seiner Fachkenntnisse eingesetzt, d. h. er besitzt ein Know-how, das dem Klientensystem fehlt. Im zweiten Fall sind die potenziellen Ressourcen im Klientensystem zwar vorhanden, werden von diesem jedoch nicht entsprechend wahrgenommen. Die Aufgabe des Beraters liegt dann darin, sie in der gebotenen Klarheit sichtbar zu machen oder, falls er die Potenziale identifizieren kann, diese zu entwickeln. Im zeitlichen Verlauf eines Beratungsprojektes ist natürlich eine unterschiedliche Schwerpunktsetzung zwischen diesen beiden grundlegenden Varianten denkbar.

12.4 Ermittlung und Gewichtung von Interventionsansätzen

Problemlösungserwartungen von Klienten sind für die meisten Berater etwas sehr angenehmes. Noch besser ist es, wenn die Formulierung der Erwartungen schon die erwartete Intervention vorwegnimmt. Und natürlich, für den Kundenkontakt hat man als Berater schon sehr viel gearbeitet und so fällt es leicht, den Wünschen des Klienten zu entsprechen – um sofort in die Falle hineinzustolpern. Man sollte unbedingt auf drei Punkte achten:

- An erster Stelle muss die Frage stehen, ob der Berater der Problemlösungserwartung entsprechen kann und will.
- An zweiter Stelle muss geklärt werden, ob die Erwartung des Klienten einen sachlichen Hintergrund hat. Sollten hier Zweifel auftreten, ist eine umfassende Diagnose des Klientensystems das Mittel der Wahl.
- An dritter Stelle muss man sich fragen, wieso der Klient gerade diesen Berater wählt und keinen anderen.

12.5 Interventionsinstrumente, -mechanismen, -punkte, -ebenen und -konsequenzen

Vorab ist festzuhalten, dass hier mit keinen absoluten Größen, Methoden oder Techniken gearbeitet werden kann, und zwar einfach aus dem Grund, weil es sie nicht gibt. Interventionsinstrumente in der Beratung können nie den Konkretisierungsgrad z. B. von technischen Vorgängen aufweisen, weil sie immer in komplexen sozialen Systemen angewendet werden.

Um Interventionsinstrumente zu diskutieren, ist es vorab sinnvoll, sich die strukturellen Bedingungen anzuschauen, die im Klientensystem anzutreffen sind. Das Klientensystem ist in der Regel auf das Tagesgeschäft hin orientiert und (fast) alle Mitarbeiter sind damit beschäftigt, ihre Tätigkeiten zu optimieren bzw. Störungen zu managen. Die Strukturen im Klientensystem zeichnen sich durch Stabilität aus und reagieren auf jeden Veränderungsaspekt konservativ. Veränderungen, die von außen an das System herangetragen werden, werden entweder in das bestehenden System integriert oder missachtet (selektive Wahrnehmung). Bei der Integration wird in der Regel ein kleiner Bereich des Systems, quasi als Experimentierfeld, freigegeben und erst bei Bewährung auf das Gesamtsystem angewendet. Generell sind Klientensysteme auf der Suche nach der „Weltformel", d.h. nach griffigen und leicht verständlichen Interventionsinstrumenten, die risikolos, kontrollierbar und leicht realisiert werden können. Hat sich das Klientensystem für eine Interventionsform und deren Realisation entschieden, wird an dieser genauso konsequent festgehalten, wie ehedem am alten System.

Aufgrund der Vielzahl an möglichen Interventionsinstrumenten und Veränderungsvorschlägen hat heute das Management von Klienten-

12. Interventionen: Möglichkeiten, Instrumente, Fehler

organisationen die Qual der Wahl. Dazu kommt, dass viele Interventionsinstrumente rigide eingesetzt werden und keine anderen Möglichkeiten neben sich dulden. Auch haben viele Berater nicht die Fach- und Methodenkompetenz, um den gesamten Kanon von z.T. auch interdisziplinären Schulen für ihre Klienten zu nutzen. Zurzeit setzt sich z.B. mühsam die Erkenntnis durch, dass Arbeitnehmer- und Umweltschutz- sowie Qualitätsmanagement eine Trias bilden, deren Synergien für die Betriebe Vorteile bringen können. Solche Entwicklungen wirken sich naheliegenderweise auf die Wahl, Akzeptanz und den Einsatz der Interventionsinstrumente aus.

Die Interventionsinstrumente können zwei Klassen zugeordnet werden: Die eher weichen Instrumente fördern die Selbstbeteiligung, Selbstbestimmung und die Lernfähigkeiten im Klientensystem und sehen eine organische sowie plastische Entwicklung vor, wie z.B. in der Organisations- und Personalentwicklung. Die harten Instrumente sind rigider und haben einen technischen Durchführungsansatz, wobei die Begriffe oft für das Management fassbarer klingen: Problemanalyse, Ressourcenidentifikation und -einsatzoptimierung, Cost-Cutting, Share- und Stakeholder Value, Qualitätskontrolle, Reengineering, Renewing, Resizing, Projektmanagement usw.

Kubr (1996, S. 91) gibt die Anzahl bekannter und beschriebener Interventionsinstrumente mit über 300 an. Bei dieser Vielzahl sind individuelle Anpassungen und Variationen bzw. Kombinationen durch die Berater wahrscheinlich, was die Zahl noch wesentlich erhöhen dürfte. Dazu kommen noch jene Interventionen, die speziell für Klientensysteme entwickelt wurden.

Zur **Ermittlung von Interventionsansätzen** ist es generell vernünftig, vorab folgende Fragen zu klären (vgl. *Schiepek* 1986; *Titscher* 1991, 1997; *Kubr* 1998):

- Welche Systemkomponenten bzw. Variablen sind überhaupt einer Intervention zugänglich und welche nicht?
- An welcher Stelle ist eine Veränderung praktisch durchführbar?
- Welche Systemkomponenten würden durch die Veränderung in eine bestimmte Richtung welche Veränderungen bei welchen anderen Systemkomponenten bewirken (Interaktion)?
- Welche Neben-, Folge- und Rückwirkungen könnten auftreten?
- Ist mit Interferenzen zwischen zwei oder mehreren Interventionen bzw. zwischen Interventionen und bereits vorhandenen Prozessen zu rechnen, oder könnten unterstützende oder sich potenzierende Effekte auftreten?
- Welche Komponenten und Strukturen tragen bisher zur Stabilisierung des Systems bei?

- Über welche Kompensations-, Entwicklungs- und Umstrukturierungsmöglichkeiten verfügt das System? Welche Interventionen (Verstörungen) würden bisher wahrscheinlich nie oder selten vorkommende strukturelle Veränderungen einleiten? Welche Interventionen (Verstörungen) sind für das System neu?
- Besteht eine Chance, mit der geplanten Intervention das Emergenzniveau, auf dem Veränderungen eintreten sollen, zu erreichen? Oder erreicht die angezielte Intervention das angepeilte Emergenzniveau wahrscheinlich nicht?
- Welche Systemkomponenten haben eine möglichst große Durchschlagskraft auf die Komponenten, die zu einer Annäherung an das Zielsystem bzw. zu einer Veränderung der kritischen Komponenten beitragen?
- Wo sind Interventionen vorzuziehen, die kontinuierlich wirken und wo sind zeitlich punktuelle Interventionen ausreichend?
- Wo ist ein Eingriff notwendig, da sich ansonsten nichts verändern oder sogar verschlechtern würde?

Titscher (1991) hat für Interventionen eine Strukturierung für unterschiedliche Interventionsebenen entwickelt, in dem er zwischen Bezugsebene, typischen Interventionen, angestrebten Zielen und damit verbundenen impliziten Annahmen unterscheidet:

1. Verhaltensänderungen von Individuen

- Typische Interventionstechniken: Selbsterfahrungsgruppen
  Laboratoriumstechniken
  Encounter-Gruppen
  Skill-Training
- Angestrebte Ziele: Verbesserung der sozialen Wahrnehmung
  Belastbarkeit
  Teamfähigkeit
  Befähigung zur Problemlösung
- Implizite Annahmen: Personen bilden und prägen Organisationen und das Verhalten der anderen Organisationsmitglieder.

2. Soziale Beziehungen der Organisationsmitglieder untereinander

- Typische Interventionstechniken: Survey-Feedback
  Team-Training
  für Arbeitsgruppen
  Prozeßberatung insgesamt
  Konfrontationssitzungen

12. Interventionen: Möglichkeiten, Instrumente, Fehler

- Angestrebte Ziele: Erlernen der Spielregeln der Zusammenarbeit:
  Vertrauen
  Offenheit
  Kooperation
  Konfliktberatung
- Implizite Annahmen: Das „Klima" der Beziehungen bestimmt die Organisation und das Verhalten der Organisationsmitglieder.

3. **Technologische und organisatorische Strukturen (arbeitsbezogene Verhaltensweisen und Regeln)**
- Typische Interventionstechniken: Veränderung von technologischen Bedingungen und organisatorischen Regelungen:
  andere Abläufe
  Arbeitsstrukturierung
  systematische Gruppenarbeit
  „Humanisierung" der Arbeitsbedingungen
- Angestrebte Ziele: Schaffung von dauerhaften Bedingungen, in denen Kooperationen honoriert und individuelle Bedürfnisse berücksichtigt werden
- Implizite Annahmen: Organisation und situative Annahmen bestimmen das Verhalten der Organisationsmitglieder.

4. **Beziehungen zwischen Handlungen bzw. zwischen Handlungen und systemeigenen Regeln und Attributionsmuster (Schemata über Ursache-Wirkungs-Zusammenhänge)**
- Typische Interventionstechniken: Diagnoseinterviews (Gruppenbefragungen) Diagnoseklausuren anregen bzw. einrichten, die dem Austausch der unterschiedlichen Sichtweisen dienen
  Konnotation

– Angestrebte Ziele:	Verschreibung paradoxe Intervention Unterstützung der Entscheidungsprozesse hin zu Verändern/Nicht-Verändern; Rekonstruktion bzw. Auswechseln der systemeigenen Operationsregeln, um die Entscheidungskompetenz der Organisation zu verändern oder zu bestätigen
– Implizite Annahmen:	Grundlage der Beratungstätigkeit ist das Verstehen der Selbstbeschreibung des Systems, die Selbstorganisation der Organisation; das System entscheidet über Annahme/Ablehnung der Intervention.

Im Folgenden sollen einige wenige **Interventionsformen** kurz vorgestellt werden, die für viele Aufträge und Klientensysteme Ansätze zur Bewältigung des Wandels sein können:

- **Projektmanagement:** Durch zeitlich begrenzte, in neuer personeller Besetzung und mit einem klaren Auftrag versehene Projektgruppen, können Mitarbeiter des Klientensystems, in gemischten Teams ergänzt durch externe Berater, Problemlösungswege entwickeln. In der Regel werden über gruppendynamische Effekte Problemstellungen und Lösungswege organisationstypisch gelöst. Die Berater nehmen eine objektivierende bzw. moderierende Funktion ein und sorgen dafür, dass die Projektziele erreicht und alle Teilnehmer „bei der Stange" gehalten werden. Entscheidend für die Effizienz ist die personelle Besetzung. Da oft gute Mitarbeiter des Klientensystems durch die Teilnahme an vielen Projektteams arbeitsökonomische Probleme bekommen, ist die Effizienz gelegentlich gefährdet.

- Ähnliches gilt auch für **Task forces**, die im Klientensystem eine Art Feuerwehrfunktion ausüben sollen. Bei dieser Vorgehensweise ist die Struktur noch rigider als beim Projektmanagement; Zeithorizont, Auftrag und Ressourcen sind wesentlich strenger vorgegeben.

12. Interventionen: Möglichkeiten, Instrumente, Fehler

- **Meetings:** Für Klientensysteme, die eine starre hierarchische Struktur aufweisen und deren Mitarbeiter Kommunikationsdefizite haben, was oft gerade bei Mittel- und Kleinbetrieben anzutreffen ist, sind regelmäßig stattfindende Treffen der Organisationsmitglieder eine attraktive Möglichkeit, Informationsbeschaffung und Entscheidungsfindung transparenter und effektiver zu machen. Auch hier hängt sehr viel davon ab, von wem und wie gut die Meetings geleitet werden, weil gerade in großen Organisationen mit Meetings Missbrauch in der Form betrieben wird, dass bereits ein informelles Treffen von zwei Mitarbeitern auf dem Flur als Meeting bezeichnet wird. Da in solchen Meetings keine Entscheidungen getroffen werden, sondern informell kommuniziert wird, passiert in der Regel gar nichts, was zu der unschönen Bezeichnung „Meetingitis" geführt hat. Den Autoren sind große Unternehmen bekannt, in denen Mitarbeiter, regelmäßig außerhalb des produzierenden Bereiches, 60–80% ihrer Arbeitszeit in Meetings und den Gutteil ihrer Restarbeitszeit mit der Vorbereitung von Meetings verbringen. Das ist meist unsinnige Zeitvergeudung, bei der die gruppendynamische Seite dominiert und an die Stelle zielorientierter und geplanter Arbeit getreten ist, realitätsfern und auf Kosten Dritter, d.h. die z.B. für viele Mittel- und Kleinbetriebe selbstverständlichen und unmittelbaren Relationen zwischen Arbeitseinsatz und Arbeitserfolg verloren gegangen sind.
- **Experimente** werden überall dort angewendet, wo in einem geschützten und überschaubaren Bereich Veränderungen unter kontrollierten bzw. am naturwissenschaftlichen Ideal orientierten Bedingungen durchgeführt werden können.
- **Pilot-Projekte** sind die logische Fortsetzung von Experimenten: Bewährt sich die Methode im kleinen Bereich, wird sie auf das gesamte Klientensystem ausgedehnt. Natürlich ist ein solches Vorgehen methodisch unsauber, es ist aber in vielen Organisationen der einzige Weg, wie Veränderungen eingeleitet werden können. In den Pilot-Projekten werden vor allem die Erfahrungen gesammelt und bewertet, die dann bei der Anwendung des Verfahrens im größeren Rahmen genutzt werden können.
- Die **Schaffung neuer Organisationseinheiten** kann ebenfalls als Experimentierfeld für neue Techniken bzw. neues Know-how genutzt werden und als Interventionsmöglichkeit einen Raum schaffen, der weitgehend „unbelastet" ist.
- **Maßnahmen der Teambildung** werden für die Organisationsentwicklung eingesetzt und haben ihre Wurzeln in der Gruppendynamik. Neue Formen der Arbeitsorganisation und motivationale

Defizite durch unzeitgemäße Abläufe und Führungsstile machen die Teambildung zum Mittel der Intervention. Kritische Stimmen merken allerdings zu Recht an, dass die inflationäre Anwendung dieses Interventionsinstruments nicht unbedingt gleichzusetzen ist mit entsprechender Effektivität. Vielfach scheinen Berater damit ihre eigene Konzeptionslosigkeit kaschieren zu wollen, ungeachtet dessen, dass gerade Teambildungen an die Berater in psychologischer Hinsicht fachlich hohe Ansprüche stellen.

- **Spiegeln** ist ein Interventionsinstrument, bei dem Berater das (Fehl-)Verhalten von Klientensystemen mit dem Ziel widerspiegeln, dass das Klientensystem seine eigenen Schwächen und Stärken wahrnimmt und daraufhin entsprechende Veränderungen initiiert werden (z. B. Reflexions- und Fragetechnik in der Kommunikation). Das geht in der Regel nicht ohne Blessuren ab und setzt eine konfliktfähige Unternehmenskultur voraus. Ist diese nicht vorhanden, müssen vom Berater Schritte in Richtung Konfliktartikulation und -management gesetzt werden. Ansonsten werden die vorhandenen Konflikte versteckt ausgetragen und die Performance des Klientensystems möglicherweise negativ beeinflusst.
- Ähnlich dem Spiegeln verhält sich das **Feedback,** nur spielt der Berater dabei eine dominierendere Rolle: Er rezipiert das Klientensystem, oft als verdeckter Ermittler, z. B. als Testkäufer oder Kunde, und übermittelt dem Klientensystem die empfangenen Informationen. Dabei muss der Berater sehr behutsam vorgehen, weil durch das Klientensystem vorschnelle Reaktionen zu befürchten sind. Feedback ist ein sehr elegantes Instrument, wenn sich Organisationen langfristig von Beratern betreuen lassen: Einer unserer Klienten hat z. B. jedes Jahr einen Jour fix, um sich über Wahrnehmungen aus seiner Organisation und die neuesten Entwicklungen seiner Branche informieren zu lassen.
- Mit dem **Coaching** werden Exponenten des Klientensystems sehr individuell betreut. Vor allem bei Veränderungsprozessen, die neue Fertigkeiten von Mitarbeitern verlangen, ist Coaching eine Technik, die sehr hilfreich sein kann.
- **Instrumente der Personalentwicklung,** wie z. B. Seminare, sind „klassische" Interventionstechniken, um organisationale Veränderungen zu beschleunigen. Nichtarbeitsplatzbezogenes Training in allen Facetten, wie In-house, extern, Skill-Training, Sensitive-Training, arbeitsplatznahe Schulungen (learning by doing) etc., können die personellen Ressourcen und damit die Leistungsfähigkeit wesentlich verbessern.
- **Planspiele** sind Experimentierfelder für die Mitglieder von Organisationen, die sich auf diese Art und Weise neue Fähigkeiten an-

12. Interventionen: Möglichkeiten, Instrumente, Fehler

eignen können, ohne gleich die betrieblichen Realitäten zu verändern.

Ein guter Berater wird sich im Laufe der Zeit eine Vielzahl von unterschiedlichsten Interventionsinstrumenten aneignen müssen, um die Klientensysteme individuell und erfolgreich beraten zu können. Für die Auswahl der jeweiligen Intervention sind folgende zwei einfachen, aber sehr wichtigen und oft genug negierten Kriterien maßgeblich:

– Das Interventionsinstrument muss zweckrational ausgewählt werden und vor allem zur Unternehmenskultur und zu den Potenzialen des Klientensystems passen.
– Der Berater muss die Interventionstechnik beherrschen.

12.6 Interventionsverzerrungen und -fehler

Interventionen haben in Lehrbüchern sehr oft die Charakteristik eines einfachen Automaten: Oben wird etwas Geld eingeworfen und unten kommt nach Möglichkeit ein Vielfaches davon heraus, zumindest meistens. Dies ist in der beratenden Praxis leider nicht so, weil die Kausalitäten in komplexen Systemen nicht so eindeutig definiert werden können und demzufolge die Ursache-Wirkungs-Zusammenhänge oft diffus und auf den ersten Blick nicht deutlich sichtbar sind. Interventionen in sozialen Organisationen verhalten sich oft wie Lichtstrahlen, die durch Linsensysteme gebrochen werden, ohne dass man über die physikalischen Gegebenheiten exakt Bescheid weiß (vgl. *Dornauer* 1995). Die Interventionen werden verzerrt (V), absorbiert (A), reflektiert (R) und manche erreichen den gewünschten Effekt (Output).

Durch diese nur bedingt vorhandene Steuerungsmöglichkeit von Interventionen ist parallel zu diesen der Aufbau entsprechender Informations- und Kommunikationsstrukturen sehr wichtig.

Nur wenn Interventionen unter kontrollierten Bedingungen durchgeführt werden, können spontane Erholungen im Klientensystem oder Placebo-Effekte genau dokumentiert und genutzt werden. Vielfach reicht ja die reine Anwesenheit von Beratern in einem Unternehmen schon aus, um z.B. Produktivitätssteigerungen zu messen (vgl. Rosenthal-Effekt, positiver Placebo-Effekt).

Sehr oft werden bei Interventionen fast klassisch zu nennende **Fehler** gemacht. Die Vermeidung dieser Fehler verlangen vom Berater eigentlich kein übermenschliches Stehvermögen bzw. ein nobelpreisverdächtiges Know-how.

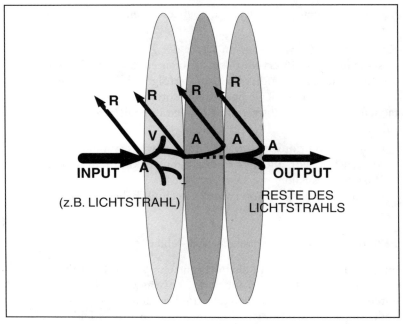

Abb. 40: Interventionsverzerrungen
(A = Abweichung, V = Veränderungen, R = Reflektion)

Vielmehr ist die Kenntnis wichtig, wie Fehler entstehen können bzw. welche immer wieder gemacht werden:

- **Reparaturdienst:** Bei dieser Interventionshaltung des Beraters wird in atomistischer Art und Weise jedes Einzelproblem identifiziert, für sich allein betrachtet und die entsprechenden Maßnahmen gesetzt. Irgendwann ist die Konfusion perfekt. Wenn Probleme und Interventionsmaßnahmen mit- und untereinander zu interagieren beginnen, sind die Kontrollkapazitäten sehr rasch erschöpft: Wenn nur drei Interventionen, die miteinander interagieren können, auf ihre Effekte hin überprüft werden müssen und nur die Ausprägungen niedrig/hoch angenommen werden, sind das bereits $2^3 = 8$ Kombinationsmöglichkeiten. Bei komplexeren Aufgaben nimmt die Vielfalt entsprechend zu!
- **Missachtung bzw. fehlendes Verständnis von Zusammenhängen im Klientensystem:** Wenn kein integratives Beratungskonzept vorhanden ist, können auch beim Vorliegen einer breiten Datenbasis diese Daten nicht eingeordnet und aufeinander bezogen werden. Damit werden einzelne Bereiche im Klientensystem isoliert betrachtet sowie Synergien und übergeordnete Schwerpunktaktionen nicht entsprechend realisiert.

12. Interventionen: Möglichkeiten, Instrumente, Fehler 267

- Interventionen sind immer von **zusätzlichen Effekten** begleitet, da sie nie nur punktuell und mit „chirurgischer Präzision" angesetzt werden können, was auch suboptimal wäre. Nebenwirkungen und Interaktionen mit anderen Bereichen im Klientensystem sind wahrscheinlich und werden bei fehlender Reflektion durch den Berater weder berücksichtigt noch entsprechend bewertet.
- **Tendenz zur Übersteuerung:** Wohl wissend, wie gefährlich Fehlentwicklungen bei Interventionen sind, greifen manche Berater dennoch zum Instrument der Übersteuerung. Die Intervention mutiert vom „easy going" zum Gewaltmarsch, bei dem mit hohem Energieaufwand alle (verzweifelten) Anpassungs- und Integrationsversuche des Klientensystems zertreten werden. Auch bei unvorhersehbaren Veränderungen wird mit Brachialgewalt im Sinne der Interventionserhaltung reagiert und somit jede Chance auf Assimilation, Akkomodation und Selbstorganisation des Klientensystems zerstört. Unter diesen Aspekt gehört auch die Strategie des „Mehr desselben": Je mehr die Intervention aus dem Ruder läuft, desto mehr wird mit höherem Energieeinsatz versucht, sie aufrecht zu erhalten. Alle anderen Möglichkeiten und Chancen werden nicht mehr wahrgenommen (vgl. *Dörner* 1989).
- Interventionen werden oft sehr **technisch-naturwissenschaftlich** gesehen. Berater, von der Unternehmensleitung mit Macht ausgestattet, greifen oft zum Mittel der Autorität: Bei Widerständen oder auch nur vermeintlicher Subversion im Klientensystem wird autoritär mit allen zur Verfügung stehenden Mitteln die Intervention durchgesetzt. Dabei wird das ökonomische Prinzip des maximalen Outputs bei minimalem Input nicht genutzt. Wesentlich angemessener ist bei Interventionen eine eher kybernetisch-orientierte Vorgehensweise, die sich am Verhältnis von minimalen Interventionsinputs bei optimalem Veränderungsoutput orientiert.
- **Verlust der Objektivität beim Berater durch die Intervention:** Im Wissen um die Mächtigkeit des Interventionsinstruments und vergangene Erfolge, wendet der Berater dieses eine Instrument an. Ohne Inter- und Supervisionsmöglichkeiten enden alle Bemühungen des Beraters, die Situation mit anderen Augen zu sehen und ggf. andere Interventionsinstrumente zu nutzen, im Leeren.
- **Fehlender Austausch mit Supervisoren und/oder anderen Beratern:** Die Gefahr besteht vor allem für Einzelberater, die nicht in einem Netzwerk mit anderen arbeiten. Solche Berater suchen ihre Supervision, oft auch Kompensation, im Klientensystem und verlieren damit ihre Objektivität hinsichtlich der Wahl der Interventionsinstrumente, der Notwendigkeit der Nachjustierung und der Evaluierung insgesamt.

- **Zu enger persönlicher Kontakt zum Klientensystem:** Durch Koalitionsbildungen mit Mitarbeitern im Klientenunternehmen können Interventionen fehlgeleitet bzw. der Blick auf das Wesentliche verstellt werden. Der Berater geht selbst in die Irre oder Dritte führen ihn dorthin.
- **Die Trivialisierung ist aus unserer Sicht die größte Gefahr für Berater:** Als „große Vereinfacher" unterschätzen sie regelmäßig die Komplexität und Dynamik sozialer Systeme. Interventionen werden dann analog einer simplen „wenn-dann"-Logik eingesetzt, der Nutzen und die Wirkung sind entsprechend gering bzw. oft gegenläufig. Die Beratung wird dann meist abgebrochen und der Problemdruck bleibt im Klientensystem, das allerdings eine „Beratererfahrung" mehr gesammelt hat und der nächsten Intervention vermutlich „gewappnet" gegenübersteht. Darin liegt auch eine Hauptproblematik gescheiterter Beratungsversuche.
- **Interventionen ohne entsprechende Vorlaufzeit:** Entscheidungen werden ad hoc gefällt, wobei vielfach die Selbstorganisationskräfte des Klientensystems nicht mobilisiert werden können. Berater greifen in solchen Situationen oft zum Instrument der Übersteuerung.
Sind die Widerstände im Klientensystem bereits manifest, kann eine Vorgehensweise nach Art der „Bombenwurfstrategie" durchaus Sinn machen: Noch bevor sich die Widerstände gegen neue Maßnahmen formieren können, ist bereits die Intervention bzw. deren Ergebnis da. Eingesetzt werden sollte diese Strategie aber eher von erfahrenen Beratern, die auch hinterher mit den Emotionen der Führungskräfte, Betriebsräte und Mitarbeiter umzugehen verstehen. Die durchaus problematische Vorgehensweise, oft die Ultima ratio der Interventionstechniken, wird von den Betroffenen regelmäßig als massiver Eingriff in die Unternehmens- bzw. Führungskultur wahrgenommen, löst mit großer Wahrscheinlichkeit Widerstände aus und kann die auf Sicht gesehen notwendigen partizipativen Beratungsansätze erschweren bzw. im Extremfall unmöglich machen. Bevorzugtes Anwendungsgebiet ist vor allem der öffentliche und halb-öffentliche Bereich, wo es gilt, verkrustete Strukturen aufzubrechen und frischen Wind in die Systeme zu bringen. In der Tradition beruft sich die Bombenwurfstrategie auf *Machiavellis* „Il principe" (1532), in dem er festhielt, dass Gewalttaten auf einmal zu begehen seien, damit sie als geringer empfunden würden.
- **Frühzeitiger Abbruch der Intervention:** Sobald sich ein Silberstreifen am Horizont zeigt, wird die Intervention vom Klientensystem nur zu gerne abgebrochen, vor allem, wenn sie unangenehme Be-

gleiterscheinungen mit sich bringt. Die erwünschten Effekte einer möglichst dauerhaften Wirkung können sich dadurch nicht entwickeln, es bleibt ein punktuelles und auf einen kurzfristigen Zeitraum bezogenes Strohfeuer, das keine strukturellen und funktionellen Veränderungen entfachen kann und durch trügerische Scheinerfolge ein Unternehmen lediglich erst recht in eine Falle locken. Bei Sanierungsfällen ist das z. B. oft der Fall: Das Schlimmste ist überstanden, es geschieht nichts mehr für die nachhaltige Sanierung und bald fällt das Unternehmen wieder in jene Fehler zurück, die ursprünglich zur Sanierungssituation führten. Diese stellt sich dann regelmäßig und meist sehr rasch wieder ein, auf Grund der geschwundenen Reserven ist sie dann kaum oder überhaupt nicht mehr zu lösen. Die Rezeption des gesamten Interventionsprozesses durch das Klientensystem, das lernt, dass auch kurzfristige Maßnahmen aus seiner Perspektive durchaus Erfolge bringen können, ist problematisch. Natürlich wird es von jemand, der bis zum Hals im Wasser steht, als Erfolg interpretiert, wenn der Wasserspiegel um einige Zentimeter sinkt und er wird demjenigen, der das bewirkt, dankbar sein. Trotzdem ist er noch lange nicht im Trockenen. Das ist aber eben durch mehr als „nur" Erste Hilfe zu erreichen. In einer ähnlichen Situation befindet sich ein Berater, der auf halbem Wege seine Intervention abbrechen muss, so dass dadurch womöglich die einzige Ressource vergeudet wird, die man gerade in solchen Situationen nicht hat: Zeit. Berater müssen ihre Klienten auf diese Problematik mit allen zur Verfügung stehenden Mitteln hinweisen.

– Der „jüngste Tag": Sehr oft wird von Beratern durch dramatische Schilderungen der Folgen einer unterlassenen Intervention für das Klientensystem mit der Angst der Betroffenen kalkuliert bzw. diese hervorgerufen. Die unmittelbaren Folgen einer solchen Vorgehensweise liegen in einer erwünschten Handlungsbereitschaft im Klientensystem, sehr oft wird allerdings auf solche Bedrohungsszenerien von den Betroffenen auch mit Paralyse reagiert. Wie negativ solche Bedrohungen wirken und was sie für Konsequenzen haben können, erleben Berater Tag für Tag bei ihren Verhandlungen mit „Bankern": Deren Angst vor Vorgesetzten, Kontrollgremien, der Innenrevision, bürokratischen Strukturen, aber auch ihre Angst aus der Unsicherheit der eigenen begrenzten fachlichen Kompetenzen für funktionelle und branchenspezifische Verhältnisse der Kreditnehmer und begleitet von der stark gestiegenen Arbeitsplatzunsicherheit im Bankenbereich führen zu einer immer größeren Scheu, risikobehaftete Obligos im Portefeuille zu behalten oder solche aufzunehmen. Die Folgen solcher persönlichen Ängste innerhalb der Bankenapparate stehen insgesamt in krassem Missverhältnis zu den tatsächlichen Risiken – ohne Risiken können aber keine erfolgreichen Geschäfte gemacht werden. Nicht vor den Risiken selbst, sondern vor der Angst müssen sich Berater und ihre Klienten zunehmend ängstigen.

– **Paralyse durch Analyse:** Bevor eine Intervention und Veränderung eingeleitet wird, werden alle möglichen und unmöglichen Szenerien durchgespielt und Daten erhoben, die die Komplexität des Systems noch weiter erhöhen. Schuld an dieser Haltung ist individuelle Entscheidungsschwäche, aber auch das Wissen im Klientensystem, dass für alles Verantwortliche gesucht und meist auch gefunden werden. Deshalb hinken in solchen Unternehmen die Planungen immer der Realität hinterher, denn nichts ist sicherer, als die Realität. Berater müssen wissen, ab welchem Punkt der Zugewinn an Planungssicherheit qualitativ für die Planung keine besseren Ergebnisse mehr bringen kann und Ängste aus Entscheidungsunsicherheit zu Gefahren werden.

12.7 Idealtypische Vorgehensweisen

Gerne umgeben sich Berater mit dem cäsarischen Nimbus des „veni, vidi, vici". Doch die Beratungspraxis und die Anforderungen an eine verantwortungsvolle Tätigkeit sehen sehr viel anders aus. Enttäuschte Kunden und ein „eigenartiger" Ruf sind die Konsequenzen, die z. B. *Eileen Shapiro* oder *Jörg Staute* dazu veranlassen, düstere Bilder der Branche zu zeichnen.

Eine differenzierte Betrachtung der „Berater" tut not. Angefangen von Hochschullehrern und Verbandsvertretern bis zu selbst ernannten Wirtschaftsgurus, Medienvertretern, Beamten und „Fach"-Leuten jeglicher Art schlüpfen die unterschiedlichsten Personen gerne in das Gewand des Beraters, sei es um schlicht und einfach am angeblich so großen und verlockenden Kuchen der Beratungsbranche finanziell sich zu bedienen oder aus anderen, vielleicht auch hehren Intentionen ihre Vorstellungen und Dienste anzubieten. Die Gruppe der Nebenberufs- oder Freizeitberater ist groß und bunt-schillernd – auch sie prägen das Beraterbild. Das gemeinsame Merkmal der Mitglieder dieser Gruppe ist ausnahmslos, dass sie ihre Tätigkeit lediglich fallweise und aus zumindest materiell geschützten Positionen heraus wahrnehmen. Die Breite des Qualitätsniveaus entspricht der Buntheit der Gruppe, der positive Wert und die Vielfalt von Anregungen und Leistungen für die Beratung sollten allerdings nicht unterschätzt werden. Berufsständische Enge, egozentrischer Ver-

12. Interventionen: Möglichkeiten, Instrumente, Fehler

bandsmuff und zünftlerisches Denken wären Gift für die aufblühende, lebendige und hoffentlich auch zukünftig für unterschiedlichste Impulse offene Beratungsbranche.

Professionelle Berater sind aber mehr als nur gute oder ausgezeichnete Fachleute. Wer in einem zwar wachsenden, aber auch immer anspruchsvoller werdenden und hart umkämpften Markt sich laufend und auf Dauer durch seine Leistungen legitimieren möchte, muss dazu durch ein geeignetes Beraterverhalten, Methodensicherheit, Flexibilität, Kommunikationsfähigkeit, Fleiß, akquisitorisches und unternehmerisches Geschick, aber auch durch eine gewisse ideelle und materielle Risikobereitschaft prädestiniert sein. Viele Berater erfüllen diese und auch andere beraterspezifische Voraussetzungen und bemühen sich vor allem permanent um ihre Qualifikation. Sie finden „ihren" Markt und leisten den entscheidenden Beitrag für ein klares und insgesamt positives Beraterbild.

Beratungsfunktionen sind uralt, der Beraterberuf selbst aber vergleichsweise jung. Das macht seine Lebendigkeit, Vielfalt und seinen Reiz ebenso aus wie seine Schattenseiten und sein z.T. diffuses Bild: „Wenn sich der Most auch ganz absurd gebärdet, Es gibt zuletzt doch noch 'nen Wein." (*Goethe*, Faust, 2. Teil, 2. Akt). Es wird wohl noch ein wenig dauern, bis sich das Bild des Beraterberufes klärt. Aber vermutlich auch dann werden klischeehafte Gemeinplätze bleiben, von denen auch andere und „ehrwürdigere" freie Berufe nicht verschont wurden.

Die Kernfrage und Herausforderung der Berater wird aber immer die gleiche bleiben, nämlich die der Qualifikation. Um darin wesentlich besser zu werden ist, neben der fachlichen Kompetenz, eine weitgehende Reflexion über die eigene Tätigkeit, die eigene Befindlichkeit, gesellschaftliche Relevanz und gesellschaftspolitische Funktionalität zu empfehlen; umfassende Ausbildungs- und Weiterbildungslehrgänge sind zu installieren, die weit über die bisherigen Train-the-Trainer-Konzepte hinausgehen und einer sozial- und wirtschaftswissenschaftlichen Grundausbildung mit natur- und geisteswissenschaftlichen Inhalten nahekommen.

Idealtypisch ist eine Vorgehensweise in der Beratung dann, wenn sie sich am klassischen **Ideal der Objektivität** orientiert und dabei die **methodischen Kriterien** der Beschreibung, Erklärung, Vorhersage und Kontrolle in ihrer Tätigkeit erfüllt sind. Die Gefahr der Fehleranfälligkeit jedes Kriteriums sollte deren profunde Überprüfung trotzdem nicht verhindern.

Für die **Beschreibung** ist eine je nach Problemstellung akzentuierte Datensammlung notwendig. Implizite Annahme dabei ist, dass die

Daten beobacht- und erhebbar sowie für den Berater zugänglich sind und dass er über das verwendete Instrumentarium (Fragebogen, Checklisten, Beobachtung, Interviewtechniken) und die damit möglicherweise verbundenen Beschreibungsmängel informiert ist.

Die **Erklärung** betrifft das „Warum?" und „Wieso?" der untersuchten Fragestellung. Als erklärt wird ein Phänomen dann akzeptiert, wenn seine Bedingungen bzw. die Ursachen nachgewiesen werden können. Gerade Berater sind versucht, vorschnelle Erklärungen, die mit ihrem Beratungskonzept übereinstimmen, zu präsentieren und insgesamt die Problemstellung zu vereinfachen. Aufgrund des Zeitdrucks werden oft nicht alle verursachenden Faktoren untersucht, sondern unsystematisch Indizien dafür gesucht, wieso die Annahmen des Beraters richtig sind und entsprechende Konstrukte leichtsinnig verwendet (self-fullfilling-prophecy).

Die **Vorhersagen** bezeichnen den Sachverhalt, dass künftige Entwicklungen und Auftretenswahrscheinlichkeiten basierend auf der Beschreibung und Erklärung des Klientensystems getroffen werden. Dabei wird versucht auf Grund von Prädiktoren die Unsicherheit zu minimieren. Vorhersagen sind der klassische Ansatz in Beratungsberichten, deren Zutreffen bislang von den Beratern vor Ort eher nicht überprüft wurden, d.h. es ist Kritik an der fehlenden Umsetzungsorientierung oft angebracht. Die Beschränkungen auf Bilanzanalysen, Kennzahlensysteme etc. gehen ebenfalls in diese Richtung.

Die **Kontrolle** bezieht sich darauf, ob die Vorhersagen zutreffen bzw. es dem Berater ermöglichen, unerwünschte Entwicklungen zu stoppen und korrigierend ins Klientensystem einzugreifen.

Die Problematik bei betrieblichen Aufgabenstellungen liegt nun darin, die subjektiven betriebsbezogenen Denkweisen und Realitätssichten in diese Kategorien einzuordnen, Fehlurteile zu reduzieren und eine weitgehende Akzeptanz für andere Realitäten zu schaffen.

Idealtypisch ist eine Vorgehensweise dann, wenn der Berater als verständiger und relevanter Partner des Klientensystems von diesem wahrgenommen wird, hinreichende und erfolgskritische Distanz zum Klientensystem und dessen Einladungen zum „Mitspielen" widersteht, trotzdem genügend Nähe aufbauen kann, um den Anspruch einer neutralen und funktional klar definierten Rolle zu erfüllen, Ansprechpartner für Führungskräfte und Mitarbeiter sein kann, sich an seinen Auftrag hält und diesen auch kommuniziert und schließlich seinen Erfahrungshintergrund nutzt und weitergibt.

Für diese Vorgehensweise sollten folgende **Regeln** eingehalten werden (vgl. *Neuberger* 1994; *Probst* 1987):

12. Interventionen: Möglichkeiten, Instrumente, Fehler

Das Klientensystem soll mit Respekt behandelt werden, da
- es komplex und nicht trivialisierbar ist,
- es mehrdeutig ist und oft mittels mehrerer Kategorien beschrieben werden kann,
- es eine Geschichte hat,
- Toleranz für viele interagierende Subsysteme erforderlich ist und
- jeder Systembestandteil mitgestaltend und mitbeeinflussend wirkt.

Das Klientensystem ist mehrdeutig, unbestimmt und Entscheidungen fallen oft unter einem relativ hohen Unsicherheitsgrad. Deswegen muss vom Berater akzeptiert werden, dass

- Vieldeutigkeit, Unschärfe und Unsicherheit ein natürlicher Teil in der Beschreibung und der Zwecksetzung komplexer Systeme ist,
- jede Reduktion und vorschnelle Vereinfachung die Eigenschaft des Klientensystems zerstören kann,
- das Klientensystem vom Berater auch angenommen werden und er sich der Komplexität des Systems immer gegenwärtig sein muss,
- jeder Teil des Klientensystems jeweils ein Stück des Ganzen repräsentiert.

Für die Aufrechterhaltung des beraterischen Handlungsspielraumes und der Zielgenauigkeit von Interventionen ist dabei zu beachten, dass

- Klientensysteme „Dinge ermöglichen" und nicht top-down-Anordnungen blind ausführen,
- die Vieldeutigkeit von Unternehmensfunktionen oft erst Komplexitätsbewältigungspotential ermöglicht,
- der Reaktionsreichtum in den einzelnen Unternehmensfunktionen nicht zerstört werden soll durch „einfache" Anordnungen,
- kein „informational overkill" durch minutiöse Handlungsanweisungen stattfindet (der Berater als der bessere Mitarbeiter), wo sie nicht notwendig sind, sondern Argumentation in Richtung einer weitgehenden Ziel- und Zweckorientierung erfolgt.

Durch den Berater sollen bei Interventionen die Autonomie bei gleichzeitiger Integration im Klientensystem beeinflusst werden, wie
- durch die Erhöhung der Identität, Erhöhung der Handlungsspielräume durch eine Interventionsrichtung, die sich an Ressourcen orientiert und gleichzeitig die unterschiedlichen Kulturen im Unternehmen akzeptiert,
- durch mit dem Aspekt der Zielerreichung verbundene Vorgaben einer kontinuierlichen Integration über die Gestaltung und Lenkung der sozialen Beziehungen,

– durch Vernachlässigung der internen pyramidalen Orientierung von Beratern und dem Akzeptieren von Subkulturen und Handlungssystemen unterhalb der Unternehmensspitze.

Die Berater sollen sich bei Interventionen eher auf die Potenziale des Klientensystems konzentrieren, als auf ihre eigenen. Das kann geschehen durch

- Komplexitätsbewältigungsmechanismen, die auf relativ autonomen Systemen und Subsystemen im Klientensystem beruhen,
- die Beteiligung aller Mitarbeiter im Sinne einer Partizipation: es gibt keine unfähigen Mitarbeiter, nur unfähige Führungskräfte,
- dezentrale Verankerung von Gestaltungs- und Lenkungseinrichtungen über und durch das Klientensystem,
- Empowerment der Mitarbeiter und Betroffenen, die ihre Problemlösungskapazitäten einsetzen sollen.

Probleme müssen durch den Berater exakt beschrieben und Lösungswege aufgezeigt werden. Oft ist es zielführender den Terminus „Problem" beispielsweise durch jenen der „Herausforderung" zu ersetzen. Bei Interventionen soll der Berater Probleme nicht als lästige Interferenzen sehen, sondern

- Probleme, Konflikte, Störungen usw. sind nicht grundsätzlich schlecht. Sie zu missachten schafft allerdings mehr davon.
- Probleme sollen offen angegangen und im Rahmen der Möglichkeiten des Klientensystems bearbeitet werden.
- Probleme können dadurch gelöst werden, dass die Bedingungen, die zum Problem führen, verändert werden. Sie werden nicht auf Kosten anderer (Gewinn-/Verlust-Situation), durch Kompromiss oder Ignoranz und Abwarten „gelöst".
- Probleme bedingen Fähigkeiten und Fertigkeiten zu ihrer Lösung, wie Selbstkritik, Selbstbewertung, Freiheit, sich mit ungewohnten und neuen Fragen auseinanderzusetzen usw.

Bei Interventionen durch Berater müssen die Interventionen auf die Zielebenen und -dimensionen abgestimmt sein, um ihre Wirkung zu entfalten. Das bedeutet, dass

- Eigenheiten und Manifestationen von Prozessen je nach Ebene verschieden zu gestalten und zu handhaben sind. Sie können z.B. normativ, strategisch, taktisch oder operativ sein und die Dimensionen Wesentlichkeit, Zeitrahmen, Detaillierungs- und Abstraktionsgrad umfassen;
- die Interventionen Rücksicht nehmen müssen auf die Besonderheiten komplexer Klientensysteme, wobei folgende Eigenschaften zu ihrer Beschreibung dienen können: Mehrdimensiona-

12. Interventionen: Möglichkeiten, Instrumente, Fehler

lität, Strukturiertheit, unterschiedlicher Formalisierungsgrad im Hinblick auf die Zeit.

Ganzheitliche Beratungsansätze, denen keine Reparaturphilosophie zugrunde liegt, erhalten durch ihre Ausrichtung Flexibilität und Eigenschaften der Anpassung und Evolution. Das heißt für den Berater, dass die

- Verhaltensmöglichkeiten von Klientensystemen potenziell zu erhalten und zu vergrößern sind,
- Bedingungen für Lernen im Klientensystem gewährleistet bleiben müssen (keine Instant-Produkte),
- die Systembezogenheit und Individualisierung gegeben sein muss,
- die Automatisierung von Abläufen nicht mit Veränderungsprogrammen parallel induziert werden darf.

Die Intervention darf nicht bei der Reparatur stehen bleiben bzw. auf diese ausgelegt sein, sondern muss die Lebensfähigkeit nachhaltig sichern und die Entwicklung des Klientensystems fördern:

- Überleben allein genügt nicht, langfristig muss ein System lebensfähig sein. Die Organisation und Planung eines Systems muss sich daher an dessen Lebensfähigkeit orientieren.
- Klientensysteme sind humane Systeme. Neben den technischen und finanziellen Beschränkungen müssen parallel Selbstrealisierung und -entfaltung der Mitglieder des Systems möglich sein.
- Beim Antreffen von zweckrationalen Klientensystemen muss der Berater auf das Fehlen von ökonomischen, wissenschaftlichen (inklusive technologischen), psychisch-sozialen, ethischen und ästhetischen Faktoren und deren Interaktionen aufmerksam werden.

Interventionen in Klientensystemen müssen ein gutes Timing mit dem Systemgeschehen haben.

- Der Berater muss hinter die Kulissen des Systems blicken können, um für die systemeigenen Eigenheiten sensibel zu werden.
- Dabei muss für jede Intervention der optimale Zeitpunkt gewählt werden, manche Systeme sind für bestimmte Maßnahmen einfach noch nicht reif.
- Die Intervention selbst muss genügend Zeit haben, um ihre Wirkung entfalten zu können.

Interventionen sind selbst als Prozesse zu verstehen, die keine endgültige Lösung ermöglichen. Durch den Berater müssen sie eingeleitet und am Leben erhalten werden – endgültige Lösungen sind sie nicht:

- Organisationsfragen können nie definitiv gelöst werden.

- Konflikte können nicht vermieden werden, aber der Berater kann neue Perspektiven vermitteln, die dann ihrerseits wieder neue Problemstellungen ergeben.
- Interventionen sind immer auch Experimente und fehlerbehaftet. Das Klientensystem muss diese Experimente aushalten können und zulassen, um die ihnen innewohnenden Kapazitäten zu nutzen.
- Interventionen sind oft auch Teil der Diagnose, um das Klientensystem noch besser verstehen zu können.

Interventionen sind oft sehr extreme Maßnahmen für Klientensysteme, die ihrerseits auf die vermeintliche Bedrohung reagieren. Deshalb darf der Berater den Angstaspekten nicht zu großen Raum geben:

- Extreme sind systemzerstörend. Deshalb ist die Gratwanderung zwischen Flexibilität und Rigidität, Wandel und Stabilität, Autonomie und Integration, Freiheit und Sicherheit, Individualität und Kollektivität, Einzigartigkeit und Gleichheit, Varietätserhöhung und -reduktion, Lang- und Kurzfristziele für den Berater sehr wichtig.
- Die Gratwanderung setzt sich fort in den Extremen zwischen Alt und Neu, zwischen Experiment und Trampelpfad.
- Nicht die Extrapolation der Vergangenheit in die Zukunft, sondern das Operationalisieren einer idealen Zukunft des Klientensystems in die Gegenwart ist ein guter Interventionsansatz.

13. Prozessberatung

Die Prozessberatung wurde von *Edgar Schein*, der sie als „generelle Philosophie des Helfens" bezeichnet (*Schein* 1990, 2000), quasi „erfunden". *Fatzer* beschreibt den Unterschied zur klassischen Beratung treffend, wenn er meint: „In der Experten- und Arzt/Patient-Beratung heißt die psychologische Botschaft: Ich bin dein Berater, nehme dein Problem auf meine Schulter und werde es für dich lösen! In der Prozessberatung (PB) heißt sie: Ich werde das Problem nicht von deinen Schultern nehmen und es auch nicht für dich lösen, sondern Möglichkeiten zur Lösung gemeinsam erarbeiten, aber du musst die Problemlösung umsetzen!" (*Fatzer* 1992, S. 116). Die Wurzeln der Prozessberatung liegen in der Organisationsentwicklung begründet.

Schein (1987) differenziert Beratung nach verschiedenen Grundmodellen, nämlich die Expertenberatung, die Arzt-Patienten-Beziehung

und die Prozessberatung (vgl. *Fatzer* 1992; *Titscher* 1997; *Kubr* 1998):
1. **Beratung als Beschaffung von Information und Professionalität:** Der Klient weiß, was das Problem ist, welche Lösung benötigt wird und woher die Lösung kommen kann. Der Berater beschafft die nötigen Informationen und erarbeitet die Lösung. Voraussetzungen dafür sind:
   - die richtige Problemdiagnose durch den Klienten,
   - die richtige Beraterauswahl in Hinblick auf Professionalität und Spezialisierung,
   - die richtige Kommunikation des Problems und Akzeptierung der Konsequenzen der Informationsbeschaffung.
2. **Beratung im Rahmen der Arzt-Patient-Hypothese:** Der Klient spürt bzw. leidet unter einem Problemdruck, dessen Ursachen und Lösungsansätze ihm unbekannt sind. Der Berater übernimmt die Verantwortung für eine richtige Diagnose des Problems und dessen angemessene Lösung. In diesem Setting ist der Klient abhängig vom Beratungsprozess bis hin zur Problemlösung. Voraussetzungen dafür sind, dass
   - der Diagnoseprozess selbst als nützlich und hilfreich angesehen wird,
   - der Klient die Symptome richtig interpretiert,
   - er den Bereich, in dem das Problem auftritt, richtig lokalisiert,
   - im Problembereich die Informationsbeschaffung durch eine kooperative Haltung ohne Schwierigkeiten möglich ist (Manipulation, Unterdrücken, Informationsüberflutung),
   - der Klient die Diagnose versteht und bereit ist, die vorgeschlagenen Lösungen anzuwenden,
   - das Klientensystem nach der Intervention weiter funktioniert.
3. Das **Prozess-Beratungs-Modell** (Process Consultation): Der Klient hat das Problem und behält während des gesamten Beratungsprozesses die volle Verantwortung dafür. Der Berater hilft dem Klienten, die prozesshaften Ereignisse seiner Umgebung wahrzunehmen, richtig zu interpretieren und zu verstehen sowie angemessen zu handeln. Die starke Involvierung und das Betroffensein des Klienten soll die Selbsthilfe fördern. Der Berater muss vermeiden, dass er in die Modelle 1 und 2 gedrängt wird bzw. sie quasi unfreiwillig übernimmt. Voraussetzungen dafür sind, dass
   - der Klient ein Problembewusstsein entwickelt und den Wunsch nach Veränderungen, aber nicht die entsprechende Lösung parat hat;
   - der Klient die Möglichkeit der Lösung nicht oder nur sehr unzureichend kennt und auch nicht weiß, wer ihm helfen könnte;

- das Problem so beschaffen ist, dass der Klient nicht nur jemanden braucht, der die Problemursachen und -lösungen herausfindet, sondern, dass der Klient durch die aktive Teilnahme am Diagnoseprozess profitiert;
- der Klient „konstruktive" Absichten hat; er ist durch Ziele und Werte motiviert, die der Berater akzeptieren kann, und in der Lage, eine sogenannte „helfende Beziehung" einzugehen;
- der Klient letztlich der Einzige ist, der wirklich weiß, welche Interventionsform für ihn jetzt hilfreich ist. Er kontrolliert die Situation;
- der Klient fähig ist zu lernen, wie er seine Organisationsprobleme erkennen und lösen kann.

Die Prozessberatung geht davon aus, dass die Problemstellungen und deren Diagnose in den Organisationen zu komplex sind, um von einem außenstehenden Berater allein adäquat bewältigt zu werden. Deshalb sind in die Diagnose die Mitarbeiter des Klientensystems einzubeziehen. Aufgrund der Annahme, dass in einem systemischen Beratungsprozess die Diagnose nicht von der Intervention zu trennen ist, ist es ohnehin vernünftiger, diagnostische Alleingänge erst gar nicht lange zu versuchen.

13.1 Bewältigung des Wandels

Der angestrebte Wandel soll die bewusste und gewollte Anpassung oder Veränderung zu einer noch besseren Unternehmung und zugleich eine Anpassung an neue Umweltbedingungen erreichen. Die Bewältigung des Wandels wird eine der herausragendsten Herausforderungen für unsere Unternehmen in den nächsten Jahren sein. Jede Entwicklung in den Unternehmen, unabhängig von Größe und Branche, und ihre Bewältigung bestimmen über das Wohl und Wehe von Unternehmern, Mitarbeitern, Teilhabern und der Unternehmensumwelten. Auf die Notwendigkeit des Wandels braucht an dieser Stelle nicht explizit verwiesen werden, wir setzen ihn einfach voraus.

Sehr anschaulich haben *Fröschl/Yalçin* (1994) den Wandel und die Implementierung einer neuen Technik anhand des Beispieles von *Thomas Edison* beschrieben, der erfolgreich die Glühbirne als Beleuchtungsalternative zum Gaslicht durchsetzte. Dabei haben sie wesentliche Faktoren beim Wandel aufgezeigt: Er muss erkennbare Vorteile haben, existierende Komponenten integrieren, einfach und überschaubar sein, in kleinen Schritten vollzogen werden, gut be-

schreib- und erklärbar sein, bei Nichtfunktionieren umkehrbar sein, Fehler und Kosten müssen überschau- und kontrollierbar sein:
- **Die erkennbaren Vorteile einer Neuerung:** Nachdem *Edison* die elektrische Glühbirne erfunden hatte, musste er gegen die zentrale Versorgung mit Gaslicht zu Felde ziehen. Die erkennbaren Vorzüge der Glühbirne lagen in ihrer Sicherheit, einer scharfen, flackerfreien Helligkeit und der größeren Bequemlichkeit beim Ein- und Ausschalten des Lichts.
- **Die Anpassung der Neuerung an bereits existierende Komponenten:** *Edison* war in diesem Punkt zwar im Nachteil, aber er fand einen Ausweg. Er stellte die Gaszuführung ab, führte die Elektrokabel durch die Gasröhren und befestigte die Glühbirnen dort, wo normalerweise die Gaslampen brannten. Dabei wäre es einfacher gewesen, ein neues Loch in die Wand zu bohren. Aber der Aspekt der Verträglichkeit hatte eben Vorrang.
- **Die Einfachheit der neuen Idee bzw. des Produkts:** Gewöhnlich erzählen Erfinder gern von den brillanten Überlegungen, die sie bei ihrer Erfindung anstellten. Aber *Edison* sprach wenig über die Kompliziertheit seiner Erfindung, wenn er Glühbirnen verkaufte. Er sagte dem Kunden nur: „Drücken Sie auf den Schalter, und sie brennt. Wenn nicht, tauschen Sie die Glühbirne aus. Brennt auch die nicht, prüfen Sie die Sicherung. Wenn dann immer noch kein Licht kommt, warten Sie auf Strom." Die Empfehlung war einfach, jeder verstand sie.
- **Kleine Schritte bei der Einführung der Neuerung:** Führen Sie, wenn möglich, die Neuerung in kleinen Schritten ein. *Edison* ließ die Glühbirnen stückweise verkaufen. Sein Verkäufer sagte: „Möchten Sie eine ausprobieren? Wir bringen sie dort an, wo Sie sie haben wollen." Am nächsten Tag kreuzte ein Servicetrupp auf, legte die Leitungen von der Straße her und befestigte den Münzzähler an der Wand. Gab es schon eine Gasleitung, brachen sie diese auf, legten die elektrischen Leitungen hinein und drehten die Probeglühbirne ein. Sie sagten nur: „Hoffentlich gefällt es Ihnen." Und dann gingen sie. Zwei Wochen später wollte der Kunde sein ganzes Haus umstellen lassen.
- **Übertragbarkeit von Neuerungen:** Haben Sie die Wahl zwischen dem Schaffen eines neuen Wortschatzes oder der Weiterverwendung des alten, um den von Ihnen gebotenen Fortschritt zu beschreiben, so benutzen Sie besser die geläufigen Begriffe. In manchen Gegenden dreht man noch heute das Licht „auf".
- **Umkehrbarkeit von Neuerungen:** Es muss Vorsorge getroffen werden für den Fall, dass ein Kunde argumentiert: „Was ist aber, wenn ich Ihre Idee ausprobiere und dann doch nichts damit zu

tun haben will?" Hier versprach *Edison* glaubhaft, er werde den alten Zustand ohne großen Aufwand wieder herstellen.
- **Die relative Kostspieligkeit:** Es war anfänglich viermal teurer, *Edisons* elektrisches Licht zu beziehen als Gaslicht. Dennoch waren die „relativen Gaskosten" höher – wegen des Risikos infolge von Tod und Zerstörung, die mit dem Gas zusammenhingen. Sicherheit war der ausschlaggebende Faktor.
- **Die Folge eines Fehlers:** „Was passiert", wurde *Edison* gefragt, „wenn das, was Sie mir verkaufen, nicht funktioniert?" Die beste Antwort war: „Nichts" – was auch, außer völliger Dunkelheit? Ein Fehler beim Gaslicht aber – bumm!

Solche beinahe idealtypischen Einführungen von Veränderungen treten im Beratungsalltag natürlich nicht in dieser klinisch reinen Form auf – auch bei *Edison* dürfte das strategische Konzept nicht proaktiv vorgelegen haben. Trotzdem sollte dieses einfache Beispiel als Leitfaden auch für komplexere Veränderungen dienen.

Kurt Lewin (1890–1947) hat als einer der Ersten den hohen Stellenwert beschrieben, der Widerständen der Mitarbeiter bei Veränderungen zukommt: Sollen Veränderungen in Unternehmen tatsächlich und nachhaltig gelingen, ist es wichtig, dass die Arbeitnehmer in die Planungen zu den Veränderungen einbezogen werden – leider eine Vorgehensweise, die sich auch heute noch nicht überall, auch nicht bei den Beratern, herumgesprochen haben dürfte.

13.2 Grundlagen und Methoden der Prozessberatung

Einkauf externen Know-hows, dessen Einbau in den Produktionsprozess ähnlich einer neuen Rechneranlage – unter diesen Aspekten wird der Beratereinsatz nur zu oft und fälschlich gesehen. In einer Zeit, in der die rationalen Ressourcen vielfach in den Unternehmen in Form gut ausgebildeter Mitarbeiter vorhanden sind und in der dennoch unter dem Schlagwort Rationalität = Gewinn viele Fehlentwicklungen eingeleitet werden, ist eine umfassendere Sicht der Unternehmensberatung unumgänglich. Vielfach wird, beinahe idealtypisch, die Unternehmensberatung als geregelter Interaktionsprozess verstanden, bei dem sich zwei rational dominierte Partner an einen Tisch setzen. Dass dem nicht so ist, zeigen die Vielzahl an gescheiterten Akquisitionen bzw. Beratungseinsätzen. Das Verständnis für die Beratung muss wesentlich tiefer gehen und kann nicht auf den einfachen Austausch von Know-how reduziert werden. Theoretische Ansätze, wie diese umfassende Perspektive auszusehen hat,

13. Prozessberatung

sind in beinahe jeder Wissenschaft vorhanden. In den letzten 30 Jahren konnte sich eine integrative Theorie durchsetzen und weiterentwickeln: die Systemtheorie.

Sie ist zur Zeit die „elaborierteste theoretische Sehhilfe" (vgl. *Slunecko* 2000) und erfordert eine ganzheitliche Sicht des Klientensystems und des Beraters und damit die Einbeziehung und Bewertung der unterschiedlichen Spannungsfelder, in der sich eine Organisation bewegt. Das betrifft vor allem die unterschiedlichen Segmente, die die Komplexität einer Organisation beschreiben, wie z. B. Mitarbeiter, Arbeitsgruppen, Teams, Organisation und das jeweilige interne und externe gesellschaftliche Umfeld. Die eindimensionalen Ansätze leiden unter dem, was *Niels Bohr* das Abtötungsprinzip nennt: Durch die atomistische Betrachtungsweise und eine immer weitergehende Analyse wird das zerstört, was eigentlich untersucht werden soll – das Leben (*Devereux* 1984). Dieser Ansatz kann auch auf Organisationen übertragen werden. Der Eindimensionalität begegnet die Systemtheorie mit ihrer ganzheitlichen Perspektive. Deren zentrale Aussage ist die Unterscheidung zwischen System und Umwelt (*Luhmann* 1991), weil sich je nach Systemwahl und Grenzziehung die Umwelt entsprechend verändert. Das Schlagwort „Ganzheitlichkeit" findet auch in immer mehr Beraterprospekten seinen Niederschlag.

Allerdings interagieren die Segmente nicht rational und objektiven Kriterien gehorchend, sondern sie haben Präferenzen, Selektionsmechanismen, „eigene Wenn-Dann-Verknüpfungen, die für Außenstehende nicht unbedingt nachvollziehbar sind, und eine Eigendynamik, die durch Schlagworte wie z. B. Selbstorganisation, Autonomie, Corporate Thinking u. ä. beschrieben werden kann. Ein wesentliches Kriterium für Organisationen ist das der „organischen Komplexität" (*Weaver* 1978; *Scheuch* 1992; *Wimmer* 1992; *Baumgartner/Häfele/Schwarz/Sohm* 1998; *Probst/Büchel* 1998; *Argyris/Schön* 1999), eine im Hinblick auf die Wahrnehmung und Informationsaufnahme orientierte Erwartungshaltung, die komplexitätsreduzierend nur bestimmte Informationen als für das Unternehmen relevant erkennt. Interventionen von Beratern müssen an diesen Erwartungshaltungen bzw. Kommunikationssystemen orientiert sein, damit sie vom System Unternehmen erfolgreich aufgenommen werden. Erst dann reagiert das System und Veränderungen können implementiert werden, wobei natürlich nie das System als Ganzes angeregt werden kann, sondern nur ein Teil davon bzw. dessen Akteure.

Diese Akteure sind Repräsentanten des Systems und spiegeln seine Identität wider, wobei nicht im fraktalen Sinne mit der exakten Analyse eines Mitarbeiters das gesamte Unternehmen beschrieben werden kann. Dennoch ist er Bestandteil einer Subkultur, die geprägt ist von ihren eigenen Erwartungen, Attributionen bzw. kausalen Schemata, d. h. gemeinsamen Annahmen darüber, wie bestimmte Ursachen ihrer Umwelt interagieren. Diese Subkultur muss durch den Berater in der Interaktion mit seinem Gegenüber begriffen werden, wobei die Subkultur und das Rollenverständnis durch den Berater sowie die Reflektion darüber ebenfalls eine gewichtige Bedeutung haben. Nur dann kann der Berater sicher sein, dass auch seine Intentionen entsprechend angenommen werden und er als Partner des Systems akzeptiert wird. Man sieht schon an diesen Forderungen, wie schwierig und wenig transparent der Prozess ist, den manche recht salopp mit den Termini „die Chemie stimmt" bzw. „mental fitting" oder „business matching" umschreiben.

Manche Berater wählen deshalb den Weg über die Super- und Intervision, um zu ihrem eigenen Selbstbild noch eine ergänzendes oder korrektives Fremdbild-Feedback zu erhalten. Andere selektieren über ständige Lernprozesse ihre Klientel, und werden so zu „erfahrenen" Beratern. Das Problem bei dieser Vorgehensweise liegt jedoch darin, dass eine „selektierte Klientel" für den Berater keine optimale und ausreichende Entwicklung darstellt und er in seinen Strukturen und potenziellen Klientengruppen quasi steckenbleibt. Auf jeden Fall ermöglicht die fortschreitende Selbstreflexion im Hinblick auf das eigene System das Verstehen anderer Systeme besser.

13.3 Einleitung, Begleitung und Kontrolle von Veränderungsprozessen

Bei der Implementierung von Veränderungsprozessen kann das Beispiel von Organtransplantationen gelten: Der Berater kann durch Information und Kommunikation neue „Organe" in ein Klientenunternehmen einpflanzen, hat aber ähnlich einem Transplantationschirurgen das Problem der Abstoßungsreaktionen, also des Widerstands.

Dieser Widerstand wird dann umso stärker sein, je größer die Diskrepanz zwischen der Innen- und der Außensicht im Hinblick auf die Probleme der Organisation ist. Dort, wo das Unternehmen quasi „blind" ist, muss der Berater zum Sehen verhelfen. Er muss Kommunikationsinhalte und Kommunikatoren innerhalb der Organisation finden, die gegenüber seinen Informationen sensibilisiert sind.

13. Prozessberatung

Die einfachste Form der Einleitung, Begleitung und Kontrolle von Veränderungsprozessen ist die TOTE-Einheit, die analog einem Thermostat für die Raumtemperatur, eine Beratungsintervention fassbar macht und Steuerungsfunktionen erfüllt (Abb. 41).

Damit können grundlegend alle Einflüsse auf soziale Systeme beschrieben und kontrolliert werden. Allerdings ist bei punktuell orientierten Beschreibungsversuchen darauf zu achten, dass in manchen Fällen das Ganze mehr ist als die Summe seiner Teile oder dass, im Sinne des *Bohr*'schen Abtötungsprinzips, die fortschreitende Zergliederung in kleinste Teile den gesamten Untersuchungsgegenstand nicht mehr greifbar werden lässt (vgl. *Devereux* 1984).

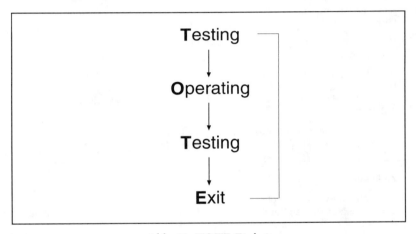

Abb. 41: *TOTE-Einheit*

13.4 Interaktionen bei der Prozessberatung

Veränderungen in Organisationen, wie sie heute verstanden werden, haben für die Organisation nicht den Zukauf fertiger Lösungen zum Inhalt, sondern bedingen eine autopoietische Entwicklung (*H. Maturana* 1994: „sich selbst hervorbringen") im Klientensystem, d.h. ein fortlaufendes Anpassen, Abstimmen und Entwickeln einer suboptimalen Reaktion auf externe Interventionen und Einflüsse. Suboptimal deswegen, weil eine optimale Reaktion im Klientensystem dessen Grenzen verschwimmen und damit dessen Identität gegenstandslos werden lassen würde.

Durch die Akzeptierung dieses Dogmas kommt der Rolle des Beraters in der Prozessberatung ein neuer Stellenwert zu. Nicht nur seine ausschließliche Expertenrolle oder die des Sachverständigen ist gefragt, sondern ebenso sein Know-how als Initiator von Bewegungen im Klientensystem und seine Rolle als dynamischer Beziehungsmanager. Durch den **systemischen Anspruch der Prozessberatung,** vor allem in der Organisationsentwicklung, ist es notwendig, diese neuen Funktionen den alten gegenüberzustellen, um die daraus entstehenden Unterschiede deutlich zu machen.

Traditionelle Ansätze der Management-Entwicklung	Neue systemische Ansätze der Management-Entwicklung
Annahmen (alt)	**Annahmen (neu)**
Klient ist das Individuum oder eine Gruppe von Individuen	Klient ist das System und seine Beziehungen
Verhalten kann isoliert und individuell angegangen werden	Verhalten ist relational und kontextuell, d.h. systemisch
Verhalten ist kausal, d. h. linear, Probleme entstehen erst durch individuelle Haltungen, Wissen und Aktionen	Verhalten entsteht in Form von Mustern, d. h. zirkulär. Probleme entstehen durch Missfunktionen des Systems
Inhalt von Haltungen und Ideen ist wichtiger als aktuelles Verhalten	Verhalten, nicht Haltungen oder Ideen sind das Wichtigste
Ziele (alt)	**Ziele (neu)**
Einsichten gewinnen, welche Verhaltensänderungen bewirken werden	Beziehungen verändern, so dass das Funktionieren des Systems verändert wird
Veränderungen in Haltungen, Ideen und Aktionen zustandebringen	Veränderungen im Funktionieren des Systems bewirken, nicht unbedingt in individuellen Haltungen oder Ideen
Änderungen erster Ordnung	Änderungen zweiter Ordnung
Techniken (alt)	**Techniken (neu)**
Lösungen für individuelle oder Gruppenprobleme suchen	strategisch und strukturell im System und seinen Beziehungen intervenieren
Fähigkeiten entwickeln, überzeugen, Spiele, Übungen und Vorlesungen verwenden	Mit dem System arbeiten durch Verwendung von Neutralität, positiver Konnotation, Hypothesenentwicklung und systemische Analyse

Abb. 42: Gegenüberstellung zwischen alten und neuen Ansätzen in der Organisationsentwicklung (vgl. Borwick 1993)

Die Prozessberatung stellt an die Interaktionskompetenz des Beraters die höchsten Ansprüche, weil das Klientensystem voll in den diagnostischen Prozess involviert ist (vgl. *Fatzer* 1992, S. 119 ff.). Er muss seine Interaktionen mit dem Klientensystem so gestalten, dass er mit diesem ein Team wird und diese Beziehungen in der Form strukturieren, dass auch die verdeckten und bewussten Systemaspekte aufgedeckt werden können. Dabei können sowohl Einzelpersonen als auch Teams oder ganze Bereiche Beratungsgegenstand sein, wobei die Beraterfunktion nicht nur von externen sondern auch von internen Beratern wahrgenommen werden kann.

Die Interaktionen mit dem Klientensystem sind durch das „klassische" Interventionsinstrument der Prozessberatung geprägt: der Einsatz der Fragemethode und damit der sozialen Kompetenz des Beraters. Sie fördert die Selbstbeteiligung und die Verantwortungsübernahme des Klienten.

13.5 Instrumente: Survey-Feedback-Schleifen, Coaching und Personalentwicklung, Beobachtungs- und Steuerungsmöglichkeiten u. ä.

Um im Klientensystem effizient, zielorientiert und gesteuert Interventionen setzen zu können, ist für jeden Berater eine umfassende Aufnahme des Ist-Zustandes, der Sammlung von Daten und Fakten, deren Aufbereitung und Rückspiegelung ins Klientensystem von entscheidender Bedeutung. Eine Methode, die z. B. in der Organisationsentwicklung dafür prädestiniert ist, ist die **Survey-Feedback-Methode**. Sie besteht im Wesentlichen aus drei Komponenten (vgl. *Becker/Langosch* 1995, S. 62 f.):

1. Erhebung des Ist-Zustandes einer Organisationseinheit bzw. eines Unternehmens unter besonderer Berücksichtigung des Systemkultur-Zustandes mit Hilfe eines standardisierten Fragebogens (Checkliste) oder durch Interviews,
2. Rückkoppelung der aufbereiteten Daten als gewichtete Darstellung der Probleme, z. B. detaillierte Problemlandkarte bzw. Ermittlung statistischer Mittelwerte und Abweichungsanalysen, an die Mitglieder der untersuchten Organisationseinheit,
3. Diskussion der Ergebnisse, Ableiten von Folgerungen und Beschluss von Maßnahmen.

Durch diese Vorgehensweise können organisch organisationale Veränderungen erreicht werden, sie entspricht auch im Wesentlichen den Standards beraterischen Vorgehens.

Bei traditionellen Beratungsverfahren ist die Analyse eine für sich weitgehend abgerundete Beratungsphase, der dann die Phase der Erarbeitung von Lösungsvorschlägen folgt. Bei der Präsentation von Lösungen, spätestens jedoch bei Beginn der Umsetzung von Vorschlägen, treten erfahrungsgemäß sehr häufig dadurch Konflikte und Widerstände auf, dass die Beratervorschläge von den Betroffenen als „unrealisierbar" bezeichnet und abgelehnt werden. In solchen Fällen fließen die Energien des Klientensystems nicht in deren Umsetzung, sondern in den Versuch nachzuweisen, warum die Vorschläge falsch und daher nicht realisierbar sind. Der Beratungsprozess gerät in ein destruktives, die tatsächlichen Möglichkeiten für Veränderungen und Verbesserungen negierendes Fahrwasser. Vielfach werden dadurch die gesteckten Beratungsziele nicht erreicht und die Beratung abgebrochen. In Anlehnung an die Survey-Feedback-Methode wurde von den Autoren in vielen Jahren ein rollierendes Verfahren der Beratung für unterschiedliche Beratungsaufgaben entwickelt und praktiziert, das erfolgreich die Mängel der traditionellen Beratung mit ihrer eher strikten Trennung der Beratungsphasen in „Analyse/Diagnose" und „Therapie" aufhebt und destruktive Konflikte, Energieeinsatz zur Verhinderung von Veränderungen und unnötige Spannungen im Klientensystem vermeidet. Die Kräfte werden dadurch auf reale Verbesserungen gelenkt und eine für alle Beteiligten befriedigende Leistungspartnerschaft erreicht, die qualitativ bessere Ergebnisse und zügige Realisationen ermöglicht. Der Grundgedanke des rollierenden Verfahrens ist einfach: Zu einem frühestmöglichen Zeitpunkt werden die analytischen Aufnahmen der Berater verknüpft mit der Frage an das Klientensystem, wo konkrete Verbesserungsansätze liegen könnten. Die so gewonnenen ersten vorschlagsorientierten Ergebnisse, deren vorläufiger und möglicherweise unausgereifter Charakter natürlich allen Beteiligten bewusst ist, werden bei weiteren analytischen und vorschlagsorientierten Arbeiten sowohl von den Beratern als auch dem Klientensystem wieder eingebracht. Dieser Vorgang findet fortlaufend statt, daher die Bezeichnung als rollierendes Verfahren der Beratung. Dadurch werden immer genauere und realistischere Ansatzpunkte für angestrebte Lösungen erreicht, d. h. diese sozusagen eingekreist. Die Vorteile des Vorgehens liegen auf der Hand: Am Ende eines Beratungsprozesses liegt nicht ein umstrittener bzw. konfliktträchtiger Beratungsbericht auf dem Tisch, der möglicherweise eher polarisiert und paralysiert statt für notwendige Veränderungen zu sorgen. Durch die Einbeziehung der Mitarbeiter sind die kooperativ erarbeiteten Lösungen weitgehend unbestritten. Sie sind qualitativ und quantitativ sehr ergiebig, da sie auf einer breiten Basis von engagierten Beteiligten erarbeitet wurden. Dadurch sind Lösungen auch realitätsnah. Das Verfahren führt erfahrungsgemäß zügig und störungsfrei zu Ergebnissen. Entscheidend ist vor allem, dass durch die Vorgehensweise bereits der Boden für tatsächliche Veränderungen bzw. Umsetzungen gut aufbereitet ist. Durch die synchrone Verknüpfung von Analyse und Vorschlag wird vor allem bei Einzel- und Gruppengesprächen, etwas eingeschränkt bei schriftlichen Verfahren, ein „natürlicher" und kreativer Effekt erreicht, der die Qualität der Ergebnisse sehr wesentlich stützen kann. Es entspricht zweifellos dem Ablauf „natürlichen" Denkens, wenn eine analytische Frage sofort mit der daraus abgeleiteten verbesserungsorientierten Überlegung verbunden wird und damit ein assoziatives Potenzial optimal genutzt wird. Werden demgegenüber die Vorgänge „Analyse" und „Therapie" sachlich und zeitlich getrennt, man also einem dem menschlichen Denken und Empfinden vermutlich weniger entsprechenden verfahrensmäßigen Konstrukt folgt, bleibt ein Teil der Kreativität und damit der Vielfalt sowie Qualität der Lösungen auf der Strecke.

Eine anderes Methodenrepertoire hat seinen Schwerpunkt in individuellem und organisationalem Lernen, d.h. im **Coaching** (vgl. *Vogelauer* 1998, 2000) und in der **Personalentwicklung**. Beiden ist gemein, dass sie der aktuellen oder zukünftigen Bewältigung von organisatorischen Veränderungen und deren Rezeption durch die Betroffenen dienen. Dabei wird nicht unbedingt unterschieden, ob diese Veränderungen von außen zwangsläufig dem Unternehmen diktiert werden oder ob es selbstgewollte Veränderungen sind, die durch individuelle Karriereplanung oder andere Organisationsveränderungsinstrumente inszeniert und notwendig werden. Für den Berater stehen im Mittelpunkt die betroffenen Personen und ihre Beziehungen innerhalb und außerhalb des Klientensystems. Geht der Berater mit der Haltung des „Besserwissers" an die Sache heran, wird er überrascht feststellen, dass er auf Widerstände stößt, da das Beratenwerden im Sinne der Schlüsselqualifikation des Managements, nämlich des Erkennens der eigenen Grenzen und des bewussten Einsatzes von Experten für darüber hinausgehende Fragestellungen, sich als Erkenntnis noch nicht überall durchgesetzt hat. Deswegen ist es für den Berater wichtig, im Falle von Coaching- und Personalentwicklungsprojekten die nötige Distanz und Diskretion zu wahren, die es den Betroffenen ermöglicht, mit dieser „Nähe" der Hilfestellung umzugehen. Natürlich ist eine Vermengung von Personalentwicklung und der daraus abgeleiteten Spezialform des Coaching nicht unproblematisch. Die folgende Checkliste soll helfen, in diesem Zusammenhang verstärkte Transparenz in die Berater-Klienten-Beziehung zu bringen:

- Was sind die Ziele der Personalentwicklungsmaßnahmen? Was soll aus der Sicht des Unternehmens bzw. des Klienten nach dem Coaching anders sein als vorher?
- Was sind die Erfolgskriterien? Wodurch erkennt der Auftraggeber, dass seine Intentionen berücksichtigt und die angestrebten Ziele erreicht worden sind?
- Welche Spielregeln sind einzuhalten? Gibt es Bereiche, an denen nicht gerüttelt werden darf? Was darf während oder nach den Interventionen auf keinen Fall passieren?
- Unter welcher Flagge werden die Maßnahmen umgesetzt? Gibt es eine zwingend einzuhaltende zeitliche Abfolge und welche Probleme sollten zu Beginn des Prozesses behandelt werden?
- Wie transparent dürfen betriebsintern oder -extern die Maßnahmen öffentlich gemacht werden? Sind die Maßnahmen für eine bestimmte Personengruppe gleichzusetzen mit Beförderung, Zunahme persönlicher Macht? Welche Veränderungen werden dadurch bewirkt?
- Was passiert mit dem Klientensystem, wenn die Maßnahmen nicht realisiert werden? Welche internen und welche externen Auswirkungen lassen sich relativ präzise vorhersagen, welche sind eher schwierig zu prognostizieren?
- Wie sind die Machtverhältnisse verteilt? Erhält der Personalentwickler bzw. Coach Sanktionsmöglichkeiten, wie weit dürfen organisatorische Veränderungen während des Prozesses erfolgen?
- Worin bestand der unmittelbare Anlass zur Wahl dieser Instrumente? Welche Symptome oder Kennziffern oder Beobachtungen (intern/extern) machen diese Maßnahmen notwendig?
- Welche Ängste tauchen im Klientensystem auf, sei es durch die Durchführung der Maßnahmen oder die Beteiligung bzw. Nichtbeteiligung bestimmter Personengruppen bzw. Funktionsbereiche daran? Wie könnte der worst case aussehen bzw. was kann durch die Verantwortlichen dagegen unternommen werden?
- Wie sieht der zeitliche Aufwand für die Maßnahmen aus? Welche organisatorischen Aufwendungen hat der Klient, welche zeitlichen Aufwendungen der Berater zu tragen? Sind die gewünschten Ergebnisse zeitlich stabil oder benötigen sie weitere Supervisionen bzw. lenkende und steuernde Eingriffe durch den Berater?
- Wie sehen die historischen Entwicklungen aus, die zum Handlungsbedarf führten? Gibt es Verantwortliche, wie sind diese gegebenenfalls einzubeziehen?

Coaching und Personalentwicklung haben also die Funktion, bestimmte Merkmale von Mitgliedern des Klientensystems bewusst, geplant und gesteuert zu verändern oder zu stabilisieren. Dazu sind Kenntnisse des Beraters über die Ist-Situation, über die Notwendigkeiten von Veränderungen auf der Aufgabenebene und eine Bewertung der Potenziale des Klientensystems notwendig. Die Maßnahmen dafür, die Organisations-, Aufgaben- und Potenzialanalyse eines Klientensystems, dürfen als hinlänglich bekannt vorausgesetzt werden.

Alle diese Aktivitäten bewirken Veränderungen des Klientensystems. Im Sinne eines Veränderungscontrollings und auch einer Erfolgsbewertung der Intervention und damit der Leistung des Beraters sind exakt messende Instrumente für die Evaluierung notwendig.

14. Evaluierung der Ergebnisse verhaltensorientierter Beratung

Während und nachdem ein Berater für ein Klientensystem tätig geworden ist, sind beratungsprozessbegleitende Maßnahmen notwendig. Sie betreffen z. B. die Kontrolle, d. h. die generelle Evaluierung über das Ausmaß oder die Treffsicherheit einer Intervention, die festzustellenden Folgen von Bildungsmaßnahmen u. ä. Zur Voraussetzung von Evaluierungsbemühungen beraterischer Tätigkeiten gehört die Grundannahme, dass der Berater – wenn man von den Einflüssen der unmittelbaren Kommunikation und des Kontaktes zwischen Berater und Klient, z. B. während der Akquisitionsphase, einmal absieht – im Klientensystem Dinge verändern kann bzw. sich das Klientensystem durch den Kontakt mit dem Berater verändert. Die Veränderungen sollten wunschgemäß in Richtung der beraterischen Interventionen gehen. Ein weiterer wesentlicher Sinn von Evaluierungsbemühungen liegt darin, dass mit der genauen Beschreibung und Bewertung des Erreichten Ansatzpunkte für neue Überlegungen, Interventionen, Konzepte, Korrekturen und Anpassungsmaßnahmen entstehen, damit sich die eingeleiteten Prozesse fortsetzen.

Festgelegt werden können solche Evaluierungen durchaus schon im Beratervertrag, mögliche Erfolgsvereinbarungen bei Erreichen von vorgegebenen operativen Zielen wurden schon im Kapitel 2.11 diskutiert. Im Folgenden sollen nun verhaltensorientierte Ergebnisse beraterischer Interventionen im Mittelpunkt stehen.

Neben der Messung der Zielerreichung und deren qualitativer Bewertung werden Evaluierungsmethoden besonders in den Bereichen Organisations- und Personalentwicklung eingesetzt. Für die Evaluierung werden auch verschiedenste andere Begriffe synonym verwendet, wie z. B. Effizienz, Bewertung, Erfolgskontrolle. Definitionsversuche und die z.t. stürmisch geführte Diskussion darüber, ob für die Durchführung von Evaluierungen überhaupt konkret definierte Ziele vorliegen müssen, weil Ziele weder zeitlich stabil noch interessenfrei gesehen werden dürfen, ziehen sich durch die einschlägige Literatur (vgl. *Wottawa/Thierau* 1990; *Neuberger* 1994 b; *Becker/ Langosch* 1995). Die Evaluierungsarten sind ohnehin Legion: Da gibt es z. B. eine theoriengeleitete, antizipatorische, prozessorientierte, dynamische, ergebnisbezogene, praxis- und entwicklungsorientierte Evaluierung. Welche Methode gewählt wird, hängt in der Beratung weitgehend von der Art der Aufgabenstellung und den personellen, zeitlichen, finanziellen und fachlichen Ressourcen sowohl der Berater als auch des Klientensystems ab.

Die Evaluierung kann vorrangig **zwei Ziele** verfolgen: Sie kann einmal im Sinne einer Projektbegleitung verstanden werden mit der Aufgabe, den Veränderungsprozess fortlaufend zu optimieren. Damit hat sie eine ähnliche Funktion, wie sie bei der Interventionssteuerung wahrzunehmen ist. Das zweite Ziel kann darin liegen, nach einer beraterischen Intervention oder als Folge davon bei oder kurz vor Abschluss des Beratungsmandats, den Zielerreichungsgrad zu messen. Der ersten Variante ist der Vorzug zu geben, weil dadurch die Leistungspartnerschaft zwischen Klient und Berater im Sinne einer optimalen Zielerreichung gewährleistet wird. Sie ermöglicht als mitschreitende Evaluierung ergänzende und korrigierende Eingriffe in den Beratungsprozess, verhindert dadurch zu einem schon frühen Zeitpunkt Fehlentwicklungen, vermeidet unnötige Konflikte und Aufwendungen und fördert eine zügige Arbeitsweise. Da die zweite Variante der Evaluierung erst gegen oder nach dem Ende der Beratung erfolgt, kann sie eigentlich nur noch sehr wenig zu einem qualitativ gesicherten und ökonomischen Beratungsprozess beitragen. Sie wird häufig dann zum Einsatz kommen, wenn die Berater, aber auch die Auftraggeber eine Rechtfertigung ihres Tuns benötigen oder der Klient summarisch Informationen für neue Interventionsnotwendigkeiten erhalten möchte.

14.1 Identifikation, Festlegung und Kontrolle erfolgskritischer Faktoren

Durch die Identifikation, Festlegung und Kontrolle erfolgskritischer Faktoren werden unterschiedlichste Absichten verfolgt: Zum einen sollen die Faktoren es ermöglichen, dass der Status quo der Entwicklung beschrieben werden kann, zum anderen dienen sie zur Entscheidungsvorbereitung bezüglich der oben angeführten Korrektur- und Anpassungsmaßnahmen. Die Faktoren sollen weiters den Projektfortschritt dokumentieren und können damit auch als Maßstab für die Effizienz und Effektivität der Beraterleistung Anwendung finden.

Dabei dürfen die Faktoren nicht nur die Binnensicht des Klientensystems abbilden, sondern sie müssen auch dessen Umweltentwicklungen berücksichtigen, weil dadurch weitgehend gewährleistet werden kann, dass die erwünschte Veränderung wirklich eine Reaktion auf die beraterischen Interventionen ist. Im Idealfall können qualitative Größen in quantitative übersetzt werden, damit diese rechenbar und operabel werden.

Die Modellentwicklung der Evaluierung in Hinblick auf die Identifikation erfolgskritischer Faktoren ist schon sehr weit fortgeschritten. Generell könnten diese Faktoren mit dem Attribut „multifaktoriell" versehen werden, weil jedes Modell versucht, der hohen Komplexität von Evaluierungsbemühungen gerecht zu werden. So z.B. das CAIPO-Modell von *Easterby-Smith*, das *Neuberger* (1994b, S. 282f.) beschreibt. Das Modell bietet verschiedene Ansatzpunkte für Evaluierungen und zeigt, dass Evaluierung nicht nur Erfolgskontrolle ist und demzufolge auch nicht nur in einer Kennzahl münden bzw. nur einen Erfolgsfaktor beschreiben kann, sondern immer ein ganzes Bündel von solchen Faktoren einschließen muss. Für die Evaluierung von Beratungsleistungen können das folgende Faktoren sein:

- Context: Damit sind im Falle der Beratung die Rahmenbedingungen gemeint, unter denen diese stattfindet, z.B. der organisatorische Ansatzpunkt für die beraterischen Interventionen oder die Unternehmensphilosophie bzw. die Traditionen und Erfahrungen im Klientensystem mit Veränderungen.
- Administration: Dieser Faktor beschreibt die technischen Aspekte der Vorbereitung und Nachbereitung, die Auswahl des Interventionsteams, die Art der Erfolgsmessung etc.

- Inputs: Damit werden die handelnden Personen und ihre „Ausstrahlungen" auf den Beratungsprozess qualitativ beschrieben, d.h. sowohl die Berater als auch die Beteiligten des Klientensystems.
- Process: Dadurch wird die Art und Weise des beraterischen Lösungsweges bzw. die Vorgehensweise beschrieben.
- Outcomes: Das sind alle sichtbaren bzw. fassbaren direkten und indirekten Reaktionen des Klientensystems auf die beraterische Intervention.

Wie facettenreich Evaluierung sein kann, zeigen die folgenden Ausführungen (vgl. *Neuberger* 1994b, S. 276):

- **Wer evaluiert?** Das Spektrum reicht von Evaluierungsmaßnahmen des Beraters selbst, von Gruppen oder Abteilungen im Unternehmen, vom Auftraggeber bis hin zu Personen außerhalb des Unternehmens, wie z.B. Kunden, Lieferanten usw.
- **Wer gibt den Auftrag zur Evaluierung?** Da Evaluierungsmaßnahmen teuer sein können, ist wichtig, wer warum Evaluierung möchte: Liegen die Gründe im Berater-Klienten-Verhältnis, z.B. dass das Unternehmen die Tätigkeit und den Erfolg der Berater überprüft und kontrolliert? Ist es die Suche nach neuen und notwendigen Entwicklungsansätzen? Oder sollen die Ergebnisse für unternehmensinterne Machtspiele missbraucht werden? Die Beantwortung dieser Fragen kann nur dann einigermaßen gelingen, wenn sich der Berater vor Augen hält, wofür die Ergebnisse verwendet werden und er diesen Prozess auch beeinflussen kann, z.B. durch das Festschreiben im Angebot bzw. in der Beratungsvereinbarung.
- **Wann wird evaluiert?** Zur Beantwortung dieser Frage ist es wichtig abzuklären, ob die Evaluierung summarisch am Ende der Beratung erfolgt oder ob sie begleitend durchgeführt wird. Oder ob z.B. schon vor der Tätigkeit der Berater eine Basismessung durchgeführt wurde oder diese Überlegung erst nach der beraterischen Intervention entsteht. Einer mitschreitenden Evaluierung, wie schon erwähnt, ist im Zweifelsfall der Vorzug zu geben.
- **Was wird evaluiert?** Evaluiert werden können einmal Leistungen der Berater selbst, deren Vorgehensweisen, Lösungsvorschläge, Verfahren, die Qualität der Berater-Klienten-Beziehung u.ä., zum anderen Leistungen des beratenen Unternehmens, wie z.B. kaufmännische Kennziffern, Ausschuss, Anzahl der erfolgreichen Geschäftsabschlüsse u.ä.
- **Wie wird evaluiert?** Damit sind Fragen der methodischen Vorgehensweise gemeint, von unsystematischen bis zu systemati-

14. Evaluierung der Ergebnisse verhaltensorientierter Beratung

schen Verfahren, wie z. B. Beobachtungen oder schriftliche Befragungen.
- **Welche Ziele verfolgt die Evaluierung?** Neben den oben bereits angeschnittenen Überlegungen sind noch die offengelegten Ziele von den latenten Zielen zu unterscheiden. Offengelegte Ziele sind solche, die explizit formuliert sind und über die ein weitgehender Konsens zwischen Klientensystem und Berater besteht. Latente Ziele können jene sein, von denen sich die eine oder andere Seite besondere Vorteile erwartet und die sie für eigene instrumentelle Zwecke verfolgt.
- **Welche personellen, zeitlichen, finanziellen und durchführungsrelevanten Kapazitäten sind vorhanden?** So können z. B. umfangreichere Evaluierungsvorgänge nicht immer in der gebotenen Anzahl oder der notwendigen Tiefe durchgeführt werden. Auch ist es möglich und wahrscheinlich, dass durch den Evaluierungsprozess selbst im Klientensystem Dinge in Bewegung gebracht werden, die in dieser Form bzw. Ausprägung im Sinne einer exakten Evaluierung unerwünscht sind. So ist, wenn auch in einem anderen Zusammenhang, z. B. bei jeder Betriebsklimaanalyse zu bedenken, dass die angesprochenen Mitarbeiter erstmals entdecken, was ihnen zum Wohlbefinden an Wahlmöglichkeiten eigentlich alles fehlen könnte, diese Reaktanz zur erheblichen Verschlechterung der eigenen Befindlichkeit führt und sich dann diese Haltung in den Ergebnissen entsprechend niederschlägt. Genauso können Mitarbeiter, die bei der beraterischen Intervention sehr stark involviert waren auf Grund ihrer Selbstbeteiligung den erzielten Effekt weit überschätzen usw.

Wenn also die erfolgskritischen Faktoren einer beraterischen Tätigkeit einer Evaluierung unterzogen werden, müssen alle Teilschritte bzw. Phasen des Vorgehens präzise dokumentiert und bewertet werden. Das wird dort besonders schwierig, wo über informelle Kommunikationswege vom Berater Interventionen in das Klientensystem gelangen, sich dort fortpflanzen, zum Teil mutieren, aber sich auch direkt in der gewünschten Richtung entwickeln können. Die Urheberschaft durch den Berater kann dadurch nur sehr schwer in den Evaluierungsprozess miteinbezogen werden.

Becker/Langosch (1995) schlagen in Anlehnung an *Swartz/Lippit* (1995) ein schematisches Vorgehen mit vier Schwerpunktbereichen bei der Evaluierung vor (Abb. 43).

Vor dem Hintergrund der bisherigen Ausführungen wird deutlich, dass eine schematisch relativ übersichtliche und klare Darstellung

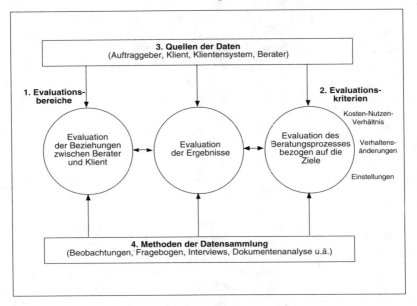

Abb. 43: Evaluierung der Beratungsleistung

durch die hohe Komplexität beraterischer Tätigkeit und durch die wesentliche Rolle des Klientensystems bzw. seiner Exponenten sich sehr rasch zu einem unheimlich aufwändigen Gebilde entwickeln kann. Deshalb wollen die Autoren an dieser Stelle Berater sehr nachdrücklich davor warnen, das Modewort „Evaluierung" zu leichtfertig in den Mund zu nehmen.

14.2 Indikatoren und Instrumente der Evaluierung von Beratungsergebnissen

Andere Möglichkeiten der Evaluierung bietet deren Beschränkung auf Kriterien wie Kundenzufriedenheit oder die Konzentration auf wirtschaftliche Erfolgsziffern. Nicht alle beraterischen Tätigkeiten entziehen sich einer quantitativen Bewertung, wie das z. B. bei Managementberatungen oft der Fall sein kann, bei denen sich die erwünschten Effekte oft nur mittelbar und erst nach einer gewissen Latenzzeit zeigen. Es gibt auch ganz konkrete Bereiche, in denen die beraterische Effizienz deutlich wird und entsprechend gemessen werden kann. Bei weitgehend linear ablaufenden beraterischen Interventionen ohne entsprechende Störvariablen aus dem Umfeld des Klientensystems können durchaus auch Kennziffern wie z. B. Umsatz, Gewinn, Marktanteil, personalwirtschaftliche Kennziffern

14. Evaluierung der Ergebnisse verhaltensorientierter Beratung

oder über Befragungen Kriterien wie Markenkenntnis und Imagegewinn zur Evaluierung herangezogen werden.

Aus der Sicht des Beraters hat er immer dann die Evaluierungserwartungen seiner Klienten erfüllt, wenn diese ihm anstandslos sein Honorar bezahlen oder er die Rückmeldung erhält, dass der Klient mit seinen Leistungen zufrieden ist, dass Wirtschaftlichkeits- und Rationalisierungsziele erreicht wurden und der Berater im Bedarfsfalle wieder ein Mandat vom selben Klienten erhalten würde. Damit ist den ergebnis- und prozessorientierten Kriterien der Evaluierung weitgehend entsprochen.

Die Kundenzufriedenheit kann der Berater mit denselben Instrumenten erheben, wie sie auch die Klienten benutzen, allerdings mit der Einschränkung, dass diese Vorgehensweise überwiegend ex post facto, also im Nachhinein erfolgt. Zu diesem Zweck kann der Berater beim Klienten nach Mandatsende persönlich anfragen, ob das Beratungsprojekt zur Zufriedenheit aller abgeschlossen wurde bzw. die gewünschten Veränderungen wie erwartet eingetroffen sind. Die standardisierte Vorgehensweise würde einer Kundenbefragung mittels Fragebogen entsprechen und kann ebenfalls entweder durch den Berater selbst oder durch ein anderes externes Unternehmen erfolgen.

Die Evaluierung der Beratungsleistung hat natürlich an erster Stelle das Ziel, den Klienten optimal zu betreuen. An zweiter Stelle stehen die Überlegungen des Beraters, über möglichst viele zufriedene Kunden eine große Stammklientel zu erhalten und damit den eigenen Akquisitionsaufwand zu reduzieren und eine hohe Auslastung zu erzielen, aber auch, um positive Referenzen für weitere Akquisitionsprojekte zu erhalten.

3. Teil: Beratungstechnik

Nachdem in den vorausgegangenen Kapiteln die Grundlagen, Märkte und Schwerpunkte der Beratung sowie das eigentliche Beratungsverhalten und die Berater-Klienten-Beziehung im Mittelpunkt standen, sollen nun Beratungstechniken vorgestellt werden, wie sie für den beratenden Beruf typisch sind. Dabei gehen die Autoren davon aus, dass für jedes einzelne Kapitel Publikationen und Erkenntnisse inflationär vorhanden sind. Sie wollen sich deshalb **schwerpunktmäßig auf den Beratungsansatz beschränken,** d.h. für verschiedene Bereiche die beraterspezifischen Besonderheiten und Anwendungsmöglichkeiten aufzeigen.

Beratungstechnik wird in einem weiteren Sinne als **Sozialtechnik** verstanden, die durch kommunikative Fähigkeiten und Fertigkeiten desjenigen dominiert wird, der sie einsetzt. Dessen ungeachtet sind einige Basiskonzepte bekannt und etabliert, wie sie sich in den folgenden Kapitelüberschriften wiederfinden. Die einzelnen Schwerpunktbereiche weisen auf den hohen Stellenwert beraterischer Kommunikationskompetenz hin, unberührt davon, in welcher Richtung die Informationen fließen. Betroffen davon sind also nicht nur diejenigen Berater, die Informationen an Klientensysteme geben, sondern auch jene, die als Analysatoren oder im back-office-Bereich von Beratungsunternehmen tätig sind.

Beratungstechnik wird von den Autoren als übergeordnetes **Konstrukt einer Vielzahl von möglichen Verhaltensweisen** verstanden, die es dem Berater gestatten, sich im Klientensystem zu bewegen, Informationen zu geben und zu erhalten, Interventionen durchzuführen und den Anforderungen an seine Rolle und Funktion als Berater gerecht zu werden. Natürlich besteht die Gefahr in der Beherrschung von Sozialtechniken, dass man diese im Sinne von **Manipulationen** missbraucht. Die Beratungsethik des Beraters sollte jedoch verhindern, dass Eigennutz, Dominanzstreben oder vermeintliche bzw. tatsächliche Kränkungen des Beraters zu Triebfedern seines beraterischen Handelns werden. Die Versuchung mag groß sein und zudem durch passive Haltung, aber auch aggressive Attitüden, fehlende Offenheit u.ä. von manchen Klienten zudem noch forciert werden. Beratung erfolgt in der Auseinandersetzung und fordert, dass sich beide, Berater und Klient, im Sinne der Schaffung einer gemeinsamen neuen Sichtweise bewegen und daher den Einsatz ihrer Sozialtechniken bewusst unterordnen, d.h. sie in den Dienst einer Leistungspartnerschaft und der Erreichung der Beratungsaufgabe stellen. Im Wissen um die möglichen Missstände nehmen manche Beratungsunternehmen **Supervisionsberatungen** in Anspruch, in denen die Berater-Klienten-Beziehungen zentraler Gegenstand sind. Gelingt es beispielsweise nicht zu verhindern, dass sich nur ein Partner verändert, verläuft der Beratungsprozess asynchron und führt zu Frustrationen, die den gesamten Beratungsprozess nachhaltig negativ beeinflussen können.

Die hier vorgestellten Beratungstechniken haben vor allem zum Ziel, die soziale Kompetenz der Berater zu steigern. Sicher kann man sagen: Erst durch eine ausgeprägte soziale Kompetenz, die die fachliche ergänzt, wird ein guter Fachmann auch zu einem guten Berater! *Konrad Lorenz* hat dies, wenn auch in anderem Zusammenhang, sehr treffend folgendermaßen dargelegt und trifft das beraterische Dilemma sehr genau: „Gesagt ist nicht gehört. Gehört ist nicht verstanden. Verstanden ist nicht einverstanden. Einverstanden ist nicht behalten. Behalten ist nicht angewandt. Angewandt ist nicht beibehalten."

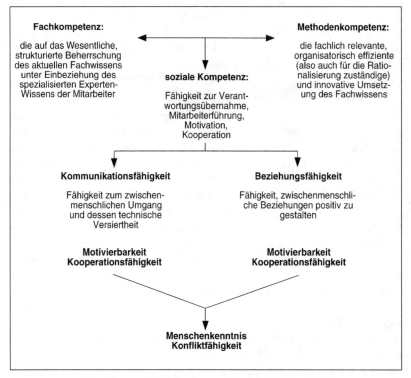

Abb. 44: *Soziale Kompetenz (Becker/Becker 1992)*

3. Teil: Beratungstechnik

Daten-„Gestaltung"	Häufigkeit (in %)
Das Management ersucht den Prognosestab um Überarbeitung der Prognose.	
Nach Durchsicht der Umsatz- und Ertragsprognosen bittet das Topmanagement darum, die Vorausberechnung zu schönen.	45,1
Nach Durchsicht dieser Kostenprognosen bittet das Topmanagement, diese Vorausberechnungen zu schönen.	51,6
Nach Durchsicht der fiktiven Bilanz bittet das Topmanagement darum, überarbeitete Bilanzen vorzulegen, die günstiger aussehen.	41,3
Das Management nimmt die Überarbeitung selbst vor.	
Topmanager schönen die ihnen vorgelegten Kostenvorausberechnungen eigenhändig.	30,0
Topmanager schönen die ihnen vorgelegten Umsatz und Ertragsprognosen eigenhändig.	23,3
Das Management ersucht um „rückwärtige" Prognosen.	
Das Topmanagement legt „angemessene Umsatz- und Ertragsziffern fest und bittet den Stab, auf dieser Grundlage Prognosen zu erstellen, die die vorgegebenen Zahlen untermauern.	41,9
Das Topmanagement legt „angemessene" Kostenziffern fest und bittet den Stab, auf dieser Grundlage Prognosen zu erstellen, die die vorgegebenen Zahlen untermauern.	35,5
Das Topmanagement legt „angemessene" Zahlen für die fiktive Bilanz fest und bittet den Stab, Prognosen zu erstellen, die die vorgegebenen Zahlen untermauern.	36,7
Es werden fehlerhafte Techniken eingesetzt und falsche Annahmen genutzt.	
Mit Vorsatz werden in Prognosen oder Modellen falsche Annahmen (etwa zum Branchen- oder allgemeinen Wirtschaftswachstum) verwendet.	12,9
Aus Versehen werden in Prognosen oder Modellen falsche Annahmen (etwa zum Branchen- oder allgemeinen Wirtschaftswachstum) verwendet.	19,4
Zur Erstellung der Prognosen werden nicht genügend Mittel bereitgestellt.	5,5
Es werden qualitative Bewertungen vorgenommen, selbst wenn geeignete quantitative Methoden zur Verfügung stehen, die ebenfalls genutzt werden können.	32,4
Das Management kümmern Prognosemodelle/Prognosen nicht.	
Prognosen von seiten des Stabes werden vom Topmanagement schlicht als „belanglos" abgetan.	16,1
Prognosen von seiten des Stabes werden vom Topmanagement schlicht als „fehlerhaft" abgetan.	6,6
Informationen werden zurückgehalten.	
Geschäftsbereiche oder Abteilungen verschweigen en anderen nützliche Informationen.	25,8
Geschäftsbereiche oder Abteilungen geben den anderen irreführende Informationen.	12,9
Modelle oder Prognosen werden falsch spezifiziert.	
Mit Absicht werden Computermodelle konstruiert, die entweder falsche Spezifikationen aufweisen oder die Wirklichkeit nicht authentisch abbilden.	6,7
Mit Absicht werden intern umstrittene Variable in dem Computermodell nicht berücksichtigt.	20,0
Computermodelle sind so konstruiert, dass sie eine gewisse Schlagseite bekommen, zugunsten bestimmter Abteilungen, Projekte oder Maßnahmen.	13,3

Abb. 45: Wie Berater in die Irre geführt werden können
(Quelle: Galbraith/Merrill 1996)

Beratungstechniken sind insgesamt nur schwer direkt vermittelbar. Das liegt zum einen an den Besonderheiten der Berater-Klienten-Beziehungen, zum anderen an der Schwierigkeit, Beratungssituationen miteinander zu vergleichen. Auch jahrelange Erfahrungen in der Beratung können nicht verhindern, dass Beratungssituationen und der entsprechende Kanon einzusetzender **Techniken jedes Mal wieder aufs neue zu entwickeln** sind. Das fordert und fördert die notwendige Klientenorientierung und schafft gleichzeitig jenen Druck, der den Berater zwingen sollte, intensiv und einfallsreich über geeignete und aufgabenspezifische Beratungstechniken nachzudenken, statt einfach nur „bewährter Routine" oder einem normierten „System XY" zu folgen. Erfahrungsgemäß entscheidet sich an diesem Punkt in weitem Maße der Beratungserfolg und zeigen sich Qualität und Professionalität des Beraters.

Beratungstechniken sind also weit mehr als nur ein anwendungsorientiertes betriebswirtschaftliches Methodenrepertoire, wie es häufig in gängigen Trend- und Handbüchern in Form von Rezeptsammlungen angeboten wird. Nicht der Bewältigung der fachlichen Aspekte soll hier das Wort geredet werden, sie sind ohnehin Voraussetzung für eine erfolgreiche beraterische Tätigkeit, sondern der Notwendigkeit, Sozialtechniken im Beratungsberuf sinnvoll einzusetzen.

Wie wichtig für Berater die Beherrschung von Sozialtechniken ist, zeigen die Untersuchungsergebnisse von *Galbraith/Merrill* (1996), die deutlich demonstrieren, mit welcher Datenqualität ein Berater beispielsweise in den Betrieben konfrontiert sein kann. Hier die notwendige Transparenz als Basis für die Entscheidungsfindung zu schaffen, ist eine wesentliche Beratungsnotwendigkeit, die ohne geeignete Sozialtechniken wohl kaum erfüllbar ist (Abb. 45).

Die Untersuchungsergebnisse von *Galbraith/Merrill* können vielleicht nur eingeschränkt auf europäische Verhältnisse umgelegt werden, sie zeigen aber doch auch deutlich, dass ein Berater, der nur Zahlen und Kennziffern vertraut, d.h. dessen beratungstechnisches Repertoire zu gering ist, sehr leicht aufs Glatteis geführt werden kann.

15. Einzel- und Gruppengespräche

Zu den wesentlichsten Anforderungen an einen Berater gehört sicherlich der Bereich der Gesprächsführung. Er zieht sich wie ein roter Faden durch alle beraterischen Tätigkeiten. Ob in Einzel- oder in Gruppengesprächen: Der Berater sollte sich über die Ziele der Gespräche jederzeit im Klaren sein und Gespräche danach konzeptionell strukturieren – häufig sehr detailliert – und nach Möglichkeit auch realisieren, um zu verhindern, dass er frei nach Mark Twain eingestehen muss: „Ich weiß nicht, wo ich hinwill. Deshalb verdopple ich meine Anstrengungen.", oder nach der Variante von Helmut Qualtingers Motorradfahrer vorgeht: „Ich weiß nicht, wo ich hinfahre. Dafür bin ich schneller dort." Zuhören und Reflektieren ist wichtiger als nur darauf loszureden und als Schwätzer zu gelten (Abb. 46).

Beratungsgespräche stellen keine optimalen Kommunikationen in dem Sinne dar, dass jeder Teilnehmer frei von eigenen Handlungsplänen und Absichten ist. Im Gegenteil: Allein das Auftauchen von Beratern in Unternehmen löst bei den betroffenen Kontaktpersonen sehr oft Ängste aus, die sich in ihrem Kommunikationsverhalten niederschlagen. Aber auch der Berater ist keineswegs immer frei von Ängsten und Unsicherheiten. Eine wesentliche Aufgabe des Beraters besteht daher auch darin, eine weitgehend angstfreie Atmosphäre zu schaffen, um einerseits authentische Informationen zu erhalten und andererseits vom Klientensystem verstanden zu werden, ohne dass Angstblockaden seine Informationen verändern bzw. ablenken. Das kann er vor allem dadurch erreichen, dass seine Kommunikationsbemühungen bewusst redundant erfolgen, d.h. dass er wesentliche Teile seiner Botschaften sehr oft wiederholt, damit sie auch von allen verstanden werden. Eine Gefahr einer solchen Vorgehensweise soll nicht unerwähnt bleiben: Durch Sprache können Realitäten geschaffen werden, oft auch solche, die nichts mit den für die Beratung maßgeblichen Tatsachen und Umständen zu tun haben. Dadurch werden Erwartungshaltungen induziert, deren Auflösung zu starken Diskrepanzen führen kann, die ihrerseits wiederum Probleme bereiten, wie z.B. durch überspitzte Formulierungen, aggressive oder defensive, konzentrierte oder ausschweifende, durch Zuhören oder Reden dominierte Gesprächsführung.

Phase der Beratung	Segment der Tätigkeit	Kommunikations- methoden/-techniken
1. Vorbereitende Maßnahmen	Projektteam bilden Projektplanung	Projektmanagement Balkendiagramm
2. Bestimmung des Issues	Identifikation der Schlüsselprozesse Bestimmung der Veränderungen Prozessauswahl	Fragenkatalog, Interviews Umfeldanalysen Nutzwertanalyse
3. Prozessanalyse	Aufnahme und Dokumentation Quantitative und qualitative Analysen Ermittlung der Prozessprobleme	Workshop, Gespräche Kennzahlen, Interviews Gespräche
4. Prozess-Redesign	Definition detaillierter Verbesserungsziele Brainstorming alternativer Prozess-Designs Simulation, sukzessive Verfeinerung	Gespräche, Interviews Brainstorming Simulationen
5. Implementierung	Bestimmung der Implikationen Maßnahmenplan Verantwortlichkeiten Einführungs-Controlling	Gespräche, Interviews, Diskussionen Tests
6. Kontinuierliches Verbesserungs- programm	Prozessbeobachtung Dokumentation, Analyse Verbesserungsmaßnahmen Fortschrittskontrolle	Verschiedenste Methoden und Techniken

Abb. 46: Stellenwert von Gesprächen im Standardberatungsverfahren (Quelle: Niedereichholz 1996)

Dessen ungeachtet sind Einzel- und Gruppengespräche jene Interventionsmaßnahme für Berater, durch deren zielgerichteten Einsatz sehr gute Beratungsergebnisse entstehen können.

Wichtig für beide Gesprächstypen ist auch ein gut durchdachtes Timing, damit Besprechungen für die Beteiligten nicht zu langweilig bzw. unstrukturiert werden. Zeit ist ein hervorragendes Mittel, um sozialen Prozessen Struktur zu geben.

15.1 Vorbereitung, Abwicklung, Abschluss

Aufgrund des hohen Stellenwerts von Gesprächen bestimmt deren gute **Vorbereitung** wesentlich ihren Erfolg. Vorbereitungsmaßnahmen betreffen einmal den Berater selbst, indem er allgemeine und besondere Ziele festlegen muss. Er sollte sich ferner einen Arbeitstitel und einen Ablaufplan für das Gespräch überlegen und sich generell mit den Problemstellungen vertraut machen.

Zur materiellen und zeitlichen Vorbereitung gehören die Klärung der Frage nach

– Anzahl und Position der Teilnehmer,
– Vorgeschichte des Gesprächs,
– Ort, Datum, Zeitpunkt und voraussichtlicher Dauer,
– notwendige Unterlagen, technische Einrichtungen (Flip-Chart, Overhead, Beamer etc.) und
– nach der Art und Weise, wie die Ergebnisse protokolliert bzw. festgehalten werden.

Der Berater muss sich weiters überlegen, wie er die Teilnehmer des Gesprächs auf dieses vorbereiten will. Dazu gehören Überlegungen über die optimale Gruppenzusammensetzung in Hinblick auf Kriterien der Teilnehmerauswahl, wie Anzahl und Qualifikation. Für die Einstimmung der Teilnehmer auf das Gespräch können z.B. kurze Artikel, Fragebögen, Dokumentationen etc. verwendet werden.

Bei **Gruppengesprächen** kann folgende **Checkliste** die Vorbereitung unterstützen (vgl. *Klebert/Schrader/Straub* 1987, S. 153f.):

– Wer ist die Zielgruppe? Woher kommt sie? Was tut sie?
– Wie ist die Zielgruppe zusammengesetzt (hierarchisch, funktional, nach Arten der Tätigkeiten, nach Interessenlage)?
– Was wollen die einzelnen Teilnehmer (Ziele, Absichten, Erwartungen)?
– Was wissen die Teilnehmer (Vorwissen über das Problem, Kenntnisse der Hintergründe, Fachwissen)?
– Welche Konflikte können auftreten (persönlich, sachlich, mit welcher Intensität)?
– Was kann oder soll nach dem Gruppengespräch passieren, z.B. Veränderungen in der Organisationsstruktur, Energie und Engagement für den geplanten Wandel?
– Sitzen in der Gruppe Entscheider?
– Welche Rahmenbedingungen stehen schon fest (Ort, Entscheidungsspielraum)?

306 3. Teil: Beratungstechnik

- Wer hat das Gruppengespräch initiiert (Belastungen und Unterstützung durch den Auftraggeber, dessen Interessenlage)?
- Welche Erfahrungen haben die Teilnehmer mit Gruppengesprächen?

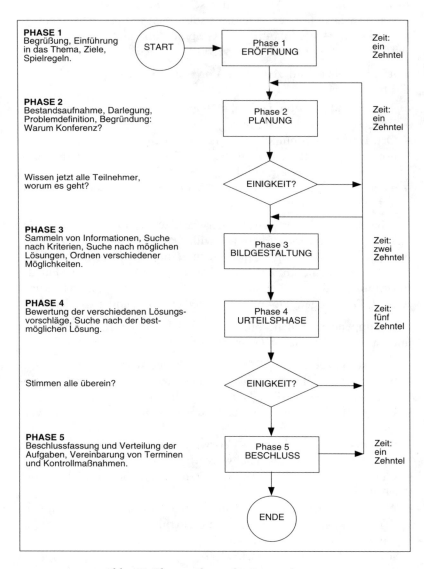

Abb. 47: Phasenschema für Besprechungen

15. Einzel- und Gruppengespräche

Vor allem dem letzten Punkt muss der Berater besondere Aufmerksamkeit widmen, weil mit ihm wesentliche **Erwartungshaltungen** der Teilnehmer verknüpft sind: Welche Vorgehensweise wird der Berater wählen? Kopiert er unser betriebseigenes Modell? Ist er schlechter oder besser als unsere Gesprächsleiter bzw. Moderatoren? Von der positiven Beantwortung dieser Fragen hängt sehr oft das Wohl und Wehe einer gedeihlichen Berater-Klienten-Beziehung ab und Berater tun gut daran, die Vorbereitungen solcher Gespräche sehr sorgfältig und gewissenhaft durchzuführen.

Insbesondere für die **Abwicklung von Gruppengesprächen** gilt, dass sie dem folgenden Schema folgen sollten. Bei der Führung von Einzelgesprächen sollten für den Berater im Wesentlichen dieselben Vorgaben gelten, auch wenn aus praktischen Erwägungen die einzelnen Positionen verkürzt eingesetzt werden können:

- Mit der Einleitung wird das Gespräch eröffnet. Dabei soll eine angenehme Atmosphäre geschaffen und das Programm sowie die Ziele des Gesprächs kurz dargestellt werden.
- Das erste Thema des Gesprächs soll durch die Schaffung einer Diskussionsgrundlage deutlich herausgestellt werden. Dafür können z. B. Overhead-Folien und/oder andere Präsentationsmittel verwendet werden.
- Die Diskussion ist durch den Berater zielgerichtet zu führen. Dabei sollte er darauf achten, dass alle Teilnehmer mitreden, Zeitvorgaben nicht überschritten und unnötige Debatten vermieden werden, interessante Beiträge berücksichtigt werden und sie ggf. vertiefen, die Teilnehmer einander näher bringen, das Wesentliche ständig wiederholen, die geäußerten Gedanken herausarbeiten und richtig deuten und durch die Diskussion möglichst gute Ideen und praktikable Lösungen erreichen.

Dabei wird der effiziente Berater sich an folgenden **Grundsätzen der Diskussionsleitung** orientieren:

- Er soll die Diskussion lenken, aber weder monologisieren noch dominieren,
- keine Reden halten, nicht belehren wollen und sich stets kurz fassen,
- vor allem klare Fragen an die einzelnen Teilnehmer oder die ganze Gruppe richten,
- den anderen zuhören,
- ihren Standpunkt zu begreifen suchen,
- die eigene Meinung vorzugsweise erst am Schluss einer Debatte darlegen,

- sich dem Niveau der Teilnehmer und den unerwarteten Situationen anpassen,
- allen Anwesenden gegenüber positiv eingestellt, ruhig, geduldig, sachlich, offen, freundlich, aufgeschlossen und tolerant sein,
- niemanden verletzen, und, so gut es geht, jeder Person ermöglichen das Gesicht zu wahren,
- gute Laune und Humor zeigen (lächeln),
- den Kontakt zu allen Teilnehmern herstellen (Blick),
- auf eigene Gesten, Stimme, Sprech- und Ausdrucksweise achten,
- einfach und natürlich, geschmeidig und doch fest sein,
- sich merken, dass die Haltung des Gesprächsleiters ansteckend wirkt.

Zur Führung von Gruppengesprächen gehört selbstverständlich die **Gestaltung des Abschlusses.** Diese Aufgabe stellt mit die höchsten Anforderungen an den Berater, weil von seinen Fähigkeiten der Synthesenbildung die Ergebnisse und der Stellenwert des Gesprächs für die Teilnehmer nachhaltig bestimmt wird. Beim Abschluss des Gruppengesprächs, aber auch bei Einzelgesprächen empfiehlt sich daher folgende Vorgehensweise:

- Der Leiter soll das Wichtigste hervorheben, bewerten und zusammenfassen.
- Er soll Schlussfolgerungen aus dem Verlauf des Gesprächs ziehen und mit Hilfe der Teilnehmer die nächsten Schritte festlegen.
- Den Teilnehmern für ihr Mitwirken danken und die weitere Vorgehensweise festlegen, wie z. B. Datum und Ort des nächsten Treffens, Versammlungstitel u. ä.
- Wichtig ist auf jeden Fall die formelle Beendigung des Gesprächs.

15.2 Kriterien für den Einsatz

Einzel- und Gruppengespräche sind gleichermaßen Analyse- und Interventionsinstrumente in der Beratung. Im Graubereich dazwischen liegen Gespräche in Kleingruppen mit fünf bis sechs Teilnehmern.

Gruppengespräche in der Beratung sind vor allem dann sinnvoll,
- wenn Aufgaben nur durch gleichzeitige Zusammenarbeit mehrerer Mitarbeiter gelöst werden können,
- die wechselseitige Anregung mehrerer Teilnehmer als Katalysator für kreative Problemlösungen erwünscht ist,
- unterschiedliche Ansichten und Meinungen bei der Aufgabenbewältigung berücksichtigt werden sollen und
- mehrere Personen sich mit der zu findenden Lösung identifizieren sollen, um für deren Verwirklichung gut motiviert zu sein.

15.3 Gesprächshaltung des Beraters

Die Gesprächshaltung des Beraters hat einen sehr starken Einfluss auf den Verlauf der Kommunikation, also auf die Gesprächsdynamik. Sie bezeichnet ein Verhalten, das stark von der Persönlichkeit, den Überzeugungen und Einstellungen des Beraters geprägt und weitgehend unabhängig ist.

Beratungsgespräche haben in der Regel sehr viele Funktionen, denen der Berater in Abhängigkeit von situativen Gegebenheiten und den Signalen der Gesprächsteilnehmer entsprechen soll. Das Ziel des Beraters liegt darin, das Gespräch für seine subjektiven Ziele einzusetzen, die er im Idealfall mit jenen des Klientensystems koppelt. Der Berater soll die entstehende Gesprächsdynamik beobachten und sie für seine Handlungspläne nutzen. In Analogie zum Rollenverhalten sind hierbei folgende, den Gesprächserfolg durchaus **gefährdende Gesprächshaltungen bzw. Reaktionen des Beraters** möglich (vgl. *Weisbach* 1992):

- Die Beraterreaktionen sind wertend, d.h. sie drücken Ablehnung oder Zustimmung aus;
- sie basieren auf Interpretationen, d.h. der Berater versteht z.B. nur, was er verstehen will oder was ihm wichtig erscheint;
- sie haben stützenden oder tröstenden Charakter, d.h. der Gesprächspartner erscheint schwächer bzw. wird zu einem Schwachen gemacht;
- sie sind forschend, d.h. sie bemühen sich neue Informationen zu gewinnen. Implizit verdächtigt der Berater das Gegenüber, nicht alle Informationen geben zu wollen;
- sie sind lösungsorientiert, d.h. er bemüht sich für Probleme sofortige Lösungen zu finden und kann dadurch oft vorschnell zu Fehlurteilen gelangen.

Um den Spieß der üblichen Ratgeberliteratur einmal umzudrehen, wollen wir darstellen, **was ein Beratungsgespräch eben nicht sein sollte** (vgl. *Revers/Perrez* 1972):

- Das Beratungsgespräch ist keine Konversation. Bei einer Konversation setzt man sich hin und plaudert. Sie kann Vertrauen schaffen oder verstärken. Sie kann allerdings sehr wohl zur Einleitung eines Beratungsgespräches verwendet werden („warming up").
- Das Beratungsgespräch ist keine Diskussion. In einer Diskussion sucht man Argumente vorzubringen, auf Einwände zu antworten und Angriffen oder Widerlegungen des Partners abzuwehren. Die Partner stehen einander im Sinne eines Angriffs, einer Rivalität

oder eines Wettkampfes gegenüber und die Diskussion wird mehr oder weniger leidenschaftlich geführt. Das Verständnis füreinander ist durch die Diskussionsstandpunkte weitgehend vermauert.
– Das Beratungsgespräch ist kein Interview. Ein Interviewer versucht nicht primär den Gesprächspartner zu verstehen, sondern dessen Reaktionsweisen und Ansichten hinsichtlich eines Themas zu erfahren und nach Möglichkeit zu prüfen. Ein Interview dient primär der Informationssammlung, kann aber auch den Interviewten auf ganz spezielle Themenbereiche einstimmen.
– Das Beratungsgespräch ist keine Befragung. Eine Befragung ist ein typisches Beispiel für eine stark asymmetrische Kommunikation, bei der der Befrager eine Machtposition einnimmt, der Befragte jedoch immer in der Position eines „Verdächtigten" steht. Der Befrager orientiert sich hauptsächlich an den Fragen, die er stellen muss, nicht jedoch daran, welche Fragen sich der Befragte stellt.
– Das Beratungsgespräch ist kein Monolog des Beraters. Oft begegnet man in der Praxis Beratern, die nicht aktiv zuhören können, sondern jede Gelegenheit für eine Ansprache nützen. Dadurch werden fruchtbare Formen des Dialogs unterdrückt und ein Gedankenaustausch verhindert.
– Das Beratungsgespräch ist keine „Beichte". Haltung und Rolle eines Beichtvaters implizieren moralische Bewertungen der Aussagen des anderen als eine Reihe von aus Schuldgefühlen stammenden Geständnissen. Obwohl der Berater manchmal die Rolle eines Beichtvaters einnehmen muss, soll nicht Verurteilung und Buße sondern ein Verstehen der Situation des Klienten im Mittelpunkt stehen.

Natürlich kann ein Beratungsgespräch alle diese Komponenten aufweisen, jedoch immer in Abhängigkeit von der aktuellen Situation und den zu erreichenden Zielen. *Rogers* empfiehlt für das Beratungsgespräch folgende **Gesprächshaltungen** und jeweiligen **Prioritäten:**

– Annahme des Klienten und nicht Initiative des Beraters: Der Gesprächspartner soll vom Berater „empfangen" werden und nicht auf Grund der Initiativen des Beraters einfach auf Fragen antworten.
– Zentrierung auf sein Erleben und nicht auf äußere Haltungen: Der Berater soll sich vor allem darauf konzentrieren, wie der Klient Dinge, Menschen und Ereignisse wahrnimmt, zunächst unabhängig von deren objektiven Eigenschaften und Hintergründen.

- Zentrierung auf die Person des Klienten und nicht auf sein Problem: Verzicht auf die objektive Betrachtung des Problems, da es für den Klienten offenbar existiert. Wichtig ist für den Berater die Herausarbeitung des Stellenwerts, den das Problem für den Klienten hat bzw. wie es von diesem wahrgenommen wird.
- Respektierung seiner Persönlichkeit und echte Wertschätzung anstelle einer Demonstration des Scharfsinns und der Überlegenheit des Beraters: Dem Berater muss es gelingen den Klienten davon zu überzeugen, dass der Berater seine Art zu sehen, zu leben und Probleme zu bewältigen akzeptiert.
- Suche nach besserer Verständigung und nicht nach Interpretationen und Katalogisierung: Der Berater soll versuchen, den Klienten unmittelbar zu verstehen und ihm dies auch vermitteln. Schädlich für den Aufbau einer tragfähigen Kommunikation und Berater-Klienten-Beziehung ist das unmittelbare Einordnen des Klienten in bestimmte Kategorien bzw. Schubladen des Beraters. Wichtiger ist die Erhaltung und Verbesserung der Kommunikation und die korrekte Problemformulierung.

Die Gesprächshaltungen des Beraters haben also einen sehr nachhaltigen Einfluss auf den Beratungsprozess, vor allem auf die Anfangsphase, die für den Aufbau einer tragfähigen und belastbaren Berater-Klienten-Beziehung sehr wichtig ist. Weiters verhilft sie dem Berater zu einer subjektiven Problemsicht des Klienten. Die Diskrepanzen zwischen der Klientensicht und jener des Beraters eröffnen zudem Ansatzpunkte für beraterische Interventionen.

15.4 Kunst des Zuhörens

Nichts ist schlechter für einen Berater, als ein schlechter Zuhörer zu sein. Nur zu leicht verfällt ein Berater der Rolle des Entertainers, der mit Geschichtchen aus seiner Beratungspraxis zum Alleinunterhalter für seine aktuellen Klienten wird. Neben den unmittelbaren Auswirkungen solchen Verhaltens auf den Gesprächsverlauf könnten sich die Klienten auch denken, dass bei nächster Gelegenheit sie im Fokus solcher Histörchen stehen und andere dann über sie lachen werden. Absolute berufliche Diskretion muss für einen Berater selbstverständlich sein, vor allem aber muss er ein guter Zuhörer sein bzw. werden. Was unterscheidet nun einen guten von einem **schlechten Zuhörer** und in der Folge einen schlechten von einem guten Berater? Folgende Punkte sollen das deutlich machen.

- **Desinteresse:** Das Erste charakteristische Merkmal, das den guten vom schlechten Zuhörer unterscheidet, ist sein Desinteresse, das beim Berater durch die Einschätzung seines Gesprächspartners als langweilig bzw. langatmig entsteht; und dessen Inhalte weder als amüsant noch spannend empfindet. Desinteresse lässt sich weder verbal noch nonverbal gegenüber dem Gesprächspartner verstecken, löst dort Unsicherheit aus, belastet die Interaktion und Dynamik des Gesprächs und kann zu Missverständnissen verschiedenster Art führen. Im beratenden Alltag sind das vor allem Situationen, in denen das Gegenüber vom Berater nicht als „Entscheider" oder Informationsträger eingeschätzt wird. Natürlich ist im Beratungsalltag nicht jeder Gesprächspartner gleich auch ein interessanter Gesprächspartner. Gute Berater beginnen jedoch damit, dieses Desinteresse in irgendeiner Weise zu überwinden, auch wenn sie sich dazu zwingen, zuzuhören. Jede Mitteilung hat ihren tieferen Sinn, auch wenn deren Wert nicht unmittelbar nutzbar ist.

- **Persönliche Ablehnung gegenüber dem Gesprächspartner:** Eine weitere Ursache die zu schlechtem Zuhören führt ist die Kritik an der Person oder dem Aussehen des Gesprächspartners. Für Berater gilt das vor allem gegenüber mittelständischen Unternehmern, deren Aussehen nicht immer mit ihrer Position und Funktion korrespondiert. Wer z. B. vorwiegend mit einer Bankklientel zu tun hat, wird sich mit einem Mittelständler, der sein Unternehmen aus einem Kleinbetrieb entwickelt hat, oft schwer tun. Hemdsärmeligkeit, Vokabular und fehlende Erfahrungen mit Beratern lassen sehr schnell Barrieren entstehen. Bekannt für ihr diesbezüglich fehlendes Differenzierungsvermögen sind anglo-amerikanische Beraterkollegen, die noch sehr oft nur zwischen „blue collar" und „white collar" unterscheiden, mit den „blues" Kommunikation schlichtweg verweigern oder bestenfalls nur Informationen geben, nicht aber aufnehmen mögen.
Ein guter Zuhörer wird das äußere Erscheinungsbild und den Eindruck einer Persönlichkeit zwar auch beobachtend, aber nicht vorschnell urteilend in seine Eindrücke und Überlegungen einschließen, also nicht zum Opfer platter Klischees und unangebrachter Überlegenheitsgefühle sowie falscher Differenzierungen werden, sondern dem Gesprächspartner möglichst offen und vorurteilsfrei zuhören, weil er vielleicht wichtige Informationen überbringt. Die Informationsinhalte sind vor allem im Beratungsberuf wichtiger als die Form, in der sie überbracht werden.
- **Widerspruch:** Berater sind von ihrer Entwicklung her und durch die berufliche Tätigkeit selbst sehr oft auf Auseinandersetzungen gedrillt und gehören daher zu den kämpferischen Naturen. Sie lassen den Gesprächspartner nicht ausreden, sondern beginnen

mit ihm sofort ein Wortgefecht. Hintergrund dieser Gesprächshaltung könnte u.U. auch das Anstreben von Machtpositionen, dogmatisches Denken u.ä. sein.
Die Gesprächshaltung der fortdauernden Suche nach vermeintlich besseren Gesprächspositionen führt dazu, dass der Zuhörer sehr oft den Faden verliert und sich wiederholt, weil sein angestrengtes Nachdenken über mögliche Widersprüche seine Aufmerksamkeit zu sehr belastet.

- **Fakten:** Jeder Zuhörer neigt dazu anzunehmen, dass das Gegenüber einen Gesprächs- und Handlungsplan verfolgt. Schlechte Zuhörer konzentrieren sich hauptsächlich auf die Identifizierung dieser Pläne und stellen dann weitere Überlegungen ein. Ein guter Zuhörer und damit ein guter Berater wird versuchen, diese Pläne zusätzlich noch zu systematisieren. Dadurch gelingt es ihm, wesentlich mehr Informationen zu gewinnen und er kann diese Fakten auch entsprechend aufnehmen und sinnvoll zuordnen.
Die Konzentration auf die unmittelbaren Inhalte einer Information birgt allerdings regelmäßig Nachteile für den weiteren Verlauf und das Ergebnis eines Gesprächs, bei dem die Kunst des Zuhörens ja zunächst darin bestehen muss, möglichst unverfälschte und vollständige Äußerungen des Gesprächspartners zu einem Thema zu erhalten. Das werden nicht immer nur Fakten im engeren Sinn des Wortes sein. Die Fokussierung auf Fakten kann dazu führen, eine ganzheitliche Erfassung einer Gesprächssituation und -dynamik durch das eigene und zu eng gehaltene Gesprächsverhalten und -verständnis zu erschweren und dadurch eine nachteilige Interaktion auszulösen, die vom eigentlichen Gesprächsthema wegführt. Die Konzentration auf vermeintliche Fakten verkürzt somit die verbalen und nonverbalen Informationen, d.h. die Kommunikation tendiert zu bruchstückhaften, verzerrten und im Sinne der Absichten des Beraters paradoxen Ergebnissen. Ein guter, sprich verstehender Zuhörer weiß aus Erfahrung, dass oft auch das Nichtgesagte und die Zwischentöne eines Gesprächs aufschlussreicher als manche der sogenannten „harten Fakten" sind.
- **Kontrolle:** Weil das Gegenüber wichtige Dinge von sich gibt, haben manche Berater die Angewohnheit, alles und jedes mitzuschreiben. Dadurch wird ein Großteil der Aufmerksamkeit vom Hören zum Schreiben umgelenkt. Für die spätere Beratungsarbeit, wie z.B. Analysen, Ausarbeitung von Vorschlägen und die Berichterstellung ist diese Vorgehensweise für den Berater natürlich von einem gewissen Nutzen, dessen ungeachtet wird die Zuhörleistung beträchtlich reduziert werden.

Zudem sind mit dem Mitschreiben verbundene Gliederungsversuche des Zuhörers nicht immer von Erfolg, weil sich die meisten Gesprächspartner in der Regel an keine Struktur halten, die sich unmittelbar niederschreiben ließe. Das ständige Schreiben des Beraters induziert aber auch beim Gesprächspartner nachteilige Gesprächshaltungen, wie z. B. Irritationen und Unsicherheit oder gedämpfte Mitteilsamkeit, die das Gespräch erheblich belasten können.

Trotzdem ist es bei der Fülle von Informationen, die dem Berater während des Gesprächs zufließen, natürlich auch nötig, Notizen zu machen, um Gesprächsinhalte, mit dem Klienten gemeinsam erarbeitete Erkenntnisse, Anregungen etc. später rekonstruieren und für die Beratungsarbeit nutzbar zu machen. Für notwendige Aufzeichnungen sollte sich der Berater aber einer sehr konzentrierten und stichwortartigen Schreibtechnik bedienen, bei der er hin und wieder einige Notizen macht, was der Gesprächsdynamik nur wenig schadet und dem Gesprächspartner auch gleichzeitig das Gefühl vermittelt, dass die Gesprächsinhalte und -ergebnisse wichtig genug sind, um festgehalten zu werden.

– **Das halbe Zuhören:** Jeder kennt die Gefahr, dass beim Zuhören sich plötzlich Gedanken verselbstständigen und das Interesse am Gesprächspartner erlahmt. Gleichzeitig bemüht sich natürlich der zuhörende Berater einen möglichst interessierten Eindruck zu machen. Manchen gelingt das auf Grund ihrer Erfahrungen aus der Schulzeit, der Ehe usw. recht gut. Probleme entstehen dadurch, dass der Gesprächspartner durch diese Haltung falsche Signale bekommt und z. B. annimmt, der Berater hätte ihn wirklich verstanden.

Zuhören ist keine Beschäftigungstherapie für Berater, sondern harte und vor allem Konzentration erfordernde Arbeit und weitaus anstrengender als Reden.

– **Falsche Höflichkeit:** Höflich ist, wenn der Berater dem Gesprächspartner signalisiert, er ist verstanden worden. Falsche Höflichkeit ist, wenn er nur so tut. Jede Zwischen- und Verständnisfrage des Beraters signalisiert dem Gesprächspartner, dass der Berater ihm aktiv zuhört und er an den Aussagen wirklich interessiert ist. Deshalb sind Fragen substanzieller und psychologischer Bestandteil beraterischen Tuns.

– **Harmoniebedürfnis:** Beim Zuhören gehen auch Berater oft den Weg des geringsten Widerstandes. Themenbereiche, die vermeintlich oder tatsächlich vom Gesprächspartner tabuisiert werden, werden gemieden, um die Harmonie zwischen Berater und Klient bzw. Gesprächspartner nicht zu stören. Im Erreichen der maximalen Harmonie kann jedoch nicht das Ziel beraterischer

15. Einzel- und Gruppengespräche

Tätigkeit liegen, sondern im Aufspüren von Blockierungen und Tabus, die dem Gegenüber offenbar Probleme bereiten und die mit ein Grund für das Beraterengagement sein können und die daher im Gespräch nicht verdrängt werden dürfen. Zuhören und vorsichtiges oder auch engagiertes Ansprechen solcher Tabus bzw. explizites Interesse an der Harmonie und Versuche, diese zum Gegenstand des Gespräches zu machen, signalisieren dem Gesprächspartner, dass der Zuhörer Interesse nicht nur vorspielt, sondern auch tatsächlich hat.

- **Beraterdisziplin:** Auch wenn die Versuchung noch so groß ist, beim Zuhören muss der Berater, auch wenn das Gegenüber noch so viele Stichworte liefert, wirklich zuhören wollen und nicht versuchen, bei jeder Gelegenheit das Wort zu ergreifen.
- **Falsche Sicherheit:** Aufgrund der unterschiedlichen Kanalkapazitäten zwischen Hören und Sprechen neigen Zuhörer dazu, nicht aktiv zuzuhören, sondern immer wieder anderen Dingen gedanklich ihre Zeit zu widmen. Durchschnittlich werden etwa 125 Worte in der Minute gesprochen, bei Vorträgen gar nur hundert. Allerdings können wir bis zu 400 Worte in der Minute aufnehmen. Die Versuchung ist sehr groß, dreiviertel der Sprechzeit für „Nebenbeschäftigungen" zu nutzen und sich nur sporadisch auf den Gesprächspartner zu konzentrieren. Allerdings wird dadurch das authentische und aktive Zuhören empfindlich gestört und die Qualität der Kommunikation negativ beeinflusst.

Wenn man davon ausgeht, dass Berater vor allem gut zuhören können müssen, um den Klienten in seiner gesamten Komplexität ebenso wie hinsichtlich geäußerter Inhalte wahrzunehmen, lassen sich aus diesen Beobachtungen folgende **Gebote für das gute Zuhören** ableiten:

- **Nicht sprechen:** Man kann nicht zuhören, wenn man spricht.
- **Den Gesprächspartner entspannen:** Dabei soll dem Gesprächspartner vermittelt werden, dass er frei sprechen kann. Dafür soll eine Umgebung geschaffen werden, die es dem Gesprächspartner erlaubt, sich offen zu äußern.
- **Signalisieren, dass man zuhören will:** Dabei soll dem Gesprächspartner Interesse entgegengebracht werden. Das kann dadurch deutlich gemacht werden, dass z.B. während des Gesprächs nicht in Unterlagen geblättert wird. Zuhören dient vorwiegend der Verständigung, nicht der Demonstration persönlicher Macht.
- **Ablenkungen vermeiden:** Dazu gehören z.B. das Schließen von Türen, Ausschließen von Lärmquellen und Störungen nicht während des Gesprächs auf dem Papier kritzeln etc.

- **Einstellen auf den Gesprächspartner:** Der Berater soll versuchen, sich auf den Gesprächspartner einzustellen, sich in seine Situation zu versetzen und dadurch seinen Standpunkt zu verstehen.
- **Zeit haben und Zeit nehmen:** Der Berater soll sich für Gespräche ausreichend Zeit nehmen und sie nicht aus Zeitgründen unterbrechen.
- **Selbstbeherrschung:** Auch Berater sind nur Menschen und ärgern sich manchmal. In solchen affektiven Zuständen ist allerdings die Gefahr der Missinterpretation des Gegenübers sehr groß, ebenso wie unüberlegte eigene Aussagen.
- **Gelassenheit:** Klienten bzw. Mitarbeiter des Klientensystems werden Beratern oft mit Kritik und Sorge begegnen. Bleibt der Berater dabei ruhig, kommt der Gesprächspartner in Zugzwang und zeigt dadurch z. B. Möglichkeiten und Wege zum eigentlichen Problem auf. Wenn Berater sich auf aggressive Auseinandersetzungen einlassen, haben sie eigentlich in den meisten Fällen ihre Reputation verspielt.
- **Fragen stellen:** Berater sind wissbegierig und müssen, um z. B. komplexe Zusammenhänge zu erfassen, über einen sehr hohen Informationsstand verfügen. Der kann nur erreicht werden, wenn Berater laufend Fragen stellen.
- **Akzeptanz:** Klienten, auch wenn sie aus der Sicht des Berater sehr vieles falsch machen und falsch sehen, haben dennoch Handlungsgründe, warum sie Dinge eben so sehen bzw. interpretieren und nicht anders. Der Berater darf diese Einstellungen nicht mit Etiketten wie „dumm" oder „ungebildet" versehen, sondern muss diese Sichtweisen akzeptieren. Nur dann kann er sie entsprechend verändern.
- **Empathie:** Wichtig ist für den Berater, dass er sich um einfühlendes Verstehen bemüht, dabei aber einen klaren Kopf behält, um nicht Opfer eigener emotionaler Wahrnehmungsverzerrungen zu werden, die ihm wiederum zu „falschen" Äußerungen veranlassen können und vom angestrebten Gesprächsziel wegführen, nämlich der möglichst unbeeinflussten Exploration des Gesprächspartners.
- **Ganzheitliche Wahrnehmung:** Dazu gehört nicht nur die Aufnahme der verbalen, sondern auch der nonverbalen Signale des Gegenübers und das Bemühen und die Fähigkeit, ein Gespräch quasi aus der Vogelperspektive zu überblicken, zu bewerten und den richtigen Konnex zur Beratungssituation und -aufgabe zu finden.

15.5 Fragetechniken

Menschen reden lieber, anstatt zuzuhören. Besonders gilt das auch für Berater. Vor allem sehr erfahrene und ganz junge Berater tappen oft in diese klassische Kommunikationsfalle. Die erfahrenen Berater deswegen, weil sie auf einen reichen Fundus an abrufbereitem Wissen zurückgreifen können und damit den Klienten „erschlagen". Die ganz jungen Berater, weil sie sich ständig herausgefordert fühlen und durch eine aktive Gesprächssteuerung vermeiden wollen, dass sie vom Klienten „gewogen und für zu leicht befunden" werden. Fragetechniken sind sehr gut geeignet diese Nachteile zu vermeiden und zwingen den Berater naturgemäß die Kunst des Zuhörens zu praktizieren, sieht man von rhetorischen Fragen ab.

Dabei ist Zuhören und Fragen für den Berater die wichtigste Sozialtechnik, die es ihm ermöglicht, eine Arbeitsbeziehung zu den Klienten herzustellen. Fragen zu stellen, bedeutet nicht nur Informationen zu gewinnen, sondern auch Ideen zu vermitteln, andere zu überzeugen, Klarheiten zu schaffen, Probleme zu lösen, Kritik zu üben, Kommunikation in Gang zu setzen, Fehler zu vermeiden, Einwände zu entkräften, Kooperation zu bewirken, Ängste abzubauen, brisante Situationen zu entschärfen und Risiken kontrollierbar zu machen (vgl. *Leeds* 1990); all das sind die uralten Vorteile der sokratischen Methode des Fragens (Mäeutik).

Allerdings dürfen **Fragen** nicht unreflektiert eingesetzt werden, sondern müssen **Bestandteil einer Strategie** sein. Der Berater muss vor dem Einsatz der Fragetechniken sich darüber klar werden, was er mit den Fragen erreichen möchte. Dazu können folgende Überlegungen helfen:
- Was soll mit der Frage erreicht werden? Geht es um die Informationsgewinnung, um Zusammenarbeit, um Bewusstmachung von Sachverhalten?
- Wer wird befragt? Auftraggeber, Mitarbeiter des Klienten, Kollegen im Beraterteam, Kunden, Lieferanten?
- Welche Ziele und Handlungspläne könnte der Befragte haben? Was sind seine Intentionen, Überlegungen, Emotionen? Welche Qualität hat die Beziehung zwischen Fragendem und Befragtem?
- Wie soll die Frage formuliert werden, damit sie den Intentionen und Überlegungen des Fragenden entspricht?

Sind diese Vorüberlegungen abgeschlossen, sind die geeigneten Fragen zu stellen. Dabei ist darauf zu achten, dass sie deutlich und eindeutig formuliert werden, in einer möglichst neutralen Stimmlage gestellt und dem Befragten klar signalisiert wird, dass die Antworten für den Berater wichtig sind.

Der nächste wichtige Punkt ist das Zuhören. Eine Frage nützt nichts, wenn der Antwort nicht die erforderliche Aufmerksamkeit geschenkt wird. Dafür ist eine Gesprächshaltung des Beraters notwendig, die sich an folgenden Idealen orientiert:

- Der Berater muss neugierig sein. Er muss den Wunsch haben, etwas über sein Gegenüber zu erfahren.
- Der Berater muss sein Zuhörenkönnen deutlich signalisieren und es als Beraterfähigkeit bewerten, auf die der Klient Anspruch hat.
- Der Berater darf das Gegenüber nicht ständig unterbrechen – auch wenn er auf den ersten Blick vieles besser und genauer weiß.
- Natürlich wird die Berater-Klienten-Beziehung von rationalen Überlegungen dominiert. Eine belastbare und tragfähige Beziehungsqualität entsteht aber erst durch Einbinden der emotionalen Komponenten.

Wird die Antwort des Befragten vom Berater richtig bewertet, was nur über gutes Zuhören möglich ist, dann ist diese Bewertung wieder Ausgangspunkt für die nächste Frage. Im Bereich Marketing/Verkauf hat man längst den besonderen Wert der Fragetechnik für die gezielte Bedarfsermittlung individueller Kundenwünsche und damit auch der Kundengewinnung erkannt und trainiert daher mit Verkäufern intensiv diese Techniken. Die ausgeprägte Qualifikation „richtig" zu fragen wäre vielen Beratern im Interesse bestmöglicher Kommunikationsgestaltung und effektiver Arbeitsweisen zu wünschen.

Natürlich haben auch Fragetechniken ihre Tücken, wie beispielsweise mehr oder weniger versteckte **Suggestivfragen** der Gesprächspartner.

Gerade Berater, denen man die Zielorientierung unterstellt, loyal und effizient für einen Auftraggeber zu arbeiten und dessen Interessen an einer Optimierung seiner wirtschaftlichen oder gesellschaftlichen Position zu vertreten, müssen sich oft mit Suggestivfragen von Mitarbeitern des Klientensystems auseinandersetzen, die den Berater in eine bestimmte Richtung lenken möchten. Umgekehrt ist vielleicht auch der Berater versucht, mit Blick auf sein Auftragsziel, genauso suggestiv Fragen zu stellen, die die Antworten eigentlich schon vorweg nehmen, wie z.B.: „Sie haben doch sicher schon alles unternommen, um die Einstandskosten zu senken?" Vermutlich jeder vom Berater befragte Mitarbeiter wird diese Frage mit ja beantworten. Suggestivfragen geben die Antworten vor, das obige Beispiel macht das deutlich. Suggestivfragen bringen dem Berater keine Informationen, sondern bestenfalls Zustimmung. Sie verführen den Gesprächspartner dazu, etwas anderes zu sagen, als er denkt. Damit sind z. B. nachhaltige Veränderungsintentionen des Beraters reine Makulatur, weil die Zustimmung des Gegenübers nur situationsbedingt und nicht von eigenen Überlegungen und Überzeugungen getragen wird.

Weshalb Berater bei ihren Fragestellungen besonders vorsichtig sein sollen, ist durch die Natur ihrer Profession bedingt: Durch das häufig verzerrte Öffentlichkeitsbild der Berater als knallharte Sanierer und das ihnen zugeschriebene vermeintliche oder tatsächliche Abhängigkeitsverhältnis von ihren Auftraggebern werden Aussagen von Befragten oft auch unbewusst auf solche Beraterrollen hin orientiert und sind deshalb nicht immer authentisch. Durch diese Verhaltensweisen lässt sich sicher ein Teil fehlgeschlagener Beratungsmandate erklären.

Aber auch ohne dass der Berater Suggestivfragen stellt, können Gesprächspartner durch ihre **Erwartungshaltungen** im Sinne eines „vorauseilenden Gehorsams" oder von „sozialer Erwünschtheit", aber auch aus Unsicherheit und Ängsten sachlich verfälschte Antworten geben und Missverständnisse auslösen. Marktforscher können ein Lied davon singen, wie konkrete Fragen im Sinne einer vermeintlichen oder tatsächlichen sozialen Erwünschtheit von den Befragten unbewusst manipuliert werden und so Ergebnisse zustande kommen, die in der Realität nicht wiedergefunden werden. Ähnlich kann es Beratern in Betrieben gehen, wenn sie fragend Informationen erheben und dabei, streng nach Effizienzkriterien handelnd, „ökonomisch" vorgehen. Ein zu verkürzt verstandenes ökonomisches Prinzip verbietet z. B. die Forderung der Kommunikation nach Redundanz und kann Berater verleiten oft nur sehr wenig Fragen zu stellen und – fälschlicherweise – annehmen lassen, der Befragte hätte den Berater und seine Intentionen verstanden und entsprechende sowie erschöpfende Antworten gegeben. Aufgrund der so gewonnenen Informationen bilden sie sich dann ein Urteil über den Betrieb und verzweifeln, wenn ihre mit aufwändigen Recherchen verbundenen Lösungswege und -vorschläge von diesem nicht angenommen werden.

Um diese Schwierigkeiten zu vermeiden, ist es wichtig, die verschiedenen Fragetechniken zu kennen und zu trainieren. Die praktikabelsten drei **Fragetechniken** sind die offenen Fragen, reflektierenden Fragen und richtungsweisende Fragen:

- **Offene Fragen** sind solche, die der Gesprächspartner mit einem ganzen Satz und nicht nur mit „ja" oder „nein" beantworten kann. Eingeleitet werden offene Fragen mit Wer? Was? Wann? Wie? Wo? und Warum? Beispiele für offene Fragen sind „Was halten Sie davon?" oder „Wie denken Sie darüber?". Eine richtige offene Frage ist also z. B. „Was ist verkaufen", eine falsche offene Frage „Wissen Sie, was verkaufen ist?" Mit offenen Fragen sollen möglichst unbeeinflusste und uneingeschränkte Aussagen des Gesprächspartners erreicht werden, d. h. ohne Rücksicht darauf, ob diese Antworten von einem Gegenüber, wie z. B. dem Berater, gut oder schlecht aufgenommen werden. Nicht gelenkte Einstiege in ein Thema, Meinungsäußerungen, offene Darlegung von Einwänden, die freie Entwicklung, Interpretation und Begründung von Anregungen und Vorschlägen sind also durch offene Fragen verfolgte Gesprächsziele. Offene Fragen werden besonders bei Gesprächseinleitungen mit Erfolg eingesetzt. Gesprächsinduktionen und davon ausgehende gesprächslenkende kommunikative Wechselwirkungen werden dadurch bewusst vermieden.
- Bei **reflektierenden Fragen** wiederholt der eine Gesprächspartner die geäußerten Gedanken des anderen mit eigenen Worten, wie z. B. „Sie meinen, dass Sie mit Ihren bisherigen Geräten schlechte Erfahrungen gemacht haben?" oder „Wenn ich richtig verstanden habe, sind Sie der Meinung, dass ...", und geben dem Befragten die Möglichkeit nochmals Position zu beziehen und seine Aussagen zu korrigieren und zu ergänzen. Reflektierende Fragen „spiegeln" Verständnis und Übereinstimmung mit dem Befragten wieder und erfüllen damit gleichzeitig eine wichtige Kontrollfunktion. Diese Fragetechnik setzt unbedingt ein aktives und verstehendes Zuhören voraus, das einmal die unmittelbaren Informationen, zum anderen aber auch „Zwischentöne" und non-verbale Signale aufnimmt, weswegen gutes Einfühlungsvermögen und hohe Konzentration erforderlich sind. Die reflektierende Frage enthält daher Spiegelungen vermuteter, aber nicht eindeutig ausformulierter Gedanken und Emotionen des Gesprächspartners, der aus dem Munde seines Gegenübers nochmals seine eigenen Aussagen hört, wodurch für beide Gesprächsteilnehmer ein Konsens über eine Sachverhalt hergestellt und das Gespräch sich auf dieser Basis weiter entwickeln kann.
Die reflektierende Frage ist gut zur Vermeidung von Auseinandersetzungen geeignet. Der Berater antwortet sozusagen mit einer Frage, äußert dabei die Gedanken des Gesprächspartners und braucht sie vorerst weder abzulehnen noch zu akzeptieren. Der Gesprächspartner kann die durch die reflektierende Frage für ihn

deutlich gewordenen Korrektur- und Ergänzungsnotwendigkeiten zu seinen Aussagen elegant und spannungsfrei durch eine oder mehrere Antworten, Erklärungen und Interpretationen bewältigen, d. h. es wird durch die Art und Weise des gegenseitigen Aufeinandereingehens eine faire und gute Gesprächsatmosphäre gefördert.

Durch reflektierende Fragen kann der Gesprächspartner mit leichter Hand dazu gebracht werden, sich immer klarer zu einzelnen Detailproblemen zu äußern, d. h. es können solide sachliche und emotionale Grundlagen für ein Gesprächsergebnis erarbeitet werden.

- **Richtungweisende Fragen** sind solche, bei denen der Berater als Fragender das Gespräch und die Argumentation in eine bestimmte Richtung lenken möchte, um Übereinstimmung zu erzielen. Beispiele solcher Fragen sind: „Sie sagen, Ihnen gefällt unser Lösungsansatz?" oder „Dann stimmen Sie also zu, dass wir so vorgehen?". Sehr häufig wird man zunächst versuchen mit den Techniken der offenen und reflektierenden Fragen die Ansichten und Argumente des Gesprächspartners möglichst gut kennenzulernen und dann die richtungweisenden Fragen einsetzen, um zu einem möglichst von beiden Seiten getragenen Gesprächsergebnis zu gelangen. Richtungweisende Fragen erhöhen die Wahrscheinlichkeit, um zu konkreten Detailinformationen zu gelangen. Ferner bieten sie bei geschickter Gesprächsführung die Möglichkeit, gemeinsame Ansichten über Details in den Vordergrund zu stellen und damit die Chancen für eine endgültige Übereinstimmung im Gesprächsergebnis zu erhöhen. Zudem können richtungweisende Fragen eine gute Hilfe sein, wenn es darum geht, den Anderen zu überzeugen. Das gelingt dann besonders gut, wenn sich der Berater bemüht, vor allem jene Punkte eines Sachverhaltes durch diese Fragetechnik herauszuarbeiten, die dem Gesprächspartner positiv erscheinen, in denen er sich verstanden fühlt und er Vorteile erwarten kann. Das Gesprächsziel wird u. a. durch eine zunehmende Fokussierung auf solche Punkte erreicht.

Der besondere Wert der Fragetechniken für eine rationelle und effiziente Gesprächsführung ist seit langem unbestritten. Fragetechniken verlangen geradezu ein Mitdenken des Gesprächspartners, da durch Fragen von ihm ja Antworten eingefordert werden und er diesen Erwartungsdruck kaum negieren kann.

Bei Sachaussagen ist es ohne weiteres möglich, nicht zuzuhören und sich passiv zu verhalten, da in der Regel keine unmittelbare Gesprächsreaktion bzw. Stellungnahme erforderlich ist. Unzählige Besprechungen und Konferenzen beweisen das zur Genüge und zeigen, wie selbst die Bitte des Gesprächsleiters um eine „offene Aussprache und Diskussion" über die vorgestellten Sachverhalte häufig nur eine Minderheit zu Gesprächsbeiträgen bewegen kann, d.h. viele Zuhörer haben bereits „abgeschaltet" oder wollen sich nicht exponieren.

Werden im Gespräch Sachaussagen als Feststellung geäußert oder gar postuliert, engen sie im Vergleich zu eingesetzten Fragetechniken den Spielraum der Gesprächspartner stärker ein, da Fragen meist weder feststellen noch postulieren. Vielmehr erlauben sie dem Fragesteller in weitestem Maße eine Gesprächsflexibilität, die er durch Feststellungen und Postulate eher verliert. Fragetechniken signalisieren daher dem Gesprächspartner tendenziell auch viel mehr Toleranz und Wertschätzung, als dies bei in Feststellungen gekleideten Sachaussagen, Behauptungen, Vermutungen u.ä. der Fall ist. Nicht gefragt zu werden bzw. mit Postulaten konfrontiert zu werden, wird daher oft als Zumutung und Missachtung empfunden. Die durch die Fragetechniken bewirkte Aufmerksamkeit der Gesprächspartner und Bewahrung der Gesprächsflexibilität fördert die „ungelenkte Exploration", d.h. die kluge, verständige und einfühlsame Anwendung der Fragetechniken durch den Berater wird den Gesprächspartner sehr wahrscheinlich veranlassen, seine Ansichten frei zu äußern und „angepasste Aussagen" zu unterlassen.

Neben der dargestellten Fragetechnik mit offenen, reflektierenden und richtungsweisenden Fragen zur Optimierung der Gespräche wurden auch andere Fragetechniken entwickelt, die teilweise weitaus differenzierter sind und beispielsweise eine wesentlich höhere Zahl an Fragetypen beinhalten. Daraus resultieren jedoch für die beratende Gesprächspraxis nach Ansicht der Autoren beachtliche Schwierigkeiten. Bereits die von uns dargestellte Fragetechnik erfordert trotz ihrer vergleichsweise einfachen Struktur für einen erfolgreichen Einsatz erhebliche Übung, Konzentration und umfangreiche praktische Erfahrung, denn Gesprächssituationen, -verhalten und -dynamik sind fast immer sehr komplex und unterscheiden sich regelmäßig. Bei diffizilen Beratungsgesprächen gilt das natürlich besonders. Die zweckmäßige Anwendung und Variation einer vergleichsweise einfachen Fragetechnik erfordert vom Gesprächsleiter daher bereits ein sehr hohes Maß an beruflicher Professionalität, d.h. schwierigere Verfahren werden trotz ihrer rationalen und psychologischen Schlüssigkeit Gesprächsverantwortliche häufig überfordern.

Der Vollständigkeit halber sei auf einige Fragenarten hingewiesen, die nicht ausschließlich dem Informationsaustausch im Sinne der

15. Einzel- und Gruppengespräche

oben beschriebenen Gespräche in Verbindung mit Fragetechniken dienen:

- **Kontrollfragen** dienen der Sicherstellung, dass die bisherige Argumentation verstanden worden ist und können mit „Ja" oder „Nein" beantwortet werden.
- **Suggestivfragen** sind, wie erwähnt, solche, die bestehende und signalisierte Positionen absichern sollen. Worte, die immer wieder in solchen Fragen vorkommen, sind z. B. doch, sicher, bestimmt, gewiss, sicherlich oder ein simples nicht wahr? am Ende der Feststellung.
- **Alternativfragen** werden immer dann eingesetzt, wenn der Befragte nur zwischen zwei oder mehren Alternativen, die keine Variation mehr zulassen, wählen kann.

Natürlich sind darüber hinausgehend noch viele Frageformen denkbar, z. B. Informationsfragen („Wie heißen Sie?", „Welche Funktion haben sie hier?") – Rhetorische Fragen („Können wir uns das leisten? Ich glaube nicht.") – Kontrollfragen („Haben Sie mit Herrn Maier schon telefoniert?") – Rückstellungsfragen („Darf ich an anderer Stelle noch darauf zurückkommen?").

15.6 Direktive vs. nicht-direktive Gespräche

Welche Art von Gesprächshaltung der Berater wählt, hängt vom Ziel des Gespräches und den Reaktionsmöglichkeiten der Gesprächspartner ab. Je nach Absicht und Ziel bieten sich verschiedene Möglichkeiten an, die sich u. a. durch verschiedene Freiheitsgrade unterscheiden. Je größer der vom Berater seinem Gesprächspartner eingeräumte Freiheitsgrad ist, umso ausgeprägter ist der nicht-direktive Gesprächscharakter.

- So kann z. B. ein Gespräch dem Informations- und Meinungsaustausch dienen, bei dem zu einem festgelegten Themenbereich Fragen gestellt und beantwortet werden. Oder der Berater kann in Informationskonferenzen die Mitarbeiter des Klienten über bereits durchgeführte oder geplante Maßnahmen informieren und diesen Gelegenheit geben, Fragen zu stellen oder Stellungnahmen abzugeben. Charakteristisch für diese Art von Gesprächen ist, dass das Ziel nicht in einer Problemlösung oder Entscheidung besteht, wohl aber zur Vorbereitung auf spätere Lösungen oder Entscheidungen nützlich sein kann.

Als Vorgehensweise hat sich bewährt, dass das Thema genau eingegrenzt wird, dass Verständnisfragen zum Thema eine hohe

Priorität erhalten und zwischendurch Zusammenfassungen durchgeführt werden.
- Eine weitere Möglichkeit des Informations- und Meinungsaustausches ist seine Durchführung in schriftlicher Form, wofür die modernen Kommunikationsmedien prädestiniert sind. Die Vorteile einer solchen Vorgehensweise liegen im meist geringen Vorbereitungsaufwand, in der einfachen Verständniskontrolle, in der Erörterung von Meinungsunterschieden und der Möglichkeit der direkten Meinungsbeeinflussung. Allerdings wäre es ein naiver Irrglaube zu meinen, durch informationstechnologisch unterstützte Kommunikation in erheblichen Maße „persönliche Gespräche" ersetzen zu können.
- Bei Gruppenentscheidungen über vorgegebene Alternativen müssen die Gesprächsteilnehmer eine gemeinsame Entscheidung über diese Alternativen treffen. Diese Gespräche verlaufen in der Regel härter, weil ein gemeinsamer Entschluss gefasst werden muss und die bestehenden Meinungsunterschiede meist deutlich artikuliert werden. Nehmen mehrere Personen an den Gesprächen teil, kann es sinnvoll sein, optische Hilfsmittel einzusetzen (vgl. z. B. *Schnelle-Cölln* 1988), um Struktur in das Gespräch zu bringen.

Diese Gespräche müssen sorgfältig vorbereitet werden und verlangen in der Regel vom Gesprächsleiter oder Moderator eine aktivere Beteiligung. Folgende Vorgehensweise hat sich bewährt:
- Vorbereitung der Problemlösung durch eine kurze Problemdarstellung mit dem Ziel, alle Gesprächsteilnehmer auf das Problem hin zu orientieren. Im nächsten Schritt wird das Problem eingegrenzt und analysiert, wobei möglichst jeder Teilnehmer seine Meinung äußert. Dann werden Informationen gesammelt und geprüft.
- In der Folge sollte eine genaue Beschreibung der Alternativen durchgeführt und diese ggf. visualisiert werden, damit die Gesprächsteilnehmer entscheiden können.
- Klärung der Verantwortlichkeiten und Erstellung eines Zeitplanes, um die Wahrscheinlichkeit einer raschen Umsetzung zu erhöhen.
- Am schwierigsten für Berater sind sogenannte Problemlösungsdiskussionen durchzuführen, bei denen zusätzliche Entscheidungsalternativen erarbeitet oder neue Problemlösungen gefunden werden müssen. Sehr oft gerät dabei der Berater in die Rolle des Entscheiders oder Bewerters, manchmal ohne die fachliche Kompetenz dafür zu haben. Er wird von den Teilnehmern einfach zum Schiedsrichter ernannt. Dieser Gefahr gilt es dadurch zu begeg-

nen, dass ausdrücklich auf die Moderatorenrolle des Beraters hingewiesen wird, aber auch auf die Aufgabenstellungen und Kompetenzen der Gesprächsteilnehmer, deren Verantwortlichkeit nicht auf den Berater verlagert werden sollte. Nicht-direktive Gespräche haben einerseits die Hilfe des Beraters bei einer Problemlösung zum Gegenstand, verlangen aber andererseits, dass die Beratenen ihre Freiheit und Verantwortlichkeit für die Bewältigung von Schwierigkeiten nicht aufgeben sondern engagiert nutzen.

Zum heiklen Bereich einer Gesprächsführung gehört der Übergang zwischen nicht-direktiven und direktiven Gesprächen. Durch **Interventionen** des Beraters im Gespräch wird diese Wendung vollzogen. Dem Berater kann natürlich die Funktion zugeordnet werden, ggf. aus einer nur moderierenden Rolle in die eines Entscheiders zu wechseln oder zumindest Gesprächen einen direktiven Charakter zu geben. Der Schwenk vom nicht-direktiven zum direktiven Gespräch wird immer dann besonders notwendig sein, wenn in den Gesprächen Spannungssituationen auftreten, die eine aktive Gesprächsführung des Beraters erfordern.

In Gesprächssituationen ist zwischen moderierenden und beratenden Interventionen zu unterscheiden. Erstere sind solche, die sich auf die formelle Leitung des Gesprächs beziehen. Dabei sind alle Unterstützungen gemeint, die einen effizienten und zielorientierten Gesprächsablauf sichern sollen, wie z.B. das Wort erteilen, zusammenfassen, protokollieren, Zeitrahmen vorgeben und einhalten. Beratende Interventionen vermitteln Erfahrungen, Einsichten und Kenntnisse des Beraters und orientieren sich am Gesprächsprozess, d.h. sie erfolgen beispielsweise bei Gesprächsstockungen oder Konfrontationen. Der Berater ist als Leiter bei der beratenden Intervention viel rascher und stärker in die Gesprächsgruppe involviert und hat zudem eine ausgeprägte Modellfunktion für die anderen Teilnehmer. Dabei ist die Gefahr groß, dass er seine notwendige Distanz zum Geschehen und zu den beteiligten Personen verliert.

15.7 Kreativitätstechniken

Mit dem Begriff Kreativität wird nicht nur die schöpferische Fähigkeit eines genialen Erfinders bezeichnet, sondern auch die Fähigkeit, für alltägliche Probleme Lösungen zu finden, wenn diese Lösungen für den Betreffenden unter Berücksichtigung seines Vorwissens neuartig sind. Wenn also z.B. jemand im Betrieb die Idee hat, wie man betriebliche Abläufe neu organisieren kann, um damit bestehende

Probleme zu beseitigen und sie nützlich und neuartig ist, kann man das als kreative Leistung werten. Kreativität ist also die Fähigkeit, Gegenstände, Funktionen u. ä. in neue Beziehungen zu bringen, auf originelle Art zu erkennen (Originalität, Neukombination), sie auf ungewöhnliche Art sinnvoll zu gebrauchen (Flexibilität), neue Probleme zu sehen, wo scheinbar keine sind (Sensivität), von gewohnten Denkschemata abzuweichen und nichts als fest zu betrachten (Flüssigkeit) und aus der Norm fallende Ideen zu entwickeln, selbst gegen den Widerstand der Umwelt (Nonkonformismus), nämlich wenn es gilt, etwas Neues zu finden, das eine Bereicherung für das Individuum, die Kultur und die Gesellschaft darstellt. Manche Autoren bringen Kreativität auch in einen engen Zusammenhang mit Selbsterhaltung in Umwelten, für die noch keine etablierten Strukturen und Bewältigungsmechanismen entwickelt sind.

Wichtige Voraussetzungen für kreative Leistungen sind Ideenflüssigkeit und Flexibilität. Um kreative Leistungen zu erzielen, ist es meist am besten, möglichst schnell viele Ideen (Ideenflüssigkeit) und möglichst verschiedenartige Problemlösungen (Flexibilität) zu produzieren. Wie das in die Wege geleitet wird und welche Techniken dafür verwendet werden, hängt vor allem von der benutzten Kommunikationstechnik ab.

Nachdem an anderer Stelle schon über Kreativitätstechniken im Rahmen der Problemlösungsmethoden berichtet wird, hier eine **Checkliste für die Ideensammlung** zur Veränderung eines Produkts:

- **Alternative Verwendungen prüfen:** Wie kann man es anders verwenden? Welchem Gebrauch wird es zugänglich, wenn es modifiziert wird?
- **Parallelen suchen:** Was ist so ähnlich? Was kann man aus verwandten Produkten übernehmen?
- **Modifizieren:** Was für Eigenschaften entstehen durch die Veränderung von Bedeutung, Farbe, Klang, Bewegung, Form, Größe usw.? Was lässt sich noch verändern?
- **Vergrößern:** Was kann man hinzufügen? Mehr Zeit? Größere Häufigkeit? Stärker? Höher? Länger? Verdoppeln? Multiplizieren? usw.
- **Verkleinern:** Was kann man wegnehmen? Kleiner? Kondensierter? Tiefer? Kürzer? Heller? Aufspalten? usw.
- **Ersetzen:** Durch was kann man was ersetzen? Kann man anderes Material verwenden? Kann man den Prozess anders gestalten? Sind andere Kraftquellen denkbar? Was geschieht, wenn der Ort verändert wird? usw.

- **Austauschen:** Kann man Komponenten austauschen? Entsteht Neues durch eine andere Produktionsreihenfolge? usw.
- **Umkehren:** Wie ist es mit dem Gegenteil? Kann man Rollen vertauschen? usw.
- **Kombinieren:** Kann man Einheiten kombinieren? Kann man Absichten, Ideen kombinieren? usw.

Will man als Berater in Betrieben das kreative Potenzial der Mitarbeiter entwickeln, ist es wichtig, für ein gutes Betriebsklima, eine gut entwickelte Personal- und Führungsarbeit sowie entsprechende Arbeitsbedingungen zu sorgen (vgl. *Cummings/Oldham* 1998). Kreative Persönlichkeiten können durch folgende Eigenschaftswörter aus der Creative Personality Scale (CPS) beschrieben werden: intelligent, humorvoll, ungezwungen, scharfblickend, erfinderisch, originell, nachdenklich, selbstbewusst, sexy, snobistisch, unkonventionell. Ob in unseren „stromlinienförmigen" Führungsetagen, die ja auch durch die Berater geprägt werden – sei es durch die Personalsuche oder durch die Ideale, die sie selbst vorgeben – für solche Persönlichkeiten genügend Platz ist, ist eine andere Frage.

15.8 Leitung von themen- und/oder klientenzentrierten Gruppengesprächen

An den Leiter von themen- und/oder klientenzentrierten Gruppengesprächen werden sehr hohe Anforderungen gestellt. Die Leitung von Gruppen ist vergleichbar mit einer Theatervorführung: Im Idealfall ist, noch vor der Premiere, schon einiges geschehen, was die Aufführung nachhaltig prägt. Informationssammlungen durch Interviews und Gespräche mit dem Auftraggeber, Recherchen des Beraters zum Thema, frühere Erfahrungen u. ä. haben einen entscheidenden Einfluss auf Planung und Ablauf des Gruppengesprächs. Historische Variablen, wie die Erfahrungen von Leitung und Gruppe, schlagen sich ebenfalls im Ablauf nieder.

Jede Gruppe hat einen Grund, weswegen sie überhaupt zusammentrifft – die Sachebene. Auf der Sachebene sollen Möglichkeiten, Vorgehensweisen und Methoden z. B. zur Problemlösung entwickelt oder es soll beispielsweise eine zweckmäßige Arbeitsorganisation gefunden werden. Diese Aufgaben sind jedoch erst dann erfüllbar, wenn eine Vertrauensbasis zwischen den Teilnehmern erarbeitet werden konnte, wofür sich Gruppengespräche besonders anbieten. Diese sind deshalb notwendig, weil bei Problemlösungsgesprächen immer Personen involviert sind, die sich betroffen, kritisiert oder bedroht fühlen. Deswegen ist die Beachtung der psychosozialen Ebene so wichtig, weil auf ihr die zwischenmenschlichen Aspekte und Bedingungen der Teilnehmer definiert werden. Das Zusammenspiel zwischen beiden Ebenen haben z.B. *Langmaack/Braune-Krickau* (1998) metaphorisch als Eisberg beschrieben, dessen kleinerer sichtbarer Teil die Sachebene darstellt.

Für die **Leitung von Gruppen** bedeutet das, dass sowohl die Sach- als auch die psychosoziale Ebene in einer dynamischen Balance gehalten werden müssen. Dynamisch deswegen, weil ein stabiler Zustand nur vorübergehend erreicht werden kann.

– Der Leiter bzw. Berater ist „Anwalt" beider Ebenen. Sachkompetenz und Sozialkompetenz müssen für die Erreichung der Ziele entwickelt werden.
– Die Ergebnisevaluierung sollte deswegen beide Ebenen, Arbeitsergebnis und Arbeitsweise, berücksichtigen.
– Idealerweise trägt die Gruppenarbeit zur Erhöhung der Sozialkompetenz der Mitglieder bei, d.h. der Lernprozess sollte sich daher ebenfalls auf beiden Ebenen niederschlagen.

Die **Gruppenbildung** selbst folgt typischen **Entwicklungsphasen,** die alle durchlaufen werden müssen, um die Arbeitsfähigkeit der Gruppe sicherzustellen:

– **Formierungsphase** (Forming): Die Teilnehmer der Gruppe probieren Verhaltensmuster aus und vergleichen das eigene Wissens- und Erfahrungspotential mit dem der anderen. In dieser Phase haben unsichere Mitglieder ein ausgeprägtes Schutzbedürfnis und suchen die Nähe eines fachlich dominanten Gruppenmitglieds.
– **Konfliktphase** (Storming): Hier entstehen Konflikte zwischen Untergruppen und Rebellion gegen den Projektleiter mit Infragestellung seiner Kompetenz und Führungseigenschaften. Gegensätzliche Meinungen und Widerstände treten offen zutage. Diese Phase ist besonders wichtig und sollte unbedingt, auch in paternalistisch geführten Unternehmen, durchlaufen werden.
– **Normierungsphase** (Norming): Es entwickelt sich der Gruppenzusammenhalt, die gruppenspezifischen Regeln und Vorschriften für die Interaktionen sind allen Gruppenmitgliedern bekannt. Die Widerstände sind überwunden und die Konflikte beigelegt. Die Gruppenmitglieder akzeptieren weitgehend die soziale Rangordnung, der Fortbestand der Gruppe ist gesichert.
– **Arbeitsphase** (Performing): Die Energie der Gruppe steht jetzt für die eigentliche Aufgabenerfüllung zur Verfügung. Die interpersonellen Probleme sollten gelöst sein, die Rollen sind flexibel und funktional.

15. Einzel- und Gruppengespräche

Wenn in Gruppen ganzheitlich gearbeitet werden soll, ist es wichtig **Arbeitssituationen** zu schaffen, die die gesamte Persönlichkeit der Teilnehmer ansprechen. Das ist eine der wichtigsten Aufgaben für Berater, die Arbeitsgruppen leiten. *Cohn*(1981) hat dafür die themenzentrierte Interaktionsanalyse (TZI) entwickelt, die sich bei den Mitgliedern von Gruppen an „Kopf, Herz und Hand" orientiert und für Beratungsmandate, bei denen themenzentriert und effizient mit Gruppen gearbeitet werden soll, ein ideales Werkzeug darstellt. In TZI-Gruppen haben drei Faktoren denselben Stellenwert: Die Person (das „Ich"), die Gruppe als Ganzes („Wir") und das Thema als Aufgabe für die Gruppe. In der Praxis der Gruppenarbeit findet TZI ihren Niederschlag

- in der Suche nach einer Balance zwischen Aufgabenorientierung, Interaktionen in der Teilnehmergruppe und dem Beteiligtsein jedes Gruppenmitglieds,
- in einer deutlich wahrnehmbaren Leitung, die sich um die Sicherung eines möglichst angstfreien Gruppenklimas bemüht,
- in der Beachtung und Einbeziehung des Gruppenumfelds und des Umfelds der Mitglieder,
- in einem konsequenten Durchhalten der Orientierung an der Aufgabenstellung und
- in den Postulaten und ergänzenden Spielregeln für die Kommunikation der Gruppenmitglieder.

Ein Sonderfall betrifft die **Leitung von Meetings.** Diese, oft auch nur informellen Treffen, sollten ungeachtet ihrer manchmal recht deutlich signalisierten Oberflächlichkeit und des vermeintlich geringen Stellenwerts dennoch vom Berater sehr sorgfältig vorbereitet und durchgeführt werden. Allerdings ist darauf zu achten, dass keine „Meetingitis" um sich greift und dadurch das einzelne Meeting an Stellenwert verliert und Zeit verschwendet wird. Für die Durchführung von Meetings hat sich das **Konzept** der sechs Schritte bewährt:

- **Gesprächseröffnung:** Der Berater soll die Teilnehmer auf das Thema einstimmen und sofort abklären, ob auch alle dieselbe Vorstellung vom Ziel des Meetings haben.
- **Interessen überprüfen:** Eine präzise Agenda soll mit den Teilnehmern Punkt für Punkt durchgegangen werden. Bei dieser Gelegenheit sind die Interessenschwerpunkte der Teilnehmer zu klären.
- **Eigentliche Arbeitssitzung:** Die Informationen und Argumentationspunkte werden idealerweise modular entwickelt und je nach Ergebnis des vorangegangenen Schrittes umgereiht.
- **Zusammenfassung:** Der Berater soll die wichtigsten Punkte in prägnanter Form nochmals präsentieren.

- **Fragerunde:** Hier werden noch offene Fragen der Teilnehmer geklärt, entscheidend ist die Zufriedenheit des einzelnen.
- **Abschluss:** Ein greifbares Ergebnis, z. B. konkrete nächste Schritte werden vereinbart.

Ein weiterer Sonderfall ist die **Leitung von Gruppengesprächen im Team.** Dabei sind zwei oder mehrere Berater als Gesprächsleiter tätig. Diese Vorgehensweise empfiehlt sich vor allem bei größeren Gruppen oder solchen, in denen z. b. ausgeprägte emotionale Inhalte und Beziehungsaspekte besprochen werden.

Die **Vorteile** dieser Vorgehensweise sind:

- Ein Leitungsteam ermöglicht die Arbeit in geleiteten Untergruppen zur vertieften Auseinandersetzung mit dem Thema.
- Sie erleichtert die Prozessanalyse und die rollende Planung, denn vier Augen sehen mehr als zwei.
- Mehrere Leiter bedeuten auch für die Teilnehmer z. B. ein breiteres Lernangebot.
- Leiten im Team ermöglicht auch das Lernen der Teammitglieder voneinander.
- Das Leitungsteam stellt für die Gruppenteilnehmer ein Modell für die Zusammenarbeit dar.
- Bei Problemen eines Leiters, z. B. Konflikte mit der Gruppe, kann der andere Einspringen und ggf. moderieren.

Nachteile können sein:

- Der Koordinationsaufwand zwischen den Beratern und die Aufwendungen für die Teambildungsprozesse steigen. Das wird vor allem dann der Fall sein, wenn die Leitung inhomogen besetzt ist, also beispielsweise sich der Berater mit einem Mitarbeiter des Klientensystems die Leitung teilt.
- Die unterschiedlichen Persönlichkeiten und Spezialisierungen der Leiter können für die Teilnehmer zu Verwirrungen, methodischem Stückwerk und Nebeneinander führen.
- Durch Polarisierungen im Verhalten der Leiter (Forderungen vs. Streicheleinheiten) und der Reaktionen der Arbeitsgruppe darauf, können gruppendynamische Effekte für den einen oder anderen Leiter zum Problem werden.
- Manche Leiter brauchen einen durchgehenden Kontakt mit der Arbeitsgruppe. Kommt dieser z. B. durch einen Koleiter nicht zustande, werden die Leistungen ggf. nicht erbracht und leidet die Produktivität der Gruppe.
- Durch das Leitungsteam entstehen höhere Kosten. Nicht jeder Klient ist bereit, diese zur Gänze zu tragen.

16. Fragen- und Einwandbehandlung

Beginnend von der Akquisition und den damit verbundenen internen sowie externen Gesprächen wird der Berater immer wieder mit Gesprächspartnern konfrontiert, die ein anderes Handlungsziel als er verfolgen. Dafür benutzt jeder der Beteiligten unterschiedliche Strategien und Taktiken. Die Einwandbehandlung sogenannter „Bedenkenträger" gegenüber geplanten Veränderungen in- und außerhalb des Klientensystems, aber auch innerhalb des eigenen Beratungsunternehmens, nimmt im Beratungsbereich einen Großteil des Zeitaufwandes ein. Die Art und Weise, wie es dem Berater gelingt, mit diesen Widerständen umzugehen, werden ihn erfolgreich oder weniger erfolgreich sein lassen.

16.1 Gesprächsstrategie und -taktik

Für Berater ist es natürlich wichtig, dass die Gespräche, die sie führen, Zielen dienen. Dabei werden Strategien verwendet, die die eigene Position bzw. die des Klienten stärken sollen. Umgekehrt ist nicht auszuschließen, dass viele Klienten den Berater instrumentalisieren und ihn, bewusst oder unbewusst, in die Irre leiten. Deshalb ist es für Berater wichtig, Gesprächsstrategien und -taktiken zu kennen und zu verstehen. In manchen Situationen kann der Berater über die Instrumente bestimmen, sehr oft allerdings werden sie ihm von Klientensystem und dessen Umfeld diktiert.

Für die Wahl einer erfolgreichen **Gesprächsstrategie und -taktik** hat sich folgende **Vorgehensweise** bewährt:

- **Positive Grundeinstellung für das Gespräch aufbauen:** Freude am Klientengespräch – echtes Interesse am Klienten haben – Ehrlichkeit im Umgang mit Klienten zur Maxime erheben – sich in die Situation des Klienten hineinversetzen – echte Leistungspartnerschaft anstreben – auf das äußere Erscheinungsbild achten.
- **Freundliches Gesprächsumfeld sicherstellen:** Ruhige Gesprächszone wählen – vermeiden von externen Störungen (Straßenlärm, Telefon, andere lautstarke Mitarbeiter) – wenn möglich Gespräche in einem Besprechungszimmer führen – auf Raumtemperatur/Zugluft u. ä. achten – Sitzanordnung: übers Eck bzw. runder Tisch – bequeme Sitzgelegenheiten – funktionierende technische EDV-Ausstattung (Terminal) – aktuelle Unterlagen in der Nähe – sauberer und geordneter Schreibtisch.

- **Einstiegsphase/Gesprächseröffnung:** Anrede mit Namen – freundliche Begrüßung – Platz anbieten (beim Klienten: warten, bis Platz angeboten wird) – Bewirtung (Kaffee, Mineralwasser etc.) – „Aufwärmphase" beachten: Kontaktthemen ansprechen – Brücke zum letzten Treffen/Kontakt herstellen – Gemeinsamkeiten ansprechen.
- **Klientenorientierte Sprache:** Verständliche, klare Formulierungen („Sprache des Klienten") – „Berater-Fachchinesisch" vermeiden – kurze Sätze – positive Formulierungen – Klientennutzen herausarbeiten – Sprachstil beachten – aktives Zuhören – Klienten ausreden lassen – Pausen machen – Beispiele bringen – anerkennende Äußerungen.
- **Vermeiden von Belehrungen, Wertungen, Konjunktiven** (könnte, würde, vielleicht etc.), Monologen, gleichzeitig reden und zeigen.
- **Nonverbale Kommunikation:** Blickkontakt zum Klienten halten – offene Körperhaltung, Interesse signalisieren – Distanzzonen einhalten.
- **Gesprächssteuerung:** Zeitrahmen vereinbaren – aktivierendes Zuhören – lenkende Fragen stellen, insbesondere offene Fragen – nachfragen – Wünsche hinterfragen – Demonstrationshilfen gezielt einsetzen – strukturierte Gesprächsführung (systematischer Gesprächsaufbau) – Zusammenfassen (Zwischenergebnisse festhalten) – mit Einverständnis des Klienten Notizen machen – Basis für weitere Zusammenarbeit festlegen – Folgekontakte/Termine vereinbaren.

In Beratungsgesprächen ist das Verfolgen einer Strategie, die die Position des Beraters bzw. des Klienten verbessert, von größter Wichtigkeit. Ob das Gespräche oder Verhandlungen mit Banken, Lieferanten, dem Betriebsrat oder den Führungskräften sind, der Erfolg von Beratungsprojekten hängt nicht ausschließlich von einer kreativen Idee oder einer besten Lösung ab, sondern meist davon, wie gut der Berater seine Lösungen betriebsintern und -extern verkaufen kann. Ein wesentlicher Punkt dabei ist die Fähigkeit des Beraters so gut zu kommunizieren, dass der Empfänger der Botschaften diese nachvollziehen kann, sie versteht und in der Folge auch umsetzt. Für **Gesprächsstrategien in Beratungen** sind folgende Möglichkeiten denkbar, die *Zöchbauer/Hagen* (1974) in ihrem Standardwerk darlegen:

Am wirksamsten und überzeugendsten für Zuhörer ist die Argumentation des Beraters durch logische Gedankenschritte. Dabei wird vom Sprecher ein Standpunkt logisch geordnet und in einzelne Denkschritte zerlegt. Diese werden dann so zusammengefügt und

16. Fragen- und Einwandbehandlung

formuliert, dass der Zuhörer den einzelnen Schritten folgen und diese nachvollziehen kann. Dabei sind die einzelnen Aussagen des Beraters Schritte, die auf eine Zielaussage hinführen sollen. In der Planungsphase muss also überlegt werden, worauf die Aussagen zielen sollen. In der Folge werden die Einzelschritte identifiziert, die zum Ziel führen. Der nächste Schritt besteht in der Bewertung der Empfänger und in der Frage, wo der beste Anknüpfungspunkt ist. Auf diesem wird dann die Argumentationslinie aufgebaut. Bei dieser Strategie liegt das Ziel nicht am Anfang, sondern am Schluss des dargestellten Weges. Die Vorgehensweise entspricht logischen und auch psychologischen Gesetzmäßigkeiten. Anders stellt sich die Situation beim Vortrag dar: Hier beginnt der Berater beim Zuhörer, dann folgen die argumentativen Einzelschritte, die zum Ziel führen.

Aus diesem logischen Aufbau lassen sich folgende **Argumentationsmodelle** entwickeln (5-Satz-Strategie), die regelmäßig in der Praxis der Beratung z. B. bei Präsentationen von Untersuchungsergebnissen oder bei Auseinandersetzungen Anwendung finden können:

– **Argumentationsmodell „Linie":** Die Einzelpunkte der Aussagen stehen in einem linearen Zusammenhang, ein Argument folgt dem anderen. Die Zuhörer erhalten so Schritt für Schritt den richtigen Gedankengang vermittelt und werden zum Ziel geführt. Das Modell eignet sich besonders zur Darstellung linearer, d.h. logisch oder zeitlich unmittelbar zusammenhängender Gedanken:
  (1) Wir gingen von der grundsätzlichen Überlegung aus, dass ...
  (2) Als weiterer Gesichtspunkt wurde genannt ...
  (3) Daraus folgerten wir ...
  (4) Auch noch aus einem anderen Grund erscheint mir das Modell positiv ...
  (5) Deshalb sollten wir nach unserer Meinung diesen Plan verwirklichen ...

– **Argumentationsmodell „Raute":** Das Modell folgt der üblichen Gliederung eines Aufsatzes. Im Mittelteil stehen drei Argumente gleichwertig nebeneinander und geben dem Standpunkt des Beraters das entsprechende Gewicht. Es dient dazu, aus mehreren Einzelaspekten die notwendigen Schlussfolgerungen abzuleiten:
  (1) Es gibt sicher eine Menge unterschiedlicher Gesichtspunkte zu dieser Frage ...
  (2) Als besonders wichtig erscheint uns jedoch ...
  (3) Außerdem darf man nicht übersehen ...
  (4) Schließlich spricht auch noch dafür ...
  (5) Deshalb sind wir dafür, dass ...

- **Argumentationsmodell „Dialektik"**: Dabei werden die gegnerische und die eigene Position einander gegenüber gestellt, wobei die eigene Argumentation durch objektive Tatsachen und eingängige Beispiele gestützt wird. Durch die Technik der Gegenüberstellung kann die eigene Position besonders profiliert und aufgewertet werden. Anwendung wird dieses Argumentationsmodell immer dann finden, wenn widerstreitende Meinungen über unterschiedliche Vorgehensweisen vor Publikum diskutiert werden:
  (1) Der Vorredner nannte eine Reihe von Argumenten ...
  (2) Unter anderem behauptete er ...
  (3) Dagegen muss man jedoch einwenden, dass ...
  (4) Vergleicht man diese Ansichten, dann wird deutlich, dass ...
  (5) Deshalb schlage ich vor, wir beschließen verbindlich ...
- **Argumentationsmodell „vom Allgemeinen zum Besonderen"**: Bei diesem Modell geht der Berater in der Argumentation von einer allgemeinen und landläufigen Meinung aus und führt einen besonderen Gesichtspunkt ein, der zu dieser Meinung im Widerspruch steht. Immer dann, wenn zu einer allgemeinen Meinung noch spezielle Gesichtspunkte beigetragen werden sollen, ist diese Vorgehensweise empfehlenswert:
  (1) In der Regel sieht man die Sache so ...
  (2) Aber unsere Erfahrung hat gezeigt, dass ...
  (3) Denn zum einen ...
  (4) Und zum anderen ...
  (5) Deshalb ist konsequenterweise ...
- **Argumentationsmodell „Vergleich"**: Hier werden zwei oder mehrere gegnerische Meinungen einander gegenübergestellt und darauf aufbauend die eigene Position mitgeteilt. Das funktioniert umso besser, je schlechter die Argumente der Gegenseite entwickelt sind:
  (1) Die Partei X behauptet ...
  (2) Als scheinbare Begründung führen sie an ...
  (3) Die Partei Y vertritt gar die Auffassung ...
  (4) Und begründen wollen sie ihre Einstellung mit dem fadenscheinigen Hinweis ...
  (5) Keiner dieser Standpunkte lässt sich bei näherer Prüfung halten. Deshalb ist die einzig richtige Lösung ...
- **Argumentationsmodell „Kompromiss"**: Sehr oft haben gegensätzliche Meinungen einen gemeinsamen Aspekt, der in der Auseinandersetzung nicht (mehr) beachtet wird. Möchte der Berater das Gemeinsame als Lösung ansehen und unterstützen wollen, sollte er seinen Standpunkt deutlich herausstellen und seine Kompromissvorschläge einbringen:

16. Fragen- und Einwandbehandlung

(1) A behauptete ...
(2) B widersprach mit dem Hinweis ...
(3) Uns scheint, die beiden treffen sich in einem Punkt ...
(4) Hier liegt vielleicht die Lösung, denn ...
(5) Wir sollten in diese Richtung weiter denken ...

In vielen Beratungsgesprächen wird der Berater überraschend mit der Aufforderung konfrontiert, zu irgendeinem Statement Stellung zu nehmen. Umgekehrt überrascht auch der Berater Mitarbeiter des Klientensystems mit seinen Fragen, auf die sie antworten sollten. Für solche Situationen wurden **Leerformeln** entwickelt, wie wir sie z. B. aus dem politischen Alltag allzu gut kennen. Leerformeln, die benötigt werden, um für die Antwort Zeit zu gewinnen, können toleriert werden. Beispiele dafür ist die Wiederholungsmethode: „Wenn ich Sie richtig verstanden habe, dann meinen Sie ...". Diese Leerformel darf aber nicht mit der reflektierenden Frage verwechselt werden, weil sie dann dazu dient, die Verständigungsbasis zu optimieren. Sie darf auch nicht dazu benützt werden, Impulse und Verständnisprobleme des Gegenübers quasi zuzudecken.

Leerformeln setzen auf das Kurzzeitgedächtnis: Wenn jemand einen Einwand oder eine Frage hat, die der Berater aktuell nicht beantworten kann oder möchte, reicht es in vielen Fällen aus, mit einer Leerformel darauf zu reagieren verbunden mit der Hoffnung, dass der Fragesteller seinen Einwand bzw. die Frage im Laufe der Präsentation oder Diskussion wieder vergisst.

Wie Leerformeln wirken und welchen Nachgeschmack sie hinterlassen können, kann am folgenden Beispiel sehr deutlich demonstriert werden: „Wieviel Uhr ist es, bitte?" – „Ja, die Frage nach der Zeit ... das ist ein sehr wichtiges Problem. Wir werden uns ihm vorbehaltlos widmen müssen" – oder: „Diese Sache ist sehr komplex, und wir dürfen uns die Antwort darauf nicht zu leicht machen. Es geht vielmehr darum, alle Seiten dieses Problem unvoreingenommen abzuwägen. Ich möchte als erstes dazu sagen ...". Inhaltlich wird nichts ausgesagt, dennoch vermitteln Leerformeln den Anschein einer Antwort. Für Berater können Leerformeln natürlich ganz bewusst dann eingesetzt werden, wenn sie eine bestimmte Kommunikationsstrategie verfolgen, bei der keine authentische Information des Gegenübers aus verschiedensten Gründen erfolgen kann bzw. der Berater seinem Klienten verpflichtet ist.

Gesprächsstrategien von Beratern können sich auch an **Plausibilitäten** orientieren. Plausibel sind Sachverhalte, die für eine Gruppe von Zuhörern in Vergangenheit und Gegenwart selbstverständlich sind und auch in Zukunft bleiben sollen. Solche Argumentationsziele beinhalten z. B. folgende Phrasen:

- „In unserem Unternehmen ist es üblich, dass …"
- „Dass nicht jeder nach seiner Meinung gefragt wird, ist doch ganz natürlich und selbstverständlich."
- „Der Hausverstand legt doch eine solche Vorgehensweise nahe."
- „Aufgrund meiner jahrelangen Erfahrung mit solchen Situationen …"
- „Die Mehrheit der Unternehmen hat schon lange erkannt, wie wichtig es ist, diesen und keinen anderen Weg zu gehen."
- „Über 90% der Unternehmen, die diese Methode verwenden, sind erfolgreich."
- „Der Trend geht eindeutig in Richtung schlanke Organisation."
- „Die Zeichen der Zeit sprechen eine deutliche Sprache."
- „Sie können gegen meine Ausführungen sagen, was sie wollen. Überzeugen werden Sie mich nicht. *Otto von Bismarck* prägte das Wort: Ein Gedanke, der richtig ist, kann nicht niedergelogen werden."

Diese Argumentationslinien kann der Berater dann einsetzen, wenn er sich nicht mit sachlichen Argumenten abplagen möchte. Zudem schafft er eine Kommunikationsbasis mit den Zuhörern, indem er ihnen versichert, sie würden ohnehin logisch, klar und gesund denken. Dadurch erreicht der Berater einen Rapport im Klientensystem, der es ihm darauf aufbauend ermöglicht, z. B. gewünschte organisationale Veränderungen als etwas Organisationstypisches und Normales darzustellen. Bei Argumentationsstrategien, die durch Mehrheiten und Statistiken unterstützt werden, verfolgt der Berater die Überlegung, dass die Mehrheit der Wahrheit und der richtigen Überzeugung näher kommen muss als ein Einzelner. Die oft strapazierte und beschworene Einzigartigkeit von Organisationen und Menschen bleibt dabei auf der Strecke.

Berater, die solche Instrumente einsetzen, sollten sich aber auch darüber im Klaren sein, dass unter den Zuhörern jemand sitzen könnte, der selbstbewusst ist und auf solche fragwürdigen Argumente nicht hereinfällt, d. h. der diese Tricks kennt und sie auch anwenden kann. Deshalb sollten sie keinesfalls unreflektiert eingesetzt werden.

Eine weitere Argumentationsstrategie kann im bewussten Einsatz von **Prestigeworten** liegen, wie z. B. Fortschritt, Realität, Wissen, Objektivität und Erfolg:

16. Fragen- und Einwandbehandlung

- „20 Jahre lang hat sich die Unternehmensleitung dem Fortschritt verschrieben, mit Blick auf die Realitäten Wissen angehäuft und Erfolge gefeiert. Sie wird auch jetzt das Richtige tun."
- „Jeder fortschrittliche Unternehmer wird erkennen, wie sich die Dinge entwickeln."
- „Wenn wir die Dinge einmal ganz realistisch betrachten, wird die Abteilung xy im nächsten Jahr stillgelegt werden müssen."

Weitere Argumentationsstrategien zielen auf eine **Metaebene**, auf die sich jeder Berater sehr leicht zurückziehen kann. Da eine höhere Ebene immer besser erscheint, wird mit den Formeln „übergeordnete Warte" und „global betrachtet" eine andere Meinung abgewertet, die eigene aber aufgewertet:

- „Sie sagen, dass das Unternehmen international sehr stark auf den Märkten präsent ist. Von einer übergeordneten Warte aus zeigt sich allerdings genau das Gegenteil..."
- „Sie bezeichnen xy als Markteintrittsbarriere. Global betrachtet ist das jedoch nur eine relative Schwierigkeit."

Die nächste Möglichkeit der Argumentationsstrategie ist die Verwendung der **Phrase** „wie Sie alle wissen". Diese Strategie, auch als aufwertende Vereinnahmung des Partners bezeichnet, verwendet das indirekte Lob als Mittel zur Beeinflussung. Kaum jemand wird das Geschenkpaket zurückweisen und widersprechen:

- „Dass die Umsätze rückläufig sind und sich daraus vorübergehend Liquiditätsprobleme ergeben, wissen wir alle."
- „Wie Sie alle wissen, kosten Produktentwicklungen und Markterschließungen Geld. Deswegen wollen wir gemeinsam an einem Strang ziehen und..."

Ziemlich perfide ist die Argumentationsstrategie, die sich an moralischen **Wertkategorien** orientiert, der sich Menschen verpflichtet fühlen. Solche Phrasen können sich am Verantwortungsbewusstsein, an der Gerechtigkeit, an Ehrlichkeit und Redlichkeit, am Vertrauen, am moralischen Recht und an der moralischen Pflicht orientieren, wie z. B.:

- „Wer unseren Vorschlägen nicht zustimmt, wird für die Konsequenzen die Verantwortung zu tragen haben."
- „Es ist eine Frage der Gerechtigkeit, wenn auch bestimmte Mitarbeiter auf Tantiemen verzichten."
- „Es ist eine Sache der Redlichkeit, dass wir alle gemeinsam neue Wege beschreiten."
- „Wer mich näher kennt, weiß, dass er mir vertrauen kann und wird daher einsehen, dass meine Absichten richtig sind."

- „Da ich Ihnen in unserer Zusammenarbeit mein vollstes Vertrauen schenke, erwarte ich auch von Ihnen, dass Sie mich in meinen Bemühungen unterstützen werden."
- „Wir sind eine AG. Als Publikumsgesellschaft ist es geradezu unsere moralische Pflicht, den Wohlstand der Menschen anzuheben. Aus dieser Pflicht leiten wir auch das moralische Recht ab, unserem Konkurrenten xy das anzutun."

Als vorletzte Gesprächsstrategie wollen wir die **scheinlogische Argumentation** vorstellen. Wenn Redner oder Zuhörer nicht imstande sind, das Gegenteil dessen zu beweisen, was z.B. der Berater vorbringt, schließen sie auf das Zutreffen der Annahmen. Die scheinlogische Argumentation wird selten bewusst eingesetzt. Aus falschen Voraussetzungen werden Schlüsse gezogen, die dann ebenso falsch sind. Sie beruht auf Informationsmangel, Verallgemeinerungen, falschen Ansätzen und Ableitungen und Wortformeln, die Logik vortäuschen.

- „Alle erfolgreichen Unternehmen verwenden die Methode xy, um sich zu organisieren. Kernstück dieser neuen Methode ist x, also können wir bei der Implementierung von x in ihrem Unternehmen mit y rechnen und genauso erfolgreich sein."
- „Markenprodukte verkaufen sich gut und erzielen einen hohen Preis. Coca Cola ist eine Marke, BMW eine andere. Wir sind in der Region ebenfalls als Marke bekannt und werden eine ähnlich prosperierende Zukunft haben."
- „Alle Tiere mit Feder können fliegen. Da der Strauß Federn hat, kann er fliegen ..."

Natürlich werden obige Gesprächsstrategien oft kombiniert, wie z.B. in der Feststellung: „Sie können mir vertrauen, deshalb werden Sie auch einsehen, dass ...", wobei Vertrauen nicht notwendigerweise mit Einsicht gekoppelt sein muss.

Die Strategien können vom Berater selbst, aber auch von seinen Verhandlungspartnern oder in Diskussionen mit Führungskräften und Belegschaften angewendet werden. Manche werden unbeabsichtigt, andere voll im Hinblick auf ihre Wirkung eingesetzt. Je besser Berater das Repertoire beherrschen, desto leichter und flexibler können sie es handhaben und zur Erreichung ihrer Ziele einsetzen.

Neben allen geläufigen Formen der Konsensbildung (a.a.O.), in denen der Berater versucht, die eigene Überzeugung zu der des betrieblichen Partners zu machen, hat die **Dialektik** ihren festen Platz. Dialektik ist die Kunst, über gemeinsamen Erkenntnisfortschritt Konsens herzustellen oder Probleme zu lösen (*Lay* 1989). *Sokrates* gilt als Urvater der Feststellung, dass Menschen Gewissheiten mit Wahrheiten verwechseln. Im Austausch über diese Gewissheiten soll idealerweise eine Gewissheit höherer Ordnung für beide Gesprächsteilnehmer erzielt werden, die den Kriterien der Brauchbarkeit oder Nützlichkeit besser entspricht. Man könnte auch sagen, es soll eine übergeordnete Theorie entwickelt werden, die die Realität mit ihren jeweils relevanten Kriterien besser abbildet. *Platon* hat die Arbeiten *Sokrates'* fortgeführt und drei Regeln aufgestellt:

- Erkenne Dich selbst.
- Erreiche eigene und fremde Emotionalität.
- Stelle Dich auf die kommunikativen Bedürfnisse Deines Partners ein.

Dialektik ist eng verknüpft mit der Konfliktbewältigung und bietet für die Konsenssuche verschiedene Lösungsmuster an: Die Konsensbildung und/oder Problemlösung über Bedingungen, die Überprüfung der Bedingungstafeln durch Arborisieren und die Konsensbildung und/oder Problemlösung über Begründungen.

16.2 „Gesprächskiller"

Immer wieder wird man im beratenden Alltag mit so genannten **Gesprächs- und Ideenkillern** konfrontiert. Manche Gesprächspartner setzen diese Mittel bewusst ein, um den Status quo zu erhalten bzw. um Vorschläge zu torpedieren, andere verwenden sie unbewusst, allerdings mit demselben Ziel. Für den Berater kann das Auftauchen solcher Gesprächskiller dann zum Problem werden, wenn er nicht oder nur schlecht über deren Existenz, Sinn und Einsatz informiert ist und wenn er diesen Aussagen überhaupt nichts entgegenhalten kann.

Eine Möglichkeit, den Gesprächs- und Ideenkillern zu begegnen, ist, zu Beginn von Besprechungen und Gesprächsrunden den Einsatz von Killerphrasen per Konvention zu untersagen, d. h. gemeinsam mit den Teilnehmern festzulegen, dass sie unerwünscht sind bzw. welche „niedrigen" Beweggründe ihr Einsatz offenbart.

Eine weitere Anregung, den Urhebern solcher Phrasen zu begegnen, könnte so aussehen, dass man den Betreffenden auffordert, in der Wahl seiner Killerphrasen nur ja ausreichend flexibel zu sein und nicht immer dieselbe anzuwenden. Man könnte sonst ja nicht umhin, an der Bedeutung und am Ernst seiner Aussagen zu zweifeln.

16.3 Gruppendynamische Techniken

Gruppendynamische Techniken können helfen, Widerstände in Form von Einwänden und Killerphrasen zu reduzieren. Dafür können Berater in der Funktion des Gruppenleiters „Spielregeln" für das **Kommunikationsverhalten** festlegen, die helfen sollen, die Kommunikation im und mit dem Klientensystem zumindest formal in vernünftige Bahnen zu lenken. Dazu gehören folgende **Leitsätze**:

... Man darf/kann doch nicht so weit gehen ...
... Es gibt geeignetere Methoden ...
... Dafür sind wir zu groß ...
... Dafür sind wir zu klein ...
... Das ist doch nicht Ihr Ernst ...
... Das entspricht nicht unseren Gepflogenheiten ...
... Das kann einfach nicht funktionieren ...
... Das haben bereits andere versucht ...
... Die Sache bedarf einer eingehenden Untersuchung ...
... Dafür ist die Zeit noch nicht reif ...
... Chancen zur Verwirklichung gleich Null ...
... Aber das kennen wir doch schon ...
... Haben Sie an dieser Idee nicht selbst Zweifel?
... Berühmt werden Sie damit nicht ...
... Das gehört nicht zu unseren Aufgaben ...
... Ja, was denn nicht noch alles? ...
... Gute Idee, aber ...
... Ohne Ihnen nahetreten zu wollen, aber ...
... Finden Sie das wirklich gut? ...
... Schöne Worte haben wir genug geäußert, kommen wir zur Sache ...
... Ich weiß genau, dass so was nicht funktioniert ...
... Vorausgesetzt, wir finden hierzu einen Partner ...
... Wir haben es immer schon so gemacht ...
... Lassen wir das eine Weile auf sich beruhen ...
... Man würde es ablehnen ...
... Wir haben keine Zeit dafür ...
... Sehr interessant, aber ...
... Zündend finde ich diese Idee nicht ...
... Passt nicht zur menschlichen Natur ...
... Reich werden wir mit dieser Idee nicht ...
... Theoretisch in Ordnung, aber praktisch ...

Abb. 48: Gesprächs- und Ideenkiller

- Kein Sprecher darf sich widersprechen.
- Verschiedene Sprecher dürfen den gleichen Ausdruck nicht mit verschiedenen Bedeutungen belegen.
- Jeder Sprecher darf nur das behaupten, was er selbst glaubt.

16. Fragen- und Einwandbehandlung

- Wer eine Aussage oder Norm angreift, die nicht Gegenstand der Beratungen ist, muss hierfür einen Grund angeben.
- Jedes sprach- und handlungsfähige „Subjekt" darf an den Verhandlungen teilnehmen.
- Jeder darf jede Behauptung problematisieren.
- Jeder darf seine Einstellungen, Wünsche und Bedürfnisse äußern.

Natürlich kann nicht immer und in jeder Situation jeder dieser Leitsätze Anwendung finden, sie erleichtern aber die Kommunikation wesentlich. Damit der Berater in die Lage versetzt wird, diese Forderungen zu stellen, muss er sich zuerst als Führer des Klientensystems bzw. der Kontakt- oder Arbeitsgruppe etablieren. Das gelingt ihm nur dann, wenn er in der Gruppe eine Alpha- oder Beta-Position einnehmen (vgl. *Neuberger* 1994) und sie auf Grund seiner Beratereigenschaften, Kenntnisse und Fähigkeiten rechtfertigen kann:

- Alpha-Position (Führer, Sprecher, Repräsentant)
- Beta-Position (Schiedsrichter, Experte, Kritiker)
- Gamma-Position („normales" Mitglied, Mitläufer, Normenhüter, Helfer etc.)
- Omega-Position (Außenseiter, Sündenbock, Prügelknabe).

Analog dem Führungsverhalten sollte der Berater, wenn es um die Fragen- und Einwandbehandlung geht, gruppendynamische Techniken verstehen und beherrschen, da er sich als Einzelner, seltener auch als Mitglied eines Beraterteams, meist einer Gruppe von Mitgliedern des Klientensystems gegenübersieht, die ihrerseits ganz besondere Dinge von ihm erwartet, ohne sich selbst zu sehr der Gefahr auszusetzen, durch eine Veränderung Dinge und Positionen neu zu überdenken bzw. in Frage zu stellen.

Nachdem in einem teambildenden Prozess die Grenzen zwischen „Ich" und „Sie" überwunden sind und an deren Stelle das „Wir" getreten ist, innerhalb der Gruppe die Positionen bezogen wurden und deren Arbeitsfähigkeit gesichert ist, kann der Berater sich mit den Attributen eines Führenden auseinandersetzen und entsprechend seiner personalen Machtposition Fragen und Einwände behandeln. Allerdings darf diese enge Liaison mit dem Klientensystem nur von kurzer Dauer sein, damit der Berater seiner Verpflichtung des objektiv Außenstehenden auch weiterhin nachkommen kann.

Außerdem sollte die Diskussion darüber intensiviert werden, ob wenig oder gar nicht ausgebildete Berater gruppendynamische Techniken ihren Klienten überhaupt zumuten dürfen bzw. einfach auch die Klärung der Frage, ob und wie weit z.B. das Direktionsrecht des Arbeitgebers es rechtfertigt, ohne kompetenten Beistand tief in persönliche Strukturen der Mitarbeiter einzudringen. Jeder Berater, vor allem der betriebswirtschaftlich und juristisch ausgebildete, tut gut daran, beim Einsatz gruppendynamischer Techniken Experten beizuziehen.

16.4 Metakommunikation

Metakommunikation bezeichnet die ausdrückliche Kommunikation über Kommunikation und ergänzend dazu, die Festlegung der Regeln, wie Kommunikation zu erfolgen hat. Mit der Kommunikation über die Kommunikation werden Möglichkeiten geschaffen, die es dem Berater erlauben, reflektierend Gesprächsverläufe zu überdenken und z. B. Missverständnisse aufzuklären. Sie ist eine der letzten Möglichkeiten für den Berater, Beratungsmandate, die auf Grund persönlicher Differenzen aus dem Ruder laufen zu beginnen, wieder ins Lot zu bringen.

Wie ausgeprägt die Metakommunikation im Klientensystem oder im Beratungsunternehmen ist und welche Inhalte damit gemeint sind, können folgende überwiegend positive Feststellungen vermitteln:

- Ich habe immer Gelegenheit, meine eigene Meinung vorzubringen.
- Ich fühle mich frei und ungehemmt, meine eigene Meinung zu sagen.
- Wenn einer spricht, hören die anderen aufmerksam zu.
- Es kommt selten vor, dass einer, der spricht, unterbrochen wird.
- Es ist mir bei jedem Gespräch klar, worum es geht und was das Ziel ist.
- Jeder hat alle für das Gespräch wichtigen Informationen vorher erhalten.
- Bei Besprechungen werden Beiträge zuerst positiv gewürdigt, bevor sie kritisiert werden.
- Die Gesprächsteilnehmer sind alle gleichermaßen engagiert.
- Ich finde Gespräche immer nützlich, es gibt kaum irrelevante Beiträge.
- Unsere Besprechungen machen mir immer Spaß.
- Bei unseren Besprechungen kommt immer etwas Konstruktives heraus.
- Unsere Gespräche verlaufen immer geradlinig.
- Inhaltliche Meinungsverschiedenheiten werden offen ausgetragen.
- Persönliche Meinungsverschiedenheiten werden offen zur Sprache gebracht.
- Ich fühle mich von den anderen Gesprächsteilnehmern immer akzeptiert und verstanden.

- Jeder weiß vom anderen relativ genau, was der von ihm hält.
- Es kommt oft vor, dass einer dem anderen spontane Rückmeldung gibt.
- Wir unterhalten uns oft darüber, wie das Gespräch gelaufen ist und warum es so gelaufen ist.
- Interessen werden direkt geäußert; niemand versteckt sich hinter Fragen oder Allgemeinaussagen („man", „alle", „wir").
- Die Atmosphäre ist informell.
- Es wird allein aufgabenorientiert und sachbezogen diskutiert; es kommt keine persönliche Atmosphäre auf.
- Die Neigung zu Monologen ist verbreitet.
- Es gibt die Tendenz, sich ewig bei Verfahrensfragen aufzuhalten.
- Es gibt eine hohe Bereitschaft zu Kompromissen: niemand hält stur an seiner Position fest.

17. Argumentation und Rhetorik

Zur Argumentation für Berater gehören die Gesprächsstrategien und -taktiken genauso, wie die Notwendigkeit, sich in Gesprächen oder Diskussionen durchzusetzen. Idealerweise sollte das durch die besseren Argumente des Beraters möglich sein. Fehlen ihm jedoch wirksame Gegenargumente oder wählt das Gegenüber unfaire Methoden, dann sind andere Mittel notwendig.

Typologie unfairer Methoden:
- **Die Übertreibung:** Dabei werden Sachverhalte überspitzt dargestellt, übertrieben und unrealistisch ausgeweitet. Der ursprüngliche Gedanke erscheint dann selbst als absurd und unsinnig. Eine bekannte Kurzform dieser Methode ist die Phrase: „Wo kämen wir denn hin, wenn alle ..." Bei unsinnigen Forderungen von Betriebsangehörigen nach Arbeitszeitverkürzung in Sanierungssituationen wäre z. B. folgende Antwort möglich: „Sie setzen sich dafür ein, die Arbeitszeit zu verkürzen, und meinen: Wenn weniger gearbeitet wird, wird mehr geleistet. Daraus kann man folgern: Am meisten wird geleistet, wenn man überhaupt nicht mehr arbeitet."
- **Der Abwertungstrick:** Er ist eine Möglichkeit, vor allem in Streitgesprächen oder unangenehmen Auseinandersetzungen, mit Bagatellisierung den Gegner abzuwerten. Attribute, die dafür verwendet werden, sind z. B. realitätsfremd, vage, sekundär, utopisch, theoretisch. Die Überlegungen werden als „Wunschdenken" oder

„rein theoretische Überlegungen" abgetan. Eine andere Möglichkeit, den Gegner abzuwerten, ist der Versuch, ihn lächerlich zu machen.

- **Das Persönlichwerden:** Dabei werden nicht Argumente diskutiert, sondern der missliebige Gesprächspartner wird direkt angegriffen: „Ich kann verstehen, dass Sie so argumentieren – auf Grund Ihrer Position können Sie gar nicht anders." – „Sie glauben doch selbst nicht, was Sie sagen!"
- **Der Isoliertrick:** Bei dieser fiesen Manipulation werden die Argumente des Gegners aus dem Zusammenhang gerissen, vom Kontext isoliert und entweder gegen ihn verwendet oder für die Festigung der eigenen Position eingesetzt.
- **Umdeutung und Entstellung:** Mit mehrdeutigen Worten kann man die verschiedensten Inhalte verbinden. Wenn man auf eine Aussage in ihrer ersten, vom Gesprächspartner intendierten Bedeutung nicht zu antworten vermag, dann wählt man die zweite Bedeutung als Auseinandersetzungsgrundlage. Der Berater äußert sich z. B. bei einer Besetzungsfrage kritisch über einen Bewerber aus dem Produktionsbereich, dass er nicht die entsprechenden Vorkenntnisse mitbringe. Der Betriebsrat greift das auf und erklärt: „So ist das! Der Herr Berater erklärt mit anderen Worten, dass Arbeiter keine Vorkenntnisse haben. Das verbitten wir uns ganz entschieden!" Durch die Phrase „mit anderen Worten" werden Aussagen pointierter, angriffsfähiger und widerlegbarer.
- **Verschiebung des Streitpunktes:** Bei dieser Technik wird z. B. eine Notwendigkeit angesprochen und bekämpft mit den Argumenten der Möglichkeit. Andere Situationen sind denkbar, bei denen in einer Diskussion über das Unternehmensziel z. B. die Ebene der Methoden plötzlich im Mittelpunkt steht oder in Diskussionen, in denen Übereinkommen darüber erzielt wird, dass ein Plan durchführbar erscheint, plötzlich darüber diskutiert wird, ob der Plan erwünscht ist. Eine weitere Variante kann darin liegen, einen nebensächlichen Punkt aufzugreifen und ihm mit beredten Worten das Gewicht der Hauptsache zu geben. Ebenso ist es möglich, dass die Argumente des Beraters von einem Beteiligten so zusammengefasst werden, dass ein nur lose zusammenhängendes Wahngebilde entsteht, über das derjenige lautstark herzieht.
- **Der Verwirrungstrick:** Diese Strategie verwenden Verkäufer oft, indem sie sehr detailliert Einzelaspekte schildern – und beim Zuhörer Frustration und Hilflosigkeit entstehen lassen. Diese Konfusion macht den Zuhörer empfänglich für einfache und eindeutige Lösungen, wodurch der Verkäufer sich als „Erlöser" darstellen und seine Lösung erfolgreich verkaufen kann.

17. Argumentation und Rhetorik

- **Das Vortäuschen von Tatsachen:** Mit dieser Technik werden subjektive Eindrücke und Überzeugungen als objektive Tatsachen hingestellt. Deshalb ist die Unterscheidung zwischen Meinung und Tatsache wichtig. Meinungen brauchen nur subjektiv begründet werden, Tatsachen müssen objektiv beweisbar sein. Da Tatsachen in der Regel ein größeres Gewicht beigemessen wird, versuchen fast alle, Meinungen zu Tatsachen werden zu lassen.
- **Der Sprung vom Sach- zum Werturteil:** Sachurteile werden dann zu Werturteilen, wenn man sie mit weltanschaulichen, politischen, geistesgeschichtlichen, pädagogischen oder moralischen Aspekten versieht. Zusammenhänge mit Demokratie, Freiheit, Friede, Recht und Ordnung, Heimat, Disziplin, dem eigenen Unternehmen, Verantwortung u. ä. lassen sich immer leicht herstellen. Die Sprache wird oft pathetisch und gefühlsbetont.
- **Ablenkungstechniken:** Bei der Präsentation von Veränderungsvorschlägen kann sehr oft von den Bedenkträgern eingewendet werden: „So wie Sie es versuchen, kann man an das Problem nicht herangehen. Die Frage ist ganz anders zu stellen", oder „Bevor wir in die Sachdiskussion eintreten, ist es notwendig, zuerst die Verfahrensfrage zu klären". Generell werden Ablenkungen sehr schnell sichtbar, entweder durch die Beanstandung von formalen Abläufen, dem Ausweichen ins Allgemeine, dem Ausweichen ins Konkrete und dem Ausweichen ins Verfahren.

Damit die obigen Gesprächstricks und -techniken den Berater nicht „auf dem linken Bein" erwischen, ist es für jeden Berater wichtig, seine **Diskussionspraxis, Sprech- und Argumentationstechnik sowie seine rhetorischen Fähigkeiten zu trainieren.** Nur dann kann er die Souveränität erlangen, die ihm hilft, mit solchen Situationen gut umzugehen (vgl. *Zöchbauer/Hagen* 1974). Das ist vor allem deswegen wichtig, weil die „Spielchen" in vielen Organisationen schon sehr weit entwickelt sind und der Berater, wenn er darauf hereinfällt, seinen eigenen Überzeugungen und den Intentionen seiner Auftraggeber nicht gerecht werden kann.

- Der Berater soll seine persönliche Sprech- und Denktechnik trainieren.
- Er soll sich selbst bei Vorträgen und Diskussionen (Zwischen-)Ziele setzen.
- Er soll den Kontakt mit dem Hörer suchen.
- Er soll nicht Angelesenes wiedergeben, sondern seine Hörer überzeugen.
- Er soll seine Rede- und Diskussionskompetenz den Rahmenbedingungen anpassen.

- Er soll vor und während seiner Redebeiträge Warnsignale aus dem Hörerkreis beachten.
- Lampenfieber vor und während eines Vortrags bzw. einer Diskussion ist (in Maßen) gut, eine wirksame Stressbewältigungsstrategie ist aber weitaus besser.
- Er soll seine Rhetorik bzw. Sprache den Prinzipien der Bescheidenheit und Mäßigung unterwerfen.
- Die erfolgreichsten Sprecher halten sich an die Regel: verständlich, einfach, kurz und gegliedert.
- „Pleiten" treten meistens dann ein, wenn Berater völlig frei reden und argumentieren. Eine einfache Stichwortliste kann seiner Argumentations- und Diskussionspraxis Struktur geben.
- Nur durch Übung und Training entsteht eine gewisse Souveränität.

Vor allem Neueinsteiger denken, dass Argumentationen, Reden, Vorträge, Diskussionsgestaltungen u. ä. in Betrieben ähnlich funktionieren wie akademische Diskussionen. Jeder lässt den anderen ausreden, nur Sachargumente zählen, rhetorische Drehs und Kniffe sind tabu, Metaebenen sind nicht erlaubt. Die Wirklichkeit, vor allem in der Beratung, bei der nicht alle per se an einem Strang ziehen, sieht doch etwas anders aus. Im Sinne einer paradoxen Intention nach *Frankl* sollen hier nochmals, quasi als **Fahrplan für den programmierten Misserfolg**, die Irrtümer und Fehleinschätzungen aufgezählt werden, die jeden unvorbereiteten Berater in eine Falle tappen lassen, an deren Boden der Ruf ruiniert bzw. das Honorar nur noch als Aufwandsentschädigung verstanden wird:

- Argumentieren Sie immer logisch. Die Vernunft siegt letztlich doch.
- Argumentieren Sie konsequent planlos. Das verwirrt den Gegner.
- Ihr Argumentationsziel müssen Sie immer im Auge haben. Wägen Sie auf keinen Fall ab, das treibt Sie nur in die Arme Ihrer Gegner.
- Verkneifen Sie sich jede Frage. Wer fragt, wie man ja weiß, ist dumm.
- Wenn jemand zu einer wichtigen Besprechung oder Diskussion zu spät kommt oder gar bei der Diskussion gähnt, denken Sie sich nichts dabei.
- Zwischenrufe und Einwände gefährden Ihren Argumentationserfolg. Verbitten Sie sich so etwas.
- Argumentationsschlachten sind wie Boxkämpfe. Ziel ist es in jedem Falle, den Gegner k.o. zu schlagen.
- Gehen Sie auf unfaire Argumente mit betont sachlichen Gründen ein.

17. Argumentation und Rhetorik

- Gegenüber festen Meinungen und tiefverwurzelten Einstellungen ist kein argumentatives Kraut gewachsen.
- Stochern Sie bewusst auch in Tabubereichen Ihres Gegners herum. Er wird verlegen, ist peinlich berührt, steht argumentativ zum Abschuss bereit.
- Strategien und Taktiken sind etwas für Schachspieler. Für die knallharte berufliche Praxis heißt die argumentative Devise: Augen zu und drauf!
- Benutzen Sie einmal erfolgreiche Argumentationen immer wieder.
- Mit Techniken effektiver Argumentation und Verhandlungsführung sollten Sie sich nicht befassen. Vertrauen Sie auf Ihr Fachwissen und Hochschuldiplom.

Diese Fülle an möglichen Vorbereitungen, Methoden und Reaktionen soll Berater nicht verzagen lassen, sie sollen sich aber auch nicht an dem Leitspruch orientieren, dass „wenn der Hammer das einzige Werkzeug ist, alle Probleme wie Nägel aussehen". Ähnliches gilt für Rhetorik und Argumentation: Wer nur eine Methode beherrscht, wird mit der Vielzahl der Anforderungen an einen Berater nur unzureichend fertig bzw. sieht die Chancen nicht, die sich durch ein erweitertes Methodenrepertoire ergeben können.

17.1 Ziele

Die Rede wird gemeinhin als Monolog verstanden. Die Ziele von Argumentation und Rhetorik sollen jedoch darin liegen, dass mit dem Zuhörer ein **Dialog** angestrebt wird. Natürlich wird das bei Massenveranstaltungen einigermaßen schwierig zu verwirklichen sein, doch bei realistischer Betrachtung werden im Berateralltag ohnehin eher Kurzbeiträge vor kleinerem Publikum dominieren.

Wer z. B. bei **Rhetorik** nur an Sprech- oder Sprachschulungen denkt, nach dem Motto: „Allein der Vortrag macht des Redners Glück", wird überrascht feststellen, dass, mit Ausnahme schwerer Sprachfehler, diese nur bedingt notwendig sein werden. Im Gegenteil: Dialektale Einschlüsse in der Sprache des Beraters machen ihn eher authentischer für die Zuhörer, sie mindern ggf. sogar die soziale Distanz. In diesem Sinne mag gelten: „Es trägt Verstand und rechter Sinn mit wenig Kunst sich selber vor" (*Goethe*, Faust, 1. Teil).

Für den Berater ist es sehr wichtig, dass er die Zuhörer in seine Überlegungen miteinbezieht und mit ihnen gemeinsam z.B. nachhaltig akzeptierte Lösungswege entwickelt, weil nach seinem Abschied vom Klientsystem dieses sich allein organisieren muss und er nur noch gelegentlich zum Follow-up erscheinen wird. Die Kommunikation in beide Richtungen ist auch deswegen so wichtig, weil er – neben der Sachebene – auf der Beziehungsebene die Angesprochenen erreichen muss, damit sie authentisch und unbeeinflusst seinen Überlegungen folgen können. Dazu benötigt der Berater, mündlich wie schriftlich, eine praktikable Alltagsrhetorik, die funktional und wirksam ist.

Kritik an der **Beratersprache** wird nicht zu unrecht sehr oft geäußert, manchmal leise, manchmal sehr laut, z. B. bei *Staute* (1996). Umso wichtiger ist es für den einzelnen Berater, eine Sprache zu entwickeln, die genau diesen Irrungen nicht unterworfen ist – so mühsam das manchmal ist. Umgekehrt soll der Berater ja komplexe Inhalte sehr kompakt mitteilen können. Das geschieht aus der Sicht vieler Berater über die Verwendung von Anglizismen: Englisch als die Muttersprache aller Consultants. Aber, ist dem wirklich so? Können z. B. die Mitarbeiter und Führungskräfte von klein- und mittelständischen Unternehmen mit diesen hybriden Begriffen etwas anfangen. Können es die der großen Unternehmen? Hat der Berater nicht weniger Erklärungsaufwand, wenn er sich klar und eindeutig äußert und sicher sein kann, dass ihn das Gegenüber auch ohne die jeweils neueste Ausgabe eines Wirtschaftswörterbuches versteht?

Der Unsinn einer „verquasten" Beratersprache (*Staute* 1996) wird besonders deutlich, wenn man sich vorstellt, welche babylonischen Sprachverwirrungen allein aus der Tatsache resultieren können, dass eine dünkelhaft überzogene Beratersprache auf eine Sprachkultur trifft, die als Teil einer Unternehmenskultur und Unternehmensidentität über eigene Sprachregulative verfügt. Die Fehl- und Missinterpretationen sind unausweichlich und der Beratungsprozess ist mit einer schweren Hypothek belastet. Dieses Corporate Behavior wird von vielen Beratern nicht mit dem nötigen Stellenwert versehen (vgl. z. B. *Lay* 1989), weshalb die Forming-Prozesse unnötig in die Länge gezogen werden und Beratungsmandate von Beginn an unter einem schlechten Stern stehen können.

17.2 Mündliche Formen

Argumentation und Rhetorik haben ihre Wurzeln im gesprochenen Wort. Berater begleiten sie das ganze Berufsleben lang. Ob in Diskussionen mit Auftraggebern und deren Mitarbeitern oder im eigenen Unternehmen müssen Handlungs- und Argumentationspläne die Vorgehensweisen von Beratern festlegen. Das Ziel besteht darin, Überzeugungen und Einsichten über das gesprochene Wort zu vermitteln, wofür alle bisher dargestellten Fertigkeiten notwendig sind

17. Argumentation und Rhetorik

(Zuhören, Fragen- und Einwandbehandlung). Anwendungsgelegenheiten dazu sind genügend vorhanden, so z.B. beim Erstkontakt, bei der Datenerhebung, bei Gesprächen mit den Mitarbeitern im Rahmen von Versammlungen, in Projektgruppen und Workshops. In vielen Fällen werden auch anstelle eines schriftlichen Beratungsberichtes oder diesen ergänzend mündliche Informationen von den Auftraggebern gewünscht. Das ist vor allem dann der Fall, wenn z.B. Beratungsergebnisse präsentiert werden, es in der Personalberatung um die Vorstellung von geeigneten Kandidaten geht oder bei manchen Kurzberatungen, in deren Verlauf der Auftraggeber nur kurz informiert werden möchte. Der Berater wird von sich aus auch dann die mündliche Form wählen, wenn die schriftliche Aufarbeitung seiner Erhebungen zu lange dauern würde oder unmittelbar Gefahr im Verzug ist, wie z.B. bei akuten und schweren Sanierungsproblemen.

Je nach den rhetorischen Möglichkeiten des Beraters wird er diese Form der Kommunikation in den unterschiedlichsten Foren einsetzen. Ein Trend ist nicht zu übersehen: Durch die zunehmende Digitalisierung wird die klassische Rhetorik nicht mehr so stark im Vordergrund beraterischen Handelns stehen und teilweise durch schriftliche Formen ersetzt.

Trotzdem ist es für den Berater sinnvoll, sich mit rhetorischen Techniken vertraut zu machen und sich darin zu üben. Der ungeübte Sprecher wird nämlich zu einer Belastung für seine Zuhörer, weil er deren Auffassungskapazitäten überschätzt, versucht, alles was er weiß und was ihm einfällt, in einem Satz unterzubringen und völlig unstrukturiert seine Gedanken formuliert. Der **Redeschwall** lässt sich jedoch **strukturieren:**

Zuerst braucht der Redner einen **Aufhänger** (z.B. Anknüpfung an das Vorgespräch, ein aktuelles Ereignis, Zitat), dann sollte der **Informationskern** folgen (z.B. These, Belege, eventuell die Vorwegnahme von Einwänden) und abschließend die **Schlussfolgerung.** Bei der Planung und beim Aufbau der Rede ist es zweckmäßig, am Ende obiger Aufzählung zu beginnen: Zweck der Aussage, Begründung und These, Aufhänger. Dadurch werden unbegründete Vorstellungen und Ideen, die noch nicht bis zu einer Aussage gediehen sind, und die einen Großteil des gelegentlichen Gestammels ausmachen, vermieden.

Der Aufbau des Informationskerns orientiert sich am besten an den Zuhörern: Soll diesen das aktive Zuhören möglichst leicht gemacht werden, stellt man die These an den Anfang und reicht die Belege nach. Bei ungeduldigen und skeptischen Zuhörern beginnt man mit

Details, liefert dann die Begründungen und abschließend das Resümee. Für den ungeübten Sprecher empfehlen sich ausschließlich Hauptsätze ohne Arabesken. Dialektfärbungen irritieren Zuhörer weniger als verkrampftes Standarddeutsch. Grundsätzlich sollte langsam und mit Pausen gesprochen werden. Die Mimik sollte dem Gesprächsinhalt und der Persönlichkeit entsprechen, wenn Handbewegungen Spannungen abbauen helfen, sind auch sie erlaubt. Schon *Cicero* verlangte von Rednern, dass sie ihre Zuhörer informieren, bewegen und unterhalten – an diesen Grundpfeilern sollten sich auch Reden von Beratern orientieren.

17.3 Schriftliche Formen: Grundlagen, Aufbau und Darstellungsmöglichkeiten

Für den Berater sind die schriftlichen Formen vor allem am Beginn und am Ende seiner Tätigkeit für einen Auftraggeber wichtig. Zu Beginn wird er mit Hilfe schriftlicher Unterlagen versuchen, den Auftrag zu erhalten, am Ende seiner Tätigkeit wird er die Ergebnisse in Form eines Beratungsberichtes dem Klienten zur Verfügung stellen. Dazwischen können schriftliche Zwischen-, Fortschrittsberichte, Protokolle und Ausarbeitungen, auch für Dritte, liegen.

Der Beratungsbericht wird am Ende einer Beratung dem Klienten vorgelegt. Unter dieser Bezeichnung sollte er allerdings nur firmieren, wenn kein Anschlussauftrag vorliegt. Bei der Erstellung muss der Berater berücksichtigen, wer die Adressaten seines Berichts sind, z.B. ob sie mehr Wert auf visualisierte Datendarstellungen legen oder sehr detaillierte Zahlen wünschen. Der Beratungsbericht besteht üblicherweise aus folgenden Elementen, wobei Unterschiede und individuelle Variationen selbstverständlich sind:

- Deckblatt mit Firmenlogo des Beraters, Name und Anschrift des Klienten, Titel des Projekts, die konkrete Bezeichnung des Berichts (Zwischen- oder Endbericht), Verfasser und Datum.
- Inhaltsverzeichnis bei umfangreicheren Berichten.
- Einleitung mit Angaben über die Auftragserteilung, Sinn und Zweck der Untersuchung, Überblick über die Vorgehensweise, manchmal auch die kurzgefasste Vorwegnahme der Ergebnisse.
- Hauptteil mit Angaben zur angewendeten Methode, der konkreten Vorgehensweise und der detaillierten Ergebnisse. Bei umfangreichen Untersuchungen können die Ergebnisse auch in einem separaten Band oder Berichtsteil angeführt werden, im Hauptteil finden sich dann die darauf beruhenden Kernaussagen.

17. Argumentation und Rhetorik 351

– Interpretationsteil, in dem die Ergebnisse kommentiert und vorschlags- sowie umsetzungsorientierte Veränderungen angeführt werden.
– Anhang und Anlagen, z.B. Diagramme und Grafiken, das Angebot des Beraters, die Auftragserteilung, Fragebogen, allgemeine Unterlagen.

Basis des Endberichtes ist üblicherweise die **Projektdokumentation,** die vor allem bei umfangreicheren Beratungsmandaten vom Berater sehr sorgfältig geführt werden sollte. Zum einen, weil sich aus diesen Unterlagen relativ leicht ein guter Schluss- oder Endbericht erstellen lässt und zum zweiten, weil dadurch die Vorgehensweise des Beraters gut festgehalten und im Bedarfsfall (z.B. bei Krankheit oder bei strittigen Honorarfragen) auch Dritte die Fortschritte und Ergebnisse der Beratungstätigkeit nachvollziehen können. Außerdem können durch Projektdokumentationen gut Erfahrungen des Beratungsunternehmens mit gleichen oder ähnlichen Fällen genutzt werden, weil dadurch der Zeitaufwand der Berichterstellung wesentlich reduziert und die Produktivität des Beratungsunternehmens erhöht werden kann.

Der Vorteil gegenüber mündlichen Formen liegt auf der Hand: Durch die Schriftlichkeit hat der Berater in der Regel mehr Zeit für sorgfältige und durchdachte Formulierungen, er kann konkret Kriterien für die Evaluierung seiner Beratungsleistung festschreiben bzw. nachweisen und hat zudem Unterlagen für kommende Beratungsmandate, die eventuell seinen zukünftigen Aufwand reduzieren. Der Empfänger seiner Ausarbeitungen hat den Vorteil, dass er die Anmerkungen, Anregungen und Vorschläge des Beraters in Ruhe überdenken kann, ggf. Adaptierungen vornimmt und auch noch nach längerer Zeit über Unterlagen verfügt, die ihm helfen können, aktuelle Problemstellungen zu bewältigen.

Die Nachteile für den Berater liegen in der relativ zeitaufwändigen Erstellung von schriftlichen Unterlagen und in der Tatsache, dass sie auch für sich allein aussagekräftig sein müssen, d.h. der Berater muss den Bericht so abfassen, dass ein Dritter ohne ergänzende mündliche Interpretation bestmöglich den Gedankengang des Beraters, die angewendeten Methoden, seine Analysen, die Schlussfolgerungen und Anregungen plausibel nachvollziehen und bewerten kann. Für den Empfänger haben Beratungsberichte häufig den Nachteil, dass sie schon mehrfach gefiltert sind und z.B. atmosphärische Eindrücke nicht unmittelbar wiedergegeben werden. Außerdem fallen alle interaktiven Momente weg, durch die z.B. aufbauend auf einem vorliegenden Beratungsbericht weitergehende

Problemlösungsmethoden entwickelt werden können oder durch die aktuelle Veränderungen im Klientensystem mitberücksichtigt werden. Ein weiterer Nachteil können fehlende oder mangelnde schriftliche Artikulationsmöglichkeiten des Beraters haben, der sich z. B. nur begrenzt der Sprache oder Denkweisen unterschiedlicher Berichtsempfänger anpassen kann.

Insgesamt muss festgehalten werden, dass der schriftlichen Argumentation von Beratern ein wesentlicher Stellenwert zukommt und diese deswegen sehr sorgfältig durchgeführt werden sollte. Vor allem ist zu vermeiden, dass CI-verletzende oder das Beratungsunternehmen zu stark exponierende Papiere das Beratungsunternehmen verlassen, weil dem geschriebenen Wort immer noch mehr Glaubwürdigkeit und Authentizität zukommt als mündlichen Aussagen, d. h. möglichen Missverständnissen ist verantwortungsvoll vorzubeugen.

Nachdrücklich sei vor einer leichtfertigen Nutzung der neuen Informations- und Kommunikationsmedien gewarnt, die auf Grund ihrer Raschheit recht schnell unzensierte bzw. unüberlegte und stimmungsabhängige schriftliche Kontakte ermöglichen. Manche Kollegen empfehlen mittlerweile zwischen Empfang und Weitergabe von E-Mails einen Tag verstreichen zu lassen, obwohl die hohe Antwortgeschwindigkeit einer der Kernvorteile dieses Mediums ist.

18. Überzeugungsfähigkeit

Was hier als Fähigkeit bezeichnet wird, ist in der Realität viel mehr das Ergebnis harter Arbeit. Denn für eine effiziente Überzeugungsarbeit sind ähnliche Haltungen und vergleichbare Techniken notwendig, wie z. B. bei der Verkaufsarbeit. Sieht man sich moderne Verkaufstheorien genauer an, so wird deutlich, dass deren kleinster gemeinsamer Nenner das Problemlösen für Kunden ist. Und zwar ausgehend von dessen Bedürfnissen, ungeachtet der Vorstellungen und Neigungen des Verkäufers. In Analogie dazu ist es für den Berater wichtig, die Vorstellungen und Absichten seines Gegenübers oder des Klientensystems sichtbar zu machen und zu berücksichtigen, um überzeugen zu können. Methoden dafür sind Gespräche, Interviews oder bei größeren Personenkreisen standardisierte Befragungsinstrumente.

18. Überzeugungsfähigkeit

Überzeugungsarbeit ist strikt von Manipulation zu trennen. Manipulation orientiert sich z. B. eher an den Ängsten des Gegenübers im Sinne von: „Wenn Sie das nicht tun, werden Sie geradewegs als Kridafall enden!". Sie können manchmal durchaus taktisch notwendig sein, wenn sich das Gegenüber allen Überzeugungsanstrengungen widersetzt. Allerdings muss sich der Berater im Klaren darüber sein, dass eine gute Zusammenarbeit und nachhaltige Geschäftsbeziehungen natürlich nicht auf Manipulationen basieren können.

Überzeugungshandeln heißt auch manchmal Machthandeln. Wenn Berater, von der Expertenberatung einmal abgesehen, kaum über nennenswerte Machtpotentiale verfügen (a. a. O.), ist es notwendig, für die Überzeugungsarbeit Partner zu finden. Diese Partner müssen die Ideen des Beraters akzeptieren und zu ihren eigenen machen. Im Idealfall nimmt der Partner die Bilder, die durch die Schilderungen des Beraters entstehen, an und interpretiert sie als eigene Idealvorstellungen. In einem solchen Fall ist die Überzeugungsarbeit in der Regel vergleichsweise leicht zu leisten, als einziger Problembereich bleibt die Frage der Art und Weise, wie dann der Klient diese Idealvorstellungen akzeptieren und in der Folge realisieren möchte.

Bei der Frage der Überzeugungsarbeit muss an erster Stelle die Überlegung stehen, auf welches Ziel hin ein Gesprächspartner überzeugt werden soll, ob die Wirkung nachhaltig oder nur aktuell gewünscht ist oder ob es um die Vertiefung oder Verfeinerung bestehender Überzeugungen geht. Alle diese Fragen und die damit verbundenen Problemstellungen verlangen unterschiedliche Techniken und Vorgehensweisen des Beraters.

Menschen neigen dazu, sich auch auf der Basis unvollständiger Informationen konkrete Bilder von dem zu machen, was das Gegenüber, unabhängig von der Akzentuierung und Verständigungsabsicht, anspricht. Wenn der Berater diese Bilder nicht in der nötigen Exaktheit liefern kann, fängt sein Gegenüber an, sich eigene Bilder zu zimmern. Es wird Informationen so selektieren, dass sie sein eigenes Bild stützen. Ab diesem Zeitpunkt ist Überzeugungsarbeit sehr mühsam. Besser ist eine Haltung des Beraters, die sehr stark auf die Bilder des Partners eingeht, um auf dieser Basis behutsam Veränderungen zu beginnen bzw. dem Bilder entgegenzuhalten, die für den Partner vergleichsweise attraktiver sind.

Diese Bilder können auch als **kausale Schemata** bezeichnet werden. Das sind allgemeine Konzepte von Personen darüber, wie Ursachen und Wirkungen miteinander interagieren. Jede Kultur, und damit auch die Subkultur Betrieb bzw. Organisation, hat solche Schemata entwickelt. *Kelley* (1967, 1972ab; vgl. *Wottawa/Gluminski* 1995,

S. 167 ff.) hat für kausale Schemata zwei grundlegende Prinzipien aufgestellt, das Aufwertungs- und das Abschwächungsprinzip. Aufwertung bedeutet, dass, wenn für einen Effekt eine plausible hemmende und gleichzeitig auch eine plausible förderliche Ursache vorliegt, die Rolle der förderlichen Ursache für das Auftreten des Effektes stärker gewertet wird als in dem Fall, wo sie allein als plausible Ursache für den Effekt vorhanden wäre. Eine bestimmte Ursache wird abgewertet bzw. abgeschwächt, wenn noch andere Ursachen für das Zustandekommen des Effekts prinzipiell denkbar sind. Mit diesen beiden Prinzipien und ergänzt um das Kovariationsprinzip für die soziale Urteilsbildung, basierend auf der Beobachtung von Wechselwirkungen zwischen Personen, Umweltbedingungen und Zeitpunkten, kann Überzeugungsarbeit geleistet werden. Der Berater kann sich diese Mechanismen zu eigen machen und sich an den Schemata des jeweiligen Partners orientieren.

Eine andere Möglichkeit der Überzeugungsarbeit liegt in der **Feedback-Technik**. Mit Hilfe dieser Technik können (Fehl-)Bilder des Klientensystems korrigiert werden. Feedback wird gemeinhin als vornehme Umschreibung von Kritik verstanden, es gibt aber auch eine positive Variante, bei der durch Lob vom Berater Überzeugungsarbeit geleistet werden kann. Mit dieser Technik wird eine gute Gesprächs- und Arbeitsatmosphäre geschaffen, die zu den erwünschten Veränderungen beitragen kann:

- Nicht übertrieben den Klienten im Gesamten loben, sondern eigentlich recht sachlich nur konkrete und erwünschte Verhaltensweisen.
- Das Lob in Verbindung mit den erwünschten Konsequenzen sichtbar machen.
- Keine Lobeshymnen, sondern kurze, prägnante Verstärkungen geben.

Bei der Überzeugungsarbeit mit negativem Feedback sollte der Berater darauf achten, dass

- Kritik nicht pauschaliert oder übertrieben sondern vorsichtig und einschränkend formuliert wird,
- das Gegenüber nicht als Person/Organisation in allen Lebenslagen, sondern nur hinsichtlich bestimmter Merkmale in bestimmten Situationen kritisiert wird,
- keine vergangenheitsorientierte, sondern eine gegenwartsbezogene Problemanalyse stattfindet,
- keine Schnellanalysen „aus der Hüfte" erfolgen,
- nicht übertrieben Emotionen geschürt werden,

18. Überzeugungsfähigkeit

- nicht vage Anschuldigungen, sondern konkrete und exakte Zustände beschrieben werden und
- die Kritik mit konkreten und realisierbaren Änderungsvorschlägen kombiniert wird.

Eine weitere wichtige Vorgehensweise der Überzeugungsarbeit liegt darin, zuerst mit der Aufzählung von positiven Punkten zu beginnen, dann die negativen zu nennen, um anschließend Vorschläge zur Verbesserung zu machen und erste positive Verhaltensweisen durch Lob zu verstärken. Ist die Saat für die Einstellungsänderung ausgebracht, sollte der Berater das Gegenüber zur Selbststeuerung animieren.

Für den Berater kann Überzeugungsarbeit auch darin bestehen, die Sicherheit des Klientensystems bzw. des Gesprächspartners zu reduzieren. Der Gesprächspartner muss dabei erkennen, dass er keineswegs im Besitz aller erforderlichen Informationen ist (vgl. *Weisbach* 1992). Denn sobald das Gegenüber erkennt, dass er nicht genug weiß, um z. B. einen konkreten Nutzen bewerten zu können, wird seine Ungewissheit größer. Das macht ihn neugierig, er wird den Berater fragen. Wenn ihn der Berater jetzt informiert, gibt er ihm lediglich, worum er gebeten hat. In einer anderen Reihenfolge des Überzeugungsgesprächs wäre vielleicht das Gegenteil erreicht worden.

18.1 Kriterien

Überzeugungsarbeit durch Berater verlangt zwei Kriterien: Das richtige Timing und den richtigen Ton. Zum **Timing** gehören Überlegungen, wie z. B. die Reihenfolge des Einbringens von Argumenten. So ist es eventuell günstiger, die wirklich starken Argumente erst zu einem späteren Zeitpunkt zu präsentieren, nachdem eine Gesprächsbasis und vertrauensvolle Beziehung geschaffen wurde. Genauso kann es sich umgekehrt verhalten, nämlich dass mit einem sehr guten Argument überhaupt erst die Aufmerksamkeit erweckt und ein Gespräch ernsthaft begonnen wird.

Der **richtige Ton** schafft erst die Basis für die Überzeugungsarbeit. Durch das Schaffen einer guten Gesprächsatmosphäre wird dem Partner signalisiert, dass man ihn wichtig nimmt und hofft, dass er seine möglicherweise misstrauische Haltung aufgibt. Natürlich kann das alles zum Ritual verkommen, das oft erkannt, durchschaut und dann abgelehnt wird.

Bei der Überzeugungsarbeit durch Berater sind auch die **Strukturen des Klientensystems** dahingehend zu analysieren, ob die verfolgte

Beraterstrategie sich auch durch die gepflogene Übung der betrieblichen Entscheidungsprozesse realisieren lässt bzw. ob das Gegenüber, das der Berater überzeugen möchte, auch über eine entsprechende entscheidungsrelevante Position verfügt. Die Struktur und die Entscheidungsverhältnisse des Klientensystems sollte sich also in der Überzeugungsstrategie des Beraters wiederfinden.

„totale Partizipation	„repräsentative Partizipation"	„autoritäre Ausübung des Direktionsrechts" seitens des Managements
1. Involvierung aller Betroffenen 2. Konsens als Entscheidungsbasis 3. Zahlreiche Rückkoppelungen notwendig 4. Hoher Zeitaufwand 5. Entscheidungsfähigkeit: sehr fragwürdig	1. Rätesystem: ähnliche Entscheidungsfindung mit Delegierten und Rückkoppelungen zur Basis (Teams) 2. Bevollmächtigung des Parlaments, Entscheidungen zu treffen 3. Entscheidungsbasis: Abstimmungsverfahren, Mehrheit entscheidet 4. Machtkonflikte erschweren Handlungsfähig	1. Basierend auf eigenen Analysen 2. Teams haben nur Anhörungs- und Informationsrecht (Input) 3. Lediglich der Betriebsrat hat, basierend auf den gesetzlichen Grundlagen, Mitbestimmungsmöglichkeiten

Abb. 49: *Kontinuum alternativer Gestaltungen des Entscheidungsprozesses (Quelle: Becker/Langosch 1995)*

18.2 Akzeptanzprobleme und deren Bewältigung

Von Widerstand im Klientensystem zu sprechen ist eine Sache, wobei oft sehr illustrativ Interventionsverzerrungen geschildert werden. Widerstand wird von vielen Beratern phänomenologisch als notwendiges Beiwerk z.B. von Organisationsentwicklungsprozessen betrachtet. Bei der Überzeugungsarbeit jedoch sind es eher die Eigenschaften der beteiligten Personen, die zu Problemen führen können. Folgend ein Versuch der Darstellung von **Problemtypen** und möglichen **Bewältigungsstrategien**:

– **Der Ellenbogenstratege**: Getrieben von Ehrgeiz, Machtstreben und Prestigesucht, versucht alles niederzuboxen, was sich ihm in den Weg stellt.

Abwehr: Packen Sie ihn am Ellenbogen und fordern Sie ihn mit interessanter Teamarbeit heraus.
- **Der Frechheit-siegt-Stratege:** Der „ewige Lausbub" meldet sich nie zu Wort, sondern unterbricht einfach. Mit seiner Hoppla-jetzt-komm-ich-Mentalität nimmt er sich persönliche Freiheiten heraus, strahlt aber gleichzeitig einen Draufgängercharme aus, dem auch Kollegen oft erliegen.

Machen Sie ihn humorvoll, aber unumwunden darauf aufmerksam, dass er seine Grandiosität nicht nur in der Clownrolle, sondern auch auf der Sachebene durchaus einbringen kann.
- **Der Schwarz-Weiß-Stratege:** Er will alles oder nichts, kennt keine Schattierungen und schon gar keine Kompromisse. Veränderungen werden entweder gewaltsam erzwungen, oder es geschieht überhaupt nichts.

Der Dramatisierer muss klar erkennen, dass er sich selbst in seinen Wahlmöglichkeiten einschränkt. Sowohl-als-auch-Strategien bieten eben weitaus mehr Chancen.
- **Der Sofort-Stratege:** Er hat es immer eilig, neigt zu kurzfristigen Lösungen und übersieht dabei die langfristigen Folgen.

Oft genügt schon das Aufzeigen einer denkbaren dramatischen Entwicklung, um auf Sachkenntnis und Verantwortungsbewusstsein bei der Lösungsfindung umzuschwenken.
- **Der Sache-und-Person-Stratege:** Eine Idee hält er nur für solange gut, bis er weiß, von wem sie stammt. Er wirft ständig Personen und Sachen in einen Topf.

Fordern Sie ihn direkt auf, die Personen- und Sachebene zu trennen. Kritisieren Sie aber stets nur das jeweilige Verhalten, niemals die Person selbst. Denn die Typologisierung, also das Versehen mit einem Klebeetikett, ist schmerzhaft und lässt keine Verhaltensänderung mehr zu.
- **Der Sympathiestratege:** Er fördert die Cliquenbildung, Kameraderie und Kumpanei, „steckt gerne unter einer Decke", lässt Außenstehende nicht in den Topf schauen, liebt Duzfreunde und bildet fleißig Seilschaften.

Betonen Sie die übergeordneten Gemeinsamkeiten in der Zielsetzung, die weder für persönliche Sympathie noch Antipathie Platz lassen.
- **Der Durchbruchstratege:** Dieser Typ sieht sich selbst gerne als Genie unter den unfähigen Kollegen, hält seine Ideen für einmalig und alle Gegner daher für ahnungslose Vollidioten. Er lässt nichts unversucht, seine Vorstellungen durchzusetzen, missglückt es ihm dennoch, zieht er sich beleidigt vom verständnislosen Pöbel zurück.

Führen Sie den Härtetest durch. Eine Idee ist erst dann genial, wenn sie sich in der praktischen Umsetzung bewährt. Dem unterschwelligen Ruf nach Wertschätzung und Anerkennung sollte aber bei allen Kesseltreibern entsprochen werden, stets jedoch auf Personenebene und streng abgekoppelt vom Sachthema.

– **Alles-im-Interesse-der-Firma-Stratege:** Er verfolgt seine persönlichen Interessen immer unter dem Deckmantel des Firmenwohls. Führen Sie sein missionarisches Sendungsbewusstsein ad absurdum, indem Sie klar, aber respektvoll seine persönlichen Vorteile aufzeigen. Die Suche nach persönlichem Heil ist ja bei Gott nichts Ehrenrühriges und bedarf daher keiner sozialen Verbrämung.

18.3 Sicherstellung der Nachhaltigkeit

Eine der größten Herausforderungen für Berater ist die Sicherstellung der Nachhaltigkeit ihrer Interventionen, Problemlösungsvorschläge und ganz besonders der Verhaltensänderung ihrer Klienten. Auch wenn zu einem Zeitpunkt mit dem Auftraggeber bzw. seinen Mitarbeitern ein Konsens über die zukünftige Vorgehensweise hergestellt wurde, sind die Dinge u. U. zu einem späteren Zeitpunkt ganz anders gelagert und der vermeintliche Konsens ist einem für den Berater oft überraschenden Dissens gewichen. Maßnahmenpläne, die zum Zeitpunkt der Erstellung verbindlich formuliert wurden, sind plötzlich nicht mehr aktuell, sei es, weil das Tagesgeschäft die Betroffenen überbeansprucht oder weil sie es sich mittlerweile anders überlegt haben. Deswegen ist es für den Berater im Zuge seiner Tätigkeit wichtig, über Dokumentationen, Einfordern und Festlegen von Verantwortlichkeiten, Terminfestschreibungen u. ä. Maßnahmen fix im Klientensystem verbindlich zu verankern. *Niedereichholz* (1996) schlägt dafür folgendes Vorgehen vor: Erstellen eines Maßnahmenplanes mit den verschiedenen Inhalten, Bezeichnung der Maßnahmen, Verantwortlicher, Termine, Kosten, kritischer Bereich und Priorität der kritischen Bereiche. Die zu treffenden Maßnahmen sollen zudem durch eine Risikoabsicherung unterstützt werden, um nicht schon ganz am Beginn zu scheitern.

Weil die nachhaltige Sicherstellung beschlossener Maßnahmen eine der herausforderndsten Tätigkeiten von Beratern ist, sind hier charismatische und situativ-orientierte Überzeuger fehl am Platze. Eine solide Beratertätigkeit verlangt mehr. Die vom Klientensystem akzeptierten Veränderungsintentionen sind tatsächlich umzusetzen, es sind oft weitgehende Maßnahmen notwendig, um die erforderlichen Anpassungen und Entwicklungen einzuleiten und auf Sicht zu verankern, d.h. ein Veränderungsprozess ist nicht nur zu starten, sondern auch konsequent weiterzuverfolgen.

Neben der Maßnahmenplanung und deren sorgfältige Absicherung und Unterstützung durch den Berater können Überzeugungen im Sinne von Einstellungs- und Verhaltensänderungen im Klientensystem auch durch Redundanz erzielt werden. Wenn der Berater immer wieder mit denselben Worten Dinge wiederholt, und zwar so lange, bis sie in den Wortschatz des Klientensystems übergehen, kann er davon ausgehen, dass sich die Realität im Klientensystem mit großer Wahrscheinlichkeit ebenfalls verändert. Wenn das Gegenüber anfängt, die Worte und damit die Inhalte sowie deren Verknüpfung aus der Sicht des Beraters zu sehen, sind die erwünschten Bewegungen des Klientensystems eingeleitet.

Eine Herausforderung bleibt allerdings noch: Menschen neigen dazu, einmal erlernte Verhaltensmuster beizubehalten und besonders unter Druck wieder hervorzubringen; später Erlerntes hat demgegenüber kaum Durchsetzungsmöglichkeiten. Es ist die Aufgabe eines verantwortungsbewussten Beraters dafür zu sorgen, dass das Entlernen von inadäquaten Verhaltensweisen im Klientensystem ebenfalls gefördert wird und Bedingungen geschaffen werden, die es immer wieder zulassen, dass im Klientensystem nachhaltig neue Fähigkeiten erprobt und umgesetzt werden können.

19. Verhandlungstechnik

Verhandlungen zu führen, ob in eigenem Namen oder für Klienten, ist eine der herausforderndsten Techniken, die ein Berater beherrschen sollte. Im beraterischen Alltag sind laufend Gespräche notwendig, z.B. beim Klienten mit dem Betriebsrat, mit Abteilungsleitern und der Geschäftsführung oder unternehmensextern mit Banken, Lieferanten und Meinungsführern. Maßstab für die Fähigkeit, verhandeln zu können, kann nur der erzielte und angestrebte Erfolg sein. Verhandlungen sind etwas anderes als z.B. die Leitung oder Moderation von Gruppengesprächen oder von themenzentrierten Arbeitsgruppen. Verhandlungen zu führen, bedeutet den bedingungslosen Einsatz aller erlaubten Mittel, um zum Ziel zu gelangen. Wenn Berater nicht nur Konzepte erarbeiten, sondern auch für deren Umsetzung die Verantwortung übernehmen, müssen sie in den Verhandlungsring steigen. So sind z.B. für die vorgeschlagene Einführung einer neuen Fertigungslinie Geldmittel zu beschaffen, die oft nur über harte Verhandlungen mit Geldgebern zu erhalten sind.

Oder in Sanierungsfällen müssen oft Stundungen und Nachlässe mit Banken, Sozialversicherungen, dem Finanzamt und Lieferanten ausgehandelt werden. Alle diese Ziele können nur durch Verhandlungen erreicht werden.

Dabei werden an die Ergebnisse von Verhandlungen hohe Anforderungen gestellt: Möglichst alle Interessen sollten erfüllt sein, das Ergebnis muss eine der besten Optionen sein und zwischen den Verhandlungspartnern muss eine Vertrauensbasis geschaffen und erhalten werden.

Obwohl auch schriftliche Verhandlungen vorkommen, wollen wir uns auf mündliche Verfahren konzentrieren. Natürlich kann man auch schriftliche Verhandlungen führen, ein breiterer Spielraum ist aber bei der mündlichen Verhandlungsführung vorhanden. Eine Verhandlung wird als Gespräch mit ausgesprochener Zweckrichtung definiert. In der Führungslehre wird das auch als „management by negotiation" bezeichnet.

Im Berater-Klienten-Setting kann der Berater zwar die informelle Verhandlungsführung übernehmen, formal wird aber der Auftraggeber für die Verhandlungen verantwortlich zeichnen, es sei denn, der Klient teilt dem Verhandlungspartner ausdrücklich mit, dass er seinen Berater mit bestimmten Verhandlungskompetenzen ausstattet. Umgekehrt kann der Berater auf der Gegenseite ebenfalls auf einen informellen Verhandlungsführer treffen.

Verhandlungen sind dann optimal, wenn sie in einer „win-win"-Situation enden, d.h. dass jeder der Verhandlungspartner Nutzen aus dem Verhandlungsergebnis ziehen kann. Nur der beiderseitige Nutzen garantiert dauerhafte und zufrieden stellende zukünftige Geschäftsbeziehungen, Problemlösungen, Arrangements u.ä. Berater müssen das wissen und in einer Mediatorenrolle dafür Sorge tragen, dass ihr Klient diese Ziele auch berücksichtigt und nicht nur kurzfristige Etappensiege einfährt (vgl. *Schäfer* 1998).

19.1 Verhandlungsaufbau, -phasen und -partner, Inszenierung, Dramaturgie, Strategie, Taktik

Verhandlungen folgen einem ganz bestimmten Schema, an dessen Anfang oft sogenannte **Sondierungsgespräche** stehen. Diese Sondierungsgespräche sind noch keine Verhandlungen im engeren Sinn, doch sie sind bereits wesentlicher Bestandteil für nachfolgende Verhandlungsschritte. Sie dienen vor allem dazu, die Einstellungen der Gegenseite zu einem bestimmten Sachverhalt durch gezielte, der

19. Verhandlungstechnik 361

Klärung dienende Fragestellungen zu erhalten. Ist der Berater Initiator des Sondierungsgesprächs, arbeitet er nach einem exakten Plan und gibt dem Gesprächspartner die eigene Auffassung, Beurteilung und ggf. Absicht zu erkennen. Ziel des Gesprächs ist also die Klärung der Position des Gesprächspartners zu den erkennbaren Absichten des Beraters, wobei der Gesprächspartner möglichst eine gewisse Bindung an seine Äußerungen eingehen sollte, um klare und sichere Ausgangspositionen für weitere Verhandlungsschritte zu gewinnen. Die nachfolgende Analyse kann dem Berater zeigen, inwieweit seine vorgebrachten Anliegen Erfolgsaussichten haben dürften. Der Berater will seine weiteren Überlegungen auf diesen festgestellten Eindrücken und Erkenntnissen aufbauen. Solche Sondierungsgespräche haben häufig schon einen sehr ausgeprägten Verhandlungscharakter und sind konstruktiv. Wenn allerdings eine Seite von vorneherein erklärt, dass sie nicht verhandeln will, ist ein Sondierungsgespräch lediglich ein unverbindlicher und informeller Gedankenaustausch zu einer bestimmten Frage.

Der Gedankenaustausch in Form einer **Tour d'horizon** dient hauptsächlich einer **Plauderei** über Fach- und Sachfragen, bei der sich die Verhandlungspartner, quasi vor der Arenatüre, gegenseitig beispielsweise auf Sympathie oder Antipathie abklopfen.

Wird von einem der Verhandlungspartner das Gespräch hingegen als „Plauderei" bezeichnet, dient es ab diesem Zeitpunkt nicht mehr der Verhandlung, sondern der Entspannung und dem Bedürfnis, sich mitzuteilen. Plaudereien werden oft an den Anfang von Verhandlungen gestellt, damit diese in einer entsprechend angenehmen Atmosphäre begonnen werden können.

Gute Verhandlungen beginnen mit einer „**Offensive des Lächelns**". Lächeln ist die eleganteste Art, Zähne zu zeigen. Dann beginnt die Phase der Plauderei, in der das eigentliche Verhandlungsthema nicht berührt werden sollte. Diese Phase hat, wie erwähnt, den ausschließlichen Zweck, eine positive Stimmung und ein gutes Verhandlungsklima zu schaffen. Verbessert wird diese Situation noch durch gastronomische Aufmerksamkeiten, wie z.B. Getränke, Kaffee und Kuchen. In der nächsten konkreteren Phase, eventuell in Form einer Tour d'horizon bei schon bekannten Verhandlungspartnern, können z.B. vergangene Geschäfte, die zur vollen Zufriedenheit abgewickelt wurden, angesprochen werden. Auch diese Phase dient zur Herstellung einer angenehmen Gesprächsatmosphäre.

In der Phase der Einleitung der Verhandlungen wäre es grundfalsch, gleich die divergierenden Standpunkte zu artikulieren. Wenn es Gesichtspunkte gibt, in denen beide Parteien übereinstimmen, sind diese ganz am Anfang der Verhandlungen besonders zu betonen, unabhängig davon, ob sie nur Nebensächlichkeiten oder einen Hauptpunkt der Verhandlungen betreffen. Bei Entgegnungen auf divergierende Ansichten ist die Anwendung der Formel „Ja, aber ..." wesentlich günstiger, als die Formel „Nein, denn ...".

Bei wirklich wichtigen Verhandlungen wird es zweckmäßig sein, dass sich ein ganzes **Verhandlungsteam** an diesen beteiligt, bestehend z. B. aus dem Geschäftsführer, dem Kaufmännische Leiter, der Leitung Marketing/Vertrieb, dem Produktionsleiter und dem Berater. Dabei ist vorab zu klären, wie sich die einzelnen Teammitglieder verhalten bzw. welche Rollen sie in der Verhandlung spielen sollen. Jeder hat, soweit er fachlich dazu in der Lage ist, in jedem Augenblick für seinen Verhandlungsführer oder einen Kollegen einzuspringen, wenn dieser in die Enge getrieben werden sollte. Der Verhandlungsführer kann sich ebenfalls auf ein Rollenrepertoire beschränken, z. B. auf die Rolle des neutralen Außenstehenden, des Schiedsrichters u. ä. Wer Verhandlungsführer ist, ergibt sich aus funktionellen und taktischen Aspekten der Verhandlung. Oft ist es so, dass sich z. B. der Berater zwar als Verhandlungsführer betätigt, die Darstellung der Positionen aber dem jeweiligen Fachbereichsleiter überlässt und, als eine mögliche Variante, die endgültige Zustimmung oder Ablehnung nicht anwesenden Dritten überlässt. Damit gewinnt man Zeit und gleichzeitig Bewegungsspielraum. Aus taktischen Überlegungen ist abzuklären, ob der oberste Entscheider überhaupt an den Verhandlungen teilnehmen sollte: Wenn die eigene Verhandlungsdelegation „über den Tisch gezogen wird", ist bei Anwesenheit der obersten Entscheidungsinstanz ein Rückzieher höchst schwierig. Leichter wird dieser, wenn endgültige Entscheidungen „erst nach Rücksprache und Konsultation" gefällt werden.

Von größter Wichtigkeit ist, dass das gesamte Team an einem Strang zieht. Jeder Verhandlungsteilnehmer hat sich unbedingt dem Verhandlungsziel zu unterwerfen. In dem Moment, in dem sich einer der Teilnehmer nicht zielkonform verhält, hat die Gegenseite die Chance, eine Bresche zu schlagen. So brutal das auch klingen mag, Einheit zu demonstrieren ist ungeheuer wichtig und wird auch von der Gegenseite erwartet – also sollten offene alte Rechnungen im Verhandlungsteam bereits zuvor beglichen worden sein bzw. sind zurückzustellen.

Die Entscheidung darüber, ob und inwieweit den „gegnerischen" Ansichten zugestimmt werden soll, liegt ausschließlich beim Verhandlungsführer. Interne Abstimmungen sollten in Verhandlungspausen erfolgen.

Die **Verhandlungsinszenierung** sollte folgender Strategie folgen:
- An erster Stelle werden die unstreitigen Sachverhalte dargestellt.
- Daran anschließend kommen Teilaspekte des Verhandlungsgegenstandes, über die am leichtesten eine Einigung erzielt werden kann. Das gilt auch für Streitpunkte mit gleichem Gewicht.
- In einem nächsten Verhandlungsschritt werden die Streitpunkte, die sich im Ungleichgewicht befinden, vorgebracht. Wesentlich hierbei ist, dass sich der Verhandlungsführer zunächst auf den Streitpunkt von besonderer Bedeutung konzentriert. Eine Einigung hierüber wird mit Sicherheit auch eine zufrieden stellende Regelung der weniger gewichtigen Streitpunkte mit sich bringen.

Das Vorbringen der Streitpunkte und deren Beschreibung sollte so inszeniert werden, dass die wichtigsten Argumente grundsätzlich am Schluss der Sachausführungen zu jedem einzelnen Gesichtspunkt stehen. Diese Vorgehensweise ist deswegen zu empfehlen, weil sich die Verhandlungsgegner erst auf die Formulierungen und Gedankengänge einstellen müssen und folglich auch erst am Ende den wirklich wichtigen Aussagen folgen können. Die taktischen Überlegungen sehen so aus, dass der Gegner mit nur einem Argument beschäftigt wird. Dieser nimmt vielleicht an, dass die Gegenseite nicht viel aufzuweisen hätte und das macht ihn vielleicht leichtsinnig. Wenn sich alle müde geredet haben, bringt man das Beste und schwerste Argument. Diese Annahmen bzw. Taktiken gelten übrigens auch in weitem Maße für schriftliche Verhandlungen.

Die Initiative zu Verhandlungen wird von jener Seite ausgehen, die an ihnen interessiert ist. Dabei will einer der Verhandlungsteilnehmer den Status quo erhalten, der andere ihn verändern. Dem Initiator der Verhandlungen muss es gelingen, dem anderen zu signalisieren, dass die gewünschte Verhandlungsposition gemeinsamen Interessen dient, dass bei Interessengegensätzen im Wege der Verhandlungen für einen Ausgleich zu sorgen ist, oder dass der Austausch von Werten im Interesse beider Parteien liegt.

Ergebnisse von Verhandlungen können sein:
- Einigung auf der Grundlage der Bedingungen des Initiators oder des Verhandlungsgegners, der abgeänderten Bedingungen der einen und/oder anderen Partei oder Einigung durch Beibehaltung des Status quo.
- Jede Partei wird vor und während der Verhandlungen abzuwägen haben, ob im Einzelfall eine Nichteinigung doch noch vorteilhafter ist als ein Abkommen zu den von der Gegenseite geforderten Bedingungen.

– Die Anrufung von Schiedsgerichten oder der Gang zum Richter: Dabei sollte man sich vor Augen halten, dass die meisten Prozesse mit einem Vergleich enden, den man eigentlich billiger und schneller durch Verhandlungen zwischen den Parteien hätte haben können.
– Sehr oft kommt es zu einem stillschweigenden Kompromiss in der Art, dass eine Partei ein Interesse gegenüber einem anderen nicht verfolgt, solange dieser nicht gegen sie vorgeht. Es besteht das stillschweigende Übereinkommen, die beiderseitige Interessenverfolgung ruhen zu lassen. Es gibt auch Fälle, die sich – ohne Kompromiss – von selbst erledigen.
– Es ist auch denkbar, dass die Konfliktsituation offen gelassen wird, weil sich die Kontrahenten nicht einigen können. Man hofft, dass die Gegenseite auf die Sache nicht mehr zurückkommen wird und wird abwarten, ob sie bei Abwägung der Vor- und Nachteile eine weitere Interessenverfolgung betreibt.

Bei einer ersten Betrachtung der den Verhandlungen zugrundeliegenden Problemsituationen kann man natürlich der irrigen Meinung sein, dass sich in einem vernünftigen Gespräch und bei gutem Willen aller Beteiligten eigentlich stets ein im Interesse beider Seiten liegenden Lösungsweg finden lassen sollte (vgl. *Wottawa/Gluminski* 1995). Sehr oft verfolgen nämlich beide Seiten in wesentlichen Fragen ein gemeinsames Ziel und die zu findenden Vereinbarungen sollten den Zweck haben, den Gesamtnutzen aller Beteiligten zu erhöhen. So liegen z.B. bei Bankverhandlungen in Sanierungssituationen die übergeordneten Interessen von Unternehmen und Bank natürlich in der Fortführung der Geschäftsbeziehung und damit im Überleben des betroffenen Unternehmens. Die Banken erhalten weiter Zinsen und Gebühren und können auf bilanzielle Wertberichtigungen teilweise oder zur Gänze verzichten und ersparen sich dadurch zumindest bankinterne Konflikte und das Unternehmen kann weiter existieren. Allerdings zeigt die Praxis sehr oft Gegenteiliges, wobei die Schuldfrage nicht immer eindeutig ist: Die Banken stellen die Kredite fällig oder nehmen die Kreditlinien zurück. Dadurch müssen vom betroffenen Unternehmen Lieferantenkredite in Anspruch genommen werden, die nicht immer erhältlich sind und die Dinge nehmen ihren Lauf. Diese Entwicklungen haben nicht selten ihre Ursachen in einer schlechten Verhandlungsführung.

Genauso ist es möglich, dass bei Verhandlungen zwischen zwei sehr unterschiedlichen Gruppen die Tendenz zur „Blockbildung" zum Problemfall wird. Dabei werden auch geringe Differenzen im Verhandlungsergebnis vergrößert, selbst dann, wenn dies nur durch unterschiedlich hohe Verluste auf beiden Seiten erreicht werden kann. Das kommt sehr klar dann zum Ausdruck, wenn das Machtgefälle zwischen den Verhandlungsparteien sehr groß ist: Der „Unterlegene" wird versuchen, unabhängig vom realen Gewinn, wenigstens seine Fähigkeit zur Beeinträchtigung der Interessen des anderen unter Beweis zu stellen.

Ein weiterer Risikofaktor liegt in individualpsychologischen Komponenten der jeweiligen Verhandlungspartner. Auch auf Grund der Stellvertretungsfunktion gegenüber den Gruppen, die hinter dem Verhandlungsteam stehen, spielen die Mechanismen Selbstwertschutz und Selbstwerterhöhung eine wesentliche Rolle.

Da Verhandlungen meist etwas sehr Anspruchsvolles sind und von den Teilnehmern oft alles abverlangen, können natürlich auch Wahrnehmungsverzerrungen und Erinnerungsschwächen nicht ausgeschlossen werden. Deshalb empfiehlt sich eine sehr sorgfältige Inszenierung, Planung und Protokollierung des Verhandlungsverlaufes. Wie belastend Verhandlungen für die Teilnehmer sein können, zeigt sich darin, dass es immer wieder zu scheinbar unmotivierten Aggressionen der Verhandlungspartner kommen kann. Gerade bei Bankverhandlungen, bei denen sich z.B. der Unternehmer plötzlich in die Rolle des Bittstellers versetzt sieht und mit dieser Rolle nicht umgehen kann, ist die Gefahr solcher Reaktionen groß. Der Berater muss hierauf vorbereitet sein und entsprechende Strategien der Deeskalation anwenden können, d.h. er darf sich nicht von der Verhandlungssituation in seiner Wahrnehmung beschränken lassen, sondern muss überprüfen, ob in „normalen" Situationen die aufgetretene Aggression ebenfalls angebracht ist oder ob sie durch die emotionelle und kognitive Anspannungen in der Verhandlungssituation hervorgerufen wurde.

Der Erfolg von und in Verhandlungen ist für den Berater natürlich besonders wichtig, weil davon oft Betriebe und mit ihnen verbunden Existenzen abhängig sind. Außerdem werden sich die Verhandlungserfolge auch herumsprechen und dem Berater ggf. die Akquisition etwas leichter machen.

Zur **Fehlervermeidung in Verhandlungen** können folgende Regeln nützlich sein (vgl. *Buell* 1997):

- **Gute Vorausplanung:** Dafür ist für die Verhandlungsteilnehmer das Wissen wichtig, wo für sie die untersten Grenzen für einen Verhandlungserfolg liegen. Nachdem für den Berater die taktische Vorgehensweise und die zu erreichenden Ziele festliegen, ist es sinnvoll, dasselbe Szenario für den zu vertretenden Verhandlungspartner durchzudenken. Die Annahmen und Ergebnisse darüber sollten sofort am Verhandlungstisch überprüft werden, damit erkennbar wird, ob der Verhandlungspartner sich dieselben Prioritäten gesetzt hat und die erwünschten Ziele verfolgt oder noch Anpassungen notwendig sind. Ferner kann es sehr nützlich sein, hypothetisch die Verhandlungsposition der gegnerischen Partei durchzudenken, sie ggf. szenisch durchzuspielen und sich auf verschiedene Varianten vorzubereiten.

– **Der Verhandlungsspielraum:** Sehr oft ist man zu Beginn von Verhandlungen der Meinung, dass die Verhandlungsspielräume beider Seiten feststehen. Vielfach ist dann die Überraschung groß, wenn sich im Zuge der Gespräche herausstellt, dass er wesentlich größer als ursprünglich angenommen ist. *Buell* gibt z. B. an, dass zwischen 20 und 35% ihrer Studenten annehmen, die Verhandlungsspielräume stünden von vornherein fest. Sie stellen sich deshalb auch nicht auf andere mögliche Ergebnisse ein und vergeben dadurch Chancen.

– **Die Suche nach Alternativen und Details:** Aus einer pragmatischen Perspektive betrachtet, werden die Ausgangslagen bei Verhandlungen gerade im wirtschaftlichen Bereich sehr oft nur in Zahlen ausgedrückt. Bei Verhandlungen wird daher oft vergessen, dass viele Details existieren, die z.T. auch ohne zahlenmäßige Quantifizierung genauso wichtig sein können wie die zentralen durch Zahlen abgebildeten Verhandlungspunkte. Deswegen ist die Suche nach Alternativen und verhandelnswerten Details notwendig, weil viele Verhandlungen sonst auf Grund eines fehlenden und sozusagen gesicherten Rahmens abgebrochen werden müssen.

– **Kulturelle Differenzen nutzen:** Aufgrund der zunehmenden internationalen Verflechtungen der Volkswirtschaften sind Verhandlungen mit Gesprächspartnern aus anderen Kulturkreisen immer öfter zu führen. Dabei ist es ratsam, sich eines loyalen Gewährsmannes zu versichern, der die kulturellen Eigenheiten der betreffenden Verhandlungspartner kennt und abzuschätzen vermag. Vielfach ist es für Berater viel wichtiger und erfolgversprechender, bei Beratungen und Verhandlungen in ihm weniger vertrauten Ländern, sich mit der Geschichte, den gesellschaftlichen und sozialen Verhältnissen, wirtschaftlichen Grundlagen, der Kultur und Riten auseinander zu setzen, als die x-te Variante seines Spezialproblems zu kultivieren. Bei Verhandlungen wird er so seine Partner besser verstehen und respektieren können, das Gegenüber wird ihn schätzen und es kann zu besseren und gemeinsamen Lösungen kommen.

- **Verhandlungen zum richtigen Zeitpunkt beginnen:** Sehr gut funktionieren Verhandlungen, wenn beide Seiten gleich viel Abstriche machen bzw. gleich viel zulegen können. Wichtig ist nur, dass der Zeitpunkt, ab dem ernsthafte Angebote vorliegen sollten, von beiden Seiten auch erkannt und akzeptiert wird.
- **Der richtige Abschluss:** Natürlich funktionieren Verhandlungen im kommunikationstheoretischen Idealfalle so, dass eine der Seiten ein Angebot macht und die andere es sofort annimmt. Auch wenn der Preis dem wahren Wert entspricht, dürfte zumindest die gebende Seite enttäuscht sein, weil sie mit Sicherheit das Gefühl hat, sie hätte noch mehr bekommen können. Verhandlungen stellen nur dann beide Seiten zufrieden, wenn auch beiderseits das Gefühl besteht, dass man sich anstrengen musste. Alles andere hinterlässt einen schalen Nachgeschmack.
- **Siegesfeiern:** Wer sich nach einem Verhandlungsergebnis zu sehr freut, signalisiert dadurch dem Verhandlungspartner, dass er das Geschäft auch zu schlechteren Bedingungen abgeschlossen hätte. Da die Welt bekanntlich ein Dorf ist in dem man sich immer wieder begegnet, muss man fast zwangsläufig damit rechnen, dass das Gegenüber sich zu einem späteren Zeitpunkt den vermeintlich entgangenen Gewinn zurückholen möchte.

19.2 Leiter- und Teilnehmerfunktionen

Damit alle Teilnehmer in Verhandlungen an einem Strang ziehen, ist die Festlegung des Verhandlungszieles als strategische Entscheidung von größter Wichtigkeit. Meist werden dafür Projektgruppen oder Braintrusts gebildet, die die eigene Position mit allen denkbaren Alternativen ausarbeiten sollen. Dazu gehören auch Überlegungen hinsichtlich der Besetzung des Verhandlungsteams, des bestmöglichen Termins und der Örtlichkeit.

Bei der Besetzung von Verhandlungsteams ist darauf zu achten, dass sämtliche Mitglieder die für das Thema notwendige Kompetenzen haben und sich zudem der Autorität des Verhandlungsführers unterordnen. Am wichtigsten ist die Besetzung der Position des Verhandlungsführers bzw. Gesprächsleiters (s.o.), aber auch bei der Festlegung des Verhandlungsortes gibt es Konventionen, die die Abwicklung erleichtern sollen.

In der Regel legt diejenige Verhandlungspartei den Verhandlungsort fest, von der etwas gewünscht bzw. gefordert wird. So werden z.B. Kreditverhandlungen mit Banken sehr oft in deren Räumlichkeiten geführt, wobei die einladende Partei sämtliche Vorteile für sich beanspruchen kann. Natürlich können die Verhandlungen auch an einem neutralen Ort geführt werden. Der einladende Verhandlungsführer oder Gesprächsleiter weist den Gästen die von ihnen einzunehmenden Plätze zu, damit eine bestimmte Sitzordnung gewährleistet ist. Die gegnerische Verhandlungsgruppe sollte dabei so plaziert werden, dass sie ins Freie blickt und ihre Gesichter gut beleuchtet sind, um etwaige Regungen genauestens beobachten zu können.

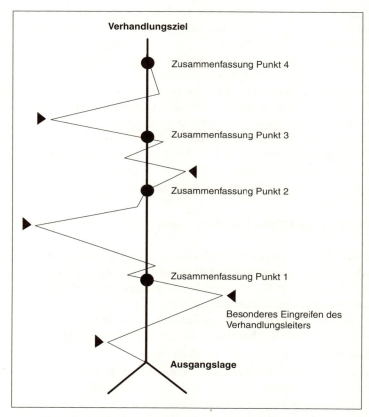

Abb. 50: Zielgerichtete Funktionen des Verhandlungsleiters

Natürlich gelten auch bei Verhandlungsteams dieselben Spielregeln, wie sie für die Teambildung charakteristisch sind. Idealerweise sollte das Verhandlungsteam in Vorbesprechungen und Planungsgesprächen die teambildenden Prozesse durchlaufen (s.o.), damit zum Zeitpunkt der Verhandlungen ein arbeits- und belastungsfähiges Verhandlungsteam zur Verfügung steht.

Für den Erfolg des Verhandlungsteams ist bei vielen Aufgabenstellungen die Qualität des Teammanagements entscheidend. Je besser es dem Verhandlungsführer gelingt, das Team im Sinne einer Arbeitsgruppe zu führen, desto besser sind sämtliche Aufgaben bewältigbar, die vor, während und nach Verhandlungen notwendig sind.

Der Verhandlungsleiter hat vor allem zwei Aufgaben: Die Sicherstellung der Sach- und Zielorientierung und gruppenorientierte Aufgaben. Die sach- und zielorientierten Aufgaben bestehen darin, Ziele zu setzen, die aktuellen Aufgaben zu definieren und deren Ausführung sowie das Ergebnis zu überwachen. Die gruppenorientierten Aufgaben bestehen darin, konstruktive Beziehungen zwischen den Mitgliedern aufrecht zu erhalten und die Gruppenfunktionen zu überwachen.

Sach- und zielorientierte Aufgaben:

– Einführung: Bekanntgabe der Ziele der Verhandlung, Definition des Problems, Erläuterung der Bedeutung des Zieles, Zeiteinteilung, Vorschlagen einer Vorgehensweise bzw. Methode zur Erreichung des Zieles.
– Informations- oder Meinungsfindung: Anfordern, Sammeln, Sichten und Systematisieren von Informationsmaterial.
– Informations- und Meinungsgebung: Einer Überzeugung Ausdruck verleihen, vermitteln von wichtigen Informationen, Vorschlagen von Lösungsmöglichkeiten, Äußerung von Ideen.
– Klärung und Sichtung: Ausarbeiten, Kommentieren oder Überlegen von Ideen und Vorschlägen, Diagnose und Aufklären von Missverständnissen oder Meinungsverschiedenheiten, Gemeinsamkeiten finden.
– Zusammenfassung und Koordinierung: Zusammenfassungen von bereits diskutierten Vorschlägen und Alternativen geben, weiterführende Ideen und Lösungsvorschläge präzisieren.
– Übereinstimmungen prüfen: Vorschläge für die endgültige Entscheidungsbildung machen, Entscheidungen vorschlagen, Beschlüsse herbeiführen.

Gruppenorientierte Aufgaben:

– Ermutigung: Teilnehmer der eigenen Verhandlungsgruppe ermutigen, auch wenn die Lage schlecht ist, Personen und Beiträge aus den eigenen Reihen anerkennen, Vorschläge aufgreifen.
– Harmonisieren: Spannungen, die nicht erwünscht sind, ausgleichen und dabei vermitteln, Vermeidung von Polarisierungen, Schutz der eigenen Verhandlungsteilnehmer, wenn sie angegriffen werden.

Neben diesen zwei Hauptaufgaben, die sich vornehmlich auf das eigene Verhandlungsteam beziehen, muss der Verhandlungsleiter auch auf die Signale aus der gegnerischen Verhandlungsgruppe achten und deren Kampf- oder Fluchtbeiträge aufgreifen und in seine Überlegungen einbeziehen.

19.3 Vorbereitung, Gestaltung und Steuerung von Entscheidungsprozessen

Im Vorfeld von Verhandlungen sind Entscheidungen vorzubereiten bzw. zu treffen, die die Verhandlungen selbst, die Teilnehmer, die zu vertretende Gruppe und das erwünschte Ergebnis betreffen.

Rational betrachtet bedeutet der Prozess der Entscheidungsfindung eine zunächst einmal bessere Versorgung der Entscheider mit Informationen. Der Berater muss die Informationen hinsichtlich der Kriterien Vollständigkeit, Richtigkeit und Relevanz überprüfen, sie dann entsprechend ordnen, formulieren und darstellen.

Wesentlich für die Gestaltung und Steuerung von Entscheidungsprozessen sind deren substanzielle und formellen Bedingungen: Spielt die Qualität der Lösung eine wichtige Rolle? Sind alle Informationen für eine richtige Entscheidung vorhanden? Ist das Problem strukturiert? Wer muss die Entscheidung akzeptieren? Kann die Entscheidung den Organisationszielen untergeordnet werden? Welche Konflikte sind auf Grund der getroffenen Entscheidung wahrscheinlich und wie muss ihnen gegengesteuert werden? usw.

Je nach Entscheidungsdefinition können verschiedene **Entscheidungsprozesse** gewählt werden (vgl. *Neuberger* 1994a; in Anlehnung an *Vroom und Yetton*), z. B.

A I: Autoritäre Alleinentscheidung
A II: „Autoritäre" Entscheidung nach Information durch Mitarbeiter
C I: „Consultative" Entscheidung nach Einzelberatung mit Mitarbeitern
C II: „Consultative" Entscheidung nach Gruppenbesprechung
G II: Problemlösung und Entscheidung durch „die Gruppe"

Nachdem solchermaßen die Entscheidungsvorbereitungen getroffen bzw. beschrieben werden, können **Entscheidungsregeln** aufgestellt werden:

– **Informationsregel:** Wenn die Entscheidungsqualität wichtig ist, der Entscheider selbst aber nicht alle Informationen hat, ist A I auszuscheiden.

- **Zielübereinstimmungsregel:** Wenn die Entscheidungsqualität wichtig ist, die Mitarbeiter die Organisationsziele aber nicht teilen, ist G II auszuscheiden.
- **Regel für unstrukturierte Probleme:** Wenn bei notwendiger Entscheidungsqualität dem Entscheider wichtige Informationen fehlen, dann muss er diese auf eine ökonomische Weise von den Mitarbeitern einholen; deshalb entfallen neben A I auch die ineffizienten, weil an Einzelgespräche gebundenen Stile A II und C I.
- **Akzeptanzregel:** Wenn die Akzeptanz der Entscheidung durch die Mitarbeiter wichtig ist und diese eine autokratische Entscheidung vermutlich nicht akzeptieren werden, fallen logischerweise A I und A II aus.
- **Konfliktregel:** Wenn die Akzeptanz der Entscheidung wichtig ist und die Mitarbeiter eine Alleinentscheidung nicht akzeptieren werden, gleichzeitig aber über die beste Lösung uneins sind (Situationsbedingung G), muss ihnen die Möglichkeit gegeben werden, gemeinsam über das beste Vorgehen zu diskutieren, so dass A I, A II und C I nicht in Frage kommen.
- **Fairneß-Regel:** Wenn Entscheidungsqualität unwichtig, aber gleichzeitig die Akzeptanz wichtig ist und Alleinentscheidungen abgelehnt würden, sollen die Mitarbeiter, damit eine möglichst hohe Zustimmung erzielt wird, die Sache selbst in die Hand nehmen: G II.
- **Akzeptanz-Vorrang-Regel:** Wenn die Mitarbeiter die Organisationsziele teilen und die Akzeptanz wichtig, aber bei einer Alleinentscheidung nicht wahrscheinlich ist, dann müssen A I, A II, C I und C II außer Betracht bleiben.

Diese Regeln sollte der Berater bei Entscheidungen, die er im und mit dem Klientensystem herbeiführen möchte, beachten. Natürlich sind andere Varianten denkbar, abhängig von der Beratungssituation insgesamt und von der Berater-Klienten-Beziehung im Besonderen. Durch die Anwendung klarer Entscheidungsregeln kann die Unsicherheit von Beratern, die noch über wenig Praxis verfügen, nachhaltig reduziert werden.

20. Moderations- und Präsentationstechnik

Moderieren und Präsentieren gehört zum Handwerkszeug beratender Berufe: Berater müssen ständig präsentieren bzw. moderieren, ob in der Akquisitionsphase, im Klientensystem oder bei Lieferanten, um ihre Ideen und Vorstellungen aber auch sich selbst entsprechend darzustellen, Dinge in Bewegung zu bringen, Sachverhalte aufzuzeigen, neue Einsichten zu vermitteln und um insgesamt als Kommunikationspromotor zu wirken.

Die **traditionellen Konferenzstile** haben folgende Nachteile:
- Ungleiche Gesprächsbeteiligung der Teilnehmer,
- eine langwierige Anlaufzeit,
- lange und oft für die anderen Teilnehmer ermüdende Monologe,
- Verlieren des roten Fadens durch Rechtfertigungen und Selbstdarstellungen bzw. das Reiten von Steckenpferden Einzelner,
- geringe Entscheidungs- und Handlungszwänge im Hinblick auf die Zielsetzung oder
- persönliche Interessenkonflikte und Machtkämpfe blockieren konstruktive Ergebnisse.

Modernere Konzepte sollen diese Nachteile aufheben und den Zielen einer effektiven Zusammenarbeit eher gerecht werden:
- Schaffen eines gemeinsamen Problembewusstseins,
- Kooperation bei der Meinungs- und Entscheidungsbildung sowie bei Handlungen,
- Ausgleich von Informationslücken und -gefällen,
- Erleichterung bei der Suche nach innovativen und kreativen Problemlösungen,
- gute Zeit-Aufwandsrelation und
- eine interessante, lebendige und motivierende Gestaltung.

Erfahrungen haben gezeigt, dass ungesteuerte Gruppen diese Ziele selten, hierarchisch gelenkte Gruppen diese nie erreichen. Moderations- und Präsentationstechniken können Abhilfe verschaffen und bieten für diese Probleme Lösungen an.

20.1 Moderationsmaximen

Moderation ist eine Methode, mit der z.B. Besprechungen, Meetings und Workshops durch systematische Planung und Durchführung für die Teilnehmer effizienter, abwechslungsreicher und konstruktiver werden können. Der Moderator, der diese Prozesse initiiert, steuert und in Gang hält ist ein methodischer Helfer (*Klebert* et al., 1987, S. 117ff.), der der jeweiligen Gruppe sein Wissen und seine Erfahrung zur Verfügung stellt. Für diese Rolle sind Berater meist die optimale Besetzung, wenn sie sich mit den Moderationsmethoden vertraut machen und sich auf die Rolle des Moderators beschränken können.

Für die Moderation ist entscheidend, dass der Moderator seine eigenen Meinungen, Ziele und Werte zurückstellt und keine Bewertungen von Meinungsäußerungen und Verhaltensweisen vornimmt. Er nimmt vor allem eine fragende Haltung ein und öffnet dadurch die Arbeitsgruppe füreinander und für das Thema. Er hilft den Teilnehmern eigenverantwortlich zu agieren und diskutiert nicht über die Moderationsmethode, sondern wendet sie an. Moderatoren arbeiten in der Regel zu zweit, da sowohl die Technik der Moderation als auch die Beziehungssituation in der Arbeitsgruppe einen Einzelnen überfordern würde. Ausnahmen sind Kurz- oder Spontanmoderationen, in denen auch ein Einzelner arbeiten kann. Ist der Moderator inhaltlich und/oder organisatorisch mit der Gruppe verbunden und bringt eigene Standpunkte ein, sollte er dies deutlich signalisieren.

Wenn durch die ständige Beobachtung der Gruppenprozesse für den Moderator erkennbar wird, dass sich die Gruppe vom optimalen Arbeitspfad entfernt, sind natürlich Möglichkeiten des Gegensteuerns möglich (Abb. 51). Dabei steht allerdings nicht der Einsatz von Techniken im Vordergrund, sondern vielmehr die situationsadäquate Anwendung von Spielregeln, um darauf entsprechend zu reagieren. Das verlangt vom Moderator eine ausgeprägte Sensibilität für Probleme und Situationen. Diese Sensibilität sich zu erarbeiten ist eine fortlaufende Aufgabe und es sei an dieser Stelle nachdrücklich davor gewarnt, sich über Schnellsiedekurse in einem Tag zum perfekten Moderator ausbilden zu lassen:

20.2 Visualisierungstechniken

Die Visualisierung bietet sich immer dann an, wenn neue, wichtige und schwierige Zusammenhänge bildhaft darzustellen sind und durch die Visualisierung selbst nichts von ihrer Eindeutigkeit verlieren. Das Spektrum reicht von Skizzen auf Overhead-Folien und auf Flip-Charts, über spezielle Techniken, wie z.B. Mind Maps oder Metaplan, komplexen und animierten Darstellungen am Computer bis hin zu Videos und Filmen.

Situation in Gruppen	Maßnahmenvorschlag
Monologe von Teilnehmern – zur Selbstdarstellung – zur Meinungsdurchsetzung – wegen Passivität anderer	30 Sekunden Sprechzeitbeschränkung Aufforderung zur Visualisierung Anonyme Kärtchenabfrage zu den Äußerungen Aussagen durch die Gruppe bewerten lassen Transparenzfragen stellen Killerphrasen sammeln
Sachliche Meinungsunterschiede – informationsbedingt – ausbildungsbedingt	Transparenz nach Lern- oder Informationsbedarf Bestandsaufnahme von Wissen und Informationen (eventuell in Kleingruppen) Strategieentwicklung zum Lern- und Informationsbedarf
Gegensätzliche Interessen	Rollenspiel der Interessenvertreter Pro-und-Kontra-Spiel Interesse der Gruppe abfragen Interessenlage durch Kleingruppe darstellen lassen
Persönliche Differenzen zwischen den Teilnehmern	Kontrahenten in verschiedenen Kleingruppen Erweiterung der Diskussion
Desinteresse der Gruppe	Interessenlage abfragen Gruppenmeinung über Situation und Verhalten erheben Pro und Kontra über Interesse/Desinteresse Provokation der Gruppe
Abhängigkeitsgefühle einzelner, hierarchische Selbstbestätigung anderer	Offenlegung des Problems Hilfe durch Dritte Bildung von Koalitionen Aufzeigen von Verhaltensweisen
Ablehnung der Moderatoren	Diskussionsleitung auf andere Gruppenmitglieder übertragen Gruppe allein arbeiten lassen Neufestlegung der Spielregeln Pro-und-Kontra-Spiel über die Moderation
Abwälzen und Einmischen Prestigedenken Rechtfertigung Lokalpatriotismus falsche Information Vorurteile	Transparenzfragen Themen abfragen Pro-und-Kontra-Spiele Rollenspiele Utopiespiele Bewertungen Kleingruppenarbeiten

Abb. 51: Maßnahmenvorschläge, um moderierte Gruppen zu optimieren

20. Moderations- und Präsentationstechnik

Im engeren Sinn bedeutet Visualisierung die bildliche Darstellung von Informationen und, auf Gruppen bezogen, die optische Darstellung des Diskussionsstandes. Visualisierungen sollen die Informationen schnell und übersichtlich darstellen, durch Vermeidung von Wiederholungen den Redeaufwand verkürzen und Vorträge und Referate unterstützen. Durch die Visualisierung soll aus Zuhörern auch Zuseher gemacht werden, weil Gehörtes und Gesehenes besser verstanden wird und länger im Gedächtnis bleibt.

Visualisierungstechniken haben den Vorteil, dass
- sie oft besser Sachverhalte vermitteln können, als das z. B. durch einen Frontalvortrag möglich ist;
- sie den Vortragenden zwingen, eine Selektion zwischen wesentlichen und unwesentlichen Aussagen vorzunehmen;
- sie eine weitgehende Standardisierung bei den Betrachtern erreichen, d. h. der Informationsstand aller Zuhörer/-seher ist weitgehend identisch;
- sie ermöglichen, Ergebnisse und Aussagen sofort festzuhalten und damit die Erstellung von z. B. Dokumentationen, Berichten und Interpretationen erleichtern;
- sie den aktuellen Stand eines Projekts, einer Ideenentwicklung, einer Planung etc. deutlich vermitteln und dadurch auch Außenstehenden, wie z. B. zugezogene Berater, Supervisoren, Auftraggeber, den Einstieg in die Diskussion erleichtert;
- sie in der Regel ohne großen Aufwand veränderbar sind und durch Adaptierungen, Erweiterungen und spontane Einfälle ständig entwickelt werden können.

Traditionelle Visualisierungstechniken eignen sich dann besonders,
- wenn flexibel reagiert werden soll,
- wenn der Bedarf der Zuhörer oder eine spezielle Situation im Dialog analysiert werden soll (z. B. Meta-Plan-Technik),
- wenn man Bilder „live" entwickeln will,
- wenn Fragen- oder Zuhörerbeiträge festgehalten werden sollen,
- wenn bei Tageslicht oder Outdoor gearbeitet werden soll,
- wenn für die Vorbereitung wenig Zeit bleibt und
- wenn die Präsentation insgesamt nur sehr kurz dauert.

20.3 Präsentationsmaximen

Gute Rhetorik und Sprachwitz sind zwar sehr hilfreich, reichen aber in einer von audio-visuellen Reizen überfluteten Umwelt nicht immer aus, um Zuhörer von neuen Ideen und Verfahren zu überzeugen. Wer sich erfolgreich Präsenz und Gehör verschaffen will, muss sich und seiner Ideen bzw. Veränderungsvorschläge entsprechend präsentieren. Präsentationen sollen idealerweise keine ad hoc durchgeführten Veranstaltungen sein, sondern, auch bei guter Kenntnis der Sachlage, sorgfältig vorbereitet und geplant durchgeführt werden. Auch wenn Inhalte, Adressaten und Ziele von Präsentationen sehr unterschiedlich sein können, so gibt es doch einen kleinsten gemeinsamen Nenner für die Vorgehensweise: Der Aufbau muss einer leicht nachvollziehbaren Dramaturgie folgen, die Visualisierungsmethode muss den darzustellenden Sachverhalten entsprechen und der Präsentator selbst sollte gut vorbereitet in die Präsentation gehen.

Ein wesentlicher Erfolgsfaktor liegt also in einer guten Vorbereitung. Durch sie können Informationen entsprechend aufbereitet, mit Berücksichtigung der relevanten Schwerpunkte zusammengefasst und in eine logische Rangreihe gebracht werden. Durch die intensive Auseinandersetzung mit den Inhalten wächst in der Regel auch die Selbstsicherheit des Präsentators. Natürlich ist darauf zu achten, dass die Präsentation nicht nur um ihrer selbst Willen durchgeführt wird, sondern dass das angestrebte Ziel, das man damit erreichen möchte, nicht aus den Augen verloren wird. Um dieses Ziel zu erreichen, müssen folgende **Faktoren** berücksichtigt werden:

- Anlass,
- Zielgruppe bzw. Teilnehmerkreis (Personen, Anzahl, Kenntnisstand),
- Inhalte (Grad der Komprimierung, Abstrahierung, Komplexität, Aktualität, Neuigkeitsgrad, Aussagekraft),
- Ort und Räumlichkeiten,
- Hilfsmittel (verbal, Flipchart, Overheadprojektoren, Folien, Videos),
- Zeitpunkt und Dauer,
- Unterlagen für die Teilnehmer.

Erst wenn diese Faktoren geklärt sind, kann ein „**Fahrplan**" für die Präsentation entwickelt werden, der sich an folgender Systematik orientieren soll:

- Gliederung (Einleitung, Hauptteil, Schluss, Unterpunkte),
- Dramaturgie des Aufbaus,
- Interaktionen mit den Teilnehmern festlegen (Diskussionspunkte, Zwischenfragen, Medienwechsel, Pausen etc.),
- Abschluss (Diskussion, offene Fragen, Ergebnisse zusammenfassen etc.).

20. Moderations- und Präsentationstechnik

Präsentationen werden vorwiegend über **Overhead-Folien** bzw. Power Point-Präsentationen abgewickelt. So einfach und genial das Medium Overhead bzw. dessen elektronisches Pendant auch ist, manche Fehler passieren trotzdem immer wieder. Generell sollten die Grafiken so einfach wie möglich, so wenig aufwändig wie möglich, so lesbar wie möglich und so übersichtlich wie möglich sein. Werden zu kleine Schriften gewählt oder sehen die Folien aus, als stamme jede einzelne von ihnen aus einem anderen Referat und von einem anderen Autor, wird jede Präsentation daneben gehen.

Geradezu „klassische" Anforderungen an Grafiken bzw. **Charts** sind:

- Je Chart nur eine Aussage.
- In der Überschrift sollte sich die Kernaussage des Charts wiederfinden.
- Die Kernaussagen sollten hervorgehoben sein, d. h. sie sollen in der auffälligsten Farbe oder Schraffur herausgestellt werden.
- Die Schwerpunkte sollten sich in der Mitte des Charts befinden.
- Die Gestaltung sollte einfach, einprägsam und verständlich sein (z. B. Entwicklungen von links nach rechts).
- Vergleichende Darstellungen immer nebeneinander, nie untereinander präsentieren.
-     Etwa 30% des Charts sollten frei sein.

Über 50% der in Präsentationen verwendeten Charts sind Textcharts. Bei ihrem Einsatz sind folgende Regeln zu beachten:

- Bis zu sieben Zeilen pro Chart sind für den Leser noch verkraftbar, fünf Zeilen sind besser.
- Sätze sollten maximal sieben Worte „lang" sein.
- einfache Dinge zuerst (z. B. Prämissen), komplexere Dinge zuletzt (z. B. Synthese, Konklusionen), d. h.
  - das Alte und Bekannte vor dem Neuen und Unbekannten,
  - das Einfache vor dem Komplexen,
  - der Nutzen vor den fachlichen Details und
  - das Problem vor der Lösung.
- Groß- und Kleinbuchstaben in normalem Verhältnis und
- auf Grund der besseren Lesbarkeit: doppelter Zeilenabstand.
- Schriftauswahl: klar abgestufte Schriftgrößen, einheitliche Verwendung von Schriftartenfamilien, deutliche Gliederung, gute Kontraste, deutliche Übersichtlichkeit.
- Farbauswahl: helle Farben nur auf dunklem Grund verwenden, ruhige Gestaltung.

- Schwerpunkte: maximal fünf Themen sollten pro Seite verwendet werden.
- Wörter: maximal 20 Wörter pro Seite.
- Formeln zur Berechnung von optimalen Projektionsdaten:

$$\text{Projektionsdistanz in mm} = \frac{\text{Objektiv-Brennweite} \times \text{Bildgröße}}{285}$$

$$\text{Bildgröße in mm} = \frac{285 \times \text{Projektionsdistanz}}{\text{Objektiv-Brennweite}}$$

$$\text{Objektivbrennweite in mm} = \frac{285 \times \text{Projektionsdistanz}}{\text{Bildgröße}}$$

Für **Präsentationen** kann folgender **Leitfaden** angeboten werden (vgl. *Thiele* 1997):

- **Der persönliche Kontakt zu den Zuhörern/-sehern muss am Anfang stehen:** Die Zuhörer sind bei vollem Licht zu begrüßen, ins Thema einzuführen und mit dem Ablauf der Präsentation vertraut zu machen. Hierbei sollte die Persönlichkeit des Vortragenden und nicht die Technik im Vordergrund stehen. Nach der persönlichen Einleitung erfolgt die Präsentation.
- **Während des Sprechens Blickkontakt mit dem Auditorium halten:** Je nach Szenario kommen drei Alternativen oder deren Kombination in Frage: (a) frontal sitzend zu präsentieren mit dem Nachteil, dass man sich zur Bildpräsentation umdrehen muss; (b) seitlich sitzend zu präsentieren, wobei man sowohl einen Großteil der Zuhörer ansehen als auch gleichzeitig das projizierte Bild kontrollieren kann; (c) als günstigste Variante mit einer Fernbedienung stehend zu moderieren.
- **Überzeugend und glaubwürdig wirken:** Einschlägigen Untersuchungen zufolge wird man beim Zuhörer dann einen überzeugenden Eindruck hinterlassen, wenn man sicher und seriös auftritt, als vorbereitet und fachkompetent erscheint, ein zuhöreradäquates Sprachniveau wählt, die Inhalte rhetorisch wirkungsvoll vorträgt (z.B. in abgedunkelten Räumen lauter spricht), selbst im Hinblick auf das Thema engagiert ist, sympathisch und teamfähig wirkt und mit Einwänden und Kritik wertschätzend umgeht.
- **Die Vorführung kurz halten:** Die Vorführung sollte maximal 20 Minuten dauern und danach sollten sich sofort die Diskussions- und Fragerunden anschließen. Bei längeren Präsentationen haben sich 15minütige Intervalle mit entsprechenden Pausen bewährt.

- **Die Signale der Zuhörer beachten:** Während der Vorführung sollte man auf die Rückmeldungen der Zuhörer/-seher achten, z. B. auf deren Körpersprache (Handzeichen, Mimik, die auf den Wunsch nach Verständnisfragen oder Diskussion hinweisen). Besondere Aufmerksamkeit verdienen die Schlüsselpersonen, Entscheider und informelle Führer.
- **Folienschlachten vermeiden:** Aufgrund der leichten Erstellbarkeit von Charts neigt man dazu, durch eine Vielzahl von Folien seine Zuhörer zu überfordern. Als Faustregel gilt: zwei Minuten pro Folie bei mittlerer Informationsdichte.
- **Folien müssen inszeniert werden bzw. in die Dramaturgie übernommen werden:** Hierdurch wird sichergestellt, dass die Zuhörer/-seher sich von der jeweilig vorhergehenden Sequenz lösen und sich auf die neue einstellen können. Folgende Methode hat sich bewährt: Chart ankündigen – Bild zeigen und wirken lassen – kleine Pause, damit die Zuhörer/-seher sich orientieren können – Bild erklären und Zeigehilfe einsetzen – Reaktion der Zuhörer/-seher beachten und ggf. Fragen zulassen – nächstes Chart ankündigen.
- **Die richtige Zeigehilfe einsetzen:** Die verschiedensten technischen Möglichkeiten nutzen, wobei keine komplizierten Mechanismen und Gerätschaften verwendet werden sollen. Auch die Kombination unterschiedlichster Zeigehilfen sollte vermieden werden.
- **Die Lichtverhältnisse müssen stimmen:** Leichte Abdunkelung, keine direkte Sonneneinstrahlung, nicht zu viele indirekte Lichtpunkte. Der Kontrast zwischen der Präsentation und der Umgebung soll maximiert werden. Die Lichtstärke des jeweiligen Projektionsinstruments sollte sehr hoch sein. Manche Displays, vor allem die Tabletts der ersten Generation, sind viel zu schlecht ausgeleuchtet und provozieren geradezu den Unwillen der Zuhörer bzw. vor allem der Zuseher.
- **Worst Case bedenken:** Stromausfall, kaputte Lampen beim Overhead-Projektor, schlechte Raumausstattung, unveränderbare Sitzpositionen u. ä. können Improvisationen notwendig machen. Deshalb tragen Hardcopies zur erhöhten Sicherheit bei – auch wenn sie hoffentlich nicht gebraucht werden.

Am Ende bzw. nach der Präsentation sollte eine Evaluierung in Hinblick auf den Grad der Zielerreichung, der Resonanz bei Auftraggeber und der Zielgruppe durchgeführt werden, um (a) notwendige Nachjustierungen durchzuführen und (b) für künftige Präsentationen ein verbesserungsorientiertes Feedback zu erhalten.

Medium	typische Einsatzbereiche	Vorteile	Nachteile
Flippchart, Tafel, Pinwand	Seminar, Schulung, Diskussion, Brainstorming, schriftliches Arbeiten in der Gruppe	einfach, billig, spontan, kein technischer Aufwand, Zusatzmedium	„Schulmeisterei", wenig Gestaltungsvariationen, Gefahr der Unübersichtlichkeit, beschränkt transportabel
Copyboard	Ideensuche, Demonstration, Verkaufsbesprechung, Mitschreibhilfe, Gesprächsprotokolle	Mitschreiben entfällt, Ausdruck des Präsentationsinhalts, Kopieren von Fremdvorlagen möglich	kaum transportabel, nur SW-Ausdruck mittlerer Qualität
Overhead	Seminar, Schulung, Präsentation, Diskussion, Vortragender sichtbar	tageslichttauglich, universell einsetzbar, oft bereits vorhanden, Folien rasch und billig herstellbar, hohe Perfektion erreichbar	nur Durchsichtsvorlagen, wirkt gelegentlich veraltet, „Schulmeisterei"
LCD-Display für Overhead	optimal für bewegte Computerbilder, Datenprojektion	leicht zu installieren, tragbar, keine Folien mehr notwendig, preiswert	schwache Farben, lichtstarker Projektor erforderlich, Ausfallrisiko
Diaprojektor	Multimediashows, Frontalpräsentation, Kombination mit Ton	viele Zuhörer möglich, eindrucksvoll (Kino), realitätsnah	Verdunkelung, aufwendige Vorbereitung, rasche Ermüdung, kein Blickkontakt, festgelegte Reihenfolge muss eingehalten werden
Camcorder, Video	Schulungs- und Industriefilme, professionelle Auftragsprodukte, ad hoc Eigendokumentation	professionell, anschaulich, emotional, gutes Farbmedium	teuer, aufwendig, nur für wenig Zuhörer/-seher, frontal
LCD-Projektor	für große Gruppen und Räume, Konserve oder Live-Bild, Datenprojektion	EDV-, TV- und Videobilder, gute Auflösung, große Darstellung	Verdunkelung, teuer, schlechtere Farben, kaum transportabel

Tabelle 52: Hilfsmittel für Präsentationen

20.4 Schriftliche Aufbereitung und Darstellung

Jeder Berater ist auf die schriftliche Aufbereitung der Inhalte, die er transportieren will, angewiesen. Das betrifft seine Selbstdarstellung nach außen, wie z. B. Präsentationsmappen für die Akquisition, geht über die Abwicklung der gesamten Korrespondenz bis hin zum Beratungsbericht.

Damit z. B. **Berichte** nicht den Weg aller Berichte gehen, nämlich in der Schublade oder im Regal abgelegt zu werden, müssen sie entsprechend aufbereitet sein. Immer wieder trifft man in der beratenden Praxis auf Unternehmen, die schon eine Vielzahl von Berichten anderer Berater haben. Zum Großteil sind das Berichte, die über geförderte Beratungen entstanden sind (z. B. WIFI, RKW) und die eines gemeinsam haben: Durch die hohe Standardisierung gleichen sie sich zwar, sind nicht oder kaum individualisiert und werden daher von den Unternehmen wenig verwendet.

Für eine gute schriftliche Aufbereitung und Darstellung muss sich der Berater ständig die zwei wesentlichen Fragen vor Augen halten: „Was soll mit der Dokumentation erreicht werden?" und „Wer soll über die Dokumentation erreicht werden?". Gerade bei Darstellungen in Berichtsform ist das Risiko von Missinterpretationen sehr groß. Sie sind vor allem bei Beratungsberichten für öffentliche Auftraggeber sehr sorgfältig unter den oben genannten Gesichtspunkten zu erstellen; auch weil hier die Gefahr der Politisierung und des Missbrauchs droht. Der Berater soll immer daran denken, dass er nur das schreibt, was er schreiben will, der Leser aber nur liest, was er lesen will, weswegen jede Darstellung und Formulierung unter unterschiedlichsten Perspektiven beleuchtet werden muss.

Bei Teamberatungen ist die Erstellung von Berichten und Ergebnispräsentationen besonders heikel, weil sich alle Mitglieder des Teams, Berater genauso wie die involvierten Mitarbeiter des Klientensystems, mit den Inhalten identifizieren sollten.

Da die Berichterstellung manchmal langwierig und mühsam ist, gibt es dafür bereits Dienstleister, die aus einem Rohgerüst einen ansprechenden Bericht erstellen; ähnlich den bereits entwickelten Power Point-Vorlagen, die bei jeder MS-Office-Installation automatisch mitgeliefert werden. Also ein klassisches Outsourcing für Berater. Die Autoren warnen davor ausdrücklich, weil die Identifikation mit dem Beratungsbericht und seinen Ergebnissen ein wichtiger Bestandteil dessen ist, was den Berater bei seinen Klienten erfolgreich macht: Die Verständlichkeit, Nachvollziehbarkeit, Plausibilität und

Umsetzung seiner Vorschläge. Werden diese durch außenstehende Dritte nochmals gefiltert, standardisiert und entsprechend den Vorgaben der Visualisierung optimiert, unter welchem Gesichtspunkt auch immer, so erkennt wahrscheinlich der Berater manchmal seine eigenen Ergebnisse nicht mehr und der Klient hat erst recht Probleme, sich darin wiederzufinden. Außerdem sind manche Problembereiche und Aufgabenstellungen dermaßen komplex, dass sie sich nicht so leicht und rasch Dritten vermitteln lassen und der Berater selber oft einige Tage intensiven Nachdenkens benötigt, bis der Weg zum Ziel klar vor ihm liegt. Das trifft genau so auf bestimmte Formulierungen zu.

Wichtig für die Darstellung ist deren Aufbau: Der Leser muss das Gefühl vermittelt bekommen, dass er einmal den Bericht bzw. die Darstellung verstehen wird und dass es sich für ihn lohnt, den Bericht überhaupt zu lesen, zum zweiten, dass der Berichtsaufbau logisch auf ein Ziel hin ausgerichtet ist.

Auch wenn diese Bedingungen erfüllt sind, ist immer noch nicht sichergestellt, dass der Adressat den Bericht bzw. die Darstellungen auch tatsächlich liest. Das geschieht nur, wenn die Inhalte für ihn attraktiv dargestellt werden und er ihn interessiert auch bis zum Ende durchliest, d.h. er muss für den Leser spannend sein.

Folgende Bedingungen sollen gewährleisten, dass der Empfänger von Darstellungen und Berichten diese auch wirklich aufnimmt:

- Er möchte unterhalten werden, d.h. die Darstellung sollte nicht nur Text, sondern auch durch Farben, Grafiken, Bilder, Diagramme u.ä. aufgelockert werden.
- Er möchte mitdenken und quasi mitentscheiden können. Dazu muss er in der Ausarbeitung sich orientieren, vergleichen und unterscheiden können. Das wird möglich durch eine Darstellung, die einer inhaltlichen Logik folgt, bei der sich Text und Bild ergänzen, Übersichtsinformationen gegeben werden und kurze und präzise Aussagen für Klarheit sorgen. Die Datensammlungen müssen kommentiert werden, auch wenn sie sich über mehrere Seiten erstrecken.
- Er möchte immer wieder Ansatzpunkte finden, die sein Interesse wecken. Deswegen sind komplizierte und ermüdende Sachverhalte nicht noch weiter zu komplizieren, sondern zu vereinfachen. Die Informationen dürfen den Empfänger nicht „erschlagen", sondern müssen in wohldosierten Mengen abgegeben werden. Redundanz schafft zwar Realität, gleichzeitig langweilt, unterfordert und ermüdet sie aber. Verweise, die Autoren kennen Berichte mit bis zu 1000 Fußnoten und Anmerkungen, führen ebenfalls zu

Ermüdungserscheinungen. Niemand blättert in Berichten gerne vor und zurück!
- Er möchte überzeugt werden. Das schafft man durch die Technik, dass Sätze immer so formuliert werden, dass man die Folgen einer Maßnahme vor dieser dargestellt. Werden zuerst die Maßnahmen dargestellt, durchdenkt der Leser möglicherweise selber Szenerien und zieht Konsequenzen, die verhindern, dass er die berichtsmäßig erläuterten Folgen nur teilweise oder gar nicht mehr wahrnimmt.
- Er möchte den Bericht bzw. die Darstellung bewältigen. Übermäßig lange Berichte und aufwändige Ausführungen lassen Ungeduld entstehen, ermüden und senken die Aufmerksamkeit des Empfängers zu einem zu frühen Zeitpunkt. Hier gilt die Regel: So knapp wie möglich, aber so lang wie nötig.

20.5 Vortrag und Impulsreferate

Auch Vorträge und Impulsreferate sind wesentlicher Bestandteil beraterischer Tätigkeit. Vorträge werden in der Regel vor größeren Auditorien gehalten und von vielen Berater auch als Akquisitionsinstrument gesehen. Impulsreferate werden in der Regel bei kleineren Veranstaltungen eingesetzt, mit einer starken Betonung auf eine anschließende Diskussion, für die ja der Impuls gedacht ist. Für beide Präsentationstechniken gilt, dass der Berater u. a. sich und sein Unternehmen einem Zuhörerkreis präsentieren kann und deswegen deren Vorbereitung und Durchführung sorgfältig planen sollte.

Natürlich ist fast jeder Berater in der Lage, vor einem kleinen Kreis von Zuhörern zu referieren oder kleine Gruppengespräche zu führen. Doch bei Vorträgen besteht das Publikum aus vielen Zuhörern, und wenn diese Zuhörer auch noch kritisch dem Redner entgegenblicken, befällt wohl viele eine Redeangst. Auch hier gilt: Übung und eine entsprechend solide Vorbereitung lassen die Ängste weitgehend verschwinden.

Vorträge haben für den Berater einen gravierenden Vorteil: Sie werden angekündigt und müssen vom Veranstalter vorbereitet werden, weswegen die Inszenierung gut planbar ist. Der Berater als Vortragender kann sich das erforderliche Wissen aneignen, strukturieren, daraus seine Aussagen ableiten und die Argumentationen aufbauen, mögliche Gegenargumente überlegen, den zeitlichen Ablauf festlegen und den formalen Ablauf planen. Zur Vorbereitung eines Vortrags gehört die Erarbeitung von entsprechenden Unterlagen, die mehr oder weniger strukturiert sein können. Damit der Vortragende nicht zum Vorleser wird, sollten folgende Punkte beachtet werden, die auch für Impulsreferate gelten:

- Die Unterlage soll sich dem Sprechstil angleichen – nicht umgekehrt; keine Schachtelsätze, sondern kurze und einfache Satzkonstruktionen wählen.
- Die Schrift soll möglichst groß sein (mindestens 12 Punkte).
- Der Zeilenabstand muss doppelt oder dreifach sein.
- Jeder neue Gedanken sollte mit einer neuen Zeile beginnen.
- Der Rand soll größer als üblich sein, damit Platz für „Regieanweisungen" vorhanden ist.

Wie komplex Vorträge und Reden sein können, zeigt die folgende Aufstellung über Aspekte, die an einem Vortragenden beobachtet werden und in die ganzheitliche Bewertung einfließen können:

- **Grundhaltung:** Sie ist wesentlicher Bestandteil des rhetorischen Instrumentariums und signalisiert dem Zuhörer die Stimmungslage und die Befindlichkeit des Vortragenden. Wichtig ist ein gut ausbalancierter Stand, eine gelockerte Körperhaltung und ein erhobener Kopf, damit die Atemwege frei sind.
- **Visuelle Kommunikation** (Mimik, Gestik, Blickkontakt, Hilfsmittel): Die Mimik spiegelt für alle sichtbar den Kontext wieder, in den die Botschaften eingebettet sind. Die Gestik soll den Vortrag begleiten, unterstreichen und wichtige Passagen akzentuieren. Die Hände können sich dabei in drei Ebenen bewegen: Eine obere Ebene für zustimmende und bejahende Gesten, eine untere Ebene für verneinende Gesten und eine mittlere Ebene für die beschreibend-veranschaulichenden und unterstreichenden Gesten. Die Stärke der Bewegungen sollen sich dabei an der Größe des Auditoriums orientieren: Je größer, desto ausgeprägter. Der Blickkontakt ist sehr wichtig, nichts ist für Zuhörer schlimmer, als „ignoriert" zu werden. Zudem verhindert der Blickkontakt, dass sich die Zuhörer anderen Dingen widmen.
- **Stimme** (Lautstärke, Stimmlage, Klarheit): Die Lautstärke soll natürlich dem jeweiligen Raum, den vorhandenen technischen Einrichtungen und dem Anlass angemessen sein. Die Stimme sollte weder zu hoch noch zu tief sein, Betonungen nach oben und unten sollten nur wirklich geübte Redner durchführen. Wenn keine Silben verschluckt werden, ist auch die Klarheit gesichert.
- **Sprechtechnik** (Pausen, Tempo, Betonungen, Räuspern, Füllwörter, Monotonie): Pausen sind für manche Vortragende kaum auszuhalten – dabei gehören sie genauso zur Sprache und sind genauso wichtig, wie das gesprochene Wort. Durch Pausen werden

20. Moderations- und Präsentationstechnik

Aussagen deutlicher akzentuiert, genauso wie durch Betonungen. Vortragende, die Angst vor Pausen haben, verwenden eine Menge von Füllwörtern, diejenigen, die sehr oft sprechen, verwenden meist dasselbe. Jeder erinnert sich an einen Lehrer, der mit Füllwörtern agiert hat. Ein Englischlehrer der Autoren brachte es auf gezählte 173 „Nicht wahr?" in 50 Minuten. Ein weiteres Gestaltungselement ist das Sprechtempo, das erfahrene Sprecher variieren. Drei Varianten sind wünschenswert: ein schnelles, um die Zuhörer mitzureißen, ein langsames für schwierige Begriffe sowie Erklärungen und ein mittleres für die normalen Passagen. Inhaltliche und stimmliche Monotonie beim Sprechen erzeugt Langeweile bei den Zuhörern.

- **Sprache** (Aussprache, Grammatik, Wortwahl, Stil): Die Aussprache ist besonders für Dialektsprecher wichtig, weil sie aus deren Sicht oft ein Problem darstellt. Dabei ist es vernünftiger, authentisch mit dialektalen Einschlüssen zu sprechen und sich mit Standarddeutsch zu begnügen, als beim Versuch, Hochdeutsch zu sprechen, zu scheitern, weil z. B. die Grammatik des Dialekts sich oft nicht direkt übertragen lässt. Die Wortwahl sollte sich an einer maximalen Verständlichkeit orientieren, Berater-Kauderwelsch oder ein mit Fremdwörtern überladener Vortrag provozieren oft Ablehnung und Langeweile. Im Stil sind die üblichen Konventionen einzuhalten, wobei ein Schuss Emotion an der richtigen Stelle Zuhörer begeistern kann.
- **Aufbau** (Einleitung, Hauptteil, Schluss): Vorträge sollten nicht mit Floskeln beginnen, die einem das Zuhören verleiden. Beispiele dafür, wie „Entschuldigung, ich konnte mich nicht sehr sorgfältig auf das Thema vorbereiten" oder „Eigentlich ist das nicht mein Steckenpferd" gibt es zuhauf und sie signalisieren den Zuhörern, dass jetzt die Schlafenszeit beginnt. Besser ist die Suche nach Einleitungen, die die Zuhörer in Stimmung versetzen, kleine Anekdoten oder Zitate, die Esprit und Originalität signalisieren und die eine Beziehung zwischen Vortragendem und Zuhörern schaffen. Der Hauptteil beschäftigt sich mit dem eigentlichen Thema, den Fakten, den Schlussfolgerungen und dem gewünschten Lösungsweg bzw. Ziel des Vortrags. Der Schlussteil ist nahezu der wichtigste Teil einer Rede: Der Zuhörer nimmt die Schlussbotschaften mit und merkt sie sich am ehesten. Deshalb ist eine kurze Zusammenfassung, bei der die Hauptpunkte wiederholt werden, vorzubereiten, den Zuhörern zu danken und die weiteren Vorgehensweisen zu schildern, wichtig. Der Abschluss sollte wörtlich vorbereitet sein, damit keine unnötigen Wiederholungen passieren, die den Gesamteindruck stören.

- **Inhalte** (Emotionalität, Sachlichkeit, Appelle): Emotionalität an den entscheidenden Stellen des Vortrages vermittelt den Zuhörern deren Wichtigkeit. Die Sachlichkeit muss oberste Doktrin bleiben, weil sonst die Wahrscheinlichkeit des Widerspruches aus dem Auditorium sehr groß wird. Mit den Appellen im Sinne von „man sollte ..." und „man müsste ..." ist eher sparsam umzugehen, weil deren massives Auftreten bei den Zuhörern eher Ablehnung mobilisiert.
- **Wirkung** (Selbstvertrauen, Sicherheit, Glaubwürdigkeit, Überzeugungskraft): Durch eine aufrechte Körperhaltung wird den Zuhörern Selbstvertrauen und Selbstsicherheit signalisiert und gleichzeitig die Sicherheit des Vortragenden erhöht. Die Glaubwürdigkeit eines Vortrages wird dadurch gesteigert, dass immer wieder der Konsens und die Übereinstimmung mit den Zuhörern gesucht wird. Die Überzeugungskraft eines Vortragenden entsteht beim Zuhörer dann, wenn alle angeführten Punkte berücksichtigt werden.

Von Beratern, die Vorträge halten, erwarten die Zuhörer vor allem eine perfekte Inszenierung. Ähnliches gilt für Impulsreferate, für die im Übrigen die Anregungen und Vorgaben für Vorträge gleichermaßen gelten.

Strategien der ersten Hilfe bei Pannen, wie Wortmangel, Steckenbleiben und Verlegenheitspausen, können ebenfalls dazu beitragen, dass die Sicherheit des Vortragenden erhöht wird:

- **Wortmangel:** Während des Vortrages läuft alles bestens, doch plötzlich fehlt das entscheidende Wort, es fällt einem einfach nicht ein. Eine Möglichkeit bestünde darin, sich bei den Zuhörern dafür zu entschuldigen und sie auf später zu vertrösten. Besser wäre die Variante: „Es ist wirklich schwer, hier den richtigen Ausdruck zu finden ..." oder: „Ja, wie soll ich es ihnen genauer sagen ..." Sollte die Blockierung hartnäckig sein, ist die Flucht nach vorne möglich: „Aber, meine Damen und Herren, Sie wissen schon was ich meine ...".
- **Steckenbleiben:** Auch hier läuft alles bestens, bis der Vortragende einen Satz beginnt, bei dem alle merken: Hier führt kein Weg hinaus, die Konstruktion ist verhaut. Am besten ist hierbei, den gesamten Satz beiseite zu wischen und neu zu beginnen: „Nein, ich möchte es präziser formulieren, besser ausdrücken ...", oder: „Ich möchte es Ihnen noch besser, genauer sagen ...".
- **Verlegenheitspause:** Die tritt ein, wenn der rote Faden reißt und der Vortragende plötzlich stecken bleibt. Ist das in der Mitte des Vortrages der Fall, kann immer noch versucht werden, mit Zu-

sammenfassungen des bisher gesagten Zeit zu gewinnen. Formulierungen dafür sind z. B. „Den letzten Gedanken möchte ich Ihnen nochmals genauer erläutern." oder „Ich darf nochmals zusammenfassen."

20.6 Spezielle Präsentationstechniken

Zu den speziellen Präsentationstechniken für Berater gehört die klientenorientierte Präsentation von Erhebungen, Analysen, Berechnungen oder Ergebnissen mit dem Computer. Leistungsfähige Laptops, Notebooks, oder Palmtops ermöglichen eine beinahe interaktive Art der Präsentation.

Die **Vorteile** der elektronischen Präsentation liegen darin,

- dass Daten und Abläufe noch während der Präsentation veränder- bzw. aktualisierbar sind,
- im Unternehmen vorhandene Daten direkt in die Präsentation einfließen können,
- durch die Möglichkeit, virtuelle Realitäten zu schaffen, realitätsnahe Interaktionen vorführbar sind,
- eine hohe Vertrautheit mit der Präsentationstechnik bei einer Zuhörerschaft besteht, die täglich mit Computern umgeht,
- wenn Wert auf Unterhaltung (Infotainment) durch Bildaufbau und Animation gelegt wird,
- wenn Grafiken, Videos, Text und auditive Elemente verknüpft werden sollen und
- durch die leichte Multiplizierbarkeit, z. B. durch CD-ROMs, die Verbreitung und die Wiederholbarkeit von Präsentationen ermöglicht werden soll.

Nachteile können vor allem darin liegen, dass bei einem technischen Gebrechen die gesamte Präsentation „ins Wasser fällt" oder dass die Bedienung vom Vortragenden noch sehr viel Aufmerksamkeit und technisches Verständnis erfordert, was sehr viel Energie bindet, die ihm u.U. bei der Präsentation fehlt. Dessen ungeachtet werden die weiteren technischen Entwicklungen, z. B. durch die Sprachsteuerung von Computern, und die weiteren Vorteile solcher Präsentationsformen deren Verbreitung fördern.

Durch die zunehmende Digitalisierung können sich auch für Beratungsunternehmen, die sich selbst aktiv präsentieren wollen, neue Möglichkeiten ergeben. So z. B. durch die Präsentation des eigenen Beratungsunternehmens im Internet, in dem sich auch schon viele potentiellen Kundenunternehmen präsentieren. So kann z. B. durch die einfach zu realisierende Verwendung von Kundenlogos und -leitsätzen und deren Einbindung in Präsentationen für den Berater die kundenbezogene Anpassung und Individualisierung wesentlich zielgruppenorientierter und damit gleichzeitig auch effektiver vorgenommen werden.

Durch die sich weiter entwickelnden technischen Möglichkeiten ist es auch bald vorstellbar, dass der Berater nicht mehr persönlich vor Ort präsentiert, sondern sich eines Kommunikationssystems bedient, das in Analogie zu dem der Videokonferenzen funktioniert. Bleibt nur zu klären, ob die Kunden diese Entwicklungen, die heute schon machbar sind, mittragen.

Literaturverzeichnis

Adams, H. W.: Vorsicht vor leichtfertigen Beratern. BddW 17.1. 1996
Antoni, C. (Hrsg.): Gruppenarbeit in Unternehmen: Konzepte, Erfahrungen, Perspektiven, Weinheim 1994
ders.: Teamarbeit gestalten. Grundlagen, Analysen, Lösungen. Weinheim 2000
Argyris, C.: Wenn Experten wieder lernen müssen, in: Harvard manager 4/1991, S. 95–107
Argyris, Ch./Schön, D. A.: Die Lernende Organisation: Grundlagen, Methode, Praxis. Stuttgart 1999
Asanger, R./Wenninger, G. (Hrsg.): Handwörterbuch der Psychologie. Augsburg 2000
Attems, R.: Prozessberatung als Hilfe bei Veränderungsprojekten und Entwicklung des Unternehmens, in: *Kramarsch, M. (Hrsg.):* Training '95/96: Das Handbuch zur beruflichen Aus- und Weiterbildung. Wien 1995
Axelrod, R.: Die Evolution der Kooperation. (3. Auflage) München 1995
Bachmair, S./Faber, J./Hennig, C./Kolb, R./Willig, W.: Beraten will gelernt sein. Weinheim 1999
Balzer, A./Wilhelm: W.: McKinsey. Die Firma, in: manager magazin, 4/1995, S. 43–57
Barcus, S. W. (Ed.): Handbook of management consulting services. New York 1995
Baumgartner, I./Häfele, W./Schwarz, M./Sohm, K.: OE-Prozesse. Die Prinzipien systemischer Organisationsentwicklung. (5. Auflage) Bern 1998
Becker, A./Becker, H.: Psychologisches Konfliktmanagement. München 1992
Becker, H./Langosch, I.: Produktivität und Menschlichkeit. Organisationsentwicklung und ihre Anwendung in der Praxis. Stuttgart 1995
Bengert, W.: Das Gutachten in der Beratung von Politik und öffentlicher Verwaltung, in: *Walger, G. (Hrsg.):* Formen der Unternehmensberatung. Systemische Unternehmensberatung, Organisationsentwicklung, Expertenberatung und gutachterliche Beratungstätigkeit in Theorie und Praxis. Köln 1995
Bergholz, H.-J.: Total Quality Management. Der Weg in die Zukunft. München 1991
Berry, L. L./Yadav, M. S.: Oft falsch berechnet und verwirrend – die Preise für Dienstleistungen, in: Harvard Businessmanager 1/1997, S. 57–67
Beutel-Wedewardt, K.: Multiplikatorenkonzepte – ein Einstieg in die lernende Organisation?, in: *Sattelberger, Th. (Hrsg.):* Die lernende Organisation. Wiesbaden 1991
Biehal, F. (Hrsg.): Lean Service: Dienstleistungsmanagement der Zukunft für Unternehmen und Non-Profit-Organisationen. Wien 1993
ders.: Warum es einer Unternehmensführung schwerfällt, sich mit der Zukunft zu beschäftigen, in: *Trebesch, K. (Hrsg.):* Organisationsentwicklung. Konzepte, Strategien, Fallstudien. Stuttgart 2000

Blake, R./Mouton, J. S.: Verhaltenspsychologie im Betrieb. Düsseldorf 1980
dies.: Besser verkaufen durch GRID. Düsseldorf 1988
Bleicher, K.: Organisation, Strategien – Strukturen – Kulturen. (2. Auflage) Wiesbaden 1991
Boos, F./Exner, A./Heitger, B.: Soziale Netzwerke sind anders, in: *Trebesch, K. (Hrsg.):* Organisationsentwicklung. Konzepte, Strategien, Fallstudien. Stuttgart 2000
Borwick, I.: Systemische Beratung von Organisationen, in: *Fatzer, G. (Hrsg.):* Supervision und Beratung – ein Handbuch. Köln 1993
Brandenburger, A. M./Nalebuff, B. J.: Mehr Geschäftserfolg – dank der Spieltheorie, in: Harvard Businessmanager 2/1996, S. 82–93
Brandstätter, J.: Die Prüfung der Sanierungsfähigkeit notleidender Unternehmen. München 1993
Braun, M./Sommerlatte, T: Innovation-Premium: Shareholder-Value durch Innovation – ein Ansatz von Arthur D. Little, in: *Fink, D. (Hrsg.):* Management Consulting – Fieldbook. Die Ansätze der grossen Unternehmensberater. München 2000
Britzelmaier, B./Geberl, S./Weinmann, S. (Hrsg.): Informationsmanagement – Herausforderungen und Perspektiven. 3. Liechtensteiner Wirtschaftsinformatik-Symposium an der FH-Liechtenstein. Stuttgart 2001
Brosch, S.: Karriere als internationaler Unternehmensberater. Hot Tobjob, in: Gewinn 7/8 1995, S. 51–53
Brown, D.: Innovation management tools. A review of selected methodologies. Luxembourg 1997
Brown, J. S./Duguid, P.: Dem Unternehmen das Wissen seiner Menschen erschließen, in: Harvard Businessmanager 3/1999, S. 76–88
Bühner, R./Akitürk, D.: Die Mitarbeiter mit einer Scorecard führen, in: Harvard Businessmanager 4/2000, S. 44–53
Buell, B.: Gut verhandeln – gar nicht so leicht, in: Harvard Businessmanager 2/1997, S. 33–36
Buro, H. F.: Lohnen externe Berater für den Mittelstand? BddW 25. 5. 1993
Carqueville, P.: Rollentheoretische Analyse der Berater/Klienten-Beziehung, in: *Hofmann, M. (Hrsg.):* Theorie und Praxis der Unternehmensberatung: Bestandsaufnahme und Entwicklungsperspektiven. Heidelberg 1991
Champy, J.: Reengineering im Management. Frankfurt 1995
Clutterbuck, D./Crainer, S.: Die Macher des Managements. Wien 1991
Cohn, R. C.: Von der Psychoanalyse zur themenzentrierten Interaktion. (5. Auflage) Stuttgart 1981
Cummings, A./Oldham, G.: Wo Kreativität am besten gedeiht, in: Harvard Businessmanager 4/1998, S. 32–43
Dahl, R. A.: The concept of power. Behavioral Science 2, 1957, S. 201–215
Debler, W. F.: Attributionsforschung. Kritik und kognitiv-funktionale Reformulierung. Salzburg 1983
Devereux, G.: Ethnopsychoanalyse. Frankfurt 1984.
Dietrich, G.: Allgemeine Beratungspsychologie. Göttingen 1983
Dixon, J. R./Arnold, P./Heineke, A./Kim, J. S./Mulligan, P.: Reengineering II: Mit Ausdauer ist es machbar, in: Harvard Businessmanager 2/1995, S. 105–114

Dörner, D.: Über die Schwierigkeiten menschlichen Umgangs mit Komplexität, in: Psychologische Rundschau, 3/1981, S. 163–179
ders.: Die Logik des Mißlingens. Strategisches Denken in komplexen Situationen. Reinbeck 1989
Doppler, K./Lauterburg, Ch.: Change Management. Den Unternehmenswandel gestalten. (6. Auflage) Frankfurt 1997
Dornauer, P.: Praxisbericht mit theoretischem Hintergrund anhand eines Veränderungsprojektes bei AEG Austria, in: *Kramarsch, M. (Hrsg.):* Training '95/96: Das Handbuch zur beruflichen Aus- und Weiterbildung. Wien 1995.
Dostal, W.: Telearbeit in der Informationsgesellschaft. Zur Realisierung offener Arbeitsstrukturen in Betrieb und Gesellschaft. Göttingen 1999
Drucker, P. F.: So funktioniert die Fabrik von morgen, in: Harvard manager 1/1991, S. 9–17
ders.: Dienstleister müssen produktiver werden, in: Harvard manager 2/1992, S. 64–72
Elfgen, R.: Systematische und kognitionstheoretische Perspektiven der Unternehmensberatung, in: *Hofmann, M. (Hrsg.):* Theorie und Praxis der Unternehmensberatung: Bestandsaufnahme und Entwicklungsperspektiven. Heidelberg 1991
Elfgen, R./Klaile, B.: Unternehmensberatung: Angebot, Nachfrage, Zusammenarbeit. Stuttgart 1987
Escher, F.: Notizen aus der Schule der Komplexität, in: Managerie 2: Jahrbuch für systemisches Management. Heidelberg 1993
Exner, S.: Der Unternehmensberatungsvertrag. Köln 1992
Fachverband Unternehmensberatung und Informationstechnologie: Berufsgrundsätze und Standesregeln für Unternehmensberater. Wien 2001
Fatzer, G.: Prozessberatung als Organisationsberatungsansatz der neunziger Jahre, in: *Wimmer, R. (Hrsg.):* Organisationsberatung – neue Wege und Konzepte. Wiesbaden 1992
ders. (Hrsg.): Supervision und Beratung – ein Handbuch. Köln 1993
Faulhaber, P./Landwehr, N.: Turnaround-Management in der Praxis. Frankfurt 1996
FEACO: 31. december 1999: Survey of the European Consultancy Market. Brussels 2000
ders.: 31st December 1997. Survey of European Management Consultancy Market. Brussels 1998
Fink, D. (Hrsg.): Management Consulting – Fieldbook. Die Ansätze der grossen Unternehmensberater. München 2000
Fisher, R./Ury, W./Patton, B.: Das Harvard-Konzept. Sachgerecht verhandeln – erfolgreich verhandeln. (14. Auflage) Frankfurt 1995
Frey, P.: Innerbetriebliche Wissenspotentiale und deren Nutzungsmöglichkeiten, in: *Hofmann, M./Sertl, W. (Hrsg.):* Management Consulting. Ausgewählte Probleme und Entwicklungstendenzen in der Unternehmensberatung. Stuttgart 1987
Fröschl, F./Yalçin, A.: IT: Wenn Visionäre über Pragmatiker triumphieren. Harvard Businessmanager 4/1994, S. 40–49
Galbraith, C. S./Merill, G. B.: Geschäftspolitik mit frisierten Prognosen, in: Harvard Businessmanager 3/1996, S. 85–93

Garvin, D. A.: Das lernende Unternehmen I: Nicht schöne Worte – Taten zählen, in: Harvard Businessmanager 1/1994, S. 74–85

Geißler, H. (Hrsg.): Neue Qualitäten betrieblichen Lernens. Frankfurt 1992

ders.: Grundlagen des Organisationslernens. Weinheim 1994

Gerberich, C./Köster, J.: Die Grenzen der Sparkommissare. Wie Unternehmen sterben – und wie nicht, in: BddW 11. 1. 1995

Gloger, A.: Die lernende Organisation: Weiterbildung im Unternehmen verankern, in: *Graf, J. (Hrsg.):* Seminare '96. Bonn 1995

Graf-Götz, F./Glatz, H.: Organisation gestalten. Neue Wege und Konzepte für Organisationsentwicklung und Selbstmanagement. Weinheim 1998

Greeve/Voegt/Becker/Gutmann: Beraterinitiative „Modell Deutschland 21" – Fragen und Antworten, in: Unternehmensberater 4/1997, S. 4–7

Greif, S.: Diskussionstraining. Salzburg 1976

Großmann, R. (Hrsg.): Management und Beratung. Wiesbaden 1995

Hamel G./Prahalad, C. K.: Wettlauf um die Zukunft. Wien 1995

Hammer, M.: Reengineering I: Der Sprung in eine andere Dimension, in: Harvard Businessmanager 2/1995, S. 95–103

Hammer, M./Champy, J.: Business Reengineering. (5. Auflage) Frankfurt 1995

Hammer, M./Stanton, S.: Die Reengineering Revolution. Frankfurt 1995

Hansen, T. M./Nohria, N./Tierney, T.: Wie managen Sie das Wissen in Ihrem Unternehmen?, in: Harvard Businessmanager 5/1999, S. 85–96

Harramach, N.: Management-Trainings: Qualität sinnvoll sichern. Wien 1993

ders.: TEK – Trainings-Erfolgs-Kontrolle, in: *Kramarsch, M. (Hrsg.):* Training '95/96: Das Handbuch zur beruflichen Aus- und Weiterbildung. Wien 1995

Heintel, P.: Lässt sich Beratung erlernen? Perspektiven für die Aus- und Weiterbildung von Organisationsberatern, in: *Wimmer, R. (Hrsg.):* Organisationsberatung. Neue Wege und Konzepte. Wiesbaden 1992

Heinze, T.: Qualitative Sozialforschung. Erfahrungen, Probleme und Perspektiven. (3. Auflage) Opladen 1995

Herkner, W. (Hrsg.): Attribution. Psychologie der Kausalität. Bern 1980

Hirn, W./Krogh, H.: Die großen Zampanos, in: manager magazin 11/1994, S. 201–213

Hirn, W./Student, D.: Gewinner ohne Glanz, in: managermagazin 7, 2001, S. 48–61

Hirzel, M./Mattes, F.: Projekt- und Innovationsmanagement – den richtigen Weg erkennen, in: Gabler's Magazin 3/1992, S. 11–15

Hoffmann, W./Hlawacek, S.: Beratungsprozesse und -erfolge in mittelständischen Unternehmen, in: *Hofmann, M. (Hrsg.):* Theorie und Praxis der Unternehmensberatung: Bestandsaufnahme und Entwicklungsperspektiven. Heidelberg 1991

Hofmann, G., R.: Wissensmanagement (Knowledge Asset Management – KAM) in Beratungsbetrieben, in: *Britzelmaier, B./Geberl, S./Weinmann, S. (Hrsg.):* Informationsmanagement – Herausforderungen und Perspektiven. 3. Liechtensteiner Wirtschaftsinformatik-Symposium an der FH-Liechtenstein. Stuttgart 2001

Hofmann, M.: Psychologische Aspekte des Management-Beratungsprozesses, in: *Hofmann, M./Sertl, W. (Hrsg.)*: Management Consulting. Ausgewählte Probleme und Entwicklungstendenzen in der Unternehmensberatung. Stuttgart 1987
Hofmann, M. (Hrsg.): Theorie und Praxis der Unternehmensberatung: Bestandsaufnahme und Entwicklungsperspektiven. Heidelberg 1991
Hofmann, M./Rosenstiel, L./Zapotoczky, K. (Hrsg.): Die sozio-kulturellen Rahmenbedingungen für Unternehmensberater. Stuttgart 1991
Hofmann, M./Sertl, W. (Hrsg.): Management Consulting. Ausgewählte Probleme und Entwicklungstendenzen in der Unternehmensberatung. Stuttgart 1987.
Hofmeister, R.: Unternehmenssicherung. Wien 1996
Höselbarth, F./Lay, R./López de Arriotúa, J. I. (Hrsg.): Die Berater. Einstieg, Aufstieg, Wechsel. Frankfurt 2000
Hudler, A.: Techniken zur Durchsetzung von Beratungskonzepten, in: *Hofmann, M./Sertl, W. (Hrsg.)*: Management Consulting. Ausgewählte Probleme und Entwicklungstendenzen in der Unternehmensberatung. Stuttgart 1987
Ibarra, H.: Beratungsfirmen – Partner werden, das ist schwer, in: Harvard Businessmanager 5/2000, S. 78–92
Jäckel, B.: Aspekte der Unternehmensberatung in den neuen Bundesländern, in: *Schmid, F./Schumann, M. (Hrsg.)*: Consulting Guide 1997. München 1996
Kailer, N.: Der Markt für Weiterbildung und Personalentwicklung. Wien 1995
Kailer, N./Merker, R.: Kompetenzbarrieren und -defizite in der Beratung von Klein- und Mittelunternehmen, in: *Kailer, N./Walger, G. (Hrsg.)*: Perspektiven der Unternehmensberatung für kleine und mittlere Unternehmen. Probleme – Potentiale – Empirische Analysen. Wien 2000
Kailer, N./Walger, G. (Hrsg.): Perspektiven der Unternehmensberatung für kleine und mittlere Unternehmen. Probleme – Potentiale – Empirische Analysen. Wien 2000
Kaplan, R. S./Norton, D. P. (Hrsg.): Balanced scorecard: Strategien erfolgreich umsetzen. Stuttgart 1997
Kaplan, R. S./Norton, D. P.: Wie Sie die Geschäftsstrategie den Mitarbeitern verständlich machen, in: Harvard Businessmanager 2/2001, S. 60–70
Kappler, E.: Die Aufhebung der Berater-Klienten-Beziehung in der Aktionsforschung, in: *Wunderer, R. (Hrsg.)*: Humane Personal- und Organisationsentwicklung. Berlin 1979
ders.: Lean Consulting – Coaching und Supervision als Beispiele schlanker prozessorientierter Organisationsentwicklung, in: *Walger, G. (Hrsg.)*: Formen der Unternehmensberatung. Systemische Unternehmensberatung, Organisationsentwicklung, Expertenberatung und gutachterliche Beratungstätigkeit in Theorie und Praxis. Köln 1995
Kappler, E./Scheytt, T. (Hrsg.): Unternehmensführung – Wirtschaftsethik – Gesellschaftliche Evolution: Annäherungen an eine verantwortungsbewußte Führungspraxis. Gütersloh 1995

Karmasin, H.: Der Markt der Unternehmensberatungsleistungen in Deutschland, der Schweiz und Österreich. Vortragsunterlage 1994
Karmasin, H.: Produkte als Botschaften: Was macht Produkte einzigartig und unverwechselbar? Wien 1993
Kelley, H. H.: Attribution theory in social psychology, in: *Levine, E. (Ed.):* Nebraska Symposium on Motivation. Lincoln 1967
ders.: Attribution in social interaction, in: *Jones, E./Kanouse, D./Kelley, H. H./Valins, S./Weiner, B. (Eds.):* Attribution: Perceiving the causes of behavior. Morristown 1972 a
ders.: Causal schemata and the attribution process, in: *Jones, E./Kanouse, D./Kelley, H. H./Valins, S./Weiner, B. (Eds.):* Attribution: Perceiving the causes of behavior. Morristown 1972 b
Kessler, B. H.: Behaviorale Diagnostik, in: *Schmidt, L. R. (Hrsg.):* Lehrbuch der klinischen Psychologie. Stuttgart 1978
Keupp, H.: Soziale Netzwerke, in: *Asanger, R./Wenninger, G. (Hrsg.):* Handwörterbuch Psychologie. Augsburg 2000, S. 696–703
Kieser, A. (Hrsg.): Organisationstheorien. (3. Auflage) Stuttgart 1999
Kirckhoff, M.: Mind Mapping: Die Synthese von sprachlichen und bildhaften Denken. (5. Auflage) Berlin 1991
Klebert, K./Schrader, E./Straub, W. G.: Kurzmoderation. Hamburg 1985
Klotz, M./Strauch, P.: Wissensmanagementsysteme – Komponenten und Erfolgsfaktoren für den Einsatz, in: *Britzelmaier, B./Geberl, S./Weinmann, S. (Hrsg.):* Informationsmanagement – Herausforderungen und Perspektiven. 3. Liechtensteiner Wirtschaftsinformatik-Symposium an der FH-Liechtenstein. Stuttgart 2001
Köppl, W.: Public Affairs Management: Strategien & Taktiken erfolgreicher Unternehmenskommunikation. Wien 2000
Konradt, U.: Partner im virtuellen Unternehmen, in: Harvard Businessmanager 3/1999, S. 103–107
Kramarsch, M. (Hrsg.): Training '95/96: Das Handbuch zur beruflichen Aus- und Weiterbildung. Wien 1995
Kreeger, L. (Hrsg.): Die Großgruppe. Stuttgart 1977
Kröber, H.-W.: Der Beratungsbegriff in der Fachliteratur, in: *Hofmann, M./Rosenstiel, L./Zapotoczky, K. (Hrsg.):* Die sozio-kulturellen Rahmenbedingungen für Unternehmensberater. Stuttgart 1991
Krüger, W.: Hier irrten Peters und Waterman. Ein Bestseller wird entzaubert, in: Harvard Business manager 1/1989, S. 13–18
Krystek, U.: Unternehmenskrisen: Beschreibung, Vermeidung und Bewältigung überlebenskritischer Prozesse. Wiesbaden 1987
Kubr, M. (Ed.): Management Consulting. A guide to profession. (3rd edition) Geneva 1996
ders.: Unternehmensberater auswählen und erfolgreich einsetzen. Ein Handbuch für Entscheider. Genf 1998
Langmaack, B./Braune-Krickau, M: Wie die Gruppe laufen lernt: Anregungen zum Planen und Leiten von Gruppen. (7. Auflage) Weinheim 1998
Larew, J./Deprosse, H.: Erfolgshonorare für Berater?, in: Harvard Businessmanager 1/1997, S. 107–113
Lay, R.: Kommunikation für Manager. Düsseldorf 1989

Literaturverzeichnis 395

Lazarus, A. A.: Multimodale Kurzpsychotherapie. Stuttgart 2000
Leciejewski, K.: Guter Rat von Beratern. Handbuch für die erfolgreiche Zusammenarbeit mit Consultants, Personalberatern und PR-Agenturen. Frankfurt 1996
ders.: Unternehmensberater keine verlängerte Werkbank der Geschäftsleitung – Wie erkennt man die Qualität einer Beratungsgesellschaft? BddW/1996
Leeds, D.: Die Kunst der Kommunikation: erfolgreiche Kommunikation im Geschäftsleben. Düsseldorf 1990
Leitinger, R./Strohbach, H./Schöfer, P./Hummel, M.: Venture Capital und Börsengänge: von der Produktidee zum internationalen Nischenspezialisten; Business Pläne – Unternehmensbewertung – Due Diligence. Wien 2000
Leitschuh-Fecht, H.: Frauen in der Unternehmensberatung – RKW-Pilotprojekt „Beraterinnen-Werkstatt". BddW 19. 1. 1996
Lenglacher, M./Schmitz, C./Weyrer, M.: Konflikt als Potential der Unternehmensentwicklung: Vom Konflikt zum Dialog, in: Gabler's Magazin 9/1995, S. 14–19
Linden, F. A.: Wachsen im Netz, in: manager magazin 7/95, S. 102/113
Lippit, G./Lippit, R.: The consulting process in action. La Jolla 1978
ders.: Beratung als Prozess. Was Berater und ihre Kunden wissen sollten. (2. Auflage) Leonberg 1995
Lippit, R.: Dimensions of the consultant's job, in: Journal of social issues, 15, 1959
Lorenz, U.: Unternehmensberater sollen Honorar-Sätze jetzt offenlegen, in: BddW 9. 1. 1996
Luhmann, N.: Wie lassen sich latente Strukturen beobachten?, in: *Watzlawick, P./Krieg, P.* (Hrsg.): Das Auge des Beobachters. München 1991, S. 61–74
Lutz, C.: Kommunikation – Kern der Selbstorganisation: Unternehmensführung im Informationszeitalter, in: *Sattelberger, T. (Hrsg.):* Die lernende Organisation. Wiesbaden 1991
Maister, D.: Some Laws of Selling. Discussion Paper. Rome 1993
Marketing für Unternehmensberater: Publikation zum österreichischen Kongress für Unternehmensberatung in Eisenstadt, 27.–29. 10. 1994, Band 1 und 2
Marner, B./Jaeger. F.: Unternehmensberatung und Weiterbildung mittelständischer Unternehmer. Ergebnisse einer empirischen Untersuchung. Berlin 1990
Maturana, H.: Was ist Erkennen? München 1994
Mempel, G./Walsh, I.: Projektmanagement, Kooperations- und Kommunikationsmanagement, in: Gabler's Magazin 3/1992, S. 24–28
Meyersen, K.: Die moderierte Gruppe: hierarchiefreie Kommunikation im Unternehmen. Frankfurt 1992
Mintzberg, H.: Mintzberg über Management. Wiesbaden 1991
Moriz, K.: Ergebnisse psychologischer Forschung und ihre Bedeutung für die Unternehmensberatung, in: *Hofmann, M./Rosenstiel, L./Zapotoczky, K. (Hrsg.):* Die sozio-kulturellen Rahmenbedingungen für Unternehmensberater. Stuttgart 1991

Müller, J.R.: Die kommunikative Dimension in der Beratung, in: *Sertl, W./Zapotoczky, K. (Hrsg.)*: Neue Leistungsinhalte und internationale Entwicklung der Unternehmensberatung. Stuttgart 1989

Mugler, J.: Unternehmensberatung für Klein- und Mittelbetriebe, in: *Hofmann, M. (Hrsg.)*: Theorie und Praxis der Unternehmensberatung: Bestandsaufnahme und Entwicklungsperspektiven. Heidelberg 1991

Mugler, J./Lampe, R.: Betriebswirtschaftliche Beratung von Klein- und Mittelbetrieben, in: Betriebswirtschaftliche Forschung und Praxis, 6/1987, S. 477–493

Nagel, R. (Hrsg.): Consulting. Das Handbuch für Unternehmensberatung in Österreich. Wien 1990

ders.: Consulting '92. Das Handbuch für Unternehmensberatung in Österreich. Wien 1991

ders.: Consulting '94. Das Handbuch für Unternehmensberatung in Österreich. Wien 1993

Nestmann, F.: Beratung, in: *Asanger, R./Wenninger, G. (Hrsg.)*: Handwörterbuch der Psychologie. Augsburg 2000, S. 78–84

Neuberger, O.: Miteinander arbeiten – miteinander reden! München 1985

ders.: Führen und geführt werden. Stuttgart 1994a

ders.: Personalentwicklung. (2. Auflage) Stuttgart 1994b

ders.: Mikropolitik. Der alltägliche Aufbau und Einsatz von Macht in Organisationen. Stuttgart 1995

Neuhäuser-Metternich, S.: Kommunikation im Berufsalltag. Verstehen und Verstanden werden. München 1994

Niederreichholz, Ch.: Der arge Mangel an qualifizierten Beratern, in: Harvard Business manager 1/1993, S. 109–113

dies.: Unternehmensberatung – Beratungsmarketing und Auftragsakquisition. München 1994

dies.: Qualitätsmanagement in der Unternehmensberatung. Kissing 1996

dies.: Unternehmensberatung, Auftragsdurchführung und Qualitätssicherung. München 1997

Ochsenbauer, Ch.: Strategische Herausforderungen für Unternehmensberater, in: *Schmid, F./Schumann, M. (Hrsg.)*: Consulting Guide 1997. München 1996

Parsons, T.: Aktor, Situation und normative Muster: Ein Essay zur Theorie sozialen Handelns. Frankfurt 1986

Peiner, W.: Wandel durch Management mit Methode – Organisation – Die Technik der Berater muss versagen, wenn die Überzeugung beim Kunden fehlt. Bddw/1997

Peters, T./Waterman, R.: Auf der Suche nach Spitzenleistungen: Was man von den bestgeführten US-Unternehmen lernen kann. Landsberg 1984

Platzer, M./Öhlinger, R.: EU-konforme Ausschreibungen. Wien 1997

Porter, M.E.: Nur Strategie sichert auf Dauer hohe Erträge, in: Harvard Businessmanager 3/1997, S. 42–58

Probst, G.J.B./Büchel, B.S.T.: Organisationales Lernen. (2. Auflage) Wiesbaden 1998

Probst, G.J.B./Romhardt, K.: Bausteine des Wissensmanagements – ein praxisorientierter Ansatz, in: *Wieselhuber et al. (Hrsg.)*: Handbuch ler-

nende Organisation. Unternehmens- und Mitarbeiterpotentiale erfolgreich erschließen. Wiesbaden 1997, S. 129–143
Rademacher, H.: Die Zertifizierung ist das Gütesiegel der Unternehmensberater. BddW 17. 7. 1995
Reutner, F.: Die Strategie-Tagung: Strategischer Ziele systematisch erarbeiten und Maßnahmen festlegen. (2. Auflage) Wiesbaden 1995
Revers, W.J./Perrez, M. (Hrsg.): Das nicht-direktive Beratungsgespräch. Salzburg 1972
Rieckmann, H./Neumann, R.: Organisationsentwicklung, Beratungseffizienz und Klientennutzen – Eine Fallanalyse und ihre findings, in: *Walger, G. (Hrsg.):* Formen der Unternehmensberatung. Systemische Unternehmensberatung, Organisationsentwicklung, Expertenberatung und gutachterliche Beratungstätigkeit in Theorie und Praxis. Köln 1995
Roach, S. S.: US-Unternehmen im Dilemma: Schlanker denn je, doch kaum produktiver, in: Harvard Businessmanager 3/1997, S. 97–105
Rogers, C. R./Roethlisberger, F. J.: Kommunikation: Die hohe Kunst des Zuhörens, in: Harvard manager 2/1992, S. 74–80
Rosenstiel, L.: Organisationsentwicklung, in: *Feix, W. (Hrsg.):* Personal 2000: Visionen und Strategien erfolgreicher Personalarbeit. Wiesbaden 1991
ders.: Die organisationspsychologische Perspektive der Beratung, in: *Hofmann, M./Rosenstiel, L./Zapotoczky, K. (Hrsg.):* Die sozio-kulturellen Rahmenbedingungen für Unternehmensberater. Stuttgart 1991
ders.: Grundlagen der Organisationspsychologie. (3. Auflage) Stuttgart 1992
Sackmann, S.: Diagnose von sozialen Systemen, in: *Fatzer, G. (Hrsg.):* Supervision und Beratung – ein Handbuch. Köln 1993
Sattelberger, T. (Hrsg.): Die lernende Organisation, Konzepte für eine neue Qualität der Unternehmensentwicklung. Wiesbaden 1991
ders.: Lernen auf dem Weg zur lernenden Organisation – Der Abschied von der klassischen Personalentwicklung, in: *Geißler, H. (Hrsg.):* Neue Qualitäten betrieblichen Lernens. Frankfurt 1992
ders. *(Hrsg.):* Handbuch der Personalberatung. Realität und Mythos einer Profession. München 1999
Schäfer, A.: Verhandlungen: Die meisten Deals scheitern am Faktor Mensch, in: manager magazin 6/1998, S. 254–267
Schäfer, H.: Erfolgshonorare für Berater? Aber ja, in: Harvard Businessmanager 2/1998, S. 104–107
Schein, E.: Organisationsberatung: Wissenschaft, Technologie oder Philosophie? in: *Fatzer, G. (Hrsg.):* Supervision und Beratung – ein Handbuch. Köln 1993
ders.: A general philosophy of helping: Process consultation, in: Sloan Management Review, 1990
ders.: Wenn das Lernen im Unternehmen wirklich gelingen soll, in: Harvard Businessmanager 3/1997, S. 61–72
ders.: Organisationsentwicklung: Wissenschaft, Technologie oder Philosophie?, in: *Trebesch, K. (Hrsg.):* Organisationsentwicklung. Konzepte, Strategien, Fallstudien. Stuttgart 2000
Schiepek, G.: Systemische Diagnostik in der Klinischen Psychologie. Weilheim 1986

Schleichert, H.: Wie man mit Fundamentalisten diskutiert, ohne den Verstand zu verlieren. Anleitung zum subversiven Denken. München 1997
Schmid, F./Schumann, M.: Zahlen und Fakten zum Beratermarkt, in: Schmid F./Schumann, M. (Hrsg).: Consulting Guide 1997. München 1996
Schneider, U.: Führen auf der Metaebene – Komplexitätsfähige Organisationen, in: Gabler's Magazin 6–7/1994, S. 31–34
dies.: Experten zwischen verschiedenen Kulturen: Ist Beratung ein globales Produkt? in: *Walger, G. (Hrsg.):* Formen der Unternehmensberatung. Systemische Unternehmensberatung. Organisationsentwicklung, Expertenberatung und gutachterliche Beratungstätigkeit in Theorie und Praxis. Köln 1995
Schnelle-Cölln, T.: Optische Rhetorik für Vortrag und Präsentation. Quickborn 1988
Schober, H.: Irritation oder Bestätigung – Die Provokation der systemischen Beratung oder: Wer macht eigentlich die Veränderung, in: *Hofmann, M. (Hrsg.):* Theorie und Praxis der Unternehmensberatung: Bestandsaufnahme und Entwicklungsperspektiven. Heidelberg 1991
Schreyögg, G.: Strategische Diskurse: Strategieentwicklung im organisatorischen Prozeß, in: *Trebesch, K. (Hrsg.):* Organisationsentwicklung. Konzepte, Strategien, Fallstudien. Stuttgart 2000
Schulz v. Thun, F.: Miteinander reden. Störungen und Klärungen – Stile, Werte und Persönlichkeitsentwicklung – Das „Innere Team" und situationsgerechte Kommunikation. (Band 1–3) Augsburg 2000
Schwan, K.: Führungstechnik und Führungspraxis, Überzeugen im Gespräch. (2. Auflage) München 1975
ders.: Chefarbeit und Chefentlastung. Wien 1980
ders.: Die Qual der Wahl (Beraterauswahl), in: Steuer & Beratung 4/1989, S. 44–48
ders.: Beratung – Eine Vielzahl von Beziehungen, in: Steuer & Beratung 1/1990, S. 40–44
ders.: Unternehmensberatung: Märkte, Strukturen, Vergleiche, in: Option 2/1990, S. 46–47
ders.: Unternehmensberater im wachsenden Europa, in: Tiroler Wirtschaft 24. 9. 1993
ders.: Berater-Klienten-Beziehungen, in: E.C.U.-Newsletter 9/94, Starnberg, S. 1–3
ders.: Die Praxis ist der schlimmste Prüfer (Beraterqualifikation), in: Wirtschaft im Alpenraum 12/1997, S. 58–59
Schwan, K./Seipel, K.: Personalmarketing. München 1994a
dies.: Personalmarketing 1 – Grundlagen der Personalbeschaffung und ihre Verknüpfung mit einer zeitgemäßen Personal- und Führungsarbeit. Wien 1994b
dies.: Personalmarketing 2 – Chancen und Techniken der Personalbeschaffung im Klein- und Mittelbetrieb. Wien 1994c
dies: Marketing kadrowy. (2. Auflage) Warschau 1997
Schwendner, R.: Wenn Trainer falsch ausbilden, in: Harvard Businessmanager 1/1995, S. 27–34

Scott-Morgan, P.: Die heimlichen Spielregeln. Die Macht der ungeschriebenen Gesetze im Unternehmen. (3. Auflage) Frankfurt 1995
Seipel, K.: Evaluierung ja! Aber wie?, in: econova 8–9/1996, S. 19
Seipel, K./Ambros, W.: Produktivität steigern – mehr Leistung bei gleichem Lohn, in: econova 8–9/1997, S. 42–43
Senge, P. (Hrsg.): The Dance of Change. Die 10 Herausforderungen tiefgreifender Veränderungen in Organisationen. Hamburg 2000
Senge, P. M.: Die fünfte Disziplin. Stuttgart 1996
Sertl, W.: Klein- und Mittelbetriebe – ein eigenständiges Beratungsfeld, in: *Hofmann, M./Sertl, W. (Hrsg.)*: Management Consulting. Ausgewählte Probleme und Entwicklungstendenzen in der Unternehmensberatung. Stuttgart 1987
Sertl, W./Zapotoczky, K. (Hrsg.): Neue Leistungsinhalte und internationale Entwicklung der Unternehmensberatung. Stuttgart 1989
Shapiro, E. C./Eccles, R./Soske, R.: So werden Berater richtig eingesetzt, in: Harvard Businessmanager 1/1994, S. 109–116
Shapiro, E. C.: Trendsurfen in der Chefetage. Frankfurt 1996
dies.: Mode, nicht Methode, in: manager magazin 12/1996, S. 170–176
Simon, H.: Wunsch-Wissen. Echtes Wissen kann nur durch direkte Kommunikation vermittelt werden – Das ganze Gerede vom Wissensmanagement ist eine Schimäre, in: managermagazin 11/1999, S. 307–308
Slunecko, P.: Hier Theorie – da Praxis?, in: Psychologie in Österreich, 20. Jahrgang, 4/2000, S. 187–192
Sommerlatte, T./Wedekind, E.: Leistungsprozesse und Organisationsstruktur, in: *Little, A. D. (Hrsg.)*: Management der Hochleistungsorganisation. Wiesbaden 1990
Sprenger, R.: Ideen bringen Geld, bringt Geld auch Ideen?, in: Harvard Business manager 1/1994, S. 9–14
ders.: Der große Bluff. Die Zertifizierung nach der ISO-Norm ist vor allem ein Riesengeschäft, in: manager magazin 8/1995, S. 128–131
ders.: Die Entscheidung liegt bei Dir! Wege aus der alltäglichen Unzufriedenheit. Frankfurt 2000 a
ders.: Aufstand des Individuums. Warum wir Führung komplett neu denken müssen. Frankfurt 2000 b
Staute, J.: Der Consulting-Report. Vom Versagen der Manager zum Reibach der Berater. Frankfurt 1996
Steinberger, E.: Lernpotentiale auf organisationaler Ebene. Erschließung von Unternehmens- und Mitarbeiterressourcen. Wien 1999
Steyrer, J.: Unternehmensberatung – Stand der deutschsprachigen Theorienbildung und empirischen Forschung, in: *Hofmann, M. (Hrsg.)*: Theorie und Praxis der Unternehmensberatung: Bestandsaufnahme und Entwicklungsperspektiven. Heidelberg 1991
Straub, W./Forchhammer, L. S.: Berater können erfolgreicher werden, in: Harvard Businessmanager 3/1995, S. 9–18
Streich, R.: Projektmanagement, Erfolgs- und Mißerfolgsfaktoren: Wie Sie Fehler vermeiden, in: Gabler's Magazin, 3/1992, S. 16–17
Stürzl, W.: Lean Production in der Praxis. Spitzenleistungen durch Gruppenarbeit. Paderborn 1993
Stutz, H.-R.: Beratungsstrategien, in: *Hofmann, M. (Hrsg.)*: Theorie und

Praxis der Unternehmensberatung: Bestandsaufnahme und Entwicklungsperspektiven. Heidelberg 1991
Thiele, A.: Computergestütztes Präsentieren im Vertrieb, BddW 11. 7. 1997
Titscher, S.: Intervention: Zur Theorie und Technik der Einmischung, in: *Hofmann, M. (Hrsg.)*: Theorie und Praxis der Unternehmensberatung. Heidelberg 1991
ders.: Professionelle Beratung: was beide Seiten vorher wissen sollten .../. Wien 1997
Trebesch, K. (Hrsg.): Organisationsentwicklung. Konzepte, Strategien, Fallstudien. Stuttgart 2000
Türk, K. (Hrsg.): Handlungssysteme. Opladen 1978
Turnheim, G.: Chaos und Management. Wien 1991
Ulrich, H./Probst, G.J.B.: Anleitung zum ganzheitlichen Denken und Handeln. (2. Auflage) Bern 1990
Ulrich, P.: Transformation der ökonomischen Vernunft: Fortschrittsperspektiven der modernen Industriegesellschaft. (2. Auflage) Bern 1997
Vahs, D.: Einführung in die Organisationstheorie und -praxis. Stuttgart 2001
Vogelauer, W. (Hrsg.): Coaching-Praxis. Wien 1998
ders.: Was Kunden vom Coaching erwarten. Erwartungen und Erfahrungen von Führungskräften und Personalentwicklern aus Deutschland, Österreich und der Schweiz, in: *Kailer, N./Walger, G. (Hrsg.)*: Perspektiven der Unternehmensberatung für kleine und mittlere Unternehmen. Probleme – Potentiale – Empirische Analysen. Wien 2000
Walger, G. (Hrsg.): Formen der Unternehmensberatung. Systematische Unternehmensberatung, Organisationsentwicklung, Expertenberatung und gutachterliche Beratungstätigkeit in Theorie und Praxis. Köln 1995
Walger, G./Scheller, Ch.: Der Markt der Unternehmensberatung in Deutschland, Österreich und der Schweiz, in: *Kailer, N./Walger, G. (Hrsg.)*: Perspektiven der Unternehmensberatung für kleine und mittlere Unternehmen. Probleme – Potentiale – Empirische Analysen. Wien 2000
Watzlawick, P.: Wie wirklich ist die Wirklichkeit? (17. Auflage) München 1989
Watzlawick, P./Beavin, J.H./Jackson, D.D.: Menschliche Kommunikation. (5. Auflage) Bern 1980
Watzlawick, P./Krieg, P. (Hrsg.): Das Auge des Beobachters. München 1991
Watzlawick, P./Weakland, J./Fisch, R.: Lösungen. Zur Theorie und Praxis menschlichen Wandels. (2. Auflage) Bern 1979
Weaver, W.: Wissenschaft und Komplexität, in: *Türk, K. (Hrsg.)*: Handlungssysteme. Opladen 1978
Weber J./Hamprecht, M./Goeldel, H.: Integrierte Planung – nur ein Mythos? in: Harvard Businessmanager 3/1997, S. 9–13
Weisbach, C.-R.: Professionelle Gesprächsführung. München 1992
Wilkeming, H.-R.: Rezessionsmanagement. München 1993
Wimmer, R. (Hrsg.): Organisationsberatung. Neue Wege und Konzepte. Wiesbaden 1995
Wimmer, R.: Organisationsberatung – Eine Wachstumsbranche ohne professionelles Selbstverständnis, in: *Hofmann, M. (Hrsg.).*: Theorie und

Praxis der Unternehmensberatung: Bestandsaufnahme und Entwicklungsperspektiven. Heidelberg 1991
Wohlgemuth, A. C.: Der Makrotrend in der ganzheitlichen Organisationsforschung, in: *Hofmann, M. (Hrsg.):* Theorie und Praxis der Unternehmensberatung: Bestandsaufnahme und Entwicklungsperspektiven. Heidelberg 1991
Womack, J. P./Jones, D. T. Roos, D.: Die zweite Revolution in der Autoindustrie. Frankfurt 1991
Womack, J. P.: Neues von Hammer und Champy – Business Process Reengineering und noch lange kein Ende, in: Harvard Businessmanager 1/1996, S. 15–17
Womack, J. P./Jones, D. T.: Das schlanke Unternehmen: Ein Kosmos leistungsstarker Firmen, in: Harvard Businessmanager 9/1994, S. 84–93
Wottawa, H./Thierau, H.: Evaluation. Bern 1990
Wottawa, H./Gluminski, I.: Psychologische Theorien für Unternehmen. Göttingen 1995
Zapotoczky, K.: Die sozio-kulturellen Determinanten der Beratung, in: *Hofmann, M./Rosenstiel, L./Zapotoczky, K. (Hrsg.):* Die sozio-kulturellen Rahmenbedingungen für Unternehmensberater. Stuttgart 1991
Zettel, C.: Der „Krieg um Talente". Das Beratungsgeschäft hat sein Image als Traumberuf verloren, in: Die Presse, 7. 10. 2000, S. 9
Zöschbauer, F./Hagen, H.: Gespräch und Rede. Wien 1974
Zürn, P.: Konflikt und Streitkultur: Warum wir eine Konfliktkultur brauchen, in: Gabler's Magazin 9/1994, S. 20–23

Stichwortverzeichnis

ABC-Analyse 75
Abrechnungsmodi 58
Abschluss, Gruppengespräch 38
Akquisition 39 ff., 57 ff., 95 f.
Akquisitionsgespräch 67 ff., 231, 238 ff.
Akquisitionsphase, Regeln 66 ff.
Akzeptanzprobleme 356
Anforderungen, Berater 32 ff., 36 f., 54, 112, 132, 169, 182, 231
Argumentation, scheinlogische 338
Argumentation und Rhetorik 343
Argumentationsmodelle 333 f.
Argumentationstaktiken 241 f.
Auftragsstrukturierung, Vorteile 204 f.
Ausbildungswege für Berater 147

Bedarfsweckung 55 ff.
Berater, lernende 144
Berater-Klienten-Beziehung 179, 217 ff.
Beraterkarriere 87
Beratersprache 348
Beraterteam 100 ff.
Beratungsansätze, Klientensysteme 133 ff.
Beratungsbegriff, Definitionen 10 ff.
Beratungsbericht 84, 350 ff.
Beratungsdynamik 97
Beratungseinsatz, Zweck 86
Beratungserfolg 128 ff., 136
Beratungsethik 15 ff.
Beratungsgesellschaften, mittelständische 44
Beratungsgespräche, instrumentelle 241 ff., 39
Beratungsleistungen, Effizienz 77 f.
Beratungsleistungen, Kauf 7
Beratungsmarketing 57 ff.
Beratungsmärkte 41 ff.
Beratungsnachfrage 45 ff.
Beratungsprozess, Dynamik 199

Beratungsprozess, Elemente 202
Beratungsprozess, Grundsätze 89 f.
Beratungsprozess, idealer 206
Beratungsprozess, klassischer 6, 207
Beratungsstrategien 82, 84 f., 90
Beratungstechnik 299 ff.
Beratungsunternehmen, Profilierung 91 f.
Beratungsverhältnis, längerfristig 90 f.
Berufsbild 23 ff.
Besprechungen, Phasenschema 306
Betriebsblindheit 95, 219
Beziehungsmanagement 107
Bombenwurf 268
Branchenkrise 160 ff.
Bund Deutscher Unternehmensberater 3, 8, 19, 32, 39
Business Process Management 138

CAIPO-Modell 293 f.
Chancenmanagement 173
Charts, Anforderungen 377 f.
Checklisten-Beratung 86, 218
Chronologie, Beratung 14 f.
Coaching 100, 289
Cost-Cutting/Downsizing 124 ff.

Datenqualität 302
Deeskalation 231
Dialektik 338
Dialog 347
Dienstleistungsorientierung 100
Diskussionsleitung 307
Diskussions- und Verhandlungstaktiken 240

Einzel-/Gruppengespräche 303 ff.
Einzel-/Teamberatung 100
Entscheidungsprozesse 370 ff.
Entscheidungsregeln 371
Entscheidungsunsicherheit 271

Erfolgshonorar 76 ff.
Ergebnisse, realisier- und zuordenbare 81
Erwartungshaltungen, Klienten 182 ff., 307, 319
Evaluierung 205, 289 ff.

Fachverband für Unternehmensberatung und Informationstechnologie 32
Faktoren, erfolgskritische 291 ff.
Faktoren, hemmende 208 f.
Faktoren, idealtypische 204 ff.
Feedback-Technik 354
Finalität 181
Fragen, Kunden 68 f.
Fragen- und Einwandbehandlung 331
Fragetechniken 317 ff., 319 ff.
Franchising 84, 97

General-Management-Beratung 78, 96, 114
Geschäftsbedingungen, allgemeine 8, 17, 21, 30, 32, 104, 250
Geschichte, Beratung 13 ff.
Gespräche, direktive vs. nicht-direktive 323 ff.
Gesprächs- und Ideenkiller 339 f.
Gesprächsfaktoren 238
Gesprächsführung 303 ff.
Gesprächshaltung 39 ff.
Gesprächsstrategie und -taktik 331 ff.
Grundsätze, strategische 93
Gruppenbildung 328
Gruppendynamische Techniken 340
Gruppengespräche 305, 39 f., 327 ff.
Gruppengespräche, Team 330

Hilfe zur Selbsthilfe 20, 85, 88
Hinderliche und fördernde Einstellungen 61 ff.
Hire-and-fire 84
Honorarrichtlinien 20, 21 ff.
Honorarrisiken 29 ff., 160

Information, Kommunikation 231 ff.
Innovationsmanagement 128 ff.
Innovationsprojekte, erfolgreiche 129 f.
Instant-Lösung, -Beratungsprodukte 16, 57, 83 f., 209, 275
Interaktionsanalyse, themenzentrierte 328 f.
Interaktionszusammenhang 202
Interventionen 249 ff., 290, 325
Interventionsansätze 257 f., 259
Interventionsebenen 260 ff.
Interventionsinstrumente, -mechanismen, -punkte, -ebenen, -konsequenzen 258 ff.
Interventionsverzerrungen, -fehler 265 ff.
Intervision 101, 191, 193, 284
ISO(-Wahn) 27, 37, 46, 116, 120, 132

Just-in-time (JIT) 120, 157

Kaizen, Continuous Improvement 120
Kalkulation 19 ff., 58
Kausalmodell, Beratung 242
Kernkompetenzen 43, 45, 64, 92
Klient, tatsächlicher 65, 69
Knowledge Engineering 138
Kommunikation 162, 224, 231 ff.
Kommunikation in Gruppen 241
Kommunikationsebenen 234 ff.
Kommunikationsmodelle 236 ff.
Kommunikationsprobleme 232
Kommunikationsverhalten 341
Komplexität 112, 129, 151 ff., 202, 242, 268
Komplexitätsreduktion 152, 158 f.
Komplexitätssteigerung 152, 157 f.
Konfliktbereiche, -formen 222 ff.
Konfliktbewältigung 214 ff.
Konflikte 16, 17, 33, 83, 87, 210, 286
Konflikte, Phasenmodell 228
Konflikte, schwelende 225
Konfliktfahrplan 230 f.
Konfliktkultur, Leitsätze 224 ff.

Stichwortverzeichnis

Konfliktlösungen 228 ff.
Konfliktlösungspotenzial 215
Konfliktmanagement 229 f.
Konfliktpotenzial 215
Konfliktprozess 226 ff.
Konfliktsystem 225 f.
Konflikttypologien 223
Konfliktursachen 216
Kontaktaufnahme, Methoden 72
Kontaktaufnahme, Techniken 70 ff.
Kontrolle, soziale 103
Konzept, Berater 37
Kreativitätstechniken 325 ff.
Krisen, Arten 160 ff.
Krisen- und Sanierungsberatung 159 ff.
Krisen- und Sanierungskonzept 162
Krisenmanagement 171
Krisentypologie 164 ff.
Kundenbewertung 74 ff.
Kundenorientierung 95 ff.

Lean Consulting 110
Lean Philosophien, Kernelemente 119 ff.
Lean Production 118 ff.
Leerformeln 335
Leistungsbereitschaft 38
Leistungspartner, -schaft 83, 286
Leiter- und Teilnehmerfunktionen 367 ff.
Leitlinien, Beratungsunternehmen 94
Lern- und Kooperationsbereitschaft 133 ff.
Lernen, organisationales 146, 151

Macchiavellismus-Skala 188
Macht 193 ff., 252, 254
Machtkriterien 195
Machtmittel 194 f.
Managementtheorien 115 ff.
Marktzugangswege 58
Meetings, Leitung 329
Mehrwert 55
Metaebene 337
Metakommunikation 342 f.
Methoden, unfaire 343 ff.
Misserfolgskriterien 210 f.

Modell 21 61
Modelllernen 147
Moderations- und Präsentationstechnik 372 ff.
Moderationsmaximen 372 f.
Moderator 110

Nachfrage 40
Nachfragebarrieren 64
Nachhaltigkeit 358
Nachteil, Berater 88
Netzwerk 102 ff.
Neukundenakquisition 59 f.
Normen 8 ff., 16

Organisation, Beratungsunternehmen 90
Organisation, lernende 145 ff.
Organisationsentwicklung 105, 111 f., 155, 284
Overhead-Folien 377

Partnerschaft 90
Pauschalhonorare 22
Performance Contracting 76
Personalentwicklung 155, 287
Phasen, erfolgskritische 210 ff.
Phasenmodelle, Konflikt 227 ff.
Phrase 335
Positionierung, Beratungsunternehmen 91 ff.
Präsentationen 221, 378 f.
Präsentationsmaximen 375 ff.
Preis 43, 95, 168
Prestigeworte 336
Problemdruck 85, 95, 133 ff., 166 ff.
Probleme, Herausforderungen 274
Problemfelder 217 ff.
Problemidentifikation 85, 96
Problemlösungsanalyse 246
Problemlösungsmethoden 241 ff.
Problemlösungswege 245
Problemtypen 356
Projektabwicklungen 108 ff.
Projektarbeit, Erfolgskriterien 102
Projektdokumentation 351
Projektleiter 108 ff., 328

Projektmanagement 114, 128 f., 262, 328
Projektorganisation, Vorteile, Nachteile 108
Projektphasenrisiken 114
Prozessberatung 276 ff.
Prozessberatung, Grundlagen, Methoden 280 ff.
Prozessberatung, Interaktionen 283 ff.
Prozesskompetenz 34
Psychotherapie 187
Public Affairs Management 142 ff.

Qualitäten, Berater 34 ff.
Qualitätsberatung 132 ff.
Qualitätsdiskussion 87
Qualitätskriterien 19 ff.

Recht 29 ff.
Reengineering 117 f., 122 ff.
Referenzen 7, 17, 20, 60, 74, 102, 145, 183, 243, 297
Reorganisationsprozesse 151 ff.
Risiken 30 ff., 97, 112 ff.
Risikoarten 115
Risiko-Management 113
Rollen 211 ff.
Rollenerwartungen 211
Rollenfunktionen 213

Sanierungsberatung 159 ff., 173 ff., 270
Sanierungsprüfung 174
Sanierungsteam 170 f.
Schemata, kausale 237, 353 f.
Selbstbild, Berater 34, 73
Selbsthilfe 85, 87
Selbstorganisation 150, 153
Simultaneous Engineering 120
Situationen, mehrdeutige 185 f.
Situations-, Gesprächsvariable 238 ff.
Sondierungsgespräche 360
Soziale Distanz 62, 190, 347
Soziale Kompetenz 36 f., 300
Soziale Wahrnehmung 189 ff.
Sozialtechnik 301, 317

Standardisierte Beratung 44, 86 f., 242
Strategie, Fragetechnik 317
Strategie- und Zielkonflikt 83
Strategieentwicklung 89 ff., 91, 93
Struktur-, Interaktionsmerkmale 103
Suggestivfragen 318
Supervision, Supervisorenrolle 90, 191, 193, 267, 288
Survey-Feedback 288

TALK-Modell 236
Teams, gemischte 207, 211
Total Quality Management (TQM) 120
TOTE-Einheit 283
Turnaround-Management 166, 174

Überzeugungsfähigkeit 352 ff.
Unsicherheiten, Berater 188
Unternehmenskrise 160 ff.
Urteilsfehler 189 ff.

Veränderungskompetenz 83
Veränderungsprozesse 282
Verantwortungslosigkeit 116
Vereinfachung 155 f.
Verfahren, rollierendes 286
Verhalten, ändern 83, 161
Verhaltensanalyse 255 f.
Verhaltensebene, -beschreibung, -steuerung 252 ff.
Verhaltensgitter 254
Verhaltenskontrolle, intern, extern 253
Verhaltensweisen, Konflikt 228
Verhandlungen, Fehlervermeidung 365 ff.
Verhandlungsinszenierung 363
Verhandlungsteam 362
Verhandlungstechnik 360 ff.
Verkaufstrichter 71
Vertragsgestaltung 29 ff.
Vertragsverhandlungen 252
Visualisierungstechniken 375 f.
Vorgaben, Berater 197 f.
Vorgaben, Klientensystem 198

Stichwortverzeichnis

Vorgehensweisen, idealtypische 270 ff.
Vorgehensweisen, Regeln 272
Vorteil, Klienten 88
Vorteile, mittelständische Beratungsgesellschaften 44
Vorträge, Impulsreferate 383 ff.

Wahrnehmung, selektive 259
Wahrnehmungsverzerrungen 190 ff.
Wandel, Bewältigung 278 ff.

Wertkategorie 337
Wirtschaftstrainer, österreichische 133
Wissensmanagement, Bausteine 137 ff., 139

Zeithorizont 78
Zuhören 311 ff.
Zuhören, Gebote 315
Zusammenarbeit, erfolgreiche 197 ff.